中国语言生活绿皮书
国家语言文字工作委员会发布

中国语言生活状况报告
(2011)

教育部语言文字信息管理司　组编

2011年·北京

顾　问　许嘉璐　赵沁平　郝　平　李卫红
策　划　教育部语言文字信息管理司
审　订　陈章太　戴庆厦　陆俭明　邢福义

组委会
主　任　李宇明
副主任　田立新
委　员　（按音序排列）
　　　　陈　敏　郭　熙　何婷婷　侯　敏　苏新春
　　　　王翠叶　王丹卉　王　奇　杨尔弘　赵小兵
　　　　周洪波　周庆生

主　编　周庆生　侯　敏
副主编　郭　熙　杨尔弘　周洪波
作　者　（按音序排列）
　　　　艾山江·阿不力孜　艾孜尔古丽　艾孜海尔江　白　娟
　　　　白　萍　蔡长虹　蔡　可　蔡　丽　曹　晖　陈　雪
　　　　陈毓麒　程南昌　戴红亮　董　洁　凡恒慧　郭　熙
　　　　郝阿庆　何　瑞　何婷婷　何　伟　侯　敏　黄小珊
　　　　黄　翊　康军帅　李　俏　李伟娜　李旭练　李雪燕
　　　　李艳娇　李宇明　刘　华　刘　慧　刘　佳　刘靖文
　　　　刘　俊　刘欣斐　卢彦宁　骆　峰　马月红　毛力群
　　　　毛筱静　聂书江　裴亚军　祁坤钰　秦　悦　屈哨兵
　　　　热孜万古丽　容　宏　苏新春　孙春颖　孙曼均
　　　　唐师瑶　滕永林　涂新辉　王华英　王建文　王　磊
　　　　王　宁　王　奇　王文媛　王志娟　魏　丹　吴继媛
　　　　熊文新　扬·布龙马特　杨尔弘　杨书俊　尹　静
　　　　于东卿　于洪志　余桂林　玉素甫·艾白都拉
　　　　袁　伟　曾青青　曾小兵　张　冲　张金玲　张　旭
　　　　张　艳　张映川　张　勇　赵春燕　赵蓉晖　赵小兵
　　　　郑梦娟　周道娟　周洪波　周庆生　祝晓宏　邹　煜

《中国语言生活绿皮书》说明

《中国语言生活绿皮书》由国家语言文字工作委员会发布，旨在贯彻落实《中华人民共和国国家通用语言文字法》，提倡"语言服务"理念，引导社会语言生活和谐发展，为构建和谐社会做贡献。

《中国语言生活绿皮书》分 A、B 两个系列，各自连续编号发布出版。

A 系列是语言文字"软性"规范。语言文字规范标准制定难度大、涉及面广，往往需要较长的试行试用过程；许多语言文字现象具有弹性，不易在短期内形成共识或不宜做"硬性"规定；语言文字信息处理等领域急需相应规范，但一时又难以妥帖制定。以《中国语言生活绿皮书》的形式发布一些"软性"规范，是为了适应语言文字规范制定的复杂情况，满足社会语言生活的多种需求。

A 系列的作用是引导社会语言文字应用，向社会提供参考，并鼓励采用。规范加上"草案"字样，以与国家正式的语言文字规范有所区别。有些"软性"规范通过试用完善，可以升为正式规范。

B 系列是中国语言生活的状况与分析，主要发布语言生活的各种调查报告和实态数据。国家发展的历史进程中，会遇到不少语言文字问题；世界语言生活风云万千，会对参与世界事务越来越多的中国发生各种影响。了解国内外语言生活状况，研究现实语言生活问题，对制定科学的语言规划、保护与开发语言资源、保证语言生活的和谐与活力，具有十分重要的意义。

B 系列是"实态"性质的：报告内容是实态的，语言数据的统计及其技术也是实态的。及时发布语言生活的实况与数据，就像发布水文监测、空气质量监测和气象监测数据一样，能为国家相关部门的决策提供参考，为语言文字研究者、产品开发者和社会其他应用者提供语言服务。

《中国语言生活绿皮书》是开放的。发布的内容不局限于国家语言文字工作委员会的科研项目，也吸纳社会优秀成果。《中国语言生活绿皮书》的出版也是开放的，欢迎各家出版社加入出版行列，出版内容和出版单位的选定，都遵循一定的遴选程序。

许嘉璐先生为《中国语言生活绿皮书》题字。国家语委历任领导都很关心《中国语言生活绿皮书》的编辑出版工作。相关课题组做出了贡献,一些出版单位和社会人士也给予了支持与关心。在此特致谢忱!

教育部语言文字信息管理司

过好虚拟语言生活

——序《中国语言生活状况报告(2011)》

李宇明

用计算机处理语言文字,产生了现代语言技术,给现实语言生活以巨大的促进。1994年互联网开始商业化,世界在美国的带动下出现了修建信息高速公路的"修路热"。自此,一个虚拟世界开始诞生,虚拟语言生活开始出现。互联网十几年来快速发展,虚拟语言生活逐渐丰富起来,重要起来,甚至许多方面竟然在引领现实语言生活的发展。现在,"智慧地球"的概念已经提出,物联网和云计算已经从概念发展为现实,移动网络的发展势头十分强劲,互联网正在发生划时代的革命性变化。相应地,虚拟语言生活也一定会更加丰富、更加活跃、更加精彩,对现实语言生活的影响必将更加深刻、更加广泛、更加强烈。在中国(2010年)已经拥有4.57亿网民(其中手机网民3.03亿)、8亿多手机用户的今天,讨论虚拟语言生活问题是非常适时的,其意义重大,影响深远。

虚拟语言生活是一个挑战思想力的课题,从语言生活管理部门的角度看,有以下问题需要及时关注:

第一,中国虚拟语言生活的网络空间,应当尽可能地适合国人的生活习惯,最大限度地适合中华语言文字的使用习惯。这关系到硬件、软件和各种语言信息技术,需要拥有更多的信息技术方面的知识产权。

第二,不断提升国人虚拟语言生活的质量。从发展的眼光看,虚拟语言生活不是少数人或某一部分人的语言生活,而应当是大多数人的语言生活,具有普惠性。应当帮助更多的人步入虚拟语言生活,减少"信息边缘化"人群。应当放开思路设想在虚拟空间中可以过哪些语言生活,并有计划地孕育发展它们。应当着意建立虚拟语言生活的合理秩序,着力提高虚拟语言生活质量,并把这种秩序尽力向外扩展,为国际虚拟语言生活做贡献。

第三,虚拟语言生活与现实语言生活相互促进。现实语言生活是虚拟语言生活的基础,虚拟语言生活是现实语言生活的延伸,是对现实语言生活的丰富与发展。两个空间的语言生活格局已经形成,这两个空间的语言生活应当相互沟通、相互辅助、相互促进。

虚拟语言生活对语言学研究的影响也将是巨大的。新媒体从来都是语言发展的温床,网络语言从词语到交际都有很多特点,为社会语言学、语体语言学提供了新材料。信息化技术及其构建的网络空间,为语言研究、语言教学提供了强大的新手段,并能将语言、语言知识转化为生产力,促生语言职业和语言产业,形成最具低碳属性的语言经济。已有的语言理论是在研究人际交际的语言现象中发展起来的,而虚拟语言生活则是混合交际,除了传统的人际交际之外,还有人机交际和机际交际。对这种混合交际的语言现象的研究,一定能够带来语言理论的新发展。

虚拟语言生活并不虚幻,而是一个非常现实的学术命题,牵涉到公民的语言能力和语言生活质量,也牵涉到国家的语言能力和国家的语言生活;同时,语言学也将为之具有新的学术生长点,使语言学产生新价值、孕育新使命。当然,虚拟语言生活还处在起步阶段,虚拟语言生活的概念刚刚提出,我们对虚拟语言生活的认识仅仅是感受性的,研究不多,更谈不上把握规律、科学管理。期待着能尽快引起社会对虚拟语言生活的关注,关心虚拟语言生活的研究,促进虚拟语言生活的发展,帮助国人过好虚拟语言生活。

目 录

2010年中国语言生活状况 …………………………………………… 001
国家和地方教育规划纲要中有关语言文字的规定 ……………………… 018

第一部分　工作篇 ……………………………………………………… 035

国家语委语言文字工作 …………………………………………………… 037
相关部委语言文字工作 …………………………………………………… 056
地方语言文字工作 ………………………………………………………… 074
海峡两岸语言文字交流 …………………………………………………… 083
汉语国际传播状况 ………………………………………………………… 091

第二部分　专题篇 ……………………………………………………… 099

北京国际语言环境建设 …………………………………………………… 101
青海玉树救灾中的语言障碍与语言援助 ………………………………… 108
广州亚运会语言服务与语言元素 ………………………………………… 120
北京农民工子弟语言使用与身份认同调查 ……………………………… 130
内蒙古额尔古纳市俄罗斯族语言使用调查 ……………………………… 137
华语词典编纂状况 ………………………………………………………… 144
《咬文嚼字》"咬嚼"社会生活语言 ……………………………………… 151
学界关注语言生活 ………………………………………………………… 159

第三部分　热点篇 ……………………………………………………… 169

年度语言生活聚焦 ………………………………………………………… 171
"汉语盘点"活动扫描（2006—2010） …………………………………… 180

目录

中小学语文教材热 …… 192
"汉字书写危机"热议 …… 201

第四部分 数据篇 …… 209

2010年度媒体用字用语调查 …… 211
2010年度媒体新词语调查 …… 228
2010年度媒体流行语调查 …… 241
2010年度博客语言调查 …… 249
维吾尔语小学、初中语文教材用词调查 …… 259
藏语初中、高中语文教材用词调查 …… 270

附篇 海外汉语教材用字用词调查 …… 285
　　　　东南亚小学华文教材课文用字调查 …… 297
　　　　东南亚华文媒体字母词表（示例） …… 311

第五部分 港澳台篇 …… 313

澳门"圆形地"街名调查 …… 315
台湾语文生活近况 …… 324
台湾华语文传播近况 …… 332

第六部分 参考篇 …… 337

世界语言生活大事述略 …… 339
比利时语言问题与政府危机 …… 353
美国、澳大利亚语言教育政策近况 …… 362
加拿大华人"遗产语言"教育 …… 371
美国"全球语言监测中心" …… 378

附录 …… 385

国家及相关部门外文使用管理条款辑录 …… 387
藏文网站总录 …… 394
语言生活大事记 …… 398

图表目录 ………………………………………………………………… 411

术语索引 ………………………………………………………………… 417

光盘目录

2010年度媒体用字总表

2010年度媒体高频词语表

2010年度媒体新词语表

维吾尔语小学、初中语文教材高频词表

维吾尔语小学、初中语文教材5 000词干表

藏语初中语文教材3 000词表

藏语高中语文教材3 000词表

东南亚华文媒体字母词表

语言监测相关术语(2011修订)

后记 …………………………………………………………………… 425

Contents

Language Situation in China:2010 ·········· 001
Provisions about Languages in the National and Local Compendiums of Educational Planning ·········· 018

Part I Language Work ·········· 035
    The Language Work of State Language Commission ·········· 037
    The Language Work of the Related Ministries under the State Council ·········· 056
    The Local Language Work ·········· 074
    Language Exchange cross the Taiwan Straits ·········· 083
    The Global Spread of the Chinese Language ·········· 091

Part II Special Research ·········· 099
    The Construction of International Language Environment in Beijing ·········· 101
    Language Barriers and Language Assistance for Relief in Yushu, Qinghai Province ·········· 108
    Language Services and Language Elements in Guangzhou Asian Game ·········· 120
    A Survey of the Language Use and Identity for Children of Migrant Workers in Beijing ·········· 130
    A Survey of the Language Use by Russians in Ergun City, Inner Mongolia ·········· 137
    The Compilation of *Dictionary of Global Chinese Language* ·········· 144
    The *Verbalism* "chews" the Language of Social Life ·········· 151
    Scholars Concerned about the Language Life ·········· 159

Contents

Part III Language Focuses 169
    Focuses of Yearly Language Life 171
    Activity Scanning for "Chinese Language Inventory" (2006—2010) 180
    The Craze of Chinese Language Teaching Materials for Primary
        and Secondary Schools 192
    The Animated Discussion on "Chinese Writing Crisis" 201

Part IV Data Analysis 209
    A Survey of the Chinese Language and Characters Used in the
        Media 2010 211
    A Survey of the New Words Used in the Media 2010 228
    A Survey of Buzzwords in the Media 2010 241
    A Survey of Blog Language 2010 249
    A Survey on the words Used in the Language Textbooks of Uighur
        Primary and Secondary Schools 259
    A Survey on the words Used in the Language Textbooks of Tibetan
        Secondary and High Schools 270

Attached   Survey on the Words and Characters Used in the Overseas
        Chinese Textbooks 285
        Survey on the Characters Used in the Chinese Textbooks
        in the Primary Schools of Southeast Asia 297
        Glossary of Alphabetic Words Used in the Chinese Language
        Media of Southeast Asia 311

Part V Hong Kong, Macau and Taiwan 313
    A Survey of the Street Names as "Round Place" in Macau 315
    The Current Language Situation in Taiwan 324
    The Situation of Chinese International Spread of Taiwan 332

Part VI References 337
    A Chronology of the Language Life in Global 339
    Language Problems and Government Crisis in Belgium 353

The Current Situation of the Language Educational Policies in
   USA and Australia ·· 362
The Education of "Heritage Language" among the Chinese in
   Canada ·· 371
The Monitor Centre of Global Languages in USA ····················· 378

Appendices ·· 385
Compiled Terms of the Management of Foreign Language Use of
   the State and Relevant Departments ··························· 387
List of the Tibetan Language Websites ································ 394
A Chronology of Language Events 2010 ································ 398

Index of Figures and Tables ·· 411

Index of Terms ·· 417

Content of CD
Glossary of Chinese Characters Used in the Media 2010
Glossary of High Frequent Words Used in the Media 2010
Glossary of New Words Used in the Media 2010
Glossary of High Frequent Words Used in the Language Textbooks
   of Uighur Primary and Secondary Schools
Glossary of Top 5 000 Stem Words Used in the Language Textbooks
   of Uighur Primary and Secondary Schools
Glossary of Top 3 000 Words Used in the Language Textbooks of
   Tibetan Secondary Schools
Glossary of Top 3 000 Words Used in the Language Textbooks of
   Tibetan High Schools
Glossary of Alphabetic Words Used in the Chinese Media of
   Southeast Asia
Terminology on Language Resource Monitoring (2011 Edition)

Postscript ·· 425

2010年中国语言生活状况

一 中央政府重视语言文字事业

2010年中央政府出台了4个与语言文字事业有关的重要文件,即:

1.中共中央、国务院7月29日发布的《国家中长期教育改革和发展规划纲要(2010—2020年)》。这是21世纪我国第一个中长期教育改革和发展规划,是今后一个时期指导全国教育改革和发展的纲领性文件,其中许多规定涉及语言文字事业的发展。

2.国务院办公厅秘书局4月16日印发的《关于加强对行政机关公文中涉及字母词审核把关的通知》(国办秘函〔2010〕14号)。该函针对近些年行政机关公文中出现字母词使用增多势头,影响公文严肃性的情况,提出了规范行政机关公文用字的4点意见,要求:(1)行政机关强化依法使用国家通用语言文字的意识,在制发公文时自觉使用规范汉字,为全社会做出表率;(2)各级行政机关要严格执行有关规定,制发公文时一般不得使用字母词,确需使用字母词的,应在文中首次出现时以括注方式注明已经国务院语言文字工作部门或者其他有关部门审定的汉语译名;(3)国务院语言文字工作部门要会同有关部门组织制定外语字母词的译写规则,对新出现的字母词及时翻译,定期向社会推荐规范译名及汉语简称;(4)加强对公文中涉及字母词的审核把关,发现不符合规定和要求的,应及时予以纠正。

3.国家民族事务委员会(简称"国家民委")5月14日发布的《关于做好少数民族语言文字管理工作的意见》(民委发〔2010〕53号)。该意见共21条,内容包括做好少数民族语言文字管理工作的重要意义、指导思想、基本原则、主要任务、政策措施、保障机制等部分,这是今后一个时期做好少数民族语言文字工作的指导性文件。

4.新闻出版总署11月23日发布的《关于进一步规范出版物文字使用的通

知》(新出政发〔2010〕11号)。该通知要求,在汉语出版物中要注意语言文字的规范使用。

二 语言文字工作亮点突出

2010年的语言文字工作亮点突出,成效显著,引起了社会广泛关注。

1. 研制《国家中长期语言文字事业改革和发展规划纲要(2010—2020年)》

《国家中长期语言文字事业改革和发展规划纲要(2010—2020年)》(简称《纲要》)的研制、起草工作2008年10月开始,先后开展15项专题调研,召开38次专题研讨会,举办1期专题研讨班,多次召开省区市和高校座谈会,3次在国家语言文字工作委员会(简称"国家语委")全体委员会和咨询委员会会议、2次在年度语言文字工作会议上征求意见,并向相关部委、地方语委、高校等139家单位书面征求意见。在此基础上集中修改50余次,形成了《纲要》征求意见稿。《纲要》征求意见稿系统总结了新中国成立60多年来特别是改革开放30多年来语言文字工作的成绩、经验,将语言文字事业提升到国家战略的高度,提出了"注重主体性和多样性的辩证统一""构建和谐语言生活"的指导思想和相应的工作方针,提出了提升公民的语言能力和国家的语言能力问题。

2. 开展纪念《国家通用语言文字法》颁布10周年系列活动

教育部、国家语委积极筹备召开纪念《国家通用语言文字法》颁布10周年大会,先后在《光明日报》《语言文字报》《语言文字应用》等报纸杂志上组织发表纪念文章,在教育部门户网站、中国语言文字网、中国教育在线等网站开辟专栏,介绍语言文字法律法规体系,总结回顾10年来语言文字工作取得的成就和经验,开展语言文字相关知识问卷调查,征集网民关心的语言文字社会热点问题。

海南省于7月31日颁布了《海南省实施〈中华人民共和国国家通用语言文字法〉办法》,使贯彻《国家通用语言文字法》的地方性法规和地方规章增加到32个。国家工商行政管理总局9月下发了《关于开展广告语言文字专项检查的通知》,要求各地工商部门按照文件,专项检查清理所辖区内电视、报纸、期刊、印刷品广告以及户外广告中语言文字的使用情况。

3. 城市语言文字工作评估和普通话水平测试工作

城市语言文字评估工作继续扎实、深入、稳步进行,取得显著成效。分别有1个一类城市(青海省西宁市)、35个二类城市、119个三类城市通过评估达标认定。天津市、江苏省分别完成对所有一类、二类、三类城市的评估认定工作,实现省(市)域内全面达标。截至2010年底,全国共有33个一类城市、226个二类城市、359个三类城市通过达标认定,分别约占全国一、二、三类城市总数的92%、68%、17%。

2010年评估推动建立城市语言文字工作机构23个,增加行政编制23个、事业编制5个,新设立或增加办公经费数272万元,增加专项评估经费422万元,推动160多个城市39.15万人开展公务员普通话水平测试,19.2万人开展窗口行业普通话测试。

2010年,全国各地共测试417.98万人次,其中公务员17.85万人次,教师41.36万人次,学生335.5万人次,广电系统0.44万人次,社会其他人员22.83万人次。其中使用计算机辅助测试人员达163.7万人次。

截至2010年底,全国各地累计测试3522.46万人次;全国共建立测试站1462个,其中市级测试站419个,高校测试站997个,行业测试站46个。全国现有测试视导员1283人,普通话水平测试员4.76万人,其中国家级测试员0.43万人。

4. 稳步推进语言文字规范标准建设

完成了《通用规范汉字表》的修改完善工作。组织专家按照"认真对待,综合分析,实事求是,慎重处理"的原则,对2009年公开征求意见中征集的3141件社会意见和建议进行了归类整理、分析研究,对字表进一步修改完善。审定发布《汉语国际教育用音节汉字词汇等级划分》和《汉语口语水平等级及测试大纲》两个汉语国际教育标准,对促进汉语国际教育的标准化,提升汉语国际影响力,促进汉语国际传播,具有重要作用。

5. 加强语言文字应用科研管理工作

面向全社会征集科研项目选题建议。召开"国家语委'十二五'科研工作研讨会",总结"十一五"语言文字应用研究工作,研究国家语委"十二五"科研工作,明确了"十二五"期间国家语委语言文字应用研究面临的形势、指导思想、主要目标和重点研究方向,形成了《国家语委语言文字应用"十二五"科研规划(征求意见稿)》《国家语委语言文字应用"十二五"科研项目指南(征求意见稿)》。筹划国家语委的科研基地建设。发布了2009年度中国语言生活状况报告,与有关机构联合发布了2010年度中国媒体十大流行语。

6. 推进"中华诵·经典诵读行动"

2010年教育部、国家语委、中央精神文明建设指导委员会办公室决定共同实施"中华诵·经典诵读行动"。举办了6场以诵读为主的传统节日晚会。8月,在山东潍坊举办了"中华诵·2010全国中小学生夏令营"。在19个省(区、市)和11所直属高校开展试点工作,共涉及18 261所中小学、286所中等职业学校、97所省属高校。试点地区和学校将诵读行动打造成加强青少年爱国主义教育、增强民族历史文化传承、构建中华民族共有精神家园的重要载体和平台。

7. 开展中国语言资源有声数据库建设

在广泛研究、深入试点的基础上,编纂出版了《中国语言资源有声数据库调查手册·汉语方言》。调查手册分"调查规范"和"调查表"两部分,"调查规范"收入与中国语言资源有声数据库建设田野调查和资料整理工作直接相关的各种规定,"调查表"是汉语方言和地方普通话的调查条目。完成了"中国语言资源有声数据库建设"江苏第二批试点的验收工作,启动了第三批语言资源调查工作。

8. 开展少数民族双语教学情况调研

4月,教育部民族教育司、语言文字信息管理司、语言文字应用管理司等组成调研组,赴广西、贵州、云南、内蒙古等省区开展少数民族语言文字使用和少数民族双语教学情况调研。调研发现,在少数民族聚居地区开展双语教学十分必要,有利于克服语言障碍,使儿童更好地接受现代科学文化知识,成为民汉兼通的人才。

9. 两岸合作编纂中华语文工具书

为落实第五届两岸经贸文化论坛《共同建议》,国家语委牵头启动了两岸中华语文工具书合作编纂工作。与台湾相对应,分别成立了词典编写组、信息技术组、科技名词对照组、组织协调组4个工作小组,并落实了出版单位。截至2010年底,举办了3轮会谈和3次分组会谈(信息技术组1次、科技名词对照组2次),达成了多项共识。

10. 国家手语和盲文研究中心成立

7月16日,教育部、国家语委、中国残疾人联合会在北京师范大学举行了"国家手语和盲文研究中心"共建暨揭牌仪式。中国残疾人联合会党组书记、理事长王新宪,教育部副部长、国家语委主任李卫红,北京师范大学党委书记刘川生等出席了会议。手语、盲文作为听力残疾人和视力残疾人使用的语言文字,是国家语言文字工作的重要组成部分。手语、盲文的使用涉及3 000万聋人、盲人的切身利益,社会性强,影响面广,专业化程度强。在信息革命和知识经济大背景下,加强手语、盲文规范化、标准化建设将是"十二五"以及今后一个时期国家语言文字工作的重要任务。

三 社会大众关注语言生活

社会大众关注语言生活,往往形成社会热点。2010年是中国教育特别是语文教育的重要一年。《国家中长期教育改革和发展规划纲要(2010—2020年)》带来的期待,引发了诸多有关教育改革的议论。从高等院校招生取消语文考试到更换中学语文教材篇目,从学生汉语能力下降到汉字书写能力退化,还有母语教育弱化、国民语言文字应用能力下降等问题,越来越引起人们的关注和担忧。主要关注点:

1. 有的高校自主招生取消语文考试

有的高校在1月份的自主招生考试中,取消语文考试。舆论认为,此举草率、短视、不负责任、急功近利,会使学校的语文教学更加边缘化。出现了"语文教育危机""母语文化生存危机""汉语危机""汉语消亡"等呼声。

2. 中学语文教材篇目更换

9月初,有篇微博写道:《孔雀东南飞》《药》《阿Q正传》《记念刘和珍君》《雷雨》《背影》等名篇已从高中语文教材中剔除了。此消息引起社会各个方面热议。

一些人认为,鲁迅文章传达的社会责任是超时代、超地域的,撤下鲁迅的文章就是割断传统文化的血脉。另外一些人认为,新时代需要新经典,鲁迅作品有时代局限性,现今已然过时,只有新时期的新作品才更具当下价值。因涉及鲁迅多篇文章,舆论又称这次讨论是由"鲁迅大撤退"或"去鲁迅化"引起的。

3. 学生汉语能力下降

一项对首都部分大学生汉语应用能力的测试显示,不及格的学生占30%,得分在70分以下的占68%,测试结果不容乐观,人们不得不质疑学生的汉语应用水平。《中国青年报》的一项民意调查显示,确认当前社会存在汉语应用能力危机的占80.8%,认为汉语应用能力不存在危机的占19.2%。认为造成汉语应用能力危机的原因在于"很多人重视外语学习,轻视汉语学习"的占52.0%。认为"现在人们喜欢解构汉语,稀奇古怪的词语层出不穷"的占43.6%,认为"影像文化占据绝对优势,文字越来越不重要"的占30.1%。

汉语使用的不规范、不严肃,引起社会广泛忧虑,担心当代中国人与自身传统文明之间出现了裂痕,母语文化受到削弱。

4. 汉字书写能力退化

2010年3月"两会"期间,有政协委员提交了《关于加强青少年汉字书写教育的提案》,多家报纸和网站的调查结果印证了国人汉字书写能力确实呈下降趋势。这些调查还引起英国《卫报》及美国《洛杉矶时报》的关注,它们的报道传至国内,又引发对传统文化的忧思。

多数观点认为,广泛使用电脑、手机等电子产品,使得人们手写汉字机会减少。对汉字书写要求不严,书法教育薄弱,对书写标准无明确规定,致使汉字书写教学逐渐边缘化,国人汉字书写能力下降。

专家呼吁,应尽快制定大中小学生的汉字书写等级标准,各种考试和招聘应适当增加汉字规范书写的要求,通过强制性的标准让书写教育回归学生课堂,回归人们的日常工作生活当中。

5. 普通话与方言的关系

普通话是国家通用语言,推广普通话为的是克服不同方言地区之间的交际障碍,方便沟通和交流,而不是歧视、禁止使用方言。

广州"撑粤语"事件 为了提升广州亚运会软环境建设水平,广州市政协6月份在网上进行"关于广州电视台播音情况的调查"。有网友发出微博称"广州电视台要取消粤语",顿时"粤语危亡论"四起,引起"粤语存废"之争。7月5日,广州市政协提交《关于进一步加强亚运会软环境建设的建议》的提案,其中包括《关于广州电视台综合频道应增加普通话节目播出时段的建议》。又有政协委员发微博,称"母语危矣"。舆论出现"推普废粤""粤语危亡论"等伪命题,进而出现"捍卫粤语"的一些活动。广州"撑粤语"事件是方言与普通话之争的极端事例,并不仅仅是语言问题,其背后有本土文化与外来文化的冲突。

上海传媒的方言问题 2月4日,《新民晚报》闲话版刊登一文写道:到浦东,尤其是陆家嘴,都说普通话,说上海话是没有文化的表现。其中"说上海话是没有文化的表现"一句,在主张"保卫上海话"的老上海人中间引起反响,网上有人发帖,持否定意见。次日,该报的社区版编辑部发表致歉声明,表示该文摘自《上海市井》一书,因文字摘编处理不当,伤害了上海读者的感情,"特向读者致以真诚的歉意"。

这些事件引发了推广普通话和保护方言的大讨论。实际上,普通话和方言从来都不是对立的,依法推广普通话的目的,是为了克服交际障碍,方便沟通和交流,而不是歧视、禁止方言。方言是客观存在的,有其自身的产生发展规律和使用价值,并将在一定领域和特定地区内长期存在。普通话在全国通用,方言在方言区使用,二者相互依存,相互促进,各自发挥其功能作用,满足不同层面的需求。对方言,特别是一些濒危的方言,还应利用现代技术手段,如有声数据库的建设等进行调查、整理、研究和开发应用。

四 微博、新词语、热词成为新的信息传递方式

现代社会,互联网技术发展迅猛,资讯信息过载,知识信息大爆炸,人们越来越偏爱采用词媒体、热字、流行语及微博等方式,来浓缩传递海量信息,因为此种信息传递方式可以使传递的内容更简要,传递的速度更快捷,传递的方式更方便。

1. 微博

微博具有信息传递快、保真性强的特点。普通人、公众人物乃至媒体都感受到了微博的魅力与影响力。微博可以随时随地发布作者所见所闻所思所感,对网民极具感召力。上述"撑粤语"事件及中学语文教材事件都是先由微博报料,舆论跟进,继而引爆议论升温的。

2010年,中国互联网开办了微博服务,堪称中国的"微博元年"。随着微博从网上到网下的急速发展,随着微博在人们生活中日益凸显的地位和作用,围绕微博产生了一系列词语,反映了微博在各个领域对人们的影响。在政界,无论人大代表还是普通网民,只要是"微民",都可以"微博问政、微博议政",公安机关在网络上开设了"微博110",人们可以进行"微投诉",体现微博舆论监督的"微动力"日益显示出强大的力量。文化领域已呈"微文化"态势:"微博控"们运用"微博体",写着"微小说",看着"微喜剧",读着"微新闻",进行着"微访谈",当然,由于微博的社区虚拟性,其中不乏"微谣言",也曾有"微博门",这些形成了一个"微世界"。生活中,人们体验着"微博游",用人单位可以"微博招聘",面临就业的学生们可以投出"微简历",网络冲浪的高手去注册"微域名",彼此相恋的人们则写着"微情书",享受着"微爱情",负责微博管理的"微管"已成为一种新型的职业岗位。的的确确,生活在"微时代"的人们在经历着由微博引发的传递方式、生活方式、社会生态等方面的"微革命"。

2. 新词语

2010年度语料中提取出新词语500条。从年度新词语中,可以看出媒体以及传播方式的变化给语言尤其是新词语带来的影响。

"自媒体"——草根化特点凸显 网络时代改变了传统的大众传播模式,尤其随着网络论坛—博客—微博的依次出现,人们走进了一个不再设有严格意义"把关人"的自媒体时代,人人都成了语言创造者,都成了"造词家"。在人类发展的历史上,人民大众的语言创造力从来没有像今天这样得到张扬,语言生活从来没有像今天这样新鲜活泼,新词语从来没有像今天这样活跃,尤其是那些带有鲜明草根色彩的新词语也从来没有像今天这样传播迅速,影响广泛。近些年来,几个类词缀"～族、～门、～奴、～男、～女、～客、～二代"等使用率居高不下,呈现了一种羊群效应。正是这种原因,近几年来,每年都会形成几个比较大的新词语的"词语群"。

"词媒体"——词语事件化与信息浓缩化 随着互联网的建立,我们已进入信息时代。这一时代的特点是信息呈爆炸式向我们袭来。时间有限,空间有限,人脑有限,资源有限,为了信息传递的高效便捷,为了信息记忆的长期存储,为了能最大化实现信息价值,作为信息载体的语言,也在悄然发生变化:当一个事件或一种社会现象出现时,人们不再是四平八稳地用一堆旧有词语去讲述它,而是将之代码化——概括成一个新词,于是就形成这个时代新词语的3个特点。一是表事件、表社会现象的新词语特别多;二是新词语表达的信息高度浓缩,每一个这样的新词语背后都有一个故事,都有一道特别的社会风景;三是新词语的隐退、消亡也比较迅速。用词语来记录历史、描述社会、反映生活,已成为我们这个时代的特征。也正是由于这个原因,中文互动百科将自己的网站定位为"词媒体"。词媒体的出现,从一个侧面反映了信息社会语言变化的特点,也反映了凸显语言变化的新词语的特点。

3. 热词

近年来,各种媒体通过热字、热词、流行语来盘点一年的重大社会生活,可以说,中国的互联网已经迈入"热词"或"词媒体"的时代。

2010年的热字、热词或流行语,从现实世界到虚拟空间,几乎覆盖了社会生活的每一个角落,如同"流星雨"一般纷涌而至。其中最引起社会关注、流行范围最广、最具年度特色的恐怕是"给力"一词。

"给力"作为网络用词,最早是在2010年5月网民上传至网络的一段日本动漫《西游记——旅程的终点》的中文配音及字幕上出现的,到了南非世界杯足球赛期间,该词得到网民热捧,开始广泛应用。11月10日,该词在《人民日报》头版头条《江苏给力"文化强省"》的标题中使用,引发舆论震动。多数网民和媒体认为,此举将成为一个标志性的事件被后人记取,它体现了党报亲近网民,接受网络文化,也体现了社会的进步。也有文章认为,不能因为《人民日报》活用了网络语言,网络语言就能够在媒体语言中大用特用。

信息传递手段的更新,语言传播媒介和传播方式的变革,有可能改变人们的社会生活方式。

五 自然灾害和人道主义救援中的语言援助问题引起关注

自然灾害和人道主义救援,都需要语言援助。2010年4月青海玉树发生地震后,由于当地居民中藏族占94%,大多不懂汉语,语言障碍和语言援助问题凸显,已成为中国抗震救灾史上的一大焦点。

兰州市6家医院共接收了128位玉树灾民,可是其中80%在汉语交流上有困难。而这些医院中很多医生都是不懂藏语的,无法与病人很好交流。

国家民委及相关部门从全国各地民族院校懂藏语、身体好的师生中,组织起一支近千人的民族语言志愿者队伍,赶赴玉树参与语言救援工作。他们除了在搜救现场和医院做翻译外,还担负起心理疏导、照顾病患的工作,在玉树人道主义救援中发挥了至关重要的作用。

刚刚被从废墟里挖出来的小学生更松卓尕,立刻就加入了志愿者的队伍,用自己的语言优势,在玉树体育场内为各个医疗队担任翻译。在玉树,还有一些大多在三年级到六年级之间的小学生也积极充当翻译协助救援。

自然灾害和国际人道主义救援中,如何及时实施合适的语言援助,应引起国家相关部门重视,科学规划,研究预案,采取应对措施。

六 关注国际语言生活

中国正在走向世界。2010年国际语言规划和语言生活的研究逐渐增多,及时向国内介绍国际上发生的语言冲突、语言教育、语言能力、语言传播、语言规范、濒危语言保护等情况,《中国语言生活状况报告》参考篇在这方面起了引领作用。

七　媒体用字用语情况

媒体用字用语情况调查是语言监测的基础内容。报纸、广播电视、网络(新闻)的年度用字用语状况,可以反映媒体年度的语言使用实态;用字用语的频率变化、频序排位相对变化是由于媒体对社会生活的关注点的不断变化而表现在语言层面上的变化。透过这些字词语的使用状况可以看到年度的社会生活、时事面貌。同时,社会生活对语言生活的影响,也通过字词语的调查记录下来。

2010年度的用字用语调查是以国家语言资源监测语料库2010年度的语料为基础进行的。

1.汉字使用情况

本次调查全部语料中共出现了10 613个字种,覆盖率达到80％、90％、99％的字种数分别为601、972、2 431个。

媒体汉字使用情况有以下特点:

(1)覆盖率达到80％、90％、99％的高频汉字个数基本稳定。

(2)在高频汉字中,使用频率变化较大的汉字体现了年度用字特点,记录了社会生活。如在2010年中,使用频率明显增高的汉字有:"博、世、杯、住、控、涨、玉、树、灾、微、蒜、碳、娥、岛、虾"等,与2010年的"世博会、世界杯、保障房调控、玉树地震、救援、微博、大蒜、低碳、嫦娥二号卫星、冰岛火山灰、洗虾粉"等热点话题相关,记录了时代生活。

(3)低频汉字使用数量大。低频偶发的汉字大部分都出现在人名用字中。纵观历年用字调查,2010年的用字种数是最多的,在语料规模大致相同的情况下,汉字的使用数量渐多。低频汉字的不断增多,及其反映的媒体语言特点以及社会变化,值得关注。

2.词语使用情况

2010年度媒体词语使用情况的调查采用了新的分词系统。全部语料共计601 649 583词次,词种2 175 837个。其中在报纸、广播电视、网络(新闻)3种媒体中都出现的词语有218 275个,占全部词语的10.03％,3种媒体词语使用差别较大,这表明除了语文词和热点事件外,不同媒体都有各自关注的话题。

覆盖率达到90%的高频词语13 672个,占全部词种数的0.63%。这些词语使用了2 770个汉字,这些汉字中有2 683个出现在年度用字总表的前3 000位高频汉字中,其余分布在用字总表的3 001位到3 453位之间。3种媒体高频词语的使用具有较强的共性。

媒体的词语使用具有以下特点:

(1)高频词语数量及高频词语用字数量较稳定。高频词语数量稳定在1万余条,高频词语用字数量稳定在2 700个左右。这些高频词语在媒体中使用稳定,主要是语文词语,也包括少数专有名词和时间表达式。

(2)高频词语中使用频率变化较大的词语体现了年度的社会生活。如与2009年相比,2010年度下列高频词语使用频率有明显增加,这些词语反映了2010年的社会图景:微博、低碳、团购、加息、二手房、房贷、高铁、央企、准备金率、纠结、给力、上海世博会、亚运会、海地、玉树、舟曲、智利、希腊、泥石流、火山、国美、富士康、阿凡达、曹操。

(3)媒体中大量词语出现频率较低,占年度全部词种约92%的低频词语仅覆盖全部语料的1%。这些词语主要是人名、地名、组织机构名以及时间、数字表达式等。

新词语。2010年从国家语言资源监测语料库中提取出新词语500条。就词语长度看,数量排在前面的依次为三字词语、四字词语、二字词语;三字词语占52.80%,是全部年度新词语的一半多,而且几年来一直走高,这与近几年多用热门格式造词有关。2010年除了持续2009年的"被××、楼××、~门、~族"外,"~哥、~姐、~帝、~体"以及由"微博"衍生出的"微~"特别活跃。就结构方式看,仍以合成型中偏正式能产性最高,占总词数的59.40%,其次是后附加式合成词,占27.60%。就使用频次分布看,2010年度新词语出现频次分布状况与2009、2008年相似,都是两头小,中间大,但这种状态2010年度更明显,特别高频和特别低频的词都很少。这也体现了年度新词语的特点:在使用上,大多具有小众化的特点,还处在慢慢生长、逐渐发育阶段。

3.姓氏

本次对媒体中姓氏的使用情况进行了调查。在全部语料中出现了693 174个不同的名字(包括带姓的称谓,如"张先生"之类),这些名字共出现13 007 067次。姓氏752个,其中单姓492个,二字姓250个,三字姓10个。有些二字姓和三字姓是外来的。

排在前100位的单姓是：王、张、李、陈、刘、黄、周、杨、赵、吴、马、孙、胡、徐、郭、林、郑、朱、金、罗、何、韩、姚、梁、曹、宋、冯、许、谢、沈、高、杜、唐、温、邓、蔡、蒋、姜、于、方、曾、苏、丁、余、肖、叶、袁、韦、贾、陆、董、汪、彭、范、潘、白、鲁、石、吕、田、程、崔、魏、钟、江、谭、万、任、秦、章、孟、洪、雷、卢、钱、易、夏、尹、戴、顾、龙、侯、薛、廖、安、郝、汤、齐、邵、俞、邱、乔、梅、华、牛、毛、陶、孔、艾、康。

出现的二字姓如：欧阳、诸葛、司马、司徒、西门、上官、皇甫、公孙、慕容、夏侯、尉迟、端木、东方、申屠、令狐、东郭、呼延、拓跋、长孙、万俟。

八 少数民族语文教材状况

国家语言资源监测与研究中心对维吾尔语基础教育语文教材和藏语中学语文教材进行了调查。

1. 维吾尔语基础教育语文教材调查

维吾尔语调查选用的教材是新疆教育出版社出版的九年义务教育新课程标准普通班实验教科书（简称"普通班版"）的维吾尔语文教材和九年义务教育新课程标准双语班实验教科书（简称"双语班版"）的维吾尔语文教材。由于一年级教材主要以识字为主，词汇量非常小，没有纳入调查范围。调查的两种版本教材从小学二年级起到初中三年级，共8个年级，每个年级的教材分上下两册，两套教材合计32册，1 270篇课文，其中普通班版656篇，双语班版614篇。

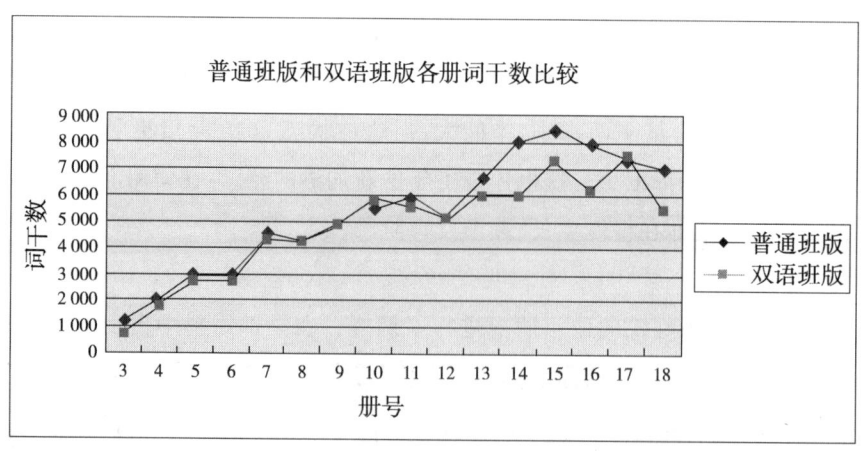

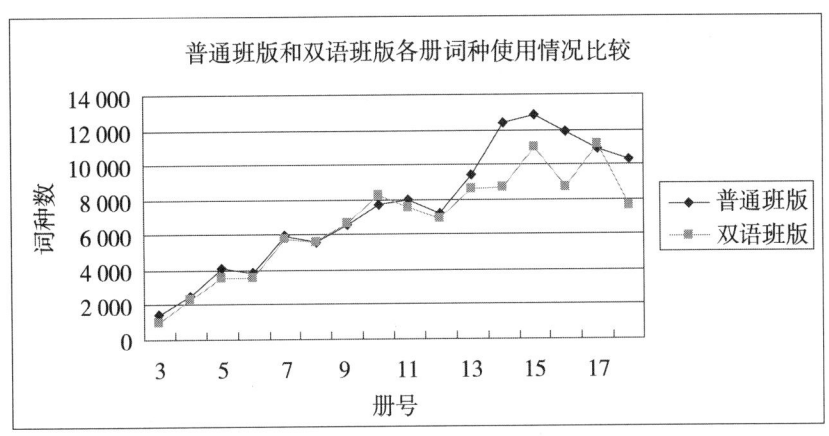

两套教材各册课文用词和词干的调查数据显示:随着年级增长,课文使用词干、词种均呈稳步增长态势,符合学生的认知规律。两套教材对比,普通班版教材的课文用词随年级册号的变化曲线上升相对平稳,课文的词干种与词种数量相对较大,而双语班版教材课文用词,特别是中学阶段用词变化曲线相对起伏较大,词种数量相对较小。

本次调查是我国首次开展的维吾尔语文九年义务教育教材使用情况的调查。它为教材的客观评价提供了定量的参考依据,为新疆地区维吾尔语普通班版、双语班版教材的科学规划与制定创造了条件,也为今后进一步提高维吾尔语文教材的编写质量奠定了一定的基础。

2.藏语中学语文教材调查

在2009年对藏语小学语文课本调查的基础上,2010年又对藏语中学语文教材进行了调查。其中初中教材是五省(区)藏语文编写委员会编著、青海民族出版社2006—2007年审定出版的五省(区)协作教材义务教育课程标准实验《语文》教科书;高中教材是五省(区)藏语文教材编写组编著、青海民族出版社2001—2002年审定出版的五省(区)协作教材全日制高级中学《语文》教科书。调查包括课文用词与"读和写"习题词汇两方面内容。

课文用词统计显示:藏语初中语文教材总词次191 062次,词种12 920个;藏语高中语文教材总词次205 072次,词种14 593个。此外,还调查了课文选材来源不同的词种、词次,各册词种、词次,独用词种、词次,以及频序在前的3 000词等。

调查结果显示:初中和高中阶段在词种数、新增词种数及前册词种复现数的分布趋势上具有一致性。初中各册词种数呈小幅度波浪形变化,分布比较均匀;

高中阶段词种数前3册呈线性递增趋势,第4册略有减少,第5册再次增加,第6册下降幅度较大。初中和高中阶段,前册词种复现率呈递增趋势,表明在词总量一定的情况下,随着年级的升高,积累的词汇量不断增加,到第5册均到达峰值;各册新增词种按线性比例递减。

本次调查为客观定量地评价藏语中学语文教材提供了思路,也为中学阶段的藏文制定量化字词教学目标提供了依据,为今后更好地提高藏语中学语文教材的编写质量奠定了一定的基础。

九 海外汉语教材与东南亚华文教材用字用词状况

1. 海外汉语教材用字用词及语用调查

(1)调查目的与调查对象

《中国语言生活状况报告(2006)》曾刊出了国内使用的对外汉语教材的调查报告,本次调查的是海外使用的汉语教材,即国外学者编写、国外出版、面向汉语为非母语学习者的、使用于正规学校的汉语教材。根据使用时间、范围、是否具有代表性以及是否为综合性通用教材等特点,本次调查选择了4套教材,分别是美国的《中文听说读写》和《互动汉语》/《心系中国》,英国的《步步高中文》和澳大利亚的《你好》。

海外汉语教材为了更好地适应学生的需要,大都会用几种不同的语言文字形式来表达同样的课文内容。有"简化字/拼音""简化字/繁体字/英/拼音""繁体字/英/拼音""简化字"等形式。说明、介绍、讲解、导读、题解等注释性内容则基本上用的是英文,语例用汉字或拼音。简繁汉字的同时使用,照顾到了海外华人社会繁体字还有相当使用的现实,能方便不同人群的使用。

(2)用字调查

4套教材共使用汉字1 680个,其中共用字627个,部分共用字599个,独用字454个,独用字占总字种数的27%。

海外教材的用字量都控制在比较小的范围,总字种数较少。

常用字集中。覆盖4套教材用字50%时只使用了68个字,覆盖90%时用字484个。

与国内基础教育阶段语文教材词表(下称"基础教育词表")相比,4套教材的常用字一定程度上反映出教材面向的是汉语非母语的成年学习者,更贴近海外学习者的生活特点。如"腐"字构成的词都与"豆腐"有关,这是因为教材中较多谈到中国饮食文化,而没有基础教育词表中的"腐烂、腐败、腐朽、腐化";"宜"字构成的词只有"便宜",这与购物有关,而没有"适宜、事宜";"签"字构成的词只有"签证",这与学生的跨国生活有关,而没有"签订、签署";"资"字构成的词有"工资、邮资、资历",而无"资源、资格、天资、资金";"牌"字构成的词有"登机牌",而无"扑克牌、金牌"。后者往往或是更抽象概括,或是离日常生活较远。"扑克牌"则是在中国内地才常用到的词。

4套教材的用字不少是在中国内地的字表或教材中较少使用到的字。

(3)用词调查

4套教材共使用词语4 497个,其中共用词557个,部分共用词1 315个,独用词2 625个,独用词占总词语数的58.37%。

与前几年的调查数据相比,海外汉语教材的独用词要高于国内出版的对外汉语教材,后者又要高于母语的基础教育教材。

双音词占总词语数的2/3,但使用频率最高的仍是单音词,单音词是双音词使用频率的5倍。

单频次词1 687个,占总词语数的37.51%。显示词语使用较稀疏,复现率低。

覆盖总语料50%时用词88个,覆盖至80%时用词624个。

对外汉语教学中如何处理好国别词与汉语的核心词、通用词的关系是值得注意的问题。一方面既要考虑到差异性,如国别、民族、地区、教学对象等的不同,同时又要考虑如何加强汉语核心词、通用词的教学。汉语核心词、通用词的数量不会也不宜太大,但一定得有,才能保证收到更好的学习效果,从而获得在更大范围内的良好交际效果。如何确定汉语的核心词、通用词,使用怎样的标准,确定多大的词量,是值得研究的问题。

2.东南亚小学华文教材课文用字情况调查

海外华文教材的语言状况是海外华人社会语言生活的重要内容之一,值得关注。调查选取新加坡、马来西亚、泰国、印尼、越南5个国家目前供小学阶段使用的8套华文教材作为调查对象。其中新加坡、泰国、印尼各两套,马来西亚、越南各1套。

字次和字种是各教材最基本的用字信息,反映了不同教材的华文教学性质。字种数最多的是马来西亚的《华文》,远超其他7套教材,其华文教学属于第一语言教学,识字量大,字种数多。越南、泰国、印尼华文教学以第二语言教学为主,识字量、字种数较少。新加坡介于二者之间,属于双语教学性质,因此,字种数也居中。

小学华文教材的高频字和共用字主要是口语用字、生活用字,符合小学生的心理特点和生活实际,如"爸、妈、老、师、学、生"是儿童最常用的称谓用字,"莉、丽"是人名用字,此外,"上、学、开、心、欢、喜、爱、点、头、家、花、树、自、然"等都体现了小学教材的特点。

分年级对比表明,6个年级用字的共性在入门阶段最多,随着学习时间的增加,字种的差异越来越明显,教材用字的个性也越来越鲜明。但是,各年级共用字的字种数比例虽然相差较大,其共用字字种的字次比例却惊人地一致,这说明,各个年级中,共用字占据了绝大多数的覆盖率,高年级的独用字虽然较多,但使用率很低。

东南亚小学华文教材和中国内地小学语文教材课文用字对比表明,中国内地小学语文字种数为4 230个,东南亚小学华文为2 993个,二者相差较大,共用字种数为2 920个,小学华文教材的独用字主要是东南亚人名、地名、事物名用字和文化用字。二者前3 000字的频序比表明,东南亚小学华文教材中的特色用字以称谓用字、地名用字、日常事物用字为主。这说明,和中国内地小学语文教材的母语教学性质、重读写能力培养不同,东南亚小学华文教材以第二语言及双语教学性质为主,更重听说交际能力培养,因此,教材以对话体为主,课文内容主要为日常生活或虚拟日常生活。

十　中文博客语言状况

博客调查语料来自新浪、网易和搜狐3家网站,这些网站都公布了名博列表。本次调查统计了这些列表中的1 929个博客用户全年发布的共计176 089个博客帖。调查内容包括博客用户发帖情况、博客用字用语情况以及博客标签使用情况。

1. 发帖量

年发帖量小于或等于50的用户约占总用户数的60%,发帖量小于或等于200的用户占总用户数的88.44%。发帖量最多的用户全年共发帖3 076篇,有72个用户全年共发帖1篇,平均每个用户发帖91篇。发帖量最多的用户主要是一些机构用户。

2. 博客帖长度分布

长度在1 000到2 000个字符之间的博客帖比例最大,约占总数的34%;长度小于4 000的博客帖占总数的88.63%。

3. 博客标签使用情况

博客标签通常体现了博客所关注的主题,有些是由用户自己填写的,有些是由博客网站自动添加的。博客语料中总共提取了421 308个标签,去重后共69 029种标签。绝大部分标签的长度为2到7个字符,约占总数的99.26%;大部分标签只被1个用户使用,约占标签总数的76.28%,这说明博客标签的个性化程度很强。前150个用户数最多的标签中,与娱乐相关的标签最多,其中大部分是娱乐界人名和电影电视名称。

国家和地方教育规划纲要中有关语言文字的规定

2010年7月29日,中共中央、国务院印发《国家中长期教育改革和发展规划纲要(2010—2020年)》(简称《教育规划纲要》)。这是今后一个时期指导全国教育改革和发展的纲领性文件。为了深入贯彻落实国家《教育规划纲要》精神,推动教育事业的跨越式发展,各省、自治区、直辖市政府教育主管部门结合实际,制定了本地中长期教育改革和发展规划纲要或实施意见(下文分别用省、自治区或直辖市名来称代)。

一 国家《教育规划纲要》关于语言文字的规定

1.1 关于国家通用语言文字推广

大力推广普通话教学,使用规范汉字。[《教育规划纲要》,第四章,(八)]

1.2 关于汉语国际传播

支持国际汉语教育。提高孔子学院办学质量和水平。加大教育国际援助力度,为发展中国家培养培训专门人才。拓宽渠道和领域,建立高等学校毕业生海外志愿者服务机制。[《教育规划纲要》,第十六章,(五十)]

进一步扩大外国留学生规模。增加中国政府奖学金数量,重点资助发展中国家学生,优化来华留学人员结构。[《教育规划纲要》,第十六章,(五十)]

教育国际交流合作。支持一批示范性中外合作办学机构;支持在高校建设一批国际合作联合实验室、研究中心;引进一大批海外高层次人才;开展大中小学校长和骨干教师海外研修培训;支持扩大公派出国留学规模;实施留学中国计划,扩大来华留学生规模;培养各种外语人才;支持孔子学院建设。[《教育规划纲要》,第二十一章,(六十六)]

1.3 关于双语教学

大力推进双语教学。全面开设汉语文课程,全面推广国家通用语言文字。尊重和保障少数民族使用本民族语言文字接受教育的权利。全面加强学前双语教育。国家对双语教学的师资培养培训、教学研究、教材开发和出版给予支持。[《教育规划纲要》,第九章,(二十七)]

加强对民族地区中小学和幼儿园双语教师培养培训;加快民族地区高中阶段教育发展,启动内地中职班,支持教育基础薄弱县改扩建、新建一批普通高中和中等职业学校;支持民族院校建设。[《教育规划纲要》,第二十一章,(六十六)]

1.4 关于外语教学

实施来华留学预备教育,增加高等学校外语授课的学科专业,不断提高来华留学教育质量。[《教育规划纲要》,第十六章,(五十)]

培养各种外语人才;支持孔子学院建设。[《教育规划纲要》,第二十一章,(六十六)]

1.5 关于全民阅读

倡导全民阅读。广泛开展城乡社区教育,加快各类学习型组织建设,基本形成全民学习、终身学习的学习型社会。[《教育规划纲要》,第八章,(二十三)]

为社会成员提供继续教育服务。开展科学普及工作,提高公众科学素质和人文素质。积极推进文化传播,弘扬优秀传统文化,发展先进文化。[《教育规划纲要》,第七章,(二十一)]

二 省、自治区、直辖市《教育规划纲要》关于语言文字的规定[①]

2.1 关于语言文字立法立规

开展终身教育、教育督导评估、民办教育、中外合作办学、学前教育、特殊教育、语言文字等方面的地方立法立规工作。[《上海》,五,(二)]

---

① 以下按省、自治区、直辖市教育规划纲要发布时间先后排序。

2.2 关于国家通用语言文字推广

加强普通话和规范汉字教学,提高学生语言文字应用能力。[《江苏》,第六章,(二十五)]

加强普通话和规范语言教学,切实提高学生语言文字应用能力。[《四川》,第四章,(九)]

重视师生语言文字的规范意识和应用水平的提高,大力推广普通话教学,使用规范汉字。[《江西》,第三章,(十)]

大力推进普通话教学,使用规范汉字。提高农村学校语言文字水平。[《湖北》,第三章,(八)]

加强祖国语言文字教育,大力推广普通话,培养学生正确使用汉语、汉字的习惯和能力。[《重庆》,第四章,第一节]

大力推广普通话教学,使用规范汉字。[《河北》《甘肃》《辽宁》《河南》《吉林》《内蒙古》等]

2.3 关于汉语国际传播

发挥江苏教育、文化优势,推进海外孔子学院和孔子课堂建设,提高办学效益和教育质量。建立高校海外志愿者服务机制。[《江苏》,第九章,(四十五)]

建设语言预科中心,为留学生适应汉语教学提供服务。研究开发"当代中国研究"课程,发展留学生中国文化体验基地,增进留学生对中国文化的理解和感受。[《上海》,二,(十)]

进一步开拓对外汉语教育。适应国际日益增长的汉语学习需求,扩大对外汉语教育的交流与合作。建立天津对外汉语教学组织联络机构,协调对外汉语教师选派和教育工作。探索在海外建立汉语培训基地。发展对外汉语远程教育,开展网上汉语教学。[《天津》,第十四章,(六十)]

加强黑龙江省汉语国际推广中心建设,以加强孔子学院和孔子课堂建设为核心,加快建设汉语国际推广网络体系,重点支持面向俄罗斯等周边国家的汉语国际推广项目。[《黑龙江》,三,(六)]

实施国际合作品牌建设计划,打造示范性中外合作办学项目,做强中俄大学校长论坛,建设特色孔子学院,提升教育国际影响力与竞争力;实施留学龙江计划,调整教育支出结构,设立来华留学省政府奖学金,设立来华留学预科教育基

地,全面提高教育对外服务能力。[《黑龙江》,四,(五)]

加强汉语国际推广工作,鼓励有条件的学校与外国学校合作建设孔子学院和孔子课堂。加强教育对外宣传,扩大陕西和汉唐文化国际影响。[《陕西》,十二,34]

办好海外孔子学院、孔子课堂,提升四川教育国际影响力和竞争力。培养更多汉语国际推广教师,发展汉语国际推广志愿者。[《四川》,第十六章,(五十一)]

加强汉语国际推广,办好孔子学院和孔子课堂;实施校长和骨干教师海外培训工程;实施留学四川计划,设立四川省外国学生来川留学奖学金;引进国际通行职业资格证书体系,促进职业院校部分专业课程与国际通行职业资格证书对接;发挥汉语国际推广基地作用,开展中小学跨文化交流活动;办好外籍人员子女学校。[《四川》,第二十一章,(六十七)]

发挥江西丰富的历史文化资源,建立汉语国际推广江西基地。推动省内高等学校海外办学或联合举办海外办学园区,支持已有孔子学院建设和新设孔子学院,有条件的中小学协助外国中小学开设孔子课堂。[《江西》,第十一章,(四十)]

积极探索汉语国际推广工作新机制,加快海外孔子学院(课堂)和汉语国际推广基地建设,开发独具中原文化和武术特色的多媒体汉语国际推广资源。[《河南》,第三部分,第十二章]

扩大来豫留学生规模;培训各种外语人才;支持孔子学院(课堂)建设。[《河南》,第四部分,(六十五)]

加强双语教学,发展多种语言教育。增强各级各类学生的国际语言交流能力,培养大批具有国际视野、通晓国际规则、能够参与国际事务与国际竞争的国际化人才。[《湖北》,第十章,(三十二)]

培养汉语国际推广人才,开发相应课程教材,积极开展对外汉语教学工作。建设好国际汉语传播基地,继续办好"汉语桥"世界大学生中文比赛,扩大湖湘文化和湖南教育影响力。积极开设"孔子课堂",创建"孔子学院",提高教学水平和办学质量。[《湖南》,四,(二十一)]

支持我区各级各类学校加强与发达地区间的校级交流合作,拓宽国际交流与合作渠道,重视加强与中东阿拉伯等世界穆斯林国家的教育文化交流。加大引进国内外智力和优质教育资源的力度,提高高等学校聘请外籍教师的比例。加强和改进外语教学,提高师生在教学科研和对外交流中的外语运用能力。积极争取永久性承办中阿大学校长论坛,提升我区教育的影响力。支持宁夏大学办好孔子学院,提高办学效益和教学质量。[《宁夏》,第八章,(三十五)]

加强汉语国际推广工作。面向东南亚及友好国家,推进孔子学院和孔子课堂建设,积极创建示范性孔子学院。积极建设对外汉语教学基地,深入开展汉语和中国文化国际推广活动。拓展海外华文教育,加强与新生代华人华侨和海外华人社团的联络沟通,充分发挥纽带桥梁作用,引导更多华人华侨为教育发展提供人才、技术、信息资源。[《福建》,第九章,三十三]

充分利用我省丰富的历史文化资源,加强汉语国际推广工作。建立健全汉语国际推广教师和志愿者队伍服务机制。推动孔子学院建设,提高孔子学院办学质量和水平。鼓励有条件的高校参与孔子学院建设,鼓励有条件的中小学协助外国中小学开设孔子课堂。[《安徽》,第十三章,(四十二)]

充分发挥广西的地缘、历史渊源、人才资源和政策优势,积极参与中国—东盟区域教育一体化的探索与建设,推动与东盟国家高校间学分转移和互认,鼓励大学间建立全面、务实的教育合作关系。加强东盟小语种及与其相融合的各类专业建设,培养中国—东盟合作各领域高级专门人才,使广西成为中国—东盟合作国际化人才的培养基地、向东盟国家输送汉语教师的输出基地、面向东盟国家的专业人才培养培训基地。[《广西》,第十一章,三十三]

国际交流与合作进一步扩大,培养具有国际视野和国际竞争力人才的能力显著提升,教育在吸引和聚集国际化高端人才中的作用更加显著,在京外国留学生规模达到18万人次。[《北京》,第一章,(二)]

实施"留学北京行动计划",完善外国留学生服务体系,加大政府奖学金资助力度。建设一批国际化的品牌学科专业和课程。进一步统筹首都院校孔子学院建设,全面推进汉语国际推广,稳步发展境外合作办学。[《北京》,第七章,(二十五)]

实施"中外合作办学促进计划",建设若干个中外合作办学品牌项目。实施"首都优秀学生留学奖励计划",培养具有国际竞争力的人才。实施"留学北京行动计划",提高学历生和研究生比例。实施"走出去"战略,全面推进汉语国际推广,稳步发展境外合作办学。[《北京》,第十二章,(四十五)]

实施"留学中国计划",继续扩大留学生规模。继续完善以推动学科建设、科研合作、管理队伍建设为目标的出国留学选派机制。扩大来华留学生政府奖学金资助力度,到2020年在我区留学生规模达到6 000人次。逐步建设一批国际化的学科专业和课程,鼓励高校探索建设一些用外语授课的特色专业。完善来华留学生服务体系,切实提高来华留学生教育教学质量。加强对外汉语师资培养和汉语预科基地建设,进一步加强我区高校在国外设立孔子学院工作,全面推进汉语国际推广。[《内蒙古》,第十七章,(四十七)]

充分利用山东丰富的历史文化资源,加强汉语国际推广工作,加快推进汉语国际推广山东基地和孔子学院总部国际青少年研修基地建设,扩大齐鲁文化的国际影响,促进教育国际交流合作。鼓励有条件的高校参与孔子学院建设,有条件的中小学协助外国中小学开设孔子课堂。[《山东》,第十三章,(四十六)]

完善留学生奖学金制度和资助政策,扩大外国留学生规模,实施来渝留学生预备教育制度,加强外籍学生汉语言能力教育和巴渝人文社会知识教育,促进巴渝文化走向世界。[《重庆》,第四章,第六节]

加强国际交流与合作平台建设,中外合作办学项目达到60个,海外孔子学院(孔子课堂)达到20所(个),缔结一批中外友好学校。[《重庆》,第五章,第六节]

此外,云南、新疆、吉林、河北、安徽、贵州、浙江、山西、辽宁、广东等地的《中长期教育改革和发展规划纲要(2010—2020年)》也都提到,积极建设对外汉语教学基地,深入开展汉语和中华文化国际推广活动,在海外建设具有专业特色的孔子学院和孔子课堂。

2.4 关于双语教育

大力推进"双语"教学改革和发展。坚持国家通用语言文字教学为主,同时学好民族语言文字,将国家通用语言文字作为教学语言,使少数民族学生基本熟练掌握并使用国家通用语言文字和本民族语言文字。支持民族地区学前"双语"幼儿园建设,积极推行民汉合园、民汉幼儿混合编班。争取对口支援省、市援建一批示范性"双语"幼儿园。鼓励民族中小学与普通中小学资源整合利用,实行民汉合校,改变教学环境,优化培养模式。加强"双语"教材和教师培养培训基地建设。到2015年,小学实现以国家通用语言文字为主、本民族语言文字为辅的"双语"教学,并加快对少数民族中学生实行国家通用语言文字教学、加快本民族语言文字的"双语"教育步伐。[《青海》,三,11]

加大对学前教育投入力度,逐步实行牧区学前一年"双语"免费教育。[《青海》,五,24]

国家和地方教育规划纲要中有关语言文字的规定

在全省实施中小学布局调整和校舍安全、学前教育发展、特殊教育学校建设、示范性高中建设、中等职业学校基础能力建设、支持高校服务地方经济发展基础建设、民族教育"双语"教学改革、基础教育信息化建设、教育技术标准化建设、农牧区教师周转房、中小学教师素质提升、青海教育园区建设等十二大工程。[《青海》,五,31]

尊重和保障少数民族使用本民族语言文字接受教育的权利。大力加强少数民族学校"双语"教学工作。加大对"双语"师资培养培训、教学研究、课程教材建设的支持力度。优先支持民族地区发展现代远程教育。[《黑龙江》,二,(八)]

加快推进全省义务教育阶段民族学校标准化建设工程,2015年率先实现建设目标;定向培养民族学校"双语"和紧缺学科教师。[《黑龙江》,四,(五)]

加强我省内地西藏班、新疆班的教育教学和管理,推进双语教学,推广国家通用语言文字。[《陕西》,九,27]

加快发展少数民族幼儿园和少数民族学校的双语教育。提高少数民族双语学校公用经费标准。进一步加强少数民族学校双语教师配备。鼓励支持高等院校少数民族毕业生到双语学校任教。加大对少数民族双语师资的培养培训力度。[《辽宁》,第九章,(三十二)]

民族学校根据当地语言环境、师资条件和群众意愿,选择双语教育模式。朝鲜族学校要创造条件用汉语教授部分课程,逐步实现授课用语"双语化"。推广中国少数民族汉语水平等级考试,少数民族高中毕业生的双语水平达到"民汉兼通",基本适应升学就业需要。鼓励民族自治地方汉族学生入少数民族学校学习,民族散居地区民族中学举办其他民族学生班。支持延边州幼儿园开展双语教育。[《吉林》,第九章,(二十四)]

继续做好东北三省朝鲜族中小学朝鲜文版教材编译、出版协作工作和审查工作,做好蒙古文版教材编译和审查工作。组织编写民族文字版的课外读物。[《吉林》,第九章,(二十五)]

大力推进双语教学。开设汉语文课程,推广国家通用语言文字。尊重和保障少数民族使用本民族语文接受教育的权利。全面加强学前双语教育。对双语教学的师资培养培训、教学研究、教材开发和出版给予支持。[《四川》,第八章,(二十六)]

建设一批特色专业、精品课程和双语示范课程。[《四川》,第二十一章,(六十八)]

民族团结教育得到明显加强,双语教学取得明显成效,到2020年,民族地区各级各类教育总体发展水平和少数民族受教育程度基本达到全省平均水平。[《甘肃》,第一章,(二)]

全面加强学前双语教育和中小学双语教育,全面推广国家通用语言文字,尊重和保障少数民族使用本民族语言文字接受教育的权利。全面规划民族地区和内地民族班双语教师队伍建设,制订双语教师合格标准和认定办法,探索建立双语教师保障制度。通过五省协作和依托甘肃民族师范学院、西北民族大学等民族院校,加快藏汉双语师资培训基地步伐,拓宽合格双语教师培养和培训渠道。编译、出版符合国家教育方针和民族中小学特点的双语教材。对双语教学的师资培养培训、教学研究、教材开发和出版给予支持。到2015年,民族地区幼儿园、中小学全部实现双语教学。[《甘肃》,第九章,(三十七)]

强化各级政府责任,落实民族政策,加大对民族教育的支持力度,切实解决民族教育面临的特殊困难和突出问题。公共教育资源优先向人口较少民族和"双语"教学民族学校倾斜。[《黑龙江》,二,(八)]

加强国家通用语言文字推广普及工作,尊重和保障少数民族使用本民族语言文字接受教育的权利。合理布局中小学壮文学校,支持双语教师培养培训、教学研究、课程教材开发,提高壮汉双语教学质量。[《广西》,第五章,(十三)]

建立双语教育支持服务体系,加强和改进双语教育,大力推行普通话教学,克服少数民族农村儿童语言障碍,切实提高双语教育质量。[《贵州》,第九章,(三十一)]

民族教育基础建设工程:边远少数民族农村学前双语教育扶助计划,举办免费双语学前班,向学前及小学低年级学生提供双语教材及课外读物……民族教育特需师资培养培训计划,开展"双语"教师,民族民间文化教育师资,民族中小学教师、校长,民族教育管理干部培训及异地交流学习。[《贵州》,第九章,(三十一)]

继续全面准确贯彻执行《中华人民共和国民族区域自治法》《中华人民共和国国家通用语言文字法》《西藏自治区实施〈中华人民共和国义务教育法〉办法》和《西藏自治区学习、使用和发展藏语文的规定》等法律法规的相关规定。全面加强国家通用语言文字教学,重视学好藏语文,科学开展双语教育,提高双语教育质量。建立完善各级各类教育相衔接、教学模式与学生能力发展相适应的双语教育体系。学校应根据有关规定,开设藏语文、国家通用语言文字课程,以藏语言文字和国家通用语言文字作为基本的教学用语用字,推广普通话教学,重视外语教学。深化双语教学改革,创新双语教育评价机制,进一步提高双语教学质量。加强双语教材和课程资源库建设,搭建双语教育资源学习平台和公共服务平台。推进双语现代远程教育,提高信息化、现代化水平。加强双语师资培训基地建设,实施全员轮训制度,着力提高双语教师综合素质。重视双语教育研究工作。[《西藏》,三,(九)]

全面加强双语教育工作,积极推进少数民族语文和汉语文授课的双语教学,尊重和保障少数民族使用本民族语言文字接受教育的权利,大力推广国家通用语言文字。蒙古族中小学要实行以蒙古语授课为主加授汉语,或以汉语授课为主加授蒙古语文的双语教学模式,使毕业生达到蒙汉兼通。重视双语师资的培养培训,加大蒙古语言文字教材建设和现代远程教育资源的开发建设力度。组织开展民族教育领域内的教学研究、协作交流、对外开放和特色院校建设活动。自治区推行"中国少数民族汉语水平等级考试"和"蒙古语文应用水平等级考试"。鼓励各民族学生自愿接受双语教育,互相学习语言文字。[《内蒙古》,第十章,(二十四)]

提升民族教育发展水平。增加自治区民族教育发展专项资金,重点促进双语授课教育。加强少数民族文字教材和辅导用书的编译、出版工作,加强双语教师培训,资助高校开展少数民族预科教育,逐步在少数民族语言授课高中教育阶段和学前教育阶段实行免费教育。[《内蒙古》,第二十三章,(六十五)]

全面提高少数民族教育质量和水平。率先在七地州及九县市普及学前两年双语教育,构建学前和中小学相互衔接、师资合理配置、教学资源配套的双语教育体系。加快南疆等边远贫困地区普及高中阶段教育进程。统筹区内外优质教育资源,加快培养少数民族人才。[《新疆》,第一章,(二)]

双语教育事关中华民族整体利益,事关国家统一和民族团结进步,对于增进中华民族的凝聚力、向心力,构建社会主义新型民族关系具有重要的战略意义。坚持双语教育服务新疆跨越式发展和长治久安的战略地位,立足当前、着眼长远,有效推进各学段双语教育。在具备条件的地方鼓励和倡导民汉合校、民汉学生混合编班、各民族相互学习。[《新疆》,第二章,(八)]

有效推进双语教育。到2012年,基本普及少数民族学前两年双语教育,接受学前两年双语教育的少数民族幼儿占同年龄段少数民族幼儿的85%以上;到2015年,少数民族中小学基本普及双语教育,接受双语教育的少数民族中小学生占少数民族中小学生的75%左右;到2020年,接受双语教育的少数民族中小学生占少数民族中小学生的90%以上,少数民族高中毕业生基本熟练掌握和使用国家通用语言文字。力争经过10年的努力,构建起各学段相互衔接、各学科相互渗透的具有新疆特色的双语教育体系。[《新疆》,第四章,(十四)]

切实提高各学段的双语教育水平。对接受过学前两年双语教育的学生,从小学一年级起,实行双语教育。在中小学,逐步扩大双语教育的覆盖面,对使用本民族语言文字教学、加授国家通用语言文字的学生,适当加大国家通用语言文字授课课时和课程门类,以提高学生掌握国家通用语言文字的能力。[《新疆》,第四章,(十五)]

少数民族语言文字教学是双语教育的重要组成部分。尊重和保障少数民族使用本民族语言文字接受教育的权利。推进双语教育,要重视本民族语言文字教学工作,保证教学课时和教学质量。在中小学普及双语教育的过程中,可以相应保留以本民族语言文字教学为主,加授国家通用语言文字的普通教学班,以适应家长和学生的选择。为在汉语言学校学习的少数民族学生开设本民族语文课,并鼓励母语为汉语的学生学习少数民族语言文字。[《新疆》,第四章,(十五)]

积极支持少数民族聚居地区办好学前双语幼儿园或学前班。有条件的地方倡导民汉合园、合校。积极鼓励民汉学生混合编班。高等学校要推进国家通用语言文字教学,除少数民族语言文学等专业外,专业课尽可能用国家通用语言文字授课。加快预科教育改革,逐步实现高等学校、中等职业学校少数民族学生跨越预科教育阶段直接用国家通用语言文字接受教育。[《新疆》,第四章,(十五)]

加强双语教育研究,完善双语教材体系,改进教学方法,改革教学内容,积极探索建立双语教育标准体系、课程体系、考核评价体系和督导评估机制,鼓励学校积极开展双语教育的改革试验,提高教学质量。[《新疆》,第四章,(十五)]

以少数民族学前双语教育为突破口,大力发展公办幼儿园,积极扶持民办幼儿园,将学前教育逐步纳入基本公共教育服务体系。[《新疆》,第五章,(十七)]

以国家农牧区学前双语幼儿园建设工程项目为基础,充分利用农牧区学校布局调整后的校舍和教师资源发展学前教育。[《新疆》,第五章,(十八)]

推动普通高中多样化和特色化发展,推进培养模式多样化,鼓励学校办出特色,形成一批科技、外(双)语、艺术和体育等见长的特色高中,满足不同潜质学生的发展需要。[《新疆》,第七章,(二十四)]

围绕自治区党政人才、企业经营管理人才、专业技术人才、高技能人才、农牧区实用人才队伍建设要求以及就业再就业的需要,以民族团结教育、双语学习和新知识、新技能培训为重点,有计划、分层次开展继续教育。[《新疆》,第十一章,(三十五)]

以农牧区教师和双语教师为重点,加强中小学教师队伍建设。完善师范生免费教育制度,深化师范院校人才培养模式改革,继续实施农牧区学校双语教师特培计划,加大农牧区学前和中小学教师培养力度。……用好国家中小学教师培训计划向新疆倾斜的政策,通过中央财政专项支持、对口支援省市帮助和自主培训相结合的方式,加大双语教师培训力度。实施国家、自治区级双语教师培训工程,扶持地区级培训,鼓励县级和校本培训,确保35岁以下中小学少数民族双语教师全员参训。扩大内地对口支援省市选派教师援疆支教规模,扩大大学生实习支教和志愿者支教规模,按需补充各学段、各学科短缺的双语师资。[《新疆》,第十七章,(四十八)]

建立和完善自治区统筹中小学及学前教师招聘管理机制,实施农牧区双语教师特设岗位计划。制定幼儿园编制标准,完善农牧区双语幼儿园教师编制管理。……统筹城乡义务教育学校教职工编制和职务(职称)结构比例,并适当向农牧区学校、双语学校倾斜。[《新疆》,第十七章,(四十九)]

加快基础教育资源库建设,引进优质数字化教学资源,加强网络教学资源开发,建设双语教育电视频道和教育资源库,使双语教育电视课程进课堂,实现优质教育资源共享,实现双语教育网络设施和资源"班班通"。[《新疆》,第十九章,(五十四)]

实施双语幼儿园、农牧区双语寄宿制学校、民汉合校普通高中、各学段双语教育衔接体系等建设项目。建设优质双语教育资源库。[《新疆》,组织实施重点工程项目]

开展义务教育教师的全员培训、双语骨干教师培训、校本培训、信息技术培训和校长研修培训等项目。实施农牧区双语特岗教师招聘计划,免费师范生教育计划。实施国家对口支援新疆双语教师工作方案,选派新疆教师赴内地相关省市接受培养、培训,对口支援省市选派教师赴疆任教。实施中小学心理健康教育师资培训工程。完善中小学双语教师培训基地建设。[《新疆》,组织实施重点工程项目]

积极推进民族地区双语教学。加强学前双语教学,为少数民族儿童搭建语言沟通的桥梁。尊重和保障少数民族使用本民族语言文字接受教育的权利。积极培养"民汉兼通"人才,加大通晓少数民族语言和汉语言的双语教师培养力度,加大投入建立省级、州(市)级双语教师培训基地。建立适应云南多民族、多语言、多文字的双语教育体制和课程体系,编译、出版符合国家教育方针和不同民族中小学特点的双语教材,并逐步向较高层次发展。[《云南》,第十章,(三十一)]

2.5 关于外语教学

建设一批国际化的学科专业和课程,支持高校建设一批用外语授课的特色专业。……加强和改进外语教学与师资培训,提高师生外语水平,加大双语教学课程比例,提高师生在教学科研和对外交流中的外语运用能力。[《江苏》,第九章,(四十二)]

支持高等学校与国外大学进行教师互派、学生互换、学分互认和学位互授联授。在高等学校和职业院校扩大外语授课的学科和专业。[《天津》,第十四章,(五十九)]

增加"吉林省政府外国留学生奖学金"数额,打造面向国际生源的品牌专业和精品课程,支持高等学校建设一批用外语授课的特色和优势学科专业,鼓励高等学校和高中招收留学生,创建来华留学生利益保障体系。[《吉林》,第十六章,(四十七)]

完善制度和优化政策,创新农村教师补充机制和流动机制,吸引更多优秀人才到农村学校从教,特别是加强农村中小学英语教师的培养和培训。[《甘肃》,第十二章,(五十二)]

培训各种外语人才。[《河南》,第十七章,(六十五)]

大力提高高校外语授课水平,增加高校外语授课的学科专业,着力建设一批吸引海外学生来鄂留学的特色学科群。[《湖北》,第十章,(三十四)]

充分发挥国家留学基金地方合作项目的优势,高等学校以建设重点学科、中小学校以开展外语教学为重点,选派教师和管理人员出国培训、研修和交流。积极引进国外高校的知名专家和外籍教师。鼓励高校提高具有境外学历背景的教师比例。[《湖南》,二,(二十一)]

加强和改进外语教学,实施学生海外修学、实习计划,增强学生国际交往和竞争能力。[《安徽》,第十三章,(四十三)]

加大外籍教师聘请力度,提高外语教学水平,逐步增加外籍教师到高校担任专业课教师的比例。[《贵州》,第十二章,(四十三)]

积极支持举办一批以外语、艺术、体育、科技等为特色的高中学校,鼓励有条件的普通高中适当增加职业教育的教学内容,探索综合高中发展模式,为学生发展提供多元选择的机会。[《山西》,二,(四)]

吸引优秀留学人员来渝服务,引进高水平教育管理专家,提高高等学校和有条件的高中阶段学校外籍教师的比例。鼓励和支持重庆高等学校聘请国际知名学者和教授来渝讲学、合作科研、任教和担任管理职位。依法引进境外优质教材。继续推进职业教育师资境外专业培训和语言培训。[《重庆》,第四章,第六节,61]

此外,河北、浙江、辽宁、黑龙江等地的规划纲要也都提到了鼓励普通高中发挥传统优势的同时,创建外语类优质特色高中。

2.6 关于学生语言能力

完善课程体系,改进教学方法,提高学生阅读能力以及普通话、规范汉字的应用能力,加强数学和科学技术教育,注重生存、生活所需要基本知识和能力的教育,把发展学生兴趣特长、创造思维和自主学习、独立思考、合作沟通能力贯穿到课程教学全过程。[《上海》,二,(三)]

2.7 关于全民阅读

制定学习型组织创建标准,党政机关带头,各级各类学校和科研院所示范,以社区为依托,发挥民间组织作用。倡导全民阅读,推动全民学习,促进学习型社会建设。[《江苏》,第五章,(二十四)]

倡导全民阅读,推动全民学习。重视老年教育。到 2020 年,基本形成人人皆学、处处可学、时时能学的学习型社会。[《青海》,三,13]

倡导全民阅读。各级各类继续教育学校要形成覆盖全市的有效学习网络,到 2020 年,率先形成全民学习、终身学习的学习型城市。[《天津》,第七章,(三十三)]

倡导全民阅读。广泛开展城乡社区教育,加快各类学习型组织建设,基本形成全民学习、终身学习的学习型社会。[《黑龙江》,二,(七)]

重视老年教育。倡导全民阅读。制定学习型组织创建标准和要求,加快推

进各类学习型组织建设,促进学习型省份的形成。[《吉林》,第八章,(二十二)]

倡导全民阅读。广泛开展城乡社区教育,加快各类学习型组织建设,为实现人人皆学、处处可学、时时能学创造条件,积极推进学习型社会建设。[《河南》,第六章,(二十三)]

制定学习型组织的标准和要求,倡导全民阅读,推动全民学习。建立公民学分积累与转换制度,搭建终身学习立交桥。加强宣传,为终身教育发展营造良好氛围。[《安徽》,第六章,(四十四)]

以党政机关、各级各类学校和科研院所为重点,倡导全民阅读,推动全民学习,加快学习型组织建设。加大教育宣传力度,为继续教育的持续发展,建立终身教育体系,营造良好氛围。[《宁夏》,第五章,(十九)]

积极开展全民读书、职工书屋、农家书屋等学习活动。[《福建》,第六章,二十二]

重视老年教育。倡导全民阅读。加快学习型社会建设。[《西藏》,三,(六)]

附录

江苏省中长期教育改革和发展规划纲要(2010—2020年),新华网教育频道2010年8月30日,http://news.xinhuanet.com/edu/2010-08/30/c_12497706.htm。

上海市中长期教育改革和发展规划纲要(2010—2020年),上海市政府门户网站2010年9月14日,http://www.shanghai.gov.cn/shanghai/node2314/node2315/node17239/node18078/userobject21ai442103.html。

青海省中长期教育改革和发展规划纲要(2010—2020年),新华网教育频道2010年9月23日,http://news.xinhuanet.com/edu/2010-09/23/c_12598473.htm。

天津市中长期教育改革和发展规划纲要(2010—2020年),新华网天津频道2010年10月26日,http://www.tj.xinhuanet.com/news/2010-10/26/content_21231287.htm。

广东省中长期教育改革和发展规划纲要(2010—2020年),腾讯教育网2010年11月9日,http://edu.qq.com/a/20101109/000203.htm。

黑龙江省中长期教育改革和发展规划纲要(2010—2020年),中国教育新闻网2010年12月1日,http://www.jyb.cn/info/dfjyk/201012/t20101201_402985.html。

陕西省关于贯彻《国家中长期教育改革和发展规划纲要（2010—2020年）》的实施意见，中国教育新闻网2010年12月20日，http://www.jyb.cn/info/dfjyk/201012/t20101220_406962.html。

辽宁省中长期教育改革和发展规划纲要（2010—2020年），中国教育新闻网2010年12月21日，http://www.jyb.cn/info/dfjyk/201012/t20101221_407207.html。

中共海南省委海南省人民政府关于贯彻落实《国家中长期教育改革和发展规划纲要（2010—2020年）》的实施意见，琼州学院网站2010年12月22日，http://www.qzu.edu.cn/html/jiaoyu/2011/0224/2548.html。

吉林省中长期教育改革和发展规划纲要（2010—2020年），吉林省人民政府门户网站2010年12月22日，http://www.jl.gov.cn/zwgk/gwgb/szfwj/lhfw/201012/t20101222_928928.html。

浙江省中长期教育改革和发展规划纲要（2010—2020年），中国教育新闻网2010年12月22日，http://www.jyb.cn/info/dfjyk/201012/t20101222_407329.html。

四川省中长期教育改革和发展规划纲要（2010—2020年），新华网新华教育2010年12月23日，http://news.xinhuanet.com/edu/2010-12/23/c_12911242.htm。

江西省中长期教育改革和发展规划纲要（2010—2020年），江西日报2011年1月7日，http://www.jxnews.com.cn/jxrb/system/2011/01/07/011560251.shtml。

甘肃省中长期教育改革和发展规划纲要（2010—2020年），教育部门户网站2011年1月10日，http://www.moe.edu.cn/publicfiles/business/htmlfiles/moe/s5520/201104/117408.html。

河南省中长期教育改革和发展规划纲要（2010—2020年），中国教育新闻网2011年1月13日，http://www.jyb.cn/info/dfjyk/201101/t20110113_410536.html。

湖北省中长期教育改革和发展规划纲要（2011—2020年），中国教育新闻网2011年1月19日，http://www.jyb.cn/info/dfjyk/201101/t20110119_411235.html。

湖南省建设教育强省规划纲要（2010—2020年），中国教育新闻网2011年1月25日，http://www.jyb.cn/info/dfjyk/201101/t20110125_412037.html。

宁夏中长期教育改革和发展规划纲要（2010—2020年），中国教育新闻网2011年2月14日，http://www.jyb.cn/info/dfjyk/201102/t20110214_413755.html。

福建省中长期教育改革和发展规划纲要(2010—2020年),教育部门户网站2011年2月16日,http://www.moe.edu.cn/publicfiles/business/htmlfiles/moe/s5520/201104/117405.html。

安徽省中长期教育改革和发展规划纲要(2010—2020年),安徽广播网2011年2月28日,http://www.ahradio.com.cn/news/system/2011/02/28/001360985.shtml。

河北省中长期教育改革和发展规划纲要(2010—2020年),中国教育新闻网2011年3月2日,http://www.jyb.cn/info/dfjyk/201103/t20110302_416703.html。

广西壮族自治区中长期教育改革和发展规划纲要(2010—2020年),中国教育新闻网2011年3月9日,http://www.jyb.cn/info/dfjyk/201103/t20110309_418563.html。

贵州省中长期教育改革和发展规划纲要(2010—2020年),教育部门户网站2011年3月10日,http://www.moe.edu.cn/publicfiles/business/htmlfiles/moe/s5520/201104/117403.html。

北京市中长期教育改革和发展规划纲要(2010—2020年),中国教育和科研计算机网2011年3月25日,http://www.edu.cn/zong_he_870/20110325/t20110325_592388.shtml。

中共西藏自治区委员会西藏自治区人民政府关于贯彻《国家中长期教育改革和发展规划纲要(2010—2020年)》的实施意见,中国教育新闻网2011年3月29日,http://www.jyb.cn/info/dfjyk/201103/t20110329_422390.html。

山西省中长期教育改革和发展规划纲要(2010—2020年),中国教育新闻网2011年4月8日,http://www.jyb.cn/info/dfjyk/201104/t20110408_424182.html。

内蒙古自治区中长期教育改革和发展规划纲要(2010—2020年),中国教育新闻网2011年4月12日,http://www.jyb.cn/info/dfjyk/201104/t20110412_424891.html。

山东省中长期教育改革和发展规划纲要(2011—2020年),教育部门户网站2011年4月12日,http://www.moe.edu.cn/publicfiles/business/htmlfiles/moe/s5520/201104/117398.html。

新疆维吾尔自治区中长期教育改革和发展规划纲要(2010—2020年),中国教育新闻网 2011 年 5 月 27 日,http://www.jyb.cn/info/dfjyk/201105/t20110527_433046.html。

云南省中长期教育改革和发展规划纲要(2010—2020 年),中国教育新闻网 2011 年 5 月 31 日,http://www.jyb.cn/info/dfjyk/201105/t20110531_433768.html。

重庆市中长期城乡教育改革和发展规划纲要(2010—2020 年),百度文库 2011 年 6 月 12 日,http://wenku.baidu.com/view/7912cc4e2e3f5727a5e96222.html。

(康军帅)

第一部分

工作篇

国家语委语言文字工作

一 《国家中长期语言文字事业改革和发展规划纲要(2010—2020年)》

从2008年10月开始,《国家中长期语言文字事业改革和发展规划纲要(2010—2020年)》研制起草工作,先后开展专题调研15项,召开专题研讨会38次,举办专题研讨班1期,召开省区市和高校座谈会多次,在国家语言文字工作委员会(简称"国家语委")全体委员会议和咨询委员会会议以及年度语言文字工作会议上多次征求意见,并向相关部委、地方语委、高校等139家单位书面征求了意见。在此基础上集中修改50余次,最终形成了《国家中长期语言文字事业改革和发展规划纲要(2010—2020年)》征求意见稿(简称《纲要》)。

《纲要》制定了"构建和谐语言生活"的指导思想,确立了"加快普及,提升能力,弘扬文化,服务大局,和谐发展"的工作方针,提出了未来10年国家语言文字事业改革和发展的目标和任务。

1.1 语言文字事业的地位和作用

《纲要》将语言文字事业提升到国家战略的高度,认为语言文字是人类最重要的交际工具和信息载体,是文化的重要组成部分和鲜明标志,是推动历史发展和社会进步的重要力量。语言文字事业具有基础性、全局性、全民性特点,事关历史文化认同传承和经济社会发展,事关国家统一和民族团结,事关国民个人素质提高和发展。普及国家通用语言文字,提高国民语言文字应用能力,促进语言文字规范化、标准化、信息化,构建和谐语言生活,是建设人力资源强国的基础,是国家软实力的体现,涉及国家安全和核心利益,在国家发展战略中处于极其重要的地位,具有不可或缺的作用。

1.2 涵盖的内容

《纲要》涵盖的语言文字工作内容较宽,即以国家语委工作职责为基础和重点,涵盖了部分少数民族语言文字工作,涉及汉语国际教育和海外华文教育中与国家通用语言文字有关的内容,增加了手语、盲文等特殊语言文字部分。

1.3 指导思想和工作方针

为适应日益纷繁复杂的社会语言生活和构建社会主义和谐社会的要求,根据语言文字自身发展规律,《纲要》总结了新中国成立、改革开放、《国家通用语言文字法》施行,特别是"十一五"以来语言文字工作改革创新的丰富实践,提出了"注重主体性和多样性的辩证统一""构建和谐语言生活"的指导思想和相应的工作方针。

1.4 语言文字工作任务

上世纪50年代提出了文字改革工作三大任务,1986年提出新时期语言文字工作五项任务,1997年全国语言文字工作会议上提出语言文字工作四项任务。这次《纲要》提出了六项任务,即推广和普及国家通用语言文字,提升国民语言文字应用能力,加强语言文字规范标准和信息化建设,加强社会语言生活的监管与服务,弘扬中华优秀文化,保护中华语言资源。为了完成这六大任务,《纲要》还提出了实施五大工程及相关行动,即国家通用语言文字普及与提高工程,语言文字应用能力提升工程,语言文字基础建设工程,中国语言普查工程,手语、盲文规范和推广工程,"中华诵·经典诵读行动"等。

1.5 保障措施

语言文字工作基础较薄弱,困难较大。各地语言文字工作机构高度关注《纲要》的保障措施。《纲要》提出的保障措施有"推进法制建设;健全管理体制、机制;加强科学研究;加强队伍建设;加强宣传工作;加大经费投入"等6项。

二 语言文字应用管理工作

2.1 城市语言文字工作评估

城市语言文字评估工作继续扎实、深入、稳步进行,成效显著。分别有1个一类城市(青海省西宁市)、35个二类城市、119个三类城市通过评估达标认定。天津市、江苏省分别完成对所有一类、二类、三类城市的评估认定工作,实现省(市)域内全面达标。截至2010年底,全国共有33个一类城市、226个二类城市、359个三类城市通过达标认定,分别约占全国一、二、三类城市总数的92%、68%、17%。

2010年评估推动建立城市语言文字工作机构23个,增加行政编制23个、事业编制5个,新设立或增加办公经费数272万元,增加专项评估经费422万元,推动160多个城市39.15万人开展公务员普通话水平测试,19.2万人开展窗口行业普通话测试。

6月,教育部语言文字应用管理司(简称"语用司")在江苏金湖召开了河北、黑龙江、上海、江苏等10个省(区、市)城市语言文字工作评估研讨会,交流了各地评估进展情况和工作经验,并对新时期城市语言文字工作评估提出意见和建议。各地进一步加大工作力度,巩固、深化、拓展城市评估工作成果。

2.2 字母词使用的新规定

为了规范行政机关公文用字,加强对字母词使用的审核把关,国务院办公厅秘书局4月16日印发了《关于加强对行政机关公文中涉及字母词审核把关的通知》(国办秘函〔2010〕14号),教育部办公厅发出通知(教语用厅函〔2010〕2号)转发此文件。

国务院办公厅秘书局文件要求:(1)行政机关强化依法使用国家通用语言文字的意识,在制发公文时自觉使用规范汉字,为全社会做出表率;(2)各级行政机关要严格执行有关规定,制发公文时一般不得使用字母词,确需使用字母词的,应在文中首次出现时以括注方式注明已经国务院语言文字工作部门或者其他有关部门审定的汉语译名;(3)国务院语言文字工作部门要会同有关部门组织制定外语字母词的译写规则,对新出现的字母词及时翻译,定期向社会推荐规范译名及汉语简称;(4)加强对公文中涉及字母词的审核把关,发现不符合规定和要求的,应及时予以纠正。

教育部文件要求:(1)将国务院办公厅秘书局文件精神传达各相关单位,并以此为契机加强国家语言文字法律法规宣传,增强有关部门和人员依法使用国家通用语言文字、慎用字母词的意识;(2)对本地区、本单位公文进行一次全面的自查自纠,建立落实国务院办公厅秘书局文件要求、严格规范使用公文中涉及的字母词的规章制度;(3)各教育厅(教委)、语委有效行使管理本地区、本单位语言文字使用的职责,遵照国务院办公厅秘书局文件精神,加强对本地区、本单位其他政府机关公务活动、各级各类学校教育教学活动、媒体宣传及公共服务行业使用国家通用语言文字的指导、监督、检查,对不符合要求使用字母词的情况予以纠正。

2.3 学校语言文字规范化

全国绝大多数省份明确了省级示范校评估标准和细则,扎实推动了省级示范校创建工作的有序开展。全国多数省份把创建语言文字示范校的相关要求列入省级教育督导指标体系,本着"分类指导,重在建设;以评促建,重在过程;典型示范,重在实效"的原则,2010年,全国已认定省、市级语言文字规范化示范学校5 443所。

2.4 计算机辅助普通话测试

自2007年1月"计算机辅助普通话水平测试系统"开始正式在普通话水平测试中使用以来,已有天津、河北、山西、辽宁、吉林、上海、江苏、浙江、安徽、江西、山东、湖北、广东、广西、重庆、贵州、云南、陕西、甘肃等19个省(自治区、直辖市)相继作为试点,2010年使用计算机辅助测试系统人员达163.7万人次。

2010年,全国各地普通话水平测试共达417.98万人次,其中公务员17.85万人次,教师41.36万人次,学生335.5万人次,广电系统0.44万人次,社会其他人员22.83万人次。

截至2010年底,全国各地累计测试3 522.46万人次。全国共建立测试站1 462个,其中市级测试站419个,高校测试站997个,行业测试站46个。全国现有测试视导员1 283人,普通话水平测试员4.76万人,其中国家级测试员0.43万人。

2.5 少数民族教师普通话培训

7月至9月,教育部语用司委托内蒙古、广西、海南、四川、贵州、云南、西藏、甘肃、青海等9个民族地区开展了少数民族教师普通话培训工作。各地教育厅积极配合,共培训少数民族教师978人。通过学习、交流和训练,全体学员对国家语言文字方针政策有了更加深入的认识和理解,明确了自身存在的语音、词汇、语法等方面的问题和解决办法,为今后进一步提高普通话水平奠定了良好的基础。

2.6 汉语能力测试

汉语能力测试是教育部、国家语委正在研制的一项国家级语言类标准化水平测试。2010年,测试相关工作取得重大进展。一是研制通过了《汉语能力标准(试行)》《汉语能力测试大纲(试行)》,初步拟定将汉语应用能力划分为6个等级,分别从听、说、读、写4个方面进行测查。二是设计了《汉语能力测试评价方案》,陆续完成了6个计算机信息系统(考务管理系统、考试系统、命题系统、题库管理系统、评分管理系统、评价报告生成系统)的规划和需求设计工作,分析探讨了运用计算机自适应测验方法的可行性。三是制订了《"汉语能力测试"项目宣传方案》,召开了"全国社会考试项目推介会"等会议。四是组织开展了首批目标人群为四级、五级水平的试点测试,反馈情况良好。

2.7 汉语口语水平测试

汉语口语水平测试以母语非汉语人群为主要对象,以华人华裔在日常生活领域运用汉语口语交际为主要测试内容,将汉语口语水平规定为3等9级,即初、中、高3等,每等分3级。测试词语表分初等(2 100条)、中等(3 100条)、高等(3 100条)3个等级,共8 300条词语。

为了促进汉语国际教育的规范化、标准化,帮助母语非汉语人士和华人华裔学习汉语,提升汉语的国际语言地位,稳步推进汉语口语水平测试工作的开展,教育部语用司印发〔2010〕1号文件《关于开展汉语口语水平测试首批试点工作的通知》,将北京、天津、上海、重庆、江苏、山东、福建、广西等省(自治区、直辖市)及武汉市作为首批汉语口语水平测试试点地区。试点地区的考生参加考试,获得由国家语委颁发的汉语口语水平测试等级证书。截至2010年12月31日,上海市语言文字水平测试中心、厦门大学、集美大学等相继设立了国家汉语口语水平测试考点,5 282人次接受测试。

2.8 汉字应用水平测试

2007—2009年教育部对汉字应用水平测试开展了试点工作,累计在全国13个省(自治区、直辖市)50多个城市测试9万余人次。

2010年9月14日,在北京召开了汉字应用水平测试试点工作领导小组会议,教育部副部长、国家语委主任李卫红出席会议并发表重要讲话。截至2010年12月,北京、天津、黑龙江、上海、江苏、江西、甘肃等7个省(自治区、直辖市)组织开展测试工作,共有6 747人获得成绩认证。参测人群覆盖党政机关、学校、新闻媒体、公共服务行业等重点领域,社会反映良好。

2.9 两岸合作编纂中华语文工具书项目启动

为了落实第五届两岸经贸文化论坛《共同建议》,2010年国家语委牵头启动了两岸中华语文工具书合作编纂工作。与台湾相对应,大陆也分别成立了词典编写、信息技术、科技名词对照、组织协调4个工作小组,大陆词典出版单位定为高等教育出版社。经多次会谈,达成以下多项共识:

(1)用1到2年的时间,编纂小型语文工具书《两岸常用词汇词典》,于2011年底前出版。

(2)用3到5年的时间,编纂中型语文工具书《中华语文大词典》。

(3)以云数据库形式建设"中华语文知识库",把两岸合编的两部词典、科技名词对照的成果等放入云数据库中,通过互联网提供给全球华语爱好者使用。计划2011年底前启用云数据库。

(4)继续开展各学科的名词对照工作,并编辑出版《中华科技常用词典》《两岸科技名词大辞典》。

两岸词典编写组商定了词典的编写凡例、原则,确定了收词范围,拟出了样稿,交换了样条,目前正大规模编写词条。信息技术组建立了"中华语文"网站,形成了"中华语文知识库"的雏形,重点研究和梳理了云数据库建设中的问题和困难,为词典编写组提供技术支持。科技名词对照组已开始编纂《中华科技常用词典》,并与台湾商定了编写时间进度。组织协调组与工业和信息化部等部门进行了沟通,争取在政策、技术等方面获得支持。

2.10 成立国家手语和盲文研究中心

7月16日,由教育部、国家语委、中国残疾人联合会共同建立的"国家手语和盲文研究中心"在北京师范大学举行了中心共建暨揭牌仪式。中国残疾人联合会党组书记、理事长王新宪,教育部副部长、国家语委主任李卫红,北京师范大学党委书记刘川生,教育部相关司局、中国盲人协会、中国聋人协会、北京市教育委员会相关负责人,语言学界著名专家,盲文手语研究专家,以及来自特殊教育院校的领导和师生,与残疾人事业相关的出版界、企业界代表100多人出席了会议。

手语、盲文的使用涉及3 000万聋人、盲人的切身利益。李卫红在会上要求各级教育部门和语委要结合当地实际,将手语和盲文纳入语言文字工作规划,统筹安排,开拓创新,加快推动手语和盲文工作发展。用特殊的感情关心和爱护残疾人群体,用创新的精神来发展特殊教育,大力推进手语和盲文的规范和推广普及工作。

三　语言文字信息管理工作

3.1　修改完善《通用规范汉字表》

按照"认真对待,综合分析,实事求是,慎重处理"的原则,教育部语言文字信息管理司(简称"语信司")组织专家分析整理了2009年公开征求意见中征集的3 141件社会意见和建议,修改完善了《通用规范汉字表》,进一步增强了字表的精确性和实用性,更好地解决了人民群众特别关心的问题。字表的发布对贯彻实施《国家通用语言文字法》,促进汉语教育、汉语国际传播以及汉字国际标准化等具有重大意义。

3.2　发布《汉语国际教育用音节汉字词汇等级划分》和《汉语口语水平等级标准及测试大纲》

经教育部、国家语委批准,《汉语国际教育用音节汉字词汇等级划分》《汉语口语水平等级标准及测试大纲》两项语言文字规范,于2010年10月19日发布,自2011年2月1日起实施。

《汉语国际教育用音节汉字词汇等级划分》规定了汉语国际教育用音节、汉字、词汇的等级划分,给出了分级的音节表、汉字表、词汇表,主要适用于汉语国际教育教材编写、课堂教学、课程测试、工具书编写、音节库和词库建设,也可供我国少数民族汉语教学参考。《汉语口语水平等级标准及测试大纲》规定了母语非汉语人群及华人华裔在日常生活领域运用汉语口语交际的水平等级标准及其测试大纲,适用于母语非汉语人群及华人华裔的汉语口语水平测试。两项规范都是用于汉语国际教育的语言文字规范,它们的发布将有利于促进汉语国际教育的规范化、标准化,有利于帮助母语非汉语人士和华人华裔学习汉语,对汉语的国际传播具有重要意义。

3.3 完成《标点符号用法》等4项国家标准的修订

完成《标点符号用法》《出版物上数字用法》《汉语拼音正词法基本规则》《中国人名汉语拼音字母拼写规则》4项国家标准的修订工作。这4项标准的社会应用最为广泛,发布这些标准,对促进新闻出版、文化教育、中文信息处理等众多领域语言文字的规范化、标准化将发挥重要作用。

3.4 发布2009年度中国语言生活状况报告

11月25日,2010年教育部第8次新闻发布会发布了2009年度中国语言生活状况报告。2009年的中国语言生活呈现出和谐有序、健康稳健、生机勃勃的发展态势。语言文字工作亮点突出,成效显著,引起社会广泛关注。民族语文工作多方面开展,新闻出版、广播电视领域进一步加强了对语言使用的管理,汉语国际传播规模稳步扩大,海外华文教育迎来难得的发展机遇。年度语言热点不断涌现,语言生活出现新领域和新动向。国家语言资源监测与研究中心对2009年度若干媒体和教材语言文字使用情况进行调查得到的具体数据也同时发布。这是教育部、国家语委第5次向社会发布年度中国语言生活状况报告。

3.5 发布2010年度中国媒体十大流行语

12月30日,国家语言资源监测与研究中心、北京语言大学、中国传媒大学、华中师范大学、中国新闻技术工作者联合会、中国中文信息学会在北京语言大学召开新闻发布会,联合发布2010年度中国媒体十大流行语。这些流行语真实记录了2010年度的世界万象和社会变迁,客观反映了时代发展中国际和国内社会的诸多热点。

3.6 "蒙古语语言知识库的建立"结项

5月20日,教育部、国家语委民族语言文字规范标准建设及信息化重点项目"蒙古语语言知识库的建立"在呼和浩特通过验收。鉴定专家认为:该项目在将语言知识资源建设与工程技术研发有机结合,保证各类资源的统一,实现在统一平台上语法、语义和语用知识的综合集成等方面具有创新性,填补了蒙古语语言知识资源开发方面的空白,对于推动蒙古语语言信息处理教学和研究,以及蒙古文电子政务、移动通信、网络媒体等相关领域的发展,将会起到积极的作用。该项目由内蒙古大学、内蒙古社会科学院、内蒙古师范大学等单位的科研工作者经过4年的协作完成。

3.7 开展少数民族双语教学情况调研

4月中下旬,教育部语信司、民族教育司和相关专家共同组成调研组赴广西、贵州、云南调查少数民族语言文字使用和少数民族双语教学情况。调研后发现,学好国家通用语言文字已经成为少数民族地区干部群众的共识,多年来国家通用语言文字推广工作成绩斐然;同时在少数民族聚居地区开展少数民族语言教学也很必要,有利于克服语言障碍,使儿童更好地接受现代科学文化知识,培养民汉兼通的人才。我国少数民族地区的双语教学应因地制宜、分类指导,推进双语教育迈上新台阶。

3.8 成立国家语言资源监测与研究中心少数民族语言分中心哈萨克文/柯尔克孜文研究基地

9月20日,国家语言资源监测与研究中心少数民族语言分中心哈萨克文/柯尔克孜文研究基地在新疆大学挂牌成立。

该研究基地将依托新疆大学哈萨克语、柯尔克孜语的研究基础,动态定量分析和统计现代哈萨克语、柯尔克孜语,监测、分析和研究大众传媒、图书杂志和互联网上出现的外语词、流行语、新词语以及现代哈萨克文、柯尔克孜文中出现的新现象,为哈萨克语和柯尔克孜语言文字的信息化建设提供服务。这是继藏文和维吾尔文研究基地之后,国家语言资源监测与研究中心少数民族语言分中心成立的第3个少数民族语言研究基地。

四 重要会议

4.1 国家语委 2010 年度全体委员会议

5月6日,国家语委召开2010年度全体委员会议。教育部副部长、国家语委主任李卫红和国家语委副主任王登峰、李宇明,国家民族事务委员会(简称"国家民委")、民政部、文化部、国家质量监督检验检疫总局、中国科学院、共青团中央等成员单位的委员、代表、联络员以及教育部相关司局及事业单位负责人出席了会议。

李卫红在讲话中充分肯定了国家语委全体委员会议和各位委员、联络员一年来做出的积极贡献,强调了2010年的3项工作重点,即(1)研制《国家中长期语言文字事业改革和发展规划纲要(2010—2020年)》;(2)开展《国家通用语言文字法》颁布10周年宣传纪念活动;(3)做好《外国语言文字使用管理规定》调研和起草工作。李卫红希望各成员单位和委员、联络员继续关注和支持教育部的工作,继续发挥指导、协调作用,对语言文字工作形成强有力的支撑。

与会代表充分肯定了国家语委在《纲要》起草过程中所做的工作,结合各部门实际,对《纲要》提出了很多建议和具体修改意见,建议加强《国家通用语言文字法》颁布10周年纪念活动的宣传力度,进一步扩大《国家通用语言文字法》的影响。同时表示,将继续加强沟通协调,主动配合国家语委做好各部门的语言文字工作。

4.2 国家语委2010年度语言文字工作会议

3月9日,国家语委2010年度语言文字工作会议在北京召开。教育部副部长、国家语委主任李卫红出席会议并做题为《围绕中心,服务大局,改革创新,促进语言文字工作科学发展》的讲话。

李卫红强调,要根据形势发展变化,根据国家中心工作对语言文字工作的要求,认真思考今后一段时期语言文字工作的切入点、突破口及工作目标。要对语言文字工作进行科学定位,尊重语言文字工作自身规律,保持中国特色,把握和体现时代性,以改革创新带动科学发展。

李卫红部署了2010年的工作,主要是:结合《国家中长期教育改革和发展规划纲要(2010—2020年)》实施,制定和发布《国家中长期语言文字事业改革和发展规划纲要(2010—2020年)》;以《国家通用语言文字法》颁布10周年为契机,推动国家语言文字方针政策、法律法规、规范标准的宣传贯彻取得重大进展;做好语言文字规范化、标准化、信息化工作,做好《通用规范汉字表》修改完善和报批工作及宣传贯彻等;以农村和少数民族地区为重点,大力推广普及国家通用语言文字;进一步深入开展"中华诵·经典诵读行动",明确目标要求,进行整体规划,创新工作方式,搭建工作平台,探索建立长效机制,逐步将活动引向深入;积

极推动两岸语言文字交流;加强语言文字科研、语言生活监测和语言服务工作;着力构建汉语立体测试体系。

李卫红强调,语言文字工作要按照党中央要求,围绕国家发展大局,服务经济社会发展,要与教育和文化的发展紧密结合,增强协调、创新能力和服务能力,同时要加强调查研究,提高科学执政的水平。

国家语委成员单位联络员,各省、自治区、直辖市教育厅(教委)负责人,相关省区民(语)委负责人,各省级语委办及语言文字培训测试中心主任,相关省区民(语)委办主任等出席会议。

4.3 国家语委"十二五"科研工作研讨会

12月9日至10日,国家语委"十二五"科研工作研讨会在北京召开。教育部副部长、国家语委主任李卫红,教育部语信司、语用司、语言文字应用研究所的负责同志,有关省(区)教育厅分管领导、语委办主任,有关学术机构负责人以及专家学者共计60余人参加了会议。

李卫红发表了题为《奋力推进国家语委科学研究工作,全面支撑国家语言文字事业发展》的讲话。李卫红指出,"十二五"时期语言文字科研工作要以服务国家、服务社会、服务群众为使命,以全面保障国家语言文字事业发展为目标,以语言文字规范化、标准化和信息化为主线,以科研基地建设和语言工程建设为基础,解放思想,改革创新,巩固成果,注重质量,为构建和谐语言生活提供强有力的学科支撑、理论支撑、咨询支撑。语言文字"十二五"科研规划要具有战略性、前瞻性、引导性,要与教育和语言文字中长期规划纲要紧密衔接,围绕主要命题,集中力量开展研究工作。

李卫红强调,要从3个方面加强科研组织管理,促进科研体制创新。首先,要加强国家语委科研基地建设,把基地建设成语言研究和学科发展的国家队。其次,要加强学科建设和人才培养,提倡基础研究和应用研究相结合,鼓励跨学科、跨领域、跨地区、跨国度研究工作,充分发挥高等学校、科学研究院所、学术团体的作用。第三,要加强科研工作的组织领导,国家语委科研主管部门要强化服务意识,提高协调能力,不断完善科研管理的体制机制;省级语言文字工作部门也要把科研工作作为本级语委的重要任务。

国家语委副主任、教育部语信司司长李宇明介绍了国家语委语言文字应用"十二五"科研规划制定及科研基地建设构想。与会专家认真研究讨论了国家语委语言文字应用研究"十二五"科研规划和项目指南、国家语委科研基地布局和管理办法,认为这些材料对"十二五"期间的形势分析全面深刻,对语言文字应用研究和科研基地建设的规划具有战略高度、国际视野,体现了全面服务国家语言文字事业发展的精神。专家们提出了很多好意见、好建议。

4.4 国家语委咨询委员会第十次会议

2月9日,国家语委咨询委员会第十次会议在北京召开。第十届全国人民代表大会常务委员会副委员长、国家语委咨询委员会主任许嘉璐,国家语委咨询委员会副主任柳斌、朱新均,教育部副部长、国家语委主任郝平,13位国家语委咨询委员以及教育部相关司局和事业单位负责人出席了会议。

国家语委副主任、教育部语用司司长王登峰和国家语委副主任、教育部语信司司长李宇明先后汇报了两司2009年工作情况和2010年工作要点。语用司副司长张世平代表《国家中长期语言文字事业改革和发展规划纲要(2010—2020年)》起草组,向咨询委员和与会同志汇报了《纲要》的前期调研、起草过程和文本现状。

会议认为,制定《纲要》,要从社会语言生活现状出发,紧紧围绕国家中心工作的大局,遵循语言文字工作的基本规律,理清思路,抓大事,进一步促进语言文字工作的改革与发展,更好地满足人民群众日益增长的语言文字方面的需求,使语言文字工作更好地为社会主义现代化建设服务。会议赞成《纲要》提出的保障公民语言权利、提高国民语言文字应用能力和水平的思路和措施,建议进一步增强国家语委的协调能力,以保证此《纲要》的实施和落实。

会议认为,要从保护国家语言资源和维护国家文化安全的高度来重视语言文字规范标准研发、推行工作并使之成为公共政策。会议肯定了国家语委近年来创新推广普通话载体,把语言文字规范化工作与弘扬中华民族优秀文化传统、对青年一代进行爱国主义教育相结合的做法。提出要真正把经典诵读活动作为推动素质教育的有效手段,与学校教育教学活动和校园文化建设有机融合,进一步提升教师学生的语言文化综合素质,并将学校的活动成果积极辐射到社会。

许嘉璐指出,要充分考虑未来50年中国的语言文字状况及工作面临的国内外语言文字发展趋势,在做好形势判断的前提下制定起草好《纲要》。要进一步解放思想,注重创新,争取在语文立法、工作体制和机制建设方面有改革和突破。要广泛听取语言文字专家学者和广大语文使用者的意见,规划的出台要谨而慎之,充分做好舆论宣传。要进一步加强语言文字科研工作,面向语言生活实际,具有针对性。要高度重视两岸语言文字的交流,重视青少年的语言使用问题。

4.5 中国语言战略论坛暨语言文字工作研讨会

8月18日,中国语言战略论坛暨语言文字工作研讨会在上海召开。会议由国家语委主办,上海市语言文字工作委员会(简称"语委")、上海市教育委员会(简称"教委")承办。国家语委成员单位联络员、各省级和计划单列市教育行政部门、语言文字工作部门以及各省级语言文字测试中心负责人出席会议。

国家语委副主任、教育部语用司司长王登峰,国家语委副主任、教育部语信司司长李宇明,上海市语委副主任、市教委副主任张民选做了大会主旨演讲。

王登峰分析了《国家中长期教育改革和发展规划纲要(2010—2020年)》与语言文字工作之间的关系,针对《国家中长期教育改革和发展规划纲要(2010—2020年)》中"教育与教学活动、教师资质与培训、学生综合素质"3大主题提出语言文字工作具体的应对措施。王登峰指出,当前语言文字工作要在加强国民语言能力和弘扬中华优秀文化传统两方面有所作为,这既可以拓宽语言文字工作领域,又可更直接服务于经济社会发展大局。

李宇明认为,当前语言文字工作包括两大方面,一是关于人的语言文字工作,二是关于机器的语言文字工作。提出当前语言文字信息管理的工作方针应"以信息化为主线,以规范标准建设为核心,以评测认证为抓手,以科学研究和语言工程建设为基础",强调语言文字的规范标准建设是语言文字工作的基础。

张民选分析了上海语言生活的特点,预测了上海未来的语言格局,提出了未来上海语言战略体系构想,即"一个目标、两个意识、三项对接、三大任务、四项措施、十大行动"。

与会代表分组讨论了当前语言文字工作的重大问题。

4.6 首届中国语言生活学术研讨会

10月16日至17日,时值国家语委发布《中国语言生活状况报告》5周年之际,首届中国语言生活学术研讨会在中国人民大学召开。教育部副部长、国家语委主任李卫红出席开幕式并讲话。李卫红指出,由政府部门发布国家的语言生活状况报告,这在中国历史上还是第一次,是当代中国语言规划的具体举措,是在工作实践中解决时代新课题的有益探索,体现了新世纪国家语言文字工作"重在引导、重在服务"的新理念。这项工作为国家语言文字政策的制定和调整提供了重要参考,及时为社会提供语言咨询服务,取得了良好的社会反响,在国际上也得到了赞誉。这项工作要持之以恒地做下去,并要根据语言生活的发展变化不断创新。《中国语言生活状况报告》的开发利用和改进是本次研讨会的重要议题。

与会代表还探讨了当前语言使用和发展中出现的新现象和新问题。研讨会由教育部语信司、中国人民大学、武汉大学、北京语言大学和商务印书馆主办,中国人民大学文学院承办,来自中国内地、香港和澳门的50多位语言学及相关领域的专家学者参加了会议。

4.7 语言资源监测与服务论坛(2010)

9月17日至18日,由国家语言资源监测与研究中心主办的语言资源监测与服务论坛(2010)在北京举行。论坛充分肯定了国家语言资源监测与研究中心5年来取得的成果,期望中心在语言资源的应用与服务上大胆探索、积极开拓,主动联合社会各方力量,深入调查社会各界的语言需求,将语言资源的数据和成果与全社会共享,实现语言监测工作的可持续发展。

4.8 第四届语言与国家高层论坛暨第三届全国应用语言学系主任(所长)论坛

10月9日至10日,第四届语言与国家高层论坛暨第三届全国应用语言学系主任(所长)论坛在华中师范大学举办。教育部副部长、国家语委主任李卫红发表讲话。李卫红指出,语言文字事业改革和发展正面临前所未有的机遇和挑战,要抓住今后10年的重要战略机遇期,准确把握语言文字工作的新形势、新特点、新任务、新要求,拓宽视野、创新举措、完善机制、加快发展、取得突破。要大力加强语言文字的法制化、规范化、标准化和信息化建设,这是国家语言文字工作的基本任务,是语言文字应用研究的基本内容。应用语言学是支撑国家语言文字工作的重要学科,要积极促进应用语言学的学科建设和发展。

本届论坛由教育部语信司、语言文字应用研究所和国家汉办/孔子学院总部联合主办,华中师范大学承办。来自全国各地从事应用语言学专业研究的大学校长、所长、系主任等专家学者40余人出席会议,议题涉及《国家通用语言文字法》的实施与国家的城市化进程、社会语言服务问题、汉语国际传播、应用语言学学科建设与发展等。

4.9 第八届城市语言国际学术研讨会

6月25日至27日,第八届城市语言国际学术研讨会在长春召开。这次研讨会由南京大学中国语言战略研究中心、吉林大学公共外语教育学院、荷兰乌德勒支大学语言研究学院共同主办。50余位国内外专家学者参加了会议。教育部语信司司长李宇明做了题为《中国城市化进程中的语言问题》的报告。报告指出,我国的城市化进程空前加快,要重视对新市民和进城务工人员的语言培训,在城市规划中加入语言规划的内容,做好语言服务;要通过创造性的语言文字工作,促进我国城市化进程的顺利发展。教育部语信司副司长王铁琨在闭幕词中希望学者关注语言国情,立足国内,放眼世界,借鉴国外经验,推动我国语言文字工作,满足国家发展的需要。

4.10 第十次全国民族语文翻译工作会议

8月29日至9月1日,第十次全国民族语文翻译工作会议暨全国民族语文翻译协会会长、秘书长工作会议在新疆喀什地区召开。这次会议由国家民委教育科技司、中国民族语文翻译局和中国翻译协会民族语文翻译委员会主办,新疆维吾尔自治区民族语言文字工作委员会、自治区翻译协会及喀什地区民语委承办,来自相关省、自治区、自治州民族语文工作部门和民族翻译协会的近50位代表参加了会议。会议总结了近年来的工作成绩,部署了今后的工作。各省区代表交流了民族语文翻译工作经验,分析了面临的困难,提出了解决的意见和建议。

4.11 全国民族语文工作座谈会

1月7日至8日,全国民族语文工作座谈会在大连民族学院召开。来自各省、自治区民族语文工作部门以及民族语文工作相关单位的代表共30人出席会议。国家民委副主任吴仕民出席会议并讲话,吴仕民对做好民族语文工作提出了3点要求:一是要通过研究政策、落实政策、完善政策,认真做好新时期的民族语文工作;二是要深入研究,理清思路,落实措施,在新的历史条件下不断地推进民族语文工作;三是实事求是,分类指导,共同努力,一起去推进民族语文工作。

9月8日至9日,由国家民委主办、内蒙古自治区民族宗教事务委员会和鄂尔多斯市人民政府承办的民族语文工作座谈会在鄂尔多斯市召开。会议总结了各地民族语文工作的成功经验,分析了当前进一步做好民族语文工作的形势,探讨了认真贯彻落实国家民委《关于做好少数民族语言文字管理工作的意见》的工作思路,进一步明确了新时期民族语文工作的任务。

吴仕民在讲话中强调,民族语文工作的核心和重点是民族语文的使用,党和国家的法规政策是使用民族语文的法律政策依据,少数民族群众的实际需要是使用民族语文的实践依据。要坚持实事求是、分类指导、因地制宜。民族语文只有依法使用,才能够健康发展。当前要重视民族语文在民族自治地方自治机关行使自治权中的使用、在司法实践中的使用、在广播电视新闻出版中的使用、在双语教育中的使用、在文化走出去中的使用,要加强民族语文翻译工作以促进使用,要加强民族语言文字的规范化、标准化、信息化工作以方便使用。

4.12 第十六次全国双语教育学术研讨会

7月15日至17日,中国少数民族双语教学研究会在内蒙古锡林浩特市召开了第十六次全国双语教育学术研讨会。来自全国17个省、自治区、直辖市的16个民族230多位专家学者参加了此次研讨会。会议以"继往开来,推动我国双语教育的新发展"为主题,总结了西部大开发10年来我国双语教育的成功经验和成就,深入广泛地探讨了当前双语教育的新理论新方法。

五 重要活动

5.1 纪念《国家通用语言文字法》颁布10周年系列活动

教育部、国家语委先后在《光明日报》《语言文字报》《语言文字应用》等报刊上组织发表纪念文章,在教育部门户网站、中国语言文字网、中国教育和科研计算机网、中国教育在线等网站上开辟专栏,介绍语言文字法律法规体系,总结回顾10年来语言文字工作取得的成就和经验,开展语言文字相关知识问卷调查,征集网民关心的语言文字热点问题;委托《语言文字报》和中国语文报刊协会承办征文比赛、知识竞赛等活动;设计宣传画并提供给各地开展纪念活动;制作公益广告并在中国教育电视台播出。与此同时,积极筹备拟与全国人民代表大会教育科学文化卫生委员会、国务院法制办公室联合召开"纪念《国家通用语言文字法》颁布10周年座谈会"。

5.2 第13届全国推广普通话宣传周

9月12日至18日,第13届全国推广普通话宣传周(简称"推普周")活动在全国各地广泛开展。

本届推普周的宣传主题是"规范使用国家通用语言文字,弘扬中华优秀文化传统"。为保障推普周活动的顺利进行,2010年全国推普周领导小组成员有所调整,在中宣部、教育部、人力资源和社会保障部、文化部、国家广播电影电视总局、国家语委、解放军总政治部、共青团中央8部委的基础上,增加了国家公务员局作为成员单位,并下发《教育部等九部门关于开展第13届全国推广普通话宣传周活动的通知》。

从本届推普周开始,各级各类学校每年都要开展"规范使用国家通用语言文字,弘扬中华优秀文化传统"的宣传、培训、实践活动,使广大青少年牢固树立依法、规范使用国家通用语言文字的意识。

第13届全国推普周开幕式活动于9月12日在陕西师范大学举行;闭幕式活动于9月18日在北京昌平居庸关长城脚下举行。教育部副部长、国家语委主任李卫红同志出席推普周系列活动并发表重要讲话。推普周领导小组成员单位相关领导参加推普周系列活动巡视。

本届推普周制作了电视公益广告《说普通话,构建和谐语言生活》和推普周招贴画《奏响社会和谐之音》。推普周期间,公益广告和招贴画在各地媒体和基层单位进行了广泛宣传。

5.3 "中华诵·经典诵读行动"

2010年,教育部、国家语委、中央精神文明建设指导委员会办公室决定共同实施"中华诵·经典诵读行动"。在厦门大学、广州大学、北京交通大学、西南政法大学、海南医学院、北京外国语大学,举办清明、端午、七夕、中秋、重阳、春节等6场以诵读为主的传统节日晚会。8月1日至5日,"中华诵·2010全国中小学生夏令营"在山东潍坊成功举办,全国各地的中小学生齐聚风筝之都潍坊,共同体验中华文化的独特魅力。

教育部、国家语委决定在部分省(区、市)和部属高校开展试点工作。全国总计有18 261所中小学、286所中等职业学校、97所省属高校参加试点工作。

5.4 规范汉字书写大赛

为落实国务委员刘延东"要把规范汉字书写教育作为弘扬传承优秀传统文化的重要工作,动员方方面面力量常抓不懈,抓出成效"的批示精神,教育部语用司2010年举办了第二届全国学生规范汉字书写大赛。大赛历时半年,举办了参赛选手与书法家和语言文字专家座谈互动、录播大赛专题片、书法家贺展、优秀作品展览、出版获奖作品集等一系列活动,成效显著,反响热烈。全国共有938万余名学生参赛(义务教育阶段学生参赛总数超过690万),上海大世界基尼斯总部将其认证为"规模最大的规范汉字书写大赛"。全国学生规范汉字书写大赛已逐渐成为推广规范汉字书写、展示宣传工作成果的品牌活动。

除举办书写大赛外,教育部语用司还印发了《关于开展规范汉字书写教育特色学校建设的通知》,提出了加强规范汉字书写教育的若干意见,成功举办了规范汉字书写教育论坛,有效推动了规范汉字书写教育的进展。

5.5 出版发布《全球华语词典》

5月17日,由国家语委立项支持、商务印书馆出版发行的华人世界第一部《全球华语词典》出版座谈会在北京举行。座谈会由教育部部长袁贵仁主持。《全球华语词典》荣誉顾问、中国人民政治协商会议前主席李瑞环,《全球华语词典》荣誉顾问、新加坡内阁资政李光耀,全国人民代表大会常务委员会前副委员长许嘉璐,新闻出版总署署长柳斌杰,中共中央对外联络部(简称"中联部")副部长刘结一,教育部副部长、国家语委主任李卫红,新加坡驻华大使陈燮荣准将出席座谈会。李瑞环对《全球华语词典》的出版表示祝贺,李光耀用中文发表了讲话。中宣部、中联部、外交部、教育部、新闻出版总署、国务院侨务办公室、中华全国归国华侨联合会、中国华文教育基金会、中国出版集团、商务印书馆等有关部门负责同志及来自海内外的语言学者共100余人参加了会议。(详见本书《华语词典编纂状况》)

《全球华语词典》由中国大陆,香港、澳门特别行政区,台湾地区,以及新加坡、马来西亚等华人社区的30多位语言学者编写,历经5年编纂完成。词典主要收录上世纪80年代以来各华人社区常见的特有词语约10 000条,涵盖中国大陆、香港、澳门、台湾,新加坡、马来西亚、泰国、印度尼西亚等东南亚地区,以及日本、澳大利亚、美国、加拿大等地区。

(郝阿庆、容 宏、王 奇、魏 丹、袁 伟、张 艳、张映川、周道娟)

相关部委语言文字工作

国家语言文字工作委员会(简称"国家语委")有19个成员单位:教育部、工业和信息化部、国家民族事务委员会(简称"国家民委")、民政部、人力资源和社会保障部、文化部、国家工商行政管理总局、国家质量监督检验检疫总局、国家广播电影电视总局、新闻出版总署、国家旅游局、国务院侨务办公室、解放军总政治部、中国科学院、中国社会科学院、共青团中央、中华全国总工会、中华全国妇女联合会、中国残疾人联合会。国家语委在拟定国家语言文字工作的方针、政策,编制语言文字工作规划,制定汉语和少数民族语言文字的规范和标准并组织协调监督检查,指导推广普通话工作等方面,发挥着重要作用。

在上述19个成员单位中,教育部是主管语言文字工作的部委,其他成员单位是协助支持、齐抓共管语言文字工作的部委,后者一律称作"相关部委"。下文所述相关部委的语言文字工作,有的直接与语言文字工作有关,有的间接与语言文字工作相关。文中材料主要来自相关部委的门户网站。

一 国家民委的民族语文工作

1.1 发布《关于做好少数民族语言文字管理工作的意见》

5月4日,国家民委发布了《关于做好少数民族语言文字管理工作的意见》(民委发〔2010〕53号),这是国家民委近期制定的关于做好少数民族语言文字工作的一份重要的指导性文件。文件内容包括做好少数民族语言文字管理工作的重要意义、指导思想、基本原则、主要任务、政策措施、保障机制等部分。(该文件全文见本文附录1)

1.2 发布《关于进一步做好民族语文翻译工作的指导意见》

12月2日,国家民委发布了《关于进一步做好民族语文翻译工作的指导意见》(民委发〔2010〕198号)。内容包括进一步做好民族语文翻译工作的重要意义、指导思想、基本原则、主要任务,以及以下主要政策措施:依法提供民族语文翻译服务,加强民族语文翻译队伍建设,做好对内对外业务交流,做好新词术语的标准化、规范化工作,推进民族语文翻译信息化建设,做好民族语文翻译科研工作,完善民族语文翻译工作机制,加大民族语文翻译工作的经费投入力度。意见要求,各地民族工作部门、民族语文工作部门可结合实际制定贯彻实施意见的具体措施和办法。各有关部门和单位要切实履行职责,认真落实该意见。贯彻执行中的有关情况也要及时报告国家民委。(该文件全文见本文附录2)

1.3 中国民族语文翻译局实行机构改革

按照中央关于公益性事业单位改革的要求,国家民委2010年对中国民族语文翻译局进行了改革,把原来的18个处室精简为15个处室,强化了业务工作,同时把国家民委教育科技司原来承担的民族语文基础性、技术性、研究性工作划给翻译局,扩大了翻译局的职能和发展空间。

1.4 举办第二期全国民族语文翻译工作业务骨干高级研修班

5月31日至6月9日,人力资源和社会保障部、国家民委在北京联合举办了第二期全国民族语文翻译工作业务骨干高级研修班。来自全国13个省、自治区、直辖市包括蒙古、藏、维吾尔、哈萨克、朝鲜、彝、壮、汉、苗、侗、傣、景颇、拉祜等13个民族的50位民族语文翻译工作业务骨干参加了此次培训。中国翻译家协会常务副会长唐闻生、中国民族语文翻译局译审吴水姊等11位专家分别为研修班共做了11场专题讲座,内容涉及民族语文翻译调研、中国港澳台地区及国外的语言政策、汉蒙翻译过程的理解与表达、毛泽东著作藏文翻译实践与体会、口语翻译、语言接触与语言翻译、中国文化的板块结构、中国的民族问题和民族政策、中国的语言和语言政策、翻译研究与论文写作等。①

1.5 举办新疆民族语文翻译业务骨干研修班

为贯彻落实中央新疆工作座谈会精神,8月2日至17日,由国家民委和新疆维吾尔自治区党委联合主办的2010年新疆民族语文翻译业务骨干研修班在北京举办。

研修班聘请了国家民委、教育部、中央党校、中国社会科学院、中国民族语文翻译局、北京大学、上海师范大学、中央民族大学等单位的专家给学员讲课,内容包括中国特色社会主义理论、民族理论和民族政策、民族语文政策和民族语文工作、民族语文翻译理论和翻译技巧、民族语文标准化信息化等。研修班还组织学员进行了中国特色社会主义理论与中国的民族政策、民族语文工作与民族语文翻译、民族语文翻译的理论与实践等3个专题研讨,并到中国民族语文翻译局、民族出版社、民族画报社、民族团结杂志社等单位进行业务考察。来自新疆维吾尔自治区包括维吾尔、哈萨克、蒙古、回、柯尔克孜、锡伯等6个民族的50位民族语文翻译工作业务骨干参加了培训。②

1.6 少数民族古籍工作会议

近年来我国少数民族古籍抢救和保护工作取得重要进展,少数民族古籍出版物已达5 000余种。12月14日至15日,第三次全国少数民族古籍工作会议在北京召开。国家民委主任杨晶在讲话中强调,保护好、研究好、利用好少数民族古籍,是社会主义文化建设的重要内容,是民族工作的重大任务,是繁荣发展少数民族文化的战略性工程,具有重大的现实意义和深远的历史意义。杨晶指出,当前和今后一个时期,要认真做好少数民族古籍的普查工作,高质量完成《中国少数民族古籍总目提要》等重点项目建设,抓紧抢救优秀少数民族民间口传古籍传承人,推进少数民族古籍保护制度建设,加强对少数民族古籍的研究和利用。③

---

① 《第二期全国民族语文翻译工作业务骨干高级研修班在京举办》,国家民委网站2010年6月12日,http://www.seac.gov.cn/gjmw/xwzx/2010-06-12/1276311838008266.htm。

② 《国家民委等主办新疆民族语文翻译业务骨干研修班在京举办》,国家民委网站2010年8月17日,http://www.seac.gov.cn/gjmw/xwzx/2010-08-17/1281835954601737.htm。

③ 《第三次全国少数民族古籍工作会议在北京召开》,国家民委网站2010年12月16日,http://www.seac.gov.cn/gjmw/xwzx/2010-12-16/1292202119179556.htm。

二　民政部的相关工作

2.1　月球地名标准汉字译名

2.1.1　公布第一批月球地名标准汉字译名

联合国地名组织要求各国做好星球地理实体地名标准化工作。国务院《地名管理条例》已对此做出了相应规定。民政部组织力量，对国际天文组织公布的月球地名进行标准化汉字译写。月球地名标准汉字译名遵循如下原则：一是原有的汉译惯用名采取"约定俗成"的原则予以保留；二是根据中国有关技术规范进行标准化处理；三是充分听取吸收各领域专家意见。民政部将采取"分批处理、成熟一批公布一批"的处理原则，陆续公布其余月球地名标准汉字译名。8月18日，民政部发布了《关于公布第一批月球地名标准汉字译名的公告》（第182号），正式公布了第一批（计468条）月球地名标准汉字译名。[①]

2.1.2　成立月球、极地、海底地名国家标准研制领导小组

12月30日，月球、极地、海底地名国家标准研制领导小组第一次会议在民政部召开。会议宣布成立"月球、极地、海底地名国家标准研制领导小组"。民政部副部长孙绍骋指出，月球、极地、海底地名管理是中国地名工作的重要内容，涉及面广，技术要求高，政治性和敏感性强。做好这些领域的地名工作，对于维护中国主权和权益，服务航天探测、极地考察等科技事业发展，促进外层空间和平利用以及海洋经济开发，方便社会使用等都具有重要意义。[②]

2.2　地名文化遗产保护培训暨《千年古县》地名文化学术研讨会在承德召开

7月12日至14日，地名文化遗产保护培训暨《千年古县》地名文化学术研讨会在承德召开。会议指出，民政部地名研究所近年来围绕甲骨文地名、少数民族语地名等形成了一批有影响力的学术成果，编制了《中国地名文化遗产保护总

[①]《民政部正式向社会公布第一批月球地名标准汉字译名》，民政部网站2010年9月2日，http://www.mca.gov.cn/article/zwgk/mzyw/201009/20100900102915.shtml。

[②]《民政部召开月球、极地、海底地名国家标准研制领导小组第一次全体会议》，民政部网站2010年12月31日，http://www.mca.gov.cn/article/zwgk/mzyw/201012/20101200126467.shtml。

体规划》。举办这次培训、研讨会的目的就是要提高地名文化遗产的社会认知度,拓宽保护思路,寻求新的保护途径和措施。①

三 工业和信息化部的相关工作

近年来,数字新媒体发展迅速,移动电话用户、互联网用户不断增加,手机阅读、移动电视、网络电视、移动互联网、第三代移动通信技术(3G)业务等新型电子信息业务不断拓展,这些拓展将对相关语言文字的发展变化产生影响。

3.1 新媒体简况

3.1.1 移动电话用户

2010年,全国移动电话用户净增11 179万户,创历年净增用户新高,累计达到85 900万户。移动电话普及率达到64.4部/百人,比上年底提高8.1个百分点。移动短信业务用户达到70 062万户,渗透率达到81.6%;移动彩信业务用户达到18 037万户,渗透率达到21.0%。各类短信发送量达到8 317亿条,同比增长6.1%。其中,无线市话短信业务量67亿条,下降47.6%;移动短信业务量8 250亿条,增长7.0%。②

3.1.2 互联网用户

2010年,全国网民数净增0.73亿人,累计达到4.57亿人。其中宽带网民数净增1.04亿人,达到4.5亿人,占网民总数的98.5%;手机网民数净增0.69亿人,达到3.03亿人,占网民总数的66.3%;农村网民数净增0.18亿人,达到1.25亿人,占网民总数的27.4%。互联网普及率达到34.3%,比上年底提高5.4个百分点。③

3.2 《民用爆炸物品警示标识、登记标识通则》通过审查

依据《民用爆炸物品安全管理条例》要求,公安部、工业和信息化部联合组织编制的《民用爆炸物品警示标识、登记标识通则》于11月2日通过了专家审查。

---

① 《地名文化遗产保护培训暨〈千年古县〉地名文化学术研讨会在承德召开》,民政部网站2010年7月26日,http://www.mca.gov.cn/article/zwgk/gzdt/201007/20100700093226.shtml。
② 《2010年全国电信业统计公报》,工业和信息化部网站2011年1月26日,http://www.miit.gov.cn/n11293472/n11293832/n11294132/n12858447/13578942.html。
③ 同注②。

该标准规定了民用爆炸物品警示标志、登记标志的基本规则和技术要求,统一了民爆产品的外观颜色,规范了警示语、生产单位及生产日期的标志要求。[①]

3.3 藏文软件研发与推广应用工作总结报告会

3月18日,西藏自治区人民政府与工业和信息化部在人民大会堂隆重召开了藏文软件研发与推广应用工作总结报告会,第十届全国人民代表大会常务委员会副委员长热地等国家领导人以及中共中央统一战线工作部、中共中央对外宣传办公室、国家民委、教育部、财政部、国家标准化管理委员会、中国科学院、中国社会科学院、中国藏学研究中心等单位的负责同志出席了报告会。工业和信息化部副部长娄勤俭和西藏自治区副主席甲热·洛桑丹增分别做了藏文软件研发和推广应用工作情况的报告。工业和信息化部党组成员刘利华出席了会议。西藏自治区藏语文工作委员会办公室、工业和信息化部电子工业标准化研究所等13家藏文软件研发单位和青海、甘肃、四川、上海、新疆等省区市的信息化主管部门以及在京的藏文软件用户代表共100多人参加了此次会议。

四　国家工商行政管理总局的相关工作

国家工商行政管理总局9月下发了《关于开展广告语言文字专项检查的通知》(工商广字〔2010〕181号),要求各地工商部门按照文件要求,加强对规范广告语言文字工作重要性的认识,结合《国家通用语言文字法》颁布10周年的有利契机,认真做好清理工作。重点检查、清理广告语言文字使用不规范的下列问题:(一)广告单独使用汉语拼音;(二)广告违反国家规定使用外国语言文字;(三)广告使用错别字,违规使用繁体字,使用国家已废止的异体字、简化字和印刷字形;(四)广告使用不规范的成语误导公众,对社会造成不良影响;(五)广告存在其他不规范使用语言文字的情形。通知还要求:(一)要依据《广告法》《国家通用语言文字法》《广告管理条例》《广告管理条例施行细则》《广告语言文字管理暂行规定》中关于广告语言文字的相关规定,认真开展专项广告监测,加大巡查监管力度。对不规范使用语言文字的广告,要及时纠正,责令整改;对其中严重违法、

[①] 《〈民用爆炸物品警示标识、登记标识通则〉标准通过审查》,工业和信息化部网站2010年11月5日,http://www.miit.gov.cn/n11293472/n11293832/n11293907/n11368223/13472948.html。

影响恶劣的案件要责令其停止发布,依法予以查处。(二)在对不规范使用语言文字的广告进行查处中,要坚持依法规范与宣传教育相结合,积极运用行政指导方式,指导和督促广告主、广告经营者、广告发布者学习掌握《广告法》《国家通用语言文字法》等法律法规,自觉在广告中依法使用规范、标准的语言文字。①

五　国家广播电影电视总局的相关工作

5.1　规范使用广播影视语言

根据国务院办公厅秘书局4月7日下发的《关于加强对行政机关公文中涉及字母词审核把关的通知》(国办秘函〔2010〕14号)文件精神②,国家广播电影电视总局(简称"国家广电总局")通知各广播影视机构,要求各个部门要规范使用广播语言。在非外语频道,播音员主持人在口播新闻、采访、影视记录字幕等方面,不要使用外语以及外语缩写词。如遇特殊情况必须使用,要在外语及外语缩略词后加中文解释。这次通知不仅仅限于体育领域,这意味着,诸如 NBA(美国职业篮球赛)、GDP(国内生产总值)、WTO(世界贸易组织)、CPI(消费者物价指数)等大家熟悉的英文缩写,应尽量避免使用。

5.2　重申有关广播电视语言的四文件继续有效

11月12日,国家广电总局发出《广电总局关于公布继续有效的广播影视部门规章和规范性文件目录的通知》。通知说,根据《国务院办公厅关于做好规章清理工作有关问题的通知》(国办发〔2010〕28号)的要求,广电总局对现行广播影视规章和规范性文件进行了全面清理,其中《关于进一步办好电视谈话类节目的通知》(广发编字〔2000〕616号)、《广电总局关于加强电视节目字幕播出管理的通知》(广发编字〔2005〕338号)、《广电总局关于进一步重申电视剧使用规范语言的通知》(广发剧字〔2005〕560号)、《广电总局办公厅关于严格控制电视剧使用方言的通知》(广办发剧字〔2009〕116号),继续有效。

---

　　① 参见广东省人民政府网站 2010 年 4 月 14 日, http://zwgk.gd.gov.cn/006939748/201004/t20100415_11849.html。

　　② 详见本书附录《国家及相关部门外文使用管理条款辑录》。

六 新闻出版总署的相关工作

6.1 发布《关于进一步规范出版物文字使用的通知》

11月23日,新闻出版总署下发了《关于进一步规范出版物文字使用的通知》(新出政发〔2010〕11号),明确要求严格执行规范使用汉语言文字有关规定。出版媒体和出版单位要采取有效措施,严格执行《出版物汉字使用管理规定》第五条"报纸、期刊、图书、音像制品等出版物的报头(名)、刊名、封皮(包括封面、封底、书脊等)、包装装饰物、广告宣传品等用字,必须使用规范汉字,禁止使用不规范汉字。出版物的内文(包括正文、内容提要、目录以及版权记录项目等辅文),必须使用规范汉字,禁止使用不规范汉字"等有关条款,坚决抵制不良文化倾向,正确使用汉语言文字,为促进语言文字的规范化和健康发展发挥示范带头作用。通知还指出,要高度重视规范使用外国语言文字。出版媒体和出版单位要进一步加强外国语言文字的使用规范化,尊重并遵循汉语言及所使用的外国语言文字的结构规律和词汇、语法规则。在汉语出版物中,禁止出现随意夹带使用英文单词或字母缩写等外国语言文字;禁止生造非中非外、含义不清的词语;禁止任意增减外文字母、颠倒词序等违反语言规范现象。汉语文出版物中需要使用外国语言文字的,应当用国家通用语言文字做必要的注释。外国语言文字的翻译应当符合翻译的基本原则和惯例。外国人名、地名等专有名词和科学技术术语要按有关规定翻译成国家通用语言文字。通知还要求各级新闻出版行政部门要进一步加强对出版物语言文字使用及质量的管理和检查,出版媒体、出版单位及各级新闻出版行政部门要加强对规范使用汉语言文字的宣传教育。(该文件全文见本文附录3)

6.2 规范民族文字出版专项资金资助项目

5月28日,新闻出版总署、财政部联合印发《民族文字出版专项资金资助项目管理暂行办法》的通知,全面规范我国少数民族文字出版专项资金资助项目的立项、申报、评审、结项、验收等工作。《办法》规定,申报民族文字出版物出版补贴的项目,必须符合国家法律法规规定和党的出版、民族方针政策,传承民族优秀传统文化,能够为少数民族群众提供先进的科学文化知识,丛书或其他介质成套出版项目按一个资助项目申报；申报技术改造和设备更新补贴的单位，应是承担当地民族文字书刊、音像制品、党报党刊的印刷、制作等主要任务的单位；申报民族文字出版人才培养项目补贴的单位，应是省级新闻出版行政部门，人才培养项目必须有明确的培训人次、培训方式、培训成本、培训内容。①

七 全国科学技术名词审定委员会的相关工作

7.1 完善科技名词体系

全国科学技术名词审定委员会组建（或换届）了10个学科分委员会，科技名词规范化工作覆盖的领域更加广泛。2010年开展工作的学科有50个，出版的学科名词有14种。开展工作的学科数量及出版的名词种类，均达到历史最好水平。

7.2 语词规范的宣传推广工作

《科技名词管理条例》研制工作得到中国科学院规划战略局的支持以及科学技术部政策法规司的指导，并广泛征求了法学界专家的意见。配合国务院办公厅秘书局《关于加强对行政机关公文中涉及字母词审核把关的通知》，在《光明日报》策划了"字母词的汉化之路"专版，发表了访新闻出版总署副署长孙寿山的《莫让字母词扰乱汉语语言环境》和其他相关文章。在新闻出版总署支持下，举办了第四、五期出版物科技名词规范应用培训班。成立了辞书编辑部，配合两岸科技名词对照统一工作，进一步推广规范名词。实现了与百度百科的战略合作。

7.3 国内外术语学研究、学术交流与合作活动

全国科学技术名词审定委员会组织各方面专家编辑出版《中国术语学研究与探索》（论文集），主办"面向翻译的术语学研究"研讨会，与国家语委、中国社会科学院语言研究所、上海辞书出版社、民政部地名研究所合作开展《通用规范汉字表》《字母词的使用》《外国语言文字管理条例》《月球、极地、海底地理命名》等

---

① 《新闻出版总署、财政部关于印发〈民族文字出版专项资金资助项目管理暂行办法〉的通知》，新闻出版总署网站2010年6月22日，http://www.gapp.gov.cn/cms/html/21/508/201006/700310.html。

专项课题研究,同俄罗斯、奥地利等国术语团体开展学术交流活动。通过持续开展中国术语学建设工作,促进和提高中国的术语学研究水平。

7.4 两岸科技名词对照统一工作

全国科学技术名词审定委员会开展了近20个学科的科技名词对照统一工作,组织了9次两岸科技名词交流对照会议。此外,接受国务院台湾事务办公室下达的任务,与台湾多轮磋商,组织开展了编订《海峡两岸科技名词对照大辞典》的筹备工作,为扩大两岸科技文化经贸交流与促进祖国和平统一大业贡献力量。

7.5 术语库和网站建设

全国科学技术名词审定委员会数据库和网站建设取得成效:一是争取到国家基金项目的支持。项目将研究科技新词的自动提取和辅助定义,为科技新词的征集工作提供新的途径,并作为科技名词语料库系统设计实验和学科局部试点。二是继续扩大全国科学技术名词审定委员会网站在网络读者中的影响,做到及时公布名词、宣传名词工作等,今后还将推进科技名词的网上审定工作。

附录1

国家民委关于做好少数民族语言文字管理工作的意见

民委发〔2010〕53号

各省、自治区、直辖市及新疆生产建设兵团民(宗)委(厅、局),广西、云南、西藏、新疆等省、自治区民语委(办):

为认真贯彻落实党和国家的民族政策法规,推进民族团结进步事业,根据国家有关法律法规和国家民委"三定"的有关规定,现就做好少数民族语言文字管理工作提出如下意见。

一、做好少数民族语言文字管理工作的重要意义

(一)我国是统一的多民族国家,目前仍有一部分少数民族人口使用着本民族的语言和文字。少数民族语言文字不仅是少数民族日常生产生活重要的交际工具,而且是民族文化的载体,是民族情感的纽带,是国家宝贵的资源。

(二)新中国成立以来,党和政府高度重视少数民族语言文字管理工作,形成

了国家、省区、州盟、县旗四级少数民族语言文字工作管理网络和跨省区少数民族语言文字协作体系；少数民族语言文字政策法规不断完善；民汉"双语"教学初具规模；培养了大批专业人才，壮大了少数民族语言文字工作队伍；有传统文字的少数民族，在翻译、出版、教育、新闻、广播、影视、古籍整理、信息处理等领域都获得了前所未有的发展，语言文字规范化、标准化及其健康发展水平大大提高。

（三）随着经济全球化进程不断加快和国内改革发展进程的日益推进，少数民族语言文字工作面临着新的形势：少数民族语言文字应用领域有所扩展的同时，也面临着一些新的问题；信息技术、互联网等现代通信技术的发展，为少数民族语言文字的使用带来了机遇和挑战；越来越多的少数民族公民学习和掌握了国家通用语言文字，这是一种有利于少数民族发展的进步现象，同时，一些少数民族语言文字的使用人口越来越少，有的甚至走向濒危，需要保护；"双语"教育亟待加强；少数民族语言文字工作领域的渗透与反渗透、分裂与反分裂斗争必须引起高度重视。

（四）少数民族语言文字政策是我国民族政策的重要组成部分，少数民族语言文字工作是我国民族工作和语言文字工作的重要组成部分。做好少数民族语言文字管理工作，对于保障少数民族的平等权利，继承和弘扬少数民族传统文化，提升国家软实力，维护国家文化安全，促进民族团结和民族地区经济社会发展具有重要的意义。

二、少数民族语言文字管理工作的指导思想、基本原则和主要任务

（五）指导思想。高举中国特色社会主义伟大旗帜，以邓小平理论和"三个代表"重要思想为指导，深入贯彻落实科学发展观，全面执行党和国家关于少数民族语言文字的政策法规，依法保障各民族使用和发展自己语言文字的权利，尊重语言发展规律，积极稳妥开展少数民族语言文字工作，为各民族的平等团结和共同发展繁荣服务，为全面建设小康社会和构建社会主义和谐社会服务。

（六）基本原则。坚持依法管理、依法办事，促进国家通用语言文字的规范、丰富和发展，保护、使用和发展少数民族语言文字；坚持以人为本，尊重群众意愿，保障各民族公民选择学习使用语言文字的自由；坚持实事求是，分类指导，推动少数民族语言文字工作科学发展；坚持鼓励各民族互相学习语言文字，促进民族关系和谐发展。

（七）主要任务。宣传贯彻党和国家关于少数民族语言文字的方针政策；推进少数民族语言文字法制建设；搞好少数民族语言文字的规范化、标准化和信息

处理工作；促进少数民族语言文字的翻译、出版、教育、新闻、广播、影视、古籍整理事业；推进少数民族语言文字的学术研究、协作交流和人才培养；鼓励各民族互相学习语言文字。

三、做好少数民族语言文字管理工作的政策措施

（八）加大宣传力度，进一步贯彻落实《宪法》《民族区域自治法》等法律关于少数民族语言文字工作的有关规定，营造各民族互相学习语言文字的良好社会氛围，促进各民族语言文字和谐相处、健康发展。

（九）依法保障少数民族语言文字在相关领域的应用。民族自治地方的少数民族语言文字工作机构应积极贯彻执行国家关于民族语言文字管理的法律法规，保障少数民族语言文字的依法使用。为不通晓国家通用语言文字的公民提供翻译等方面的公共服务；协调有关部门，依法用规范汉字和本民族文字印制少数民族公民的身份和资格证件；依法规范公共领域的文字使用；协调配合有关部门，切实做好少数民族语言文字新闻出版和广播影视工作，加强少数民族语言广播影视节目的制作、译制和播出能力；支持少数民族语言文字网站和新兴传播载体有序发展。

（十）参与做好"双语"教学工作。协同有关部门，稳步推进"双语"教学工作。把学前"双语"教育纳入义务教育范围，扩大"双语"教学覆盖面；培养和培训"双语"教师；编写出版适合民族地区实际的"双语"乡土教材、课外读物；建立科学合理的"双语"教学衔接体系，根据实际情况选择有效的"双语"教学模式。

（十一）鼓励各民族公民互相学习语言文字。协同有关部门研究制定民族地区学习使用"双语"的激励机制和基层干部"双语"培训计划。推动在民族自治地方的公务员录用和事业单位工作人员招聘、干部选拔等工作中，同等条件下优先录用熟练掌握国家通用语言文字和少数民族语言文字的"双语"人才。

（十二）加强少数民族语言文字翻译出版工作。重视少数民族语言文字翻译工作，培养培训少数民族语言文字翻译人才。研究建立少数民族语言文字翻译资格认证和等级考试制度。组织编写翻译时事政治、法律法规、科普、文化等领域"双语"读物，逐步提高国家通用语言文字和少数民族语言文字优秀出版物、外文和少数民族语言文字优秀出版物双向翻译出版的数量和质量。为社会提供少数民族语言文字翻译服务。

（十三）做好少数民族语言文字规范化、标准化及其健康发展工作。各级少数民族语言文字工作机构要把少数民族语言文字规范化、标准化及其健康发展作为工作的重要内容。协同有关部门加快少数民族语言文字规范标准研制进程，推进少数民族语言文字相关标准与技术规范建设；制定少数民族人名地名汉字音译转写和拉丁转写规范；建立少数民族语言文字新词术语审定发布制度，定期发布少数民族语言文字新词术语审定公告；做好少数民族语言文字规范标准的社会宣传、服务工作，不断提高少数民族语言文字规范标准的社会知晓度和应用水平。

（十四）做好少数民族语言文字信息处理工作。协同有关部门进行少数民族语言文字信息技术基础研究和软件研发，支持少数民族语言文字统一平台建设，提高软件研发的水平与效益；建设多语种、多文种、多用途的民族语言资源数据库，做好少数民族语言文字数字化产品的推广应用工作；加大对少数民族语言文字软件产品的监管力度，维护国家信息安全。

（十五）加强少数民族濒危语言的抢救、保护工作。研究制定少数民族濒危语言保护措施，指导实施少数民族濒危语言抢救、保护计划。运用现代科技手段，调查、收集、研究、整理、保存少数民族濒危语言资料。

（十六）加强少数民族语言文字科研工作。组织和支持相关科研机构、大专院校及专家学者对少数民族语言文字工作的基础理论和应用问题进行研究。开展少数民族语言文字使用现状调查，开展少数民族语言文字政策法规、少数民族语言文字应用、少数民族语言文字翻译理论、少数民族语言文字发展规律等研究。以大学为依托，培养少数民族语言文字科研人才，形成老中青相结合、汉族专家和少数民族专家相结合、语言学和其他相关学科专家相结合的少数民族语言文字科研队伍。

（十七）加强跨省区少数民族语言文字协作工作。跨省区少数民族语言文字协作组织的建立、办事机构的设置、具体的协作工作等，由参加协作的省区(市)协商决定。本着平等协商、自愿协作、互利互惠、共同发展的原则，充分发挥协作机构的议事协调功能，促进跨省区少数民族语言文字协作工作的可持续发展。国家民委对协作工作给予宏观指导和必要支持。

（十八）积极稳妥地开展少数民族语言文字工作的对外交流与合作，有针对性地加强边境地区少数民族语言文字工作。

四、完善少数民族语言文字管理工作的保障机制

（十九）建立健全少数民族语言文字工作机构。根据工作需要，建立健全少数民族语言文字工作机构，形成政府统筹协调、业务部门主管、有关部门密切配合、社会各界广泛参与的少数民族语言文字工作格局。各级少数民族语言文字工作机构应加强调查研究,认真分析本地区少数民族语言文字工作状况,深入研究现阶段少数民族语言文字发展的趋势和特点,提出切合实际的政策性意见和建议,制定切合实际的工作规划并组织实施,切实履行好管理少数民族语言文字工作的职责。定期召开有关少数民族语言文字工作会议,研究部署少数民族语言文字工作,对少数民族语言文字工作的模范集体和先进个人给予表彰。

(二十)加大对少数民族语言文字工作的经费支持力度。进一步完善少数民族语言文字工作经费保障机制,切实保障少数民族语言文字工作的开展和各项少数民族语言文字事业的持续发展。

(二十一)加强少数民族语言文字工作监督检查。各级人民政府民族工作部门和少数民族语言文字工作部门要对有关部门贯彻执行党和国家少数民族语言文字政策法规进行监督检查,及时纠正违法违规行为,使国家关于少数民族语言文字的法规政策切实得到落实,使少数民族语言文字工作更好地服务于国家利益,更好地满足各族人民群众的需要。

国　家　民　委
二〇一〇年五月十四日[①]

附录2

国家民委关于进一步做好民族语文翻译工作的指导意见

民委发〔2010〕198号

各省、自治区、直辖市及新疆生产建设兵团民(宗)委(厅、局),广西、云南、西藏、新疆等省、自治区民语委(办):

为认真贯彻落实党和国家的民族政策、法律法规,适应新形势下民族语文翻译工作的需要,不断推动民族语文翻译事业健康发展,现就进一步做好民族语文翻译工作提出如下意见。

一、充分认识做好民族语文翻译工作的重要意义。民族语文翻译工作是巩固社会主义民族关系和开展民族工作的重要内容,是促进民族地区经济建设、政

---

① 国家民委网站2010年6月18日,http://www.seac.gov.cn/gjmw/zwgk/2010-06-18/1276764065074843.htm。

治建设、文化建设和社会建设的客观需要,是各级党和政府联系少数民族干部群众的纽带和桥梁。进一步做好民族语文翻译工作,对维护国家统一、增强民族团结、弘扬民族文化、促进民族地区发展,对构建社会主义和谐社会和全面建设小康社会具有重要意义。

二、坚持民族语文翻译工作的指导思想。高举中国特色社会主义伟大旗帜,以邓小平理论和"三个代表"重要思想为指导,深入贯彻落实科学发展观,紧紧围绕共同团结奋斗、共同繁荣发展的民族工作主题,全面贯彻落实党和国家的民族语文政策和法律法规,保障各民族的合法权益,为推动社会主义文化大发展大繁荣做贡献。

三、把握民族语文翻译工作的基本原则。依法办事,保障民族语文翻译工作规范有序发展;遵循规律,推动民族语文翻译工作科学发展;分类指导,促进民族语文翻译工作和谐发展;因地制宜,确保民族语文翻译工作健康发展。

四、明确民族语文翻译工作的主要任务。宣传贯彻党和国家关于少数民族语言文字的方针政策和法律法规;完善民族语文翻译工作管理体制和运行机制;加快翻译能力建设,形成一支高素质的翻译人才队伍;做好民族语文翻译理论和应用研究,扩大研究的深度和广度;不断提高民族语文翻译的公共文化服务水平;提高和增加民族语文翻译文化产品的质量和数量;加快民族语文翻译工作的标准化、规范化、信息化建设。

五、依法提供民族语文翻译服务。切实做好对马克思主义经典著作、党和国家重要文献文件、法律法规和重大会议的民族语文翻译和同声传译工作。依法做好民族语文翻译在立法、行政、司法、教育、科技、文化、卫生等领域的使用工作。发挥民族语文翻译工作在公共服务中的作用,为少数民族公民参与经济、政治、文化和社会活动提供服务。切实帮助做好民族地区基层干部培训教材、中小学双语教材、司法文书的翻译工作。

六、加强民族语文翻译队伍建设。科学制定民族语文翻译人才的培养规划和培训计划,将民族语文翻译人才培养纳入国家人才培养规划和少数民族人才培养计划当中。建设民族语文翻译培训基地。发挥高校、科研单位和翻译机构的专业优势,通过学历教育和短期培训相结合的方式,加快民族语文翻译队伍建设。建立翻译作品和翻译理论研究著作、翻译工作者、翻译机构的评优奖励制度。与有关部门一起建立民族语文翻译从业资格认证制度。

七、做好对内对外业务交流。扩大民族语文翻译工作的交流范围,促进不同地区、不同部门民族语文翻译工作的交流与合作。积极有序地开展民族语文翻译工作的对外交流与合作,发挥民族语文翻译工作在提高我国软实力中的重要作用。与有关部门一起做好对边境地区民族语文翻译出版物的监管。加强对内对外宣传,营造民族语文翻译工作的良好社会氛围。

八、做好新词术语的标准化、规范化工作。协同有关部门建立有效体制和机制,协调、组织有关专家及时对新词术语进行搜集、整理和审定,切实推进民族语文翻译新词术语的标准化、规范化进程。通过多种形式,研究制定民族语文翻译的标准和规范,不断提高民族语文翻译的质量。

九、推进民族语文翻译信息化建设。协同有关部门做好民族语文翻译信息技术研究和应用软件的研发。建设多语种、多文种、多用途的民族语文翻译资源数据库,实现民族语文翻译信息的互联、互通和资源共享。

十、做好民族语文翻译科研工作。充分利用现有民族语文翻译理论研究和学术交流平台,加大民族语文翻译的基础理论和应用研究,形成以翻译带动研究、以研究促进翻译的良好局面。定期组织开展民族语文翻译学术研讨交流,支持民族语文翻译学术期刊的编辑出版。

十一、完善民族语文翻译工作机制。把民族语文翻译工作作为民族工作的重要内容抓紧抓好。有关部门要适时研究解决本地区民族语文翻译工作中存在的问题。民族语文协作机构和行业协会充分发挥各自优势,扎实有效地开展民族语文翻译工作。根据实际需要,逐步建立和完善布局合理、分工明确、运行高效的民族语文翻译机构。组建民族语文翻译专家委员会,构建民族语文翻译学术评估机制。加快国家级民族语文翻译基地建设。

十二、加大民族语文翻译工作的经费投入力度。完善民族语文翻译工作经费保障机制,不断加大对民族语文翻译的经费投入,切实保障民族语文翻译工作的顺利开展。

十三、各地民族工作部门、民族语文工作部门按照本《意见》的精神,结合实际,可制定贯彻实施的具体措施和办法。各有关部门和单位要切实履行职责,认真落实本意见。贯彻执行中的有关情况也要及时报告国家民委。

国　家　民　委
二〇一〇年十二月二日[①]

[①] 国家民委网站 2010 年 12 月 3 日,http://www.seac.gov.cn/gjmw/zwgk/2010-12-03/129134400 2519797.htm。

附录3

新闻出版总署关于进一步规范出版物文字使用的通知

新出政发〔2010〕11号

各省、自治区、直辖市新闻出版局,新疆生产建设兵团新闻出版局,解放军总政治部宣传部新闻出版局:

报刊、图书、音像制品和电子书、互联网等各类出版物作为大众性的重要传播媒介,是语言文字规范化的实践者和宣传者,多年来,在规范使用语言文字,宣传促进语言文字规范化方面做出了重要贡献,为正确使用语言文字起到了积极示范作用。但是,随着经济社会的发展,在报纸、期刊、图书、音像制品和电子书、互联网等各类出版物中,外国语言文字使用量剧增,出现了在汉语言中随意夹杂英语等外来语,直接使用英文单词或字母缩写,生造一些非中非外、含义不清的词语等滥用语言文字的问题,严重损害了汉语言文字的规范性和纯洁性,破坏了和谐健康的语言文化环境,造成了不良的社会影响。

今年10月31日是《中华人民共和国国家通用语言文字法》发布10周年纪念日,出版媒体和出版单位要以此为契机,大力宣传《国家通用语言文字法》,并在出版工作中认真贯彻执行有关法律规定。为进一步促进语言文字的规范化、标准化,认真贯彻中央关于规范出版语言文字使用的要求,依据《中华人民共和国国家通用语言文字法》《出版物汉字使用管理规定》及新闻出版有关法律、法规、规章,现就进一步加强规范出版文字使用的有关问题通知如下:

一、充分认识规范使用汉语言文字的重要意义。各类出版媒体和出版单位要高度重视出版物文字规范化工作,严格执行规范汉语言文字这一基本的语言文字政策,把宣传和规范使用汉语言文字作为传承中华文明、促进社会主义精神文明建设的一件重要职责,在出版活动中切实贯彻落实有关规范汉语言文字的法律法规。

二、严格执行规范使用汉语言文字有关规定。出版媒体和出版单位要采取有效措施,严格执行《出版物汉字使用管理规定》第五条"报纸、期刊、图书、音像制品等出版物的报头(名)、刊名、封皮(包括封面、封底、书脊等)、包装装饰物、广告宣传品等用字,必须使用规范汉字,禁止使用不规范汉字。出版物的内文(包括正文、内容提要、目录以及版权记录项目等辅文),必须使用规范汉字,禁止使用不规范汉字"等有关条款,坚决抵制不良文化倾向,正确使用汉语言文字,为促进汉语言文字的规范化和健康发展发挥示范带头作用。

三、高度重视规范使用外国语言文字。出版媒体和出版单位要进一步加强外国语言文字的使用规范化,尊重并遵循汉语言及所使用的外国语言文字的结构规律和词汇、语法规则。在汉语出版物中,禁止出现随意夹带使用英文单词或字母缩写等外国语言文字;禁止生造非中非外、含义不清的词语;禁止任意增减外文字母、颠倒词序等违反语言规范现象。汉语文出版物中需要使用外国语言文字的,应当用国家通用语言文字作必要的注释。外国语言文字的翻译应当符合翻译的基本原则和惯例。外国人名、地名等专有名词和科学技术术语要按有关规定翻译成国家通用语言文字。

四、各级新闻出版行政部门要进一步加强对出版物语言文字使用及质量的管理和检查。将出版物使用语言文字情况,尤其是使用外语规范情况作为出版物质量检查和年度核验的重要内容,并将其纳入日常审读范围。对违反使用语言文字规范的,要责令改正,依法予以行政处罚。

五、出版媒体、出版单位及各级新闻出版行政部门要加强对规范使用汉语言文字的宣传教育。要引导社会大众自觉弘扬民族文化,使语言文字符合规范要求,适合国情,方便群众。

六、本通知要传达到所有出版媒体和出版单位,要求认真贯彻落实。

新闻出版总署

二〇一〇年十一月二十三日[1]

(蔡长虹、李旭练、裴亚军、尹 静、周道娟)

---

[1] 《新闻出版总署发布了〈关于进一步规范出版物文字使用的通知〉》,新闻出版总署网站 2010 年 12 月 20 日,http://www.gapp.gov.cn/cms/html/21/508/201012/708310.html。

地方语言文字工作

2010年全国各省市语言文字工作管理机构根据教育部和国家语言文字工作委员会(简称"国家语委")的部署,积极开展《国家通用语言文字法》颁布10周年纪念活动、中华经典诵读活动、推广普通话宣传周(简称"推普周")、中国语言资源有声数据库建设等一系列语言文字工作和活动,下面对各地所开展的有特色的工作和活动分别加以介绍。

一 政策法规

江西、海南省分别通过了实施《国家通用语言文字法》的地方性法规,使贯彻《国家通用语言文字法》的地方性法规和规章增加到33个。

山东省下发了《山东省人民政府办公厅关于进一步加强语言文字工作的意见》(简称《意见》)。《意见》要求设区城市2012年年底以前、县级市和县城2015年年底以前要完成评估工作,"自2010年起,高等院校、职业学校应届毕业生要按《山东省实施〈中华人民共和国国家通用语言文字法〉办法》的规定,全部参加普通话测试,并达到规定等级标准",将汉字应用能力测试纳入测试工作范畴。

陕西省颁布了《陕西省实施〈普通话水平测试管理规定〉办法》。

青海省果洛藏族自治州出台了《关于印发全州干部职工学习藏语文工作实施方案》,并自编教材,组织全州干部职工开展学习藏语文工作,将单位和个人的藏语文考试成绩纳入年度考核,提高了自治机关管理服务少数民族群众的能力,为党群关系、干群关系的改善提供了支撑。

二 普通话推广

北京市全年普通话水平测试人数创历史新高,汉字应用水平测试试点单位增至8家,参测人群构成由单一的学生扩展到教师、媒体工作人员等多个群体;

部分职业技术院校组织开展了职业汉语能力测试;举办了普通话水平测试管理人员信息化工作培训会。

上海市推进学习型社会建设指导委员会、上海市语言文字工作委员会办公室(简称"语委办")编写下发了贴近市民生活内容、强化普通话口语训练、提高市民的语言文字应用能力的《上海市民普通话读本》,全市18个社区学院220多所街镇社区(成人)学校开设了该课程。

河北省针对教师普通话水平反弹现象比较突出的问题,开展了秦皇岛市教师第二轮普通话水平测试。

内蒙古乌兰察布市启动了全市卫生系统特定岗位人员普通话培训测试工作;组织农民工普通话培训班4期,受训者600余人,研究制订了农民工普通话培训教学大纲,编写了《农民工普通话培训实用手册》。

浙江省开展进城务工人员普通话培训的试点工作,指导杭州市成立了外来创业者普通话培训中心,免费为在杭的外来创业者提供普通话培训服务。

湖南省举办了"湖南省第二轮普通话水平测试员继续教育师资研修班",株洲、郴州、湘潭、衡阳、岳阳、长沙等地也举办了相应的培训班。

广西、四川、西藏等地继续加强少数民族双语教师普通话培训。

天津市、福建省等9省(市)开展汉语口语水平测试(HKC)试点工作,国家汉语口语水平测试考试委员会办公室设立天津市语言文字培训测试中心。福建开展汉语口语水平测试试点,来自美国、韩国、印度尼西亚、尼日利亚、汤加等国家的考生参加了测试。

重庆市启动了"重庆市农村和少数民族地区教师国家通用语言文字培训工程",针对不同学科教师、学校管理工作者开展相应的普通话培训。

云南省印发公务员公文写作和普通话口语培训大纲,编印《公文写作100问》《普通话口语提高100问》,建立网上培训基地,对省语委成员单位1 000多名公务员进行公文写作和普通话应用考核。

三 民汉双语使用、双语人才和双语教学

内蒙古检查落实"双语双文"使用情况

内蒙古自治区民族事务委员会(简称"民委")4月19日印发了《关于进一步加强全区社会市面用文蒙汉两种文字并用工作的通知》(内民委发〔2010〕13号,

简称《通知》)。为使《通知》精神落到实处,自治区民委与自治区党委办公厅、自治区工商局、内蒙古电视台等单位的有关人员组成联合检查组于5月份和8月份,检查了呼和浩特市、锡林郭勒盟、赤峰市、乌兰察布市的部分旗县区和部分中直、区直企事业单位贯彻落实《通知》精神的情况,推动了一些中央直属、自治区直属企业室内外牌匾、标志的蒙汉文字并用规范化。

新疆制定实施《中长期"双语"人才发展规划》

为了推进"双语"学习深入开展,新疆调查了全自治区各行业的"双语"人才现状,形成了《新疆维吾尔自治区中长期"双语"人才发展规划》。新疆民族语言文字工作委员会(简称"民语委")协助自治区党委组织部做好"双语"干部培训测试工作,完成命题、制卷、考试、评分等工作,测试了全疆437名干部的"双语"水平,有力推动了全疆干部群众"双语"学习工作的深入发展。

贵州招收和培养"双语法官"

贵州省少数民族语言文字办公室协同省高级法院,组织民族语言专家,测试了报考2010年政法干警定向招录法院系统双语试点班55人的民族语言口语能力。

云南政法系统招生进行民族语口语测试

云南省政法系统继续开展少数民族定向招生工作,按照公平、公正、公开的原则,云南民族大学6月中旬组织测试考生的民族语口语能力,测试了彝、哈尼、白、壮、傣、苗、景颇、佤、拉祜、瑶等民族学生5 000多人次。

新疆"双语"教学学生增长迅猛

新疆"双语"教学工作尤其是学前"双语"教学工作发展迅猛。截至2009年9月,新疆学前和中小学接受"双语"教育和"民考汉"的学生为99.43万人,比2008年增长了24.63%。学前少数民族接受"双语"教育的幼儿为26.39万人,中小学少数民族"民考汉"的学生为21.48万人,学前少数民族"民考汉"的幼儿也已达2.62万人。

新疆"双语"学校总数已达5 975所,其中学前"双语"教育机构2 973所,"双语"教学班2.3万多个,仅学前"双语"教学班就达8 723个。①

---

① 《新疆"两基"人口覆盖率达100%　接受"双语"教学学生迅猛增长》,国家民族事务委员会网站2010年1月21日,http://www.seac.gov.cn/gjmw/xwzx/2010-01-21/1264034657916039.htm。

吉林举办东北三省朝鲜族小学朝鲜语文观摩教学活动

吉林省组织东北三省散居地区朝鲜族小学朝鲜语文教师,赴延吉市中央小学、延新小学,参加朝鲜语文观摩教学活动及座谈。

四　学校语言文字工作

北京市举办国家级、市级语言文字规范化示范校语言文化知识竞赛,总结展示了示范校创建工作的成绩。天津市下发了《进一步推进高等学校语言文字工作的通知》,要求提高对语言文字工作重要性的认识,并加强组织领导。内蒙古不断充实示范校创建体系的内容,呼和浩特市对两所国家级示范校各奖励5万元。安徽全省共创建国家级、省级、市级语言文字规范化示范校1 400多所,占全省各级各类学校的6%。江西、湖北两省逐步将创建活动引向农村学校,重点加大农村创建语言文字示范校工作的督促指导力度。江西要求各设区市集中抓好1至2所乡镇学校的示范校创建工作,并召开了"创建农村语言文字规范化示范校现场会";湖北下发文件,要求"各地在今年推荐申报的省级语言文字规范化示范校中,至少要有一所农村中小学",市州级示范校的创建要坚持"县、乡、村三级推荐制度"。

北京市组织编写了《北京市中小学师生语言文化知识读本》,广泛深入地宣传《国家通用语言文字法》。内蒙古、广西、江西等地深入街头巷尾、乡镇农村、牧区开展宣传活动。辽宁省确定9月12日为2010年全省推普周统一活动日,这一天省内各地市集中开展各类宣传。黑龙江省的13个地市同时开展纪念《国家通用语言文字法》颁布10周年万众签名活动。

湖北省下发文件,要求加强大中小学学生汉字书写教学和训练,明确提出各学段的写字教学目标,要求各级语委、教育行政部门和学校要高度重视规范汉字的书写教学工作,制订本地本校教学实施方案,落实各项措施,切实做到教师、教材和时间"三落实"。湖北省举办了第二届全省农村中小学教师普通话大赛,参赛者达4万余名;还举办了第四届全省高等院校普通话大赛,参赛高等院校共有72所,这个数量为历届参赛高校之最。

《云南省语言文字规范化示范校指导标准》的修订工作结束,该标准增加了应用能力的考核分值权重,引导学校加强培养、训练和考核学生语言文字的实际应用能力;制定并完善"义务教育阶段语言文字应用能力培养评价指标体系"。在昆明、楚雄确定试点学校,下发试点方案,指导试点学校开展加强学生语言文字基本功训练试点工作。

湖南省举办了"湖南省语言文字规范化示范校校长论坛",评选出优秀论文并出版了《湖南省语言文字规范化示范校校长论坛文集》。重庆对一批国家级语言文字规范化示范校进行"回头看"式抽查检验。

五 公共场所中英文使用管理

结合迎接世界博览会(简称"世博会"),上海大力宣传推广地方标准《公共场所英文译写规范》;编写出版了《公共场所英语标识语错译解析与规范》,组织研制并由市语委、市教育委员会、市外事办公室和市人力资源和社会保障局联合颁布了《上海市对外交流用组织机构名称和职务职称英文译写规范》,下发至全市各级各类党政机关和有关机构执行;组织对区县公共场所语言文字使用管理工作的专项考评,并计入迎世博600天行动计划第六次文明指数测评。各行业主管部门进一步加强了对上海公交站名、重要交通枢纽、公园和绿地、主要旅游景点以及世博会期间社会公共安全公告等中英文使用的监督和管理;多次组织大学生志愿者服务队开展全市范围大规模的公共场所英文使用集中检查活动,通过"公共场所语言文字使用网络监测平台"落实整改;组织人员专项检查了世博园区指示标志牌等的中英文使用并督促上海世博会事务协调局整改;发挥重点区域的示范作用,通过有关区县语委监督管理世博园区周边地区等10大重点区域的中英文使用,平均规范率达到了90%以上;世博会结束后,研究探讨今后的长效管理机制。

江苏省会同有关部门,部署贯彻实施江苏省地方标准《公共场所标志英文译写规范》,编写出版《公共标志英文译写指南》,举办全省语言文字法律法规培训班,组建江苏省语言文字应用监测中心,规划2014年南京青年奥运会语言文字应用咨询服务工作。

结合西安市举办世界园艺博览会,陕西省语委配合省质量技术监督局完成并大力宣传《公共场所公示语中英文译写规范》。

六　语言研究机构和语言使用调查

北京市语委依托首都师范大学成立了国内首家语言产业研究机构"北京语言产业研究中心",旨在促进语言文字工作与区域经济建设的结合,拓展语言文字工作的领域。北京市语委委托首都师范大学承担的"高校语言文化建设研究"和对外经贸大学承担的"国际大都市语言文字社会应用监管机制研究"取得成果。《北京市语言文字测试工作体系调研报告》已经完成,依托北京语言大学成立"北京语言文化建设研究中心"事宜正在积极筹备之中。

辽宁省调查了行业语言文字工作和高等院校应用语言学学科情况。

江苏省根据教育部和国家语委关于在全国3个省区开展《国家通用语言文字法》颁布10年来普通话普及情况调查的要求,在规定的1个月时限内,抽样调查了城市46个居委会、乡镇70个村共830户,以及30所学校的380名老师、300名学生,为国家制定推广普通话政策提供了基本数据。

四川省探索新形势下如何加强和改进全省语言文字工作,更好地为四川经济社会建设服务,向省教育厅科技处申报立项"进城务工人员子弟语言应用情况调研及对策建议",课题前期调研工作已经开展。

内蒙古自治区成立了民族语言文字学习使用情况调查工作领导小组和专家组,从8月份开始调查了自治区直属机关及大专院校,呼和浩特市土左旗,呼伦贝尔市莫力达瓦达斡尔族自治旗、鄂温克族自治旗、鄂伦春自治旗,兴安盟科尔沁右翼前旗,锡林郭勒盟正蓝旗、西乌珠穆沁旗、东乌珠穆沁旗,巴彦淖尔市乌拉特前旗、乌拉特中旗、乌拉特后旗,阿拉善盟盟直单位及阿右旗、阿左旗等地共19 715人,其中蒙古族13 005人、达斡尔族4 224人、鄂温克族1 480人、鄂伦春族1 006人。

广西壮族自治区开展少数民族语言广播影视事业调研。分3个调研组到崇左、百色、来宾、柳州、河池、南宁、钦州、贵港、防城港等9市18个县(市、区)实地调研,先后召开了26场座谈会,广泛听取地方政府、广电部门和相关单位及基层群众的意见,分析广西少数民族语言广播影视节目译制开播存在的主要困难及问题,商讨破解制约广西少数民族语言广播影视节目译制播放工作的难题。

云南省完成中国语言资源有声数据库建设云南试点工作。云南省少数民族语文指导工作委员会培训参加中国语言资源有声数据库建设项目的人员,安排人员到德宏对傣语、景颇语和载瓦语进行实地采集。年初,撰写出试点采集报告,通过了教育部的评估和验收,圆满完成了试点工作任务。同时,继续推进云南少数民族语言文字资源库项目建设,拟订了资源库建设软件开发方案。派出19名工作人员分赴各州、市,完成资源库展厅实物采集工作,共收各民族语言文字实物200多件。

七 语言文字培训班

山西省举办汉字规范化培训班,将社会用字管理工作逐步纳入语委工作范围,为即将开展的汉字规范化管理提供了一支最基本的工作队伍。

山东省分两批培训申报山东省第三批语言文字规范化示范校的领导干部,学习《国家通用语言文字法》和《山东省实施〈中华人民共和国国家通用语言文字法〉办法》。

四川省以会代训,培训了各市(州)和高校语委办主任及普通话水平测试站点负责人,提升了他们的业务素质和管理水平。

陕西省在陕西银行学校设立了陕西省语言文字工作培训基地,开展各类培训活动。

吉林省举办首期东北三省朝鲜语翻译工作业务骨干培训班,东北三省民委、新闻出版、检察院等系统的50多位朝鲜语文工作者参加了培训,培训班围绕朝汉和汉朝翻译理论、翻译技巧、翻译实例进行专题讲座,促进了少数民族语言文字在新闻出版、文化教育、行政司法等领域的规范使用,提高了翻译人员的综合素质和业务水平。

广西在靖西县三龙村举办了农民学壮文学科技培训班。聘请经验丰富的农业种养技术员和壮文老师为培训指导老师,编写相关的教学教材资料,培训人员达到1 000人次。通过培训,学员掌握了种植优质烤烟、果蔬、桑蚕、中草药以及建设沼气池等3到5项农业实用技术。壮文扫盲和农民脱贫致富有效结合,充分发挥了民族语言文字的优势,优化了农业产业结构,促进了科技兴农。

内蒙古阿拉善右旗10月份举办了第二届八省区蒙古语文翻译工作人员培训班,来自内蒙古、辽宁、吉林、甘肃、新疆等省区从事民族语文工作、政府翻译工作和报社、电台等事业单位工作的70多人参加了培训。

八　其他会议

"纪念国务院批准四川省《彝文规范方案》实施30周年大会"10月15日在四川西昌召开。大会总结回顾了《彝文规范方案》批准实施30年来取得的辉煌成就,展望了新形势下的彝语文工作,指出要切实构建和谐语言环境,推动广大彝区全面开发开放,促进跨越式发展。副省长张作哈出席大会。

西藏自治区藏语文工作委员会组织的"西藏翻译工作者协会理事年会暨资深翻译家表彰会议"5月28日在拉萨召开,自治区政府、自治区人民代表大会和中国人民政治协商会议西藏自治区委员会的有关领导出席会议。会议全面总结了2009年西藏翻译协会工作,表彰了马光华等10名自治区资深翻译家,以及2009年参加第十三次全国民族语文翻译学术研讨会获奖论文的作者。

西藏自治区第二次翻译学术研讨会9月7日至8日在拉萨召开。来自各地的160多位代表参加了会议。在大会上交流的论文有16篇,在小组会上宣讲的论文有30多篇,还评选出获奖论文15篇。

由《民族语文》杂志社主办、贵州省少数民族语言文字办公室和贵州民族学院联合承办的"语言接触与语言关系研究学术研讨会",10月22日至23日在贵州民族学院召开。来自全国的80多位语言学家出席会议,共同讨论语言接触、语言竞争、语言和谐、语言关系等学术问题。

内蒙古召开了第二次"乌兰夫蒙古语言文字奖"表彰大会,表彰了对蒙古语言文字工作做出突出贡献的5个先进集体和10名先进个人。

九　其他活动

新疆开展语言文字建设年活动

新疆维吾尔自治区民语委在开展"语言文字行政执法年"的基础上,举办了"语言文字建设年活动",督促检查了自治区民政厅、交通厅及通信、铁路、医疗等行业部门规范使用社会用字的情况,组建了自治区民语委、乌鲁木齐语委、天山区语委3级检查组,纠正了天山区个别店面招牌不规范使用国家通用语言文字的问题。

广西继续开展民族语文科技电影下乡活动

8月21日至9月10日,在宜州市开展以"传承优秀民族文化、致富乡村平民、造福田间百姓"为宗旨的宜州市百场民族语文科技电影下乡活动。安排3个放映队,在宜州市南部蔗桑种养集中的16个乡镇放映100场民族语文科技电影。群众反应强烈,收效显著。

吉林举办首届东北三省朝鲜族中学生朝鲜语朗诵比赛

该活动以"弘扬中华民族文化、建设中华民族共有精神家园"为主题,通过诵读诗歌散文经典,提高了青少年学生语言表达能力和文化素养,陶冶了情操,丰富了文化生活。

广西举办第二届壮语演讲大赛

9月25日,在武鸣县举办广西第二届壮语演讲大赛决赛。经过层层选拔,30位来自南宁、柳州、桂林、崇左、来宾、河池、百色、贵港、钦州、防城港等地的选手参加了决赛。经过激烈角逐,共决出一等奖3名,二等奖8名,三等奖14名,优秀奖5名。

四川开展彝族农民"禁毒防艾"彝语演讲比赛活动

演讲比赛以"拒绝毒品、远离艾滋"为主题,以乡镇和村为重点,从9月开始,到12月初结束。全县共举行119场演讲比赛,参加演讲选手1 254人次,群众参与达143 500余人次。

(蔡长虹、聂书江、周道娟)

海峡两岸语言文字交流

自2008年以来,海峡两岸关系发生了根本性转变,两岸恢复了制度化会商,达成14项协议和2项共识①,实现了两岸大交流大合作的新局面。语言文字作为文化教育的重要组成部分,成为海峡两岸经贸文化论坛共同建议内容之一。

第五届两岸经贸文化论坛(2009)通过的一项建议强调:"两岸使用的汉字属于同一系统。客观认识汉字在两岸使用的历史和现状,求同存异,逐步缩小差异,达成更多共识,使两岸民众在学习和使用方面更为便利。鼓励两岸民间合作编纂中华语文工具书。""支持两岸学者就术语和专有名词规范化、辞典编纂进行合作,推动异读词审音、电脑字库和词库、地名审音定字及繁、简字体转换软件等方面的合作。"②

第六届两岸经贸文化论坛(2010)通过的一项建议提出:"积极促进两岸在合作编纂中华语文工具书、规范术语和专有名词及建设中华语文云技术数据库方面获得实质进展。"③ 2010年,海峡两岸的语言文字交流全面铺开,蓬勃开展,主要包括启动《中华语文大词典》项目,合办两岸汉字艺术节,组织中华经典诗文诵读活动,合作开展汉字年度评选,开展语言文字学术交流,正式出版《全球华语词典》(详见本书《华语词典编纂状况》),台湾华文教育交流考察团访问大陆等活动。

一 启动《中华语文大词典》项目

台湾地区领导人马英九很重视语言文字问题,在参加竞选时曾提出两岸民

---

① 《郑立中会见参加两岸信息产业技术标准论坛台湾代表》,中国台湾网2010年10月23日,http://www.chinataiwan.org/wxzl/zhyyl/zhlzh/201010/t20101025_1572420.htm。
② 《第五届两岸经贸文化论坛通过共同建议》,新华网2009年7月12日,http://news.xinhuanet.com/tw/2009-07/12/content_11696642_2.htm。
③ 《第六届两岸经贸文化论坛发表22条"共同建议"》,中国新闻网2010年7月11日,http://www.chinanews.com/tw/2010/07-11/2394659.shtml。

间合编"中华大辞典"的构想。竞选成功后,又将此事交由台湾文化总会负责统筹办理。

　　2010年3月30日至31日,海峡两岸专家聚集北京,会商合编中华语文工具书事宜,正式启动《中华语文大词典》项目。双方达成3项共识:(1)用一两年时间,编出一本《两岸常用词汇词典》;(2)用三五年时间,编纂一部中型语文工具书——《中华语文大词典》;(3)推动建构中华语文云数据库。① 此后双方各自成立了4个工作组,即词典编写组、信息技术组、科技名词对照组和组织协调组,展开工作。

　　双方第二轮会谈于7月3日在台北举行,两岸的词典编写组、信息技术组和科技名词对照组代表分别介绍了各方的工作进展情况,讨论了工作时间进度、词典编辑与互审平台设计、字表词表对照、中华语文云数据库建设、科技名词对照等问题。双方商定8月底前,完成若干常用字词、中小学教材及日常生活中使用的专有名词比对工作,年底前完成中华语文云数据库架构。②

　　《两岸常用词汇词典》是一部小型词典,拟于2011年底编纂完成。拟收录6 000左右字、2 500左右词条,主要包括两岸交流中的日常词语。另外,拟于2014年推出一部中型词典,词条超过8万,除日常用语外,还将包括两岸中小学教学中涉及的科技词汇等。③

　　台湾文化总会会长刘兆玄在12月27日召开的新闻发布会上表示,将词典编纂调整为"中华语文知识库"计划,将参酌维基百科经验,建立"全民编写、专家审查"机制,实时收录流行词和专有名词,完整呈现当代语文面貌。④

二　合办两岸汉字艺术节

　　由于马英九的极力推动和积极参与,自2005年以来,台湾地区已举办过6

---

① 《会商合编中华语文工具书　两岸专家达成三共识》,中国新闻网2010年3月31日,http://www.chinanews.com/tw/tw-lajl/news/2010/03-31/2201522.shtml。
② 《中华语文工具书编纂工作第二轮会谈在台北举行》,教育部门户网站2010年7月19日,http://www.moe.edu.cn/publicfiles/business/htmlfiles/moe/moe_807/201008/96527.html。
③ 《两岸合编中华语文工具书具体时间表首次披露》,新华网2010年7月8日,http://news.xinhuanet.com/tw/2010-07/08/c_12314219.htm。
④ 《刘兆玄力推"中华语文知识库",促进两岸沟通》,"中央社"2010年12月27日,参见戴红亮主编《台湾语文要情》(内部期刊)2010年第12期第3页。

届汉字文化节。汉字文化节已成为台湾语言文字活动中的一个重要品牌,它为固化"正体字"价值起到了重要的宣传作用。在台湾方面的建议下,两岸有关部门决定合办两岸汉字艺术节。

5月15日,首届两岸汉字艺术节新闻发布会在北京举行。文化部原部长王蒙与台湾文化总会会长刘兆玄共同出席会议,并书写了该艺术节的主题"汉字艺术源远流长"。①

9月16日,首届两岸汉字艺术节在北京开幕,全国人民代表大会常务委员会原副委员长许嘉璐,文化部副部长李洪峰,国务院台湾事务办公室交流局局长李维一,台湾文化总会副会长林澄枝、林谷芳及秘书长杨渡,以及两岸专家、艺术家和文化界人士近百人出席了开幕式。许嘉璐指出,汉字艺术节是两岸共同建设和复兴中华文化的一个标记,是把我们对优秀传统文化的挚爱、珍惜、捍卫的决心宣泄出来的平台。李洪峰指出,首届两岸汉字艺术节旨在通过两岸共同搭建汉字艺术交流平台,延续汉字的文脉传承,繁荣海峡两岸的汉字文化。林澄枝表示,目前两岸交流频繁活跃,在两岸共同努力下,两岸汉字艺术节将为古老汉字文化注入新的生命力。

艺术节以丰富多彩的形式向社会公众展示了汉字的魅力,活动包括5场主题展览,分别为"追忆·汉字:典藏文明之光""雅尚·汉字:翰墨千秋书法""意韵·汉字:汉字艺术印象""乐活·汉字:汉字创意生活""感知·汉字:发现之美"。

此外,主办方还举行了众多推广活动,包括"领秀·汉字:汉字的创意服装秀""开卷·汉字:高校汉字艺术讲座""问道·汉字:两岸书法艺术论坛"等。其间,两岸学者还交流讨论了"中华民族为什么能一统""汉字与中华文化的关系""怎样看待简繁体汉字""两岸将如何合力将汉字推向世界""如何发现汉字之美"等问题。② 艺术节持续到10月15日结束。

另外,中国美术学院与台湾师范大学6月份在台北合办了汉字艺术海报设计交流展。浙江省省长吕祖善、台湾师范大学校长张国恩等出席活动开幕式。该展览包括浙江和台湾14所大学的作品。展览以"汉字结合海报平面设计创

---

① 《首届"两岸汉字艺术节"将在两岸举行系列活动》,中国台湾网2010年5月17日,http://www.chinataiwan.org/wh/lajl/201005/t20100517_1373145.htm。
② 《首届"两岸汉字艺术节"在京隆重开幕》,中国台湾网2010年9月17日,http://www.chinataiwan.org/jl/wh/201009/t20100917_1531068.htm;《首届"两岸汉字艺术节"在北京开幕》,参见戴红亮主编《台湾语文要情》(内部期刊)2010年第5期第32页。

作"为主题,以汉字作为创作主体,包括"字·游"(透过对汉字的重新设计,演绎汉文化的同宗共荣)、"繁·简"(展示彼此文字生存状态)和"观·自在"(赋予汉字更多设计内涵)3个板块。除台北外,该展览还在台中、台南、高雄等地展出。11月在中国美术学院美术馆展出,整个活动持续近半年。①

三 组织中华经典诗文诵读活动

2007年以来,国家语言文字工作委员会(简称"国家语委")一直致力于推动中华经典诗文诵读活动。2010年,国家语委将诵读活动与两岸语言文字工作联系起来,提出:"组织两岸相关团体和学校合办以诵读和书写中华经典为主题的中小学生交流活动。""积极筹办以'传诵中华经典,弘扬中华文化'为主题的两岸中小学生'中华诵'夏令营。"②

由教育部语言文字应用管理司、中国关心下一代工作委员会、中华传统文化诵读工程主办的"中华诵·经典诵读行动"之"方太青竹简——启发原创心灵,相约《论语》一百"大型大学生公益夏令营于7月18日正式启动,为期一个月。该活动旨在让学生们熟练掌握《论语》等中华经典,掌握书法楷书、隶书的基本技法,学会古典诗词的吟唱方法,并对儒、释、道等东方哲学思想有一个初步的认识。来自中国大陆、香港、澳门、台湾的近千名大学生参加了夏令营。

同一天,由中华经典文化教育协会和苏州市德育教育学会合办的首届"苏州·台北中华经典诗文诵读比赛"正式开赛。比赛分初赛和决赛两个环节,初赛分别在苏州和台北举行。经过激烈角逐,苏州和台北各有6支小学代表队进入决赛。8月15日至21日,在台北举行决赛,两地12支代表队同台竞声,以诵读加表演的形式,演绎了《木兰辞》《将进酒》《江南好》等诗文。③

四 合作开展汉字年度评选

2010年,两岸平面媒体和网络媒体首次跨平台合作评选年度汉字。票选活

---

① 《跨越繁简,两岸大学生共创汉字艺术》《促进两岸文化交流,汉字艺术海报设计展展出》,参见戴红亮主编《台湾语文要情》(内部期刊)2010年第6期第15—17页。
② 《国家语委关于印发〈国家语委2010年语言文字工作要点〉的通知》,发布时间2010年1月28日。见天津教研网,http://www.tjjy.com.cn/2009/readarticle.asp?id=16176。
③ 《台北—苏州首届中华经典诗文诵读比赛决赛新闻稿》,新浪博客2010年8月9日,http://blog.sina.com.cn/s/blog_6a284d910100k3cz.html。

动由《旺报》《厦门商报》、中国书法家海峡两岸创作交流基地、新浪网、厦门市书法家协会合办,在新浪网开设投票专区。这是首度由两岸民众针对特定主题的票选活动。

活动于11月22日开幕,12月6日两岸主办方同时公布了两岸民众热捧的36个备选汉字,分别是"勋、平、诚、胜、通、创、乐、道、幸、合、博、淡、品、和、酒、生、缠、旺、涨、控、稳、安、特、秀、房、火、变、微、盼、叹、容、撞、让、观、实、门"。①12月8日开始投票,分为初选、复选和决选3个阶段。初选选出20个汉字,即"涨、缘、和、观、叹、门、淡、博、稳、容、控、合、安、房、微、乐、缠、诚、幸、撞";复选选出10个汉字,即"涨、和、博、合、缘、叹、安、容、微、稳"。②12月28日,在台北公布最终结果,在有56万人次参与的网络投票中,"涨"以91 758票的绝对优势名列第一。海峡两岸首次合作评选汉字受到了两岸各界的高度关注,媒体广泛报道,网民积极参与,专家深度解读。

五 推进科学技术名词术语交流

两岸科学技术名词术语交流活动顺势而上,积极而为,取得了一大批成果。4月26日,海峡两岸海洋科学名词学术研讨会在台北召开。会议重点研讨了两岸海洋科学名词中尚未形成对照的500多条名词,商定由台湾组织专家合并稿件并送交大陆,经大陆专家审定后形成初稿。③7月21日至22日,海峡两岸生态学名词学术交流会在北京召开。两岸专家讨论了《海峡两岸生态学名词对照》选词原则等议题,并对两岸不一致的生态学名词逐条取舍和讨论,共同确定了一些名词的定名问题。④8月2日,海峡两岸材料科技名词对照研讨会在北京召开,会议针对双方已经进行的材料名词审定或编译工作进行了充分沟通,通过了《海峡两岸材料科学技术名词编订出版原则与方法》,并拟定了今后工作方式、方

---

① 《两岸首度合作票选年度汉字 公布36个备选汉字》,中国台湾网2010年12月7日,http://www.chinataiwan.org/xwzx/bwkx/201012/t20101207_1635717.htm。
② 《年度汉字前20强出炉,票选活动近日进入复选阶段》,《厦门商报》2010年12月12日。
③ 《海峡两岸海洋科学名词学术研讨会在台北召开》,全国科学技术名词审定委员会网站2010年5月1日,http://www.cnctst.gov.cn/pages/news/readnews.jsp?id=116。
④ 《海峡两岸生态学名词学术交流会在京召开》,全国科学技术名词审定委员会网站2010年8月1日,http://www.cnctst.gov.cn/pages/news/readnews.jsp?id=120。

法以及工作计划。① 8月12日,第二届海峡两岸电工电力名词研讨会在杭州召开,两岸学者针对两岸电工电力名词对照工作目前存在的问题提出了建议,并就两岸英文名表示型态和中文名表示型态的一致性等议题展开讨论。② 8月23日至24日,两岸海洋科技名词研讨会在青岛召开,会议研讨了1万余条海洋科技名词并达成共识。③ 10月21日,全国科学技术名词审定委员会举行第六届全国委员会全体会议,会上提交审议的《国家科学技术名词规范化工作发展规划纲要(草案)》中强调,未来10年将全面开展两岸科技名词交流对照统一工作,集中力量组织两岸专家合作编纂含100个学科30万至40万词条的《海峡两岸科技名词大词典》,以会聚两岸科技名词对照工作的成果,促进两岸科技名词的协调统一。④

六　开展语言文字学术交流

两岸语言文字学术互动频繁,多次联合举办有关汉语教学、现代汉语问题等学术会议。

8月2日至3日,第十五届中国现代化学术研讨会在台湾实践大学举行,该会议由大陆海峡两岸关系协会和台湾财团法人促进中国现代化学术研究基金会共同举办。与会学者热烈讨论了"两岸繁简体文字及专业用语相关问题"等议题。台湾学者金荣华教授认为,"千余年中国社会上的汉字使用,官方和士大夫阶层固然绝对以繁体字为准,民间则比较没有约束,简体字约定俗成,生生不息"。⑤ 台湾淡江大学傅锡壬指出"大陆的文字改革是严谨的",书写文字并不仅仅是专家之事。⑥ 大陆学者则认为,应寻找繁简汉字统一的最大公约数。⑦

---

① 《海峡两岸材料科技名词交流座谈会在京召开》,全国科学技术名词审定委员会网站2010年9月1日,http://www.cnctst.gov.cn/pages/news/readnews.jsp? id=128。
② 《第二届海峡两岸电工电力名词研讨会在杭州召开》,全国科学技术名词审定委员会网站2010年9月1日,http://www.cnctst.gov.cn/pages/news/readnews.jsp? id=129。
③ 《2010年海峡两岸海洋科技名词研讨会在青岛召开》,全国科学技术名词审定委员会网站2010年9月1日,http://www.cnctst.gov.cn/pages/news/readnews.jsp? id=127。
④ 《海峡两岸对照科技名词已出版17个学科》,中国新闻网2010年10月21日,http://www.chinanews.com/df/2010/10-21/2604300.shtml。
⑤ 《两岸语言学者谈汉字繁简之辨　观念有共鸣》,参见戴红亮主编《台湾语文要情》(内部期刊)2010年第8期第25页。
⑥ 《大陆学者认同识繁写简》,参见戴红亮主编《台湾语文要情》(内部期刊)2010年第8期第24页。
⑦ 《北京学者:寻找汉字繁简统一最大公约数》,参见戴红亮主编《台湾语文要情》(内部期刊)2010年第8期第26页。

9月27日至28日,由华东师范大学和台湾辅仁大学合办的两岸汉语文化与汉语教学研究生论坛在上海举行。会议包括"两岸汉语教学"和"两岸汉语与文化"两场研究生论坛。这是两校建立合作关系之后举行的首次实质性交流。①

12月6日至8日,第五届海峡两岸现代汉语问题学术研讨会在广州大学召开,会议以"海峡两岸的语言协调"为主题,议题包括中华文化与海峡两岸的语言生活、普通话/国语推广运动与海峡两岸语文政策研究、海峡两岸汉语国际传播的历史现状与发展协作等。与会专家希望能够在此基础上成立海峡两岸语文生活协调联络会,为推动大陆、香港、澳门、台湾的语言协作做出新贡献。②

七 台湾华文教育交流考察团访问大陆

台湾华文教育交流考察团(简称"台湾考察团")一行13人,于4月9日至19日赴广州、北京、西安和上海考察访问。访问团成员包括海华文教基金会、台湾华侨协会、世界华语文教育学会、台中教育大学、中原大学、高雄师范大学、辅仁大学等台湾高校的校长及教授。台湾考察团分别与两岸各地学者进行了充分的沟通交流,达成了一些合作意向,为今后两岸华文教育合作发展奠定了良好的基础。

4月9日至10日,台湾考察团访问了广州,暨南大学和台湾世界华语文教育学会联合主办了两岸华文教育论坛。该论坛以"全球视野下的海外华文教育"为主题,研讨了海外华文师资队伍和华文教材的现状及对策、华文教学方法探索、两岸华文教育合作交流的途径与方法,讨论了通过论坛这个平台建立两岸华文教育合作交流机制的问题。③

台湾考察团在北京访问期间,两岸学者在北京华文学院共同主持了两岸华文教育论坛北京座谈会。会议围绕"传承民族母语文化,促进汉语国际化"的主题,深入探讨了华文教育的学科基础理论、师资培训、教材和辞书开发,以及汉语

---

① 《辅仁大学师生至我校参与"两岸汉语文化与汉语教学研究生论坛"》,华东师范大学新闻网2010年9月28日,http://news.ecnu.edu.cn/department/2010/2010%2Cdepartment%2C075683.shtml。

② 《第五届海峡两岸现代汉语问题学术研讨会在广州大学举行》,湘里妹子学术论坛2011年1月24日,http://www.xlmz.net/forum/viewthread.php?tid=124404。

③ 《海峡两岸华文教育论坛在我校举办》,暨南大学新闻网2010年4月13日,http://jnnews.jnu.edu.cn/html/2010/4/6524.htm。

能力测试等专题。大陆学者向台湾华语教学同人介绍了大陆近年来开展华文教育的新进展,并就未来的研究重点提出了合作建议。台湾学者介绍了台湾开展华文教育的基本情况,对两岸开展华文教育领域的多种合作提出了初步设想。①

台湾考察团赴西安访问期间,两岸学者参加了在陕西师范大学召开的座谈会,在诸多方面达成合作意向。台湾师范大学校长张国恩教授、台湾清华大学语言学研究所曹逢甫教授还就教育技术、语言学等问题,与陕西师范大学文学院、新闻与传播学院的师生进行了座谈交流。②

4月17日至19日,台湾考察团访问了上海华中师范大学,两岸学者共同主持了沪台华文教育界交流座谈会,热烈交流了两岸合作开展海外华文教育工作、提高两岸在师资培训中的协调性、合作编写适合海外使用的工具书、合作建立两岸交流的常规平台以及开展网络交流等工作。③

(戴红亮)

---

① 《台湾华文教育考察团一行来我院交流》,北京华文学院 2010 年 4 月 16 日,http://www.bjhwxy.com/news/2010/0416/487.shtml。
② 《台湾华文教育交流考察团访问我校》,陕西师范大学新闻网 2011 年 4 月 18 日,http://ipo.snnu.edu.cn/Dynamic_show.asp? id=346。
③ 《台湾华文教育交流考察团访问上海》,上海侨务网 2010 年 4 月 21 日,http://qwb.sh.gov.cn/shqb/node826/node842/node843/u1a45978.html。

汉语国际传播状况

一 基本情况

1.1 孔子学院发展

2010年汉语国际传播事业在社会各界的大力支持下成绩斐然,其中最引人注目的是孔子学院的发展。

据统计,截至2010年12月,中国已在96个国家和地区建立了322所孔子学院和369个孔子课堂,该年新增孔子学院40所、中小学孔子课堂97个,注册学员达到36万人,比2009年增加了56%。网络孔子学院开通9个语种,注册用户达10万人。汉语国际教育专兼职教师净增1 000人,达到4 000多人,其中中外双方各占一半,有3 000人参加了国家汉办/孔子学院总部实施的培训计划。出版了45个语种的9套汉语教材和工具书,向各国孔子学院赠送图书40多万册;在50多个国家300多所孔子学院进行文艺巡演、教材巡展和文化巡讲活动;邀请300名校长、2 000多名院长和教师参观上海世博会,邀请部分亚洲国家孔子学院所在大学的校长参观广州亚运会。[1]

此外,还成功举办了第九届"汉语桥"世界大学生中文比赛和第三届"汉语桥"在华留学生汉语大赛。孔子学院因致力于推广中国语言文化和促进中国与世界友好合作交流,在"世界因你而美丽——2009—2010影响世界华人盛典"上荣获"公共事务"领域大奖[2]。

---

[1] 刘延东《携手促进孔子学院可持续发展——在第五届孔子学院大会上的主旨演讲》,国家汉办/孔子学院总部网站2010年12月11日,http://www.hanban.org/article/2010-12/11/content_207731.htm。

[2] 该奖项由凤凰卫视及凤凰网联合中国新闻社、北京青年报社、南方报业传媒集团、新加坡联合早报、世界日报(北美)、欧洲时报、北京大学等10余家富有影响力的华文媒体和机构共同评选,是每年一度的华人盛事,2010年举办的是第四届。

1.2 华文教育工作

华文教育是汉语国际传播事业中的一个重要组成部分。2010年,中国华文基金会向国务院侨务办公室遴选的58所海外华文教育示范学校,拨付了专项助教基金580万元人民币,开展了多种类型的华文教师培训项目,在海外举办以传承中华文化为主题的学习营,组织海外华裔青少年来华参加夏令营和冬令营。①与此相应,海外华人机构也积极与内地合作发展华文教育。11月,泰国华侨崇圣大学成立了该国首家汉语语言文化学院。该学院将开设汉语言文学本科专业1个,汉语言文学、商务汉语、对外汉语和中国学等研究生专业4个,计划2011年招收学生,并在两年后增设更多专业。②

1.3 来华留学生培养

2010年全年在华学习的外国留学人员总数首次突破26万人。据统计,该年度各类来华留学人员来自194个国家,分布在全国31个省、自治区、直辖市(不含台湾地区、香港特别行政区和澳门特别行政区)的620所高等学校、科研院所和其他教学机构。其中,享受中国政府奖学金的学生达22 390名,同比增长22.72%;来自亚洲的留学生最多,约占来华留学生总数的66.32%;来华留学生人数最多的国家分别是韩国、美国、日本。来华留学生的生源国家和地区数、中国接受留学生单位数及中国政府奖学金学生人数都达到近半个多世纪以来最高值。③

1.4 新汉语水平考试推广

为了提高汉语国际教育水平,2010年起,新汉语水平考试(简称"新汉考")和新中小学生汉语考试(简称"新中汉考")正式向全球推广。3月,海内外各考点举行了"新汉考""新中汉考"全球首考。6月,"新汉考"网考试点在北京成功

---

① 《中国华文教育基金会全年惠及近万名海外华裔师生》,国务院侨务办公室网站2010年12月28日,http://www.gqb.gov.cn/news/2010/1228/21615.shtml。
② 《泰国华侨崇圣大学创建当地首家汉语语言文化学院》,国务院侨务办公室网站2010年11月18日,http://www.gqb.gov.cn/news/2010/1118/21171.shtml。
③ 《2010年在华学习外国留学人员总数突破26万人》,中国新闻网2011年3月3日,http://www.chinanews.com/edu/2011/03-03/2881137.shtml。

举行。11月,海外首次"新汉考"网上考试在加拿大不列颠哥伦比亚理工大学孔子学院顺利进行。

二 孔子学院建设新成就

2.1 提高办学层次,丰富办学内涵

近年来孔子学院发展很快,办学层次得到提高。据统计,有220所孔子学院为所在大学开设了汉语专业或学分课程。比如比利时列日大学孔子学院开设了该国法语区第一个中国研究硕士学位;匈牙利罗兰大学孔子学院帮助大学从中国引进藏学专家,创办藏学本科专业;韩国顺天乡大学孔子学院为该校商学院600名师生提供商务汉语学分课程。[①]

2010年孔子学院发展最显著的特点是按需开班,不断丰富孔子学院的办学内涵。国家汉办/孔子学院总部在北京举办了两届"驻华外交使节汉语学习班"。英国已有6所中小学建立了中医孔子课堂,中医孔子学院开设的各种中医养生和汉语班有51个,有3500多人走进了课堂,汉语教学与传播中医文化结合起来的教学模式得到推广。英国政府批准了中国黑龙江中医药大学在伦敦中医孔子学院开设针灸学科硕士学位课程,计划2011年招生。[②]

此外,美国、英国、俄罗斯、墨西哥等很多国家的孔子学院充分利用中外合作优势,聘请中国著名专家学者和外国汉学家定期举办高端学术讲座,促进了中国高校与国外大学汉学系或中国问题研究机构的合作,推动了所在大学教学和科研的发展。

2.2 加强横向联合,促进可持续发展

2010年,各个国家和地区孔子学院之间的交流活动非常频繁,成功举办了北美洲、亚洲、大洋洲、欧洲、非洲以及东欧中亚地区、西班牙语地区等7个地区性孔子学院联席会议,促进了世界7大地区间的合作和资源共享。

[①] 郝平《在第五届全球孔子学院大会上的总结讲话》(2010年12月12日),百度文库,http://wenku.baidu.com/view/fd32e63f0912a21614792952.html。
[②] 《全球首家中医孔子学院将首次招收硕士研究生》,中国教育新闻网2010年11月30日,http://www.jyb.cn/world/hytg/201011/t20101130_402833.html。

12月,国家汉办/孔子学院总部在北京先后召开了首届全国孔子学院工作会议和第五届孔子学院大会。首届全国孔子学院工作会议强调要建设高素质教师队伍和专职院长队伍,扎根当地社会,提高汉语国际教育和推广工作的科学化水平。第五届孔子学院大会的主题是"孔子学院可持续发展",与会大学校长及代表达1400位,来自96个国家和地区。

三 汉语国际教师培养新进展

3.1 加强汉语国际教育专业建设

为培养汉语国际教育后备人才,全国本科阶段开设对外汉语专业的院校从最初的4所发展到现在的285所,每年招生人数达到1.5万人。[①] 2010年,新增19所院校为汉语国际教育硕士专业学位授予点,全国汉语国际教育硕士专业学位研究生培养院校由此达到82所,进一步扩大了汉语国际教育后备人才培养的规模。[②]

3.2 开展孔子学院全员培训

孔子学院全员培训项目下半年由国家汉办/孔子学院总部启动,旨在提高孔子学院的办学质量,提升孔子学院师资人员跨文化交流能力和教学水平。7月初至10月下旬,北京、天津、吉林、上海、福建、湖北等地高校举办了19期研修培训,来自全球70多个国家的孔子学院的外方院长、项目经理、本土教师、在任的中方院长、中方教师以及即将赴任的中方院长和中方教师近1 800人,分批参加了研修培训。这几批研修培训规模大、时间长,培训内容丰富,形式不拘一格,受到了学员们的广泛欢迎。[③]

3.3 启动国际汉语教师教材培训

国家汉办/孔子学院总部组织评选出多种优秀教材,启动了国际汉语教师教

[①] 《对外汉语"三教"成难题 200专家聚首北京破迷局》,国家对外汉语网 2010 年 12 月 10 日,http://www.hanyuwang.cn/index.php?o=article-show&artsid=4313。

[②] 《关于 MTCSOL(汉语国际教育硕士专业学位)》,汉语国际教育硕士网,http://www.mtcsol.org/node_11243.htm。

[③] 《孔子学院全员研修培训反响热烈》,网络孔子学院 2010 年 11 月 15 日,http://www.chinese.cn/college/article/2010-11/15/content_190988.htm。

材培训项目,开展赴外或来华教师培训和教材推广工作。在海外进行培训的国家有英国、新加坡、法国、美国、澳大利亚、日本、德国等。11月举办了"请进来"国外汉语教师教材培训活动,这在中国尚属首次,来自全球77个国家和地区的2 000多名大中小学教师以及教育官员参加了培训。[①] 整个培训工作为海外汉语教师提供了多样化的教材资源选择和教学服务,效果显著。

3.4 实施多种华文教育项目

经过近些年来的发展,海外华文教育已从单纯的周末华裔青少年教育走向多元化发展之路。为提高华文教师水平、培养后备师资力量,2010年,中国华文教育基金会组织策划并实施了若干各具特色的华文教育项目,如中美远程中文师资培训、中国印度尼西亚远程师资培训、东南亚地区华文教师汉语研修班、北京华文学院大专生奖学金项目以及暨南大学华文教育专业和对外汉语专业本科生助学金等。这些措施有力推动了海外华文教育的发展。

四 各种研究交流活动新动向

4.1 开展多种语言文化交流,扩大汉语的国际影响

2010年,上海世博会、广州亚运会吸引了世界的目光,不过,在中国语言文化交流方面,影响最大的活动是中国与俄罗斯、中国与西班牙合作举办的"汉语年"活动。两国孔子学院在交流中发挥了主力军作用,活动开办了600多场,吸引了30多万人参加。[②] 此外,中国多家出版单位积极参加境外的书展和语言文化展,如第28届巴黎语言博览会、第25届新加坡书展、第62届法兰克福书展、2010年英国语言展、第23届柏林国际语言文化展等,大力宣传中国语言文化,推广汉语教学资源。文化部组织相关团体举办了许多有影响的国际文化活动,在境外建立了乌兰巴托、马德里、莫斯科、新加坡、曼谷等中国文化中心。这些文

---

① 《全球两千本土汉语教师走进中国10所高校学汉语》,中国华文教育网2010年11月23日,http://www.hwjyw.com/info/content/2010/11/23/13121.shtml。

② 刘延东《携手促进孔子学院可持续发展——在第五届孔子学院大会上的主旨演讲》,国家汉办/孔子学院总部网站2010年12月11日,http://www.hanban.org/article/2010-12/11/content_207731.htm。

化交流活动扩大了中国语言文化的国际影响。

4.2 建立基地,开发推广汉语教学资源

1月5日,经国家汉办/孔子学院总部批准,"汉语国际推广教学资源研究与开发基地"在武汉大学建立,该基地的主要任务是建设汉语教学资源库和网络共享平台,研发汉语国际推广紧缺的多媒体教学产品,创新网络汉语教学资源整合技术,构建汉语推广教学资源评价体系,为全球的汉语教学提供教学资源建设策划和咨询服务。9月6日,国际汉语教育东北基地正式揭牌。东北基地由吉林大学、辽宁大学、黑龙江大学和延边大学4校共同组建,旨在面向日本、韩国、朝鲜、蒙古和俄罗斯5国开展汉语教学,开发国别化教材,培训师资及志愿者,提供相关调查研究。

4.3 举办学术研讨会,多方面探讨汉语国际教育问题

2010年,国内国外有关汉语国际教育方面的学术交流活动频繁,讨论的问题涉及多个方面。

首先,关于教学资源开发、教学法创新问题,是学者关注的重点。法国中文研究与教学学会6月在巴黎举办的研讨会,主要探讨法国汉语教材与教学;美国俄亥俄州立大学6月召开的第六届国际汉语电脑教学研讨会,主要商讨汉语国际教育中的电脑教学问题;10月中旬在俄罗斯符拉迪沃斯托克市举办的俄罗斯汉语教学法的现实问题国际学术研讨会,主要讨论对俄汉语教学法、教材、课程及教师培训等方面的问题。8月份在沈阳举行的第十届国际汉语教学研讨会,是该年度规模最大的汉语国际教育学术会议,会议主题是"世界汉语教学的新教材与新教法",议题包括汉语教学法创新、汉语教材编写思考与创新等9个专题。

其次,特定领域的汉语国际教育问题。伦敦政治经济学院3月举办的"伦敦2010全球语境下的商务汉语教学国际研讨会",从全球视野、语言本体、文化内涵、教学模式、教材编写等多方面探讨了商务汉语的国际教育问题。8月份在新疆乌鲁木齐举办的全国医学汉语教学创新与教师发展研讨会,探讨了各校在医学汉语的课程设置、教学方法、教学效果及教师发展等方面取得的成绩和存在的问题。

第三,特定对象的汉语国际教育问题。日本立命馆孔子学院1月份召开了日本儿童汉语教学法探讨会,研究日本儿童汉语教学的特点和方法。对外汉语

教学暨外国学生汉语言教学国际学术研讨会12月份在天津工业大学举办,会议讨论了对外汉语教学暨外国学生汉语言教学的现状、问题和出路,以及教学的新理念、新思路、新举措。

第四,地区间汉语国际教育工作的合作与发展。6月份在新疆师范大学举办的首届中亚汉语国际教育学术研讨会,以"合作发展汉语国际教育"为主题,探讨如何加强新疆维吾尔自治区与中亚周边国家在汉语国际教育领域的交流与合作,推动新疆及中亚周边地区的汉语国际推广与教育事业的发展。

(骆 峰)

第二部分

专题篇

北京国际语言环境建设

北京国际语言环境建设涉及北京市许多部门和领域，具有政府主导、商民学各界共同参与的特点。2010年北京市市民讲外语组织委员会（简称"市外组委"）发布了《首都国际语言环境建设工作规划（2011—2015）》（征求意见稿，简称《语言环境建设工作规划》），北京市语言文字工作委员会（简称"市语委"）制定了《北京市语言文字工作委员会2010年工作要点》（简称《2010年工作要点》）。[①]

一 基本现状

政府、行业或服务业向社会提供服务的水平，是一座城市国际化的重要标志。北京市主要通过加强职业外语培训、增加公共信息服务系统的多语服务、规范公共场所双语标志[②]等工作，提高从业人员的外语交流能力，提升城市的整体服务质量。

1.1 从业人员的外语培训

奥运会之后，北京市民的外语水平有了很大提高，外语使用人口的数量也大幅度增长，窗口部门和服务行业从业人员的外语水平也随之有了较明显的提升，涉外服务能力增强。例如，北京市人民政府外事办公室（简称"市外办"）组织的"2010年首都窗口行业外语服务创优活动"和"2010年北京市外事干部外语学习活动"等，共有1 200名窗口行业员工和1 100名外事干部参加外语课程学习；

[①] 《北京市语言文字工作委员会2010年工作要点》，北京市语委网站2010年4月7日，http://www.beijing-language.gov.cn/article.asp? id=766。

[②] 本文所说"双语标志"，指汉语和外语兼有的标志，外语包括一种或多种。

"首都窗口行业及外事干部外语服务展示赛"等活动也得到各界积极响应,较好地展示了这类从业人员的外语学习成果。①

1.2 多语种的公共信息服务系统

为了让在京的港澳台同胞和外籍人员能看懂政府公布的信息,政府主要部门的门户网站除了简体汉字版以外,大部分都增加了繁体汉字版和英文版。除此之外,有些部门还提供其他外文的服务,如表2—1。2010年4月开通试运行的多语言电话应急服务系统,有258名经过选拔和培训的北京外国语大学外语专业志愿者进行电话值守,为110、120、999等公共服务热线提供英语、法语、西班牙语、德语、俄语、阿拉伯语、日语、韩语共8种语言的应急电话翻译服务。截至10月,该系统共接到110服务台转接的通话121个、120服务台转接的通话73个、999服务台转接的通话8个,志愿者累计提供超过15 000小时电话值守翻译服务。②

表2—1 北京市部分政府部门网站使用的文字

	简体中文	繁体中文	英文	法文	日文	阿拉伯文	西班牙文	韩文	德文	俄文
首都之窗	√	√	√							
北京旅游信息网	√	√	√	√	√	√	√	√	√	
北京市公安局(简称"市公安局")	√		√							
北京市教育委员会(简称"市教委")	√		√		√		√	√		√
北京市人民政府外事办公室(简称"市外办")	√	√	√							
北京市人民政府侨务办公室(简称"市侨办")	√									

注:"√"表示网页上配有某种文字。"首都之窗"为北京市政务门户网站。
资料来源:首都之窗,http://www.beijing.gov.cn/。北京旅游信息网,http://www.bjta.gov.cn/。北京市公安局,http://www.bjgaj.gov.cn/web/。北京市教委,http://www.bjedu.gov.cn/。北京市外办,http://www.bjfao.gov.cn/portlet。北京市侨办,http://www.bjqb.gov.cn/index.htm。

---

① 市外组委《"2010北京市民讲外语创优先锋颁奖盛典"举行》,北京市民讲外语网站2011年2月21日,http://www.bjenglish.com.cn/newscenter/content/12523.htm。
② 市外组委《市政府外办调研我市多语言电话应急服务系统建设》,北京市民讲外语网站2010年12月6日,http://www.bjenglish.com.cn/newscenter/content/12258.htm。

此外,公共场所双语标志继续以 2006 年出台的北京市地方标准《公共场所双语标识英文译法》作为标准,2009 年初步建立了公共场所英语标志网上纠错系统,鼓励市民积极参与。

二　主要问题

2010 年全球城市指数榜显示,北京凭借综合影响力跻身第 15 位,同时名列中国内地城市之首。① 但北京市的国际语言环境建设还存在一些亟待解决的问题。

2.1　相关规划缺乏认真论证

2010 年《语言环境建设工作规划》发布之后引起公众热议,市外组委共收到了来自社会各阶层的 160 余条建议和意见。② 该规划大部分内容得到了公众的肯定,但其中"有计划地推行从幼儿到大学阶段的系统外语教学"是否恰当,"通过五年时间,使北京市公务员 BETS 考试(北京英语水平考试)通过人数达到总人数的 10%,基本掌握常用的生活英语口语和简单的公务英语"能否实现等,也引起为数不少的公众的质疑。如有些网友认为,"母语还说不好,就去学外语?"中国传媒大学老教授协会的赵晓光提出,国际语言建设还应为外国人来北京学汉语创造机会和条件。③ 对这 3 年北京的外语使用和教学、汉语汉字的规范使用问题、汉语国际传播工作等情况,笔者尚未见到比较深入、全面的考察,而且这一规划的出台也并非多家相关部门共商的结果,因此其科学性、权威性难有保障。

2.2　外语服务语种单一

很长一段时间,由于政治和外语战略研究的缺失等因素,无论是北京市的窗

---

① 沈衍琪《北京跻身全球大城市第 15 位　位列中国内地城市之首》,光明网 2010 年 8 月 19 日,http://www.gmw.cn/content/2010-08/19/content_1220634.htm。
全球城市指数榜由科尔尼咨询公司、芝加哥全球事务委员会和《外交政策》杂志合办,其独特之处在于,它不仅从商业和金融角度,而且还从商业活动、人力资本、资讯交流、文化体验和政治参与 5 个方面评估城市的国际化程度。
② 《语言环境规划征集意见结束　幼儿园不会强开外语课》,京报网 2010 年 8 月 11 日,http://www.bjd.com.cn/10bjxw/ss/201008/t20100811_632179.html。
③ 同注②。

口服务行业还是教育领域、传媒领域,在外语的使用中英语都占绝对优势地位,这导致了语种单一化。不容忽视的是,2009年入境旅游人数最多的是美国(57.9万),其次是日本(46.2万)、韩国(35.2万)①,可见在京外籍人士的来源正在向多元化方向发展。望京一带的韩国人已超过了6万,俨然形成一个小的"韩国城"。② 然而,北京市的公共场所、道路交通标志并未考虑到这些实际情况,除机场等少数地方以外,其他公共场所的标志语通常为英文而很少见到日文、韩文;广播电视所用语言也局限于英语,鲜有日语和韩语,可见北京市提供的外语服务基本属于英语服务。

资料来源:黄小珊、凡恒慧2011年3月13日摄于北京市西直门大街附近。

图2—1 北京街名所采用的标注形式举例

---

① 北京市统计局、国家统计局北京调查总队编《2010北京统计年鉴》第365页,中国统计出版社2010年版。

② 黄永明《北京,你国际化了吗?》,《中国国家地理》2008年第8期,见中国国家地理网2008年7月30日,http://cng.dili360.com/cng/jcjx/2008/07301809.shtml。

2.3 路名、街名罗马字母拼写形式混乱

北京曾大力整治地名、道路指示牌不规范现象,但时至今日,路牌等的罗马字母拼写形式仍然十分混乱,下面以街牌和交通指示牌的标注、英文网页中的街名为例进行说明。中国社会科学院研究员周庆生曾经指出,北京的街名标注已经形成两大系统,造成"一街两名,一名两音"的格局①,笔者近期实地调查发现这种局面仍然没有改变。一种采用汉语拼音(简称"汉拼")标注,主要用于市民政局制作的街名、路名标志牌。另一种采用"汉语拼音+英文"(简称"英拼")标注,主要用于北京市交通管理局负责的交通指示牌。如"西直门外大街"的两种标注形式分别为"XIZHIMENWAI DAJIE"(汉拼标注形式)、"XIZHIMEN Outer St"(英拼标注形式)。

与上述所谓"与国际接轨"的形式不同,美国等国的驻华大使馆拼写所在地的路名、街名(不包括区名)则一律采用汉拼形式,严格执行"一名一音"的"单一罗马化"的国际标准,这与市民政局的拼写形式也基本一致,如表2—2。

表2—2　4国驻华大使馆网页等对所在地路名、街名的标注形式

机构	英国驻华大使馆	美国驻华大使馆	法国驻华大使馆	西班牙驻华大使馆
中文地址	建国门外光华路11号	北京安家楼路55号	北京市朝阳区三里屯东三街3号	北京市朝阳区三里屯路9号
外文地址	11 Guang Hua Lu Jian Guo Men Wai Beijing 100600	No. 55 AnJia Lou Lu 100600	3 Sanlitun Dongsanjie, Chaoyang District, 100600, Beijing	Chaoyang Qu. Sanlitun Lu, 9.- 100600 Pekín (Beijing)
网页	http://ukinchina.fco.gov.uk/en/about-us/our-embassy/contact	http://beijing.usembassy-china.org.cn/contact.html	http://www.consulfrance-pekin.org/Adresse-et-horaires.html?lang=fr	http://www.maec.es/subwebs/Embajadas/Pekin/es/home/Paginas/Home.aspx

注:除英国驻华大使馆的中文和英文地址呈三行排列,其他各国大使馆的中外文地址均呈一行排列。

资料来源:见表中"网页"一行。(资料搜集时间为2011年3月13日)

"一街多名"已不再是个转写或翻译的小问题,不仅给外籍人士带来困惑,也反映出北京市在外文使用领域的标准化、规范化工作的欠缺,亦涉及国家对语言主权的行使等多个方面。

---

① 周庆生《北京"街改St."工程应叫停》,《中国社会报》2005年7月13日第005版。

三 思考与建议

北京在世界的影响力逐渐增大,如何抓住当前时机,促进后奥运时代语言生活环境的建设,以推动北京逐步建成国际大城市乃至真正的世界城市,亟待社会各界深入思考。

3.1 提供规范多样的外语服务

北京市的外语服务应该规范,应符合国内相关法规、政策并真正与国际标准接轨。例如,地名、街道名都属于地名范畴,拼写应严格遵循联合国以及国家民政部《地名管理条例实施细则》(1996)等规定,使用汉拼字母而不得使用英文及其他外文。[①] 另外,从"人"和"物"两个方面促使公共服务领域的外语服务更加多样,如在公安、交通、旅游等行业和部门中加大对从业人员的外语培训力度,扩展市政府门户网站的外国语文种类,完善多语言公共信息咨询服务系统、应急服务热线等。第三,城市整体外语服务水平的提高有赖于学校、社区的外语教育,为满足北京对各个层次的外语人才的需求,应在中学和高校积极增设非通用语种的教学,提高外语教学的效率;并将市民喜闻乐见的外语学习活动制度化、常态化,创造良好的学习环境和条件。

3.2 扩大外宣途径,营造有利的舆论环境

第一,广播电台、电视台在办好现有双语栏目、国际频道的基础上,进一步加强双语、多语新闻报道、文娱节目的制作。第二,改变市属外文报纸以英文为主的局面,增加法语、俄语、阿拉伯语、西班牙语等联合国的其他工作语言以及在京人数排名靠前的外籍人员的语言文字(如韩语、日语)为载体的报纸。第三,利用互联网、手机等新媒体搭建多语化平台,帮助外籍人员增强跨文化交际能力。

在国际化的进程中,北京应该搭建双向交流的平台,以开放、宽容的心态包容和接受外来文化,形成多种多样的文化氛围,为国内外各类社会群体提供高质量的语言服务;同时,应担负起传播本土文化的重任,向世界介绍北京乃至中国

---

① 《国家通用语言文字法》第18条、国务院《地名管理条例》第8条等法律或法规的相关条款,都要求中国地名的罗马字母拼写必须以汉语拼音方案为规范。

的新事物、新发展。制定北京市国际语言环境建设规划的最终目的,是构建以国家通用语言文字为主体的多语种、多方言和谐并存的内部环境以及良性互动、双赢共生的外部环境,努力为北京建设世界城市的长远目标提供支持和保障。而北京所取得的经验,也将成为中国其他大城市建立国际语言环境的极富参考价值的样本。

(郑梦娟、黄小珊、凡恒慧)

青海玉树救灾中的语言障碍与语言援助

2010年4月14日7时49分,青海省玉树藏族自治州玉树县发生里氏7.1级地震,震源深度约33公里。这次地震震级高、烈度大、震源浅,震中距人口密集城镇近,破坏力强。灾区总面积约3.58万平方公里,其中重灾区面积约4 000平方公里,极重灾区约1 000平方公里,受灾24.68万人,遇难2 698人,失踪270人,直接经济损失228亿多元。① 这次地震使神秘的玉树藏族自治州一下子闯入了公众的视野,成为全国乃至全世界关注的焦点。

一 语言障碍问题凸显

随着玉树地震救援和震后重建工作的开展,无论是前往玉树救援的解放军官兵,还是来自全国各地不懂藏语的志愿者及媒体记者,都深深受到语言障碍问题的困扰。虽然汶川地震比玉树地震造成的危害更大,但汶川地震在震后救援和重建工作中遇到的语言沟通问题却不如玉树地震突出。

玉树居民中藏族占94%②,他们大多不懂汉语,特别是牧民说的藏语"带有特殊地方口音"③,学术上称作康巴藏语,与藏区其他方言土语如安多藏语之间差别较大,操两种藏语方言的人交流起来比较困难。④ 在玉树藏族自治州,汉族、回族、土族、蒙古族、撒拉族、苗族、布依族、壮族、满族、朝鲜族等民族只占全州总人口的4.7%,其中大多数少数民族略懂一点藏语,部分藏民和部分其他少

---

① 《回良玉在全国抗震救灾总结表彰大会上的讲话》,中国共产党新闻网2010年8月20日,http://cpc.people.com.cn/GB/64093/64387/12491748.html。
② 《玉树94%居民是藏民 大多不懂汉语交流困难》,凤凰网2010年4月16日,http://news.ifeng.com/mainland/special/qinghaiyushudizhen/zuixin/201004/0416_9954_1605589.shtml。
③ 《语言障碍成玉树地震救援较大障碍》,央视《新闻1+1》《玉树地震大救援》节目实录,新浪网2010年4月16日,http://news.sina.com.cn/c/sd/2010-04-16/011920083596_2.shtml。
④ 《李栓科做客BTV〈天下天天谈〉解读玉树抗震救灾(2)》,中国国家地理网2010年4月23日,http://news.dili360.com/dlsk/dlzh/2010/0423/27786.shtml。

数民族能听懂汉语。

玉树地震发生后,国务院立即成立了抗震救灾总指挥部。在党中央、国务院和中共中央军事委员会的统一部署和领导下,在各级人民政府的协调和配合下,救灾人员、医疗人员、心理救援人员、后勤保障人员等各路救援人员云集灾区,各种民间团体和志愿者也纷纷加入救灾行列。

可是,就在这牵动亿万人心的危急时刻,让赶赴灾区的救援人员始料未及的障碍不是高原反应,也不是物质、技术以及心理上的困难,却是救援者和受援者之间,甚至是救援者之间存在的无法用语言沟通的问题,加上藏民居住较分散,救援队也要分散救援,"在这里语言就变得非常具有挑战性,临时的救急或者求救就会显得很艰难"。① 震后救援中普遍存在的救援者群体和受援者群体之间的"语言沟通障碍"问题凸显出来。

在救灾过程中,语言沟通障碍不仅仅表现为问路难、问情况难,还给震后救援工作带来一定后果。据搜救队员、医疗人员、心理专家、司机、记者等大部分第一时间投入救援的内地人反映,在玉树救援随时需要寻找藏族士兵、藏族学生担任临时的翻译、向导,否则救援工作会陷入更大的困难之中,这主要表现为以下5个方面。

1.1 影响准确获取搜救信息

江苏救援队在结古镇民族宾馆搜救时,不断请玉树的警察做翻译,才能与当地僧侣进行交流。②

中国国家地震灾害紧急救援队的救援人员获悉在一处废墟中埋有4名僧人,他们赶到现场后发现,有8名救援者正在奋力挖掘,但由于语言不通无法确定底下是否真有人。在出动搜救犬和生命探测仪忙碌20多分钟后,附近一名医务人员告知,这4名僧人前天已经被挖出来了。救援队队员何红卫说,他们工作时常会听到灾民的呼喊,但是无法正确领会是何意义。③

---

① 《语言障碍成玉树地震救援较大障碍》,央视《新闻1+1》《玉树地震大救援》节目实录,新浪网 2010年4月16日, http://news.sina.com.cn/c/sd/2010-04-16/011920083596_2.shtml。
② 《非直接救灾人员请勿进入灾区 部分救援队开始下撤》,红网2010年4月19日, http://news.rednet.cn/c/2010/04/19/1942661.htm。
③ 《语言障碍、错误呼救增加救人难度》,《南方都市报》2010年4月17日AA06版。

地震等自然灾害发生后的 72 小时,是国际公认的黄金救援时间。废墟下的每一个生命都无比珍贵。抢救过程中,迅速及时是应急救援的首要要求,搜救队员需要向灾民了解其他群众的情况和现场信息,以便采取相应的搜救行动,否则就会延误最佳救援时机。可是,在玉树救灾中,搜救队员常常无法获得准确的信息。

1.2　影响顺利施行伤病治疗

出于伤情的需要,很多重伤员被转运到外地条件较好的医院。兰州市 6 家医院共接收了 128 位玉树灾民,可是其中 80% 不能用汉语交流。① 这些医院的医生大多不懂藏语,医患之间交流困难,医生只能根据自己的经验救治。

救治伤员跟搜救生命一样刻不容缓。由于语言不通,救援效率和治疗速度都会受到影响,轻者贻误治疗时机或无法对症治疗,重者可能会危及伤员的性命。

1.3　难于及时开展心理救助

有位 11 岁的藏族小姑娘,名叫更松,排行老二,哥哥已经出家,还有 3 个妹妹和 1 个吃饭都还需要照顾的弟弟,其父母等直系亲属在地震中全部遇难。震后,更松和弟弟妹妹被送到玉树孤儿院。虽然有很多志愿者很同情他们,希望给他们带来快乐,但是,几个孩子总是闷闷不乐,难以开口说一句话。② 同这些孩子一样,"被送过来的灾民中有些一直默默不语、目光呆滞,有些则一直在颤抖,他们需要更多的照顾"。

地震发生后,很多死难者的家属及伤员在承受身体创伤的同时还承受着心理上的巨大痛苦,情绪很不稳定。人们也往往容易产生悲伤、焦躁、易怒等一系列的心理问题,部分受灾群众会患上创伤后应激障碍(PTSD)、心境障碍(包括抑郁发作)、适应障碍、居丧障碍、心理郁结导致物质依赖(如酗酒等)等心理障碍,严重的甚至有可能产生自残或自杀行为。因此心理救助也像生命救助一样迫在眉睫。

---

① 《甘肃首期灾后应急心理疏导培训班举行　用语言沟通心灵》,人民网 2010 年 4 月 17 日,http://news.163.com/10/0417/20/64GFSSJG000146BC.html。
② 《玉树抗震救灾,凸显双语教学重要性》,《中国民族报》2010 年 4 月 30 日,见中国西藏信息中心网站,http://www.tibet.cn/news/szxw/201004/t20100430_572342.htm。

可是,心理救援人员在与当地藏民交流时发现,很多藏民只能表达一些简单的汉语。而许多小孩子连"你好""老师好"这些话都听不懂。中国医科大学第一医院精神医学教研室主任王哲教授说:"在辅导和培训过程中,语言沟通是我们面临的最大难题。"① 唐山第五医院副院长沈振明也说,语言沟通障碍为心理救助增加了难度。很多灾民都不会说普通话,风俗习惯的差异,也容易让救援人员与情绪不够稳定的藏民之间产生摩擦。②

1.4 难于快速运达救援物资

一位记者在玉树藏族自治州政府门口招手拦下了一辆面包车,希望司机把他送到玉树县第一民族中学。司机停了车,却听不懂记者说什么,他一直在说话,似乎在询问记者有什么事,但是记者还是一头雾水。由于路况不熟,请当地居民带路又无法沟通,很多事情就会被延误,很多救援物资也会被耽搁下来。

1.5 难于迅速展开灾后重建

没有汉藏双语兼通的翻译人员,很多工作无法开展,救援人员不能准确了解灾民的想法,灾民不知道救援人员的意图。这种问题是灾后重建所面临的一大难题。

二 语言援助实施

在玉树的救助工作中,"语言援助"这个通常在国际救援中才会遇到的问题,成为中国抗震救灾史上前所未有的一大焦点。为应对这次青海玉树地震救灾过程中遇到的语言障碍问题,官方和民间都积极伸出了援助之手,双语人才更是发挥了至关重要的作用。

2.1 语言志愿者队伍不断壮大

当语言障碍问题显现之时,一支庞大的语言志愿者队伍也在悄然形成。这

---

① 《辽宁赴玉树心理专家:语言是沟通最大障碍》,《时代商报》2010年4月20日A12版,见http://epaper.lnd.com.cn/html/sdsb/20100420/sdsb437709.html。
② 《求助:玉树灾区急需心理医生及藏语翻译》,中国新闻周刊网2010年4月20日,http://sdzg.inewsweek.cn/reports-487.html。

支队伍中有在校大学生,也有被救援的当地群众,还有不少小学生。他们都是自发加入语言志愿者队伍的。

2.1.1 第一支力量:民族院校师生

国家民族事务委员会组织起一支500人的藏汉语言翻译队伍,赶赴玉树参与救援工作。这支队伍由6所民族院校中选出的一些藏语好、身体好的教师和学生组成,其中不少学生的生源地就在青海玉树。这些民族院校是中央民族大学、中南民族大学、西南民族大学、西北民族大学、北方民族大学和大连民族学院。① 兰州商学院和兰州大学等院校也组织了藏族同学语言志愿者队伍到医院进行帮助。② 青海省民族宗教事务委员会积极协调青海民族大学,抽调了170名既懂汉语又懂康巴藏语的大学生作为志愿者,在青海省卫生厅的统一协调下,进驻西宁市17家2级以上医院,为牧民和藏族群众伤员提供服务。③ 共青团四川省委员会迅速招募藏汉语翻译志愿者100余名,赶赴玉树地震灾区参加救援服务。④

这些师生志愿者在玉树灾区发挥了重要作用,除了在搜救现场和医院做翻译外,他们还担负起心理疏导、照顾病患的工作。

西北民族大学志愿报名当翻译的40名藏族师生来到玉树地震灾区后受到欢迎。大学二年级藏族学生伊西卓玛,用藏语为更松五姐弟讲故事、唱儿歌,给他们带来了很大的快乐。大学四年级学生白玛央吉,除了协助医生和病人交流之外,还亲自为病人洗脸,陪伤员家属聊天,舒缓他们紧张的心情。

当病人被送到各个医院急诊大楼的时候,语言志愿者就充当医生的翻译,用康巴藏语询问病人的病情、基本身体状况、病史、姓名、年龄等。因很多病人身无分文,生活不能自理,志愿者还要照顾病人的生活起居。

为了让语言志愿者能够同时担负起心理疏导的任务,在兰州大学第一医院举办了灾后应急心理疏导培训班⑤,西北民族大学学生心理健康教育指导中心

---

① 《国家民委:500人民族语言翻译队伍随时赴玉树》,腾讯网2010年4月16日,http://news.qq.com/a/20100416/002722.htm。
② 《甘肃首期灾后应急心理疏导培训班举行 用语言沟通心灵》,网易2010年4月17日,http://news.163.com/10/0417/20/64GFSSJG000146BC.html。
③ 《青海民族宗教界积极投入抗震救灾》,《中国民族报》2010年4月20日。
④ 《藏汉语翻译志愿者服务救援玉树地震灾区》,《人民日报》(海外版)2010年4月19日,见中国新闻网,http://www.chinanews.com/gn/news/2010/04-19/2233658.shtml。
⑤ 同注②。

也联合藏语言文化学院举行了"西北民族大学玉树灾区心理援助及翻译协助培训会"。①

带队的两位老师才旦多杰和吉太才让,将灾区联合指挥部转发的有关党中央、国务院抗震救灾及灾后重建等重要精神翻译成藏语,并在广播车上巡回播放。经过他们的翻译宣传,党和政府对灾区灾后重建的基本方针和政策,党的民族宗教政策,民族团结典范,人民解放军、武警官兵在灾区的突出贡献,抗震救灾过程中涌现的好人好事等,在玉树藏民中广泛流传。

2.1.2 第二支力量:玉树县被救援者

地震过后,主动或应邀加入语言志愿者队伍的还有3种人:灾区会说藏汉双语而未受伤者;会说藏汉双语受伤较轻者;会说藏汉双语伤势已痊愈的被救援者。他们成为中坚力量。

刚刚被从废墟里挖出来的更松卓尕,立刻就加入了志愿者队伍,他用自己的语言优势,在玉树体育场内为各个医疗队担任翻译。② 26岁的藏族小伙子成林扎西是名警察,他在接受治疗痊愈后并没有立即返回家乡,而是利用语言优势,留在西安交通大学医学院第一附属医院做志愿者。③ 玉树州民族语文(古籍)办公室也在4月30日前抽调了67名民族语文工作者为灾区一线救援提供翻译服务。④

在玉树,还有一些小学生,大多在三年级到六年级之间,他们也积极协助救援。玉树县第一完全小学六年级(2)班学生成林多杰年仅14岁,从4月15日开始就在结古镇赛马场一带充当翻译。记者们在采访当地灾民时,这些小学生就会告诉记者采访的地点和人物等情况。

玉树民兵充分发挥了人熟地熟民俗熟和语言通等优势,在救灾部队和专业救援队伍到达后,分片划区,分头为救灾部队当向导、做翻译,介绍当地群众大体分布情况,分析倒塌房屋人员受困情况,积极协助救灾部队搜救。⑤

---

① 《学生心理健康教育指导中心为我校玉树灾区心理援助及翻译协助服务团进行灾后心理援助培训》,西北民族大学学生部(处)2010年5月10日,http://dwzy.xbmu.edu.cn/xsc/content.asp?FHid=787。
② 《青海玉树被救藏族女孩加入志愿者队伍》,网易2010年4月18日,http://news.163.com/10/0418/14/64IFHEBR000146BD.html。
③ 《一名玉树伤员出院 利用语言优势留在医院当志愿者》,网易2010年4月21日,http://news.163.com/10/0421/06/64PBEFON00014AEE.html。
④ 《玉树抗震救灾,凸显双语教学重要性》,《中国民族报》2010年4月30日,见中国西藏信息中心网站,http://www.tibet.cn/news/szxw/201004/t20100430_572342.htm。
⑤ 《人熟地熟当向导 语言沟通当翻译——青海民兵预备役抗震救灾发挥特殊作用》,国防部网站2010年4月19日,http://news.mod.gov.cn/defense/2010-04/19/content_4147780.htm。

2.1.3 第三支力量:藏族战士

很多部队都有藏族战士,不少军区以最快的速度抽调出藏族战士,赶赴玉树执行藏语翻译任务。兰州军区某集团军精心挑选出6名官兵,其中包括青海籍藏族战士夏吾加和其他2名藏族战士,搭乘空军运输机到达玉树。①

2.1.4 第四支力量:自发志愿者

还有一些语言志愿者是在各种媒体的宣传和招募下自发来到玉树的。

尕曲、卓玛和才文吉是兰州大学自考班的学生,她们都是青海玉树人。在得知救援工作需要语言帮助后,她们自发组织了所有玉树籍学生到医院帮忙,"我们就是要当志愿者,能帮多少是多少"。经过培训,她们积极投入语言志愿者的工作之中。②

西宁市各大院校能说康巴藏语的同学,都投入到各个医院的藏汉翻译工作当中。他们为藏族病人与医生沟通,为他们牵线搭桥。除此之外,社会上的务工人员等也投入到这项工作当中。③

来自全国各地的佛教徒,尤其是当地藏传佛教僧侣,也为灾区人民的心理疏导做出了重要贡献。河北汉传佛教信徒信愿法师曾搭乘一辆小面包车,从结古镇前往下拉秀乡,藏族司机注意到他的佛教徒身份,虔诚地递上其遇难的姐姐的身份证。信愿法师当即用藏语念诵佛经《百字明》,超度这位陌生的藏族女子。司机如获珍宝,带着信愿法师一路寻找遇难者的亲属,为他们诵经超度。两人分别时,藏族司机大哭了一场。④

2.2 广开媒路,保证信息畅通

各种媒体的积极参与和各种媒路的通畅,也为玉树的语言援助做出了贡献。

玉树地震发生后,中共中央宣传部、国家广播电影电视总局下发了几万台收音机到玉树灾区,保证当地民众可以通过收音机收听来自党和政府以及全国人

---

① 《呼吸难沟通难:盘点玉树抗震救灾四大难题》,中国新闻网 2010 年 4 月 24 日,http://www.chinanews.com/gn/news/2010/04-24/2245676.shtml。

② 同注①。

③ 《李栓科做客 BTV〈天下天天谈〉解读玉树抗震救灾(2)》,中国国家地理网 2010 年 4 月 23 日,http://news.dili360.com/dlsk/dlzh/2010/0423/27786.shtml。

④ 《中国佛教徒积极投身玉树灾后心理重建》,中国新闻网 2010 年 5 月 3 日,http://www.chinanews.com/gn/news/2010/05-03/2259838.shtml。

民关心并援助他们的实情。① 卫生部在对灾区群众和伤员做心理援助和关怀工作中认识到,语言问题是"需要考虑的一个重要方面",并在玉树灾区印发了藏文心理援助材料。②

中国国际广播电台本来就有藏语广播。中央人民广播电台专门从四川电视台调了两个懂康巴藏语的记者、播音员到北京工作,派了两个懂藏语的记者到当地去采访,请了懂康巴藏语的藏学专家在广播里向受灾民众讲解抗灾、自救等方面的知识。中央电视台《新闻1+1》及多家电视台的新闻节目一直关注着玉树地震救灾情况,多次以"语言障碍"为题,采访一些专家,呼唤加强语言援助;中央电视台还通过汉译的方式,讲解地震中可能用到的简单藏语。青海气象部门还通过小黑板、书面通知、手机短信等方式,用藏汉双语向玉树震区受灾群众和救援人员实时播报天气状况。③

网络上的语言援助也不断跟进。一位名叫蔡峰的志愿者在网上发了一个帖子,求助会说康巴藏语者帮助他做翻译,到当地医院去服务。还有一些人把从其他渠道收集来的一些藏语救灾用语放到微博上,比如"你哪里受伤了"简单说就是"去喀给纳基都",转发率非常高。只要有手机信号覆盖,就能通过微博了解这些词语。④

2.3 临近地区部队支援

临近地区差别较小的方言使用者也积极参加对玉树的语言支援工作。四川甘孜藏族自治州公安局特警支队是第一支赶赴灾区的特警队伍,其中70%是藏族,讲康巴藏语,顺畅的语言沟通条件让特警的救援、执行勤务、政策宣传、案件处置更为便捷高效。⑤

---

① 《李栓科做客BTV〈天下天天谈〉解读玉树抗震救灾(2)》,中国国家地理网2010年4月23日,http://news.dili360.com/dlsk/dlzh/2010/0423/27786.shtml。
② 《卫生部:将在玉树灾区印发藏文心理援助材料》,中国新闻网2010年4月16日,http://www.chinanews.com/gn/news/2010/04-16/2231740.shtml。
③ 《玉树灾区将降雪降温 气象部门藏汉双语加强播报》,中国新闻网2010年4月19日,http://www.chinanews.com/gn/news/2010/04-19/2235047.shtml。
④ 同注①。
⑤ 《一切为了救援》,中国文明网2010年4月27日,http://hxd.wenming.cn/zddx/2010/04/27/content_115817.htm。

2.4 救援人员现学现用

在广播、电视、网络等多种媒体的支援下,前往玉树的内地救援人员也学习了一些应急藏语,紧急时刻能够与当地人民进行一些简单的交流。

三 问题反思

在玉树震后救灾过程中暴露出来的语言障碍问题以及实施的语言援助,引发了社会反思:如何才能避免或减小语言障碍给救灾援助工作带来的危害和困难。尤其是西藏、四川、云南、青海、宁夏、甘肃、新疆等地,地处我国五大地震活动区的两大活动区之中,位于喜马拉雅—地中海地震带上,这些省份大多是少数民族聚居地区。近年来气候条件的变化和人类经济活动的加剧对地质环境的影响明显增强,地质灾害呈现更加多发的态势。21世纪的第一个10年里,我国大陆发生的6级以上地震共计38次,而在少数民族地区的地震就多达27次,占总发生次数的71%。[①] 做好少数民族地区的防减灾工作,对于维护我国的民族团结、社会进步和边疆稳定具有十分重要的意义。我国地震带或灾害多发区与语言复杂性相重叠,地震带或灾害多发区的语言往往也比较多样复杂,方言差异大。如四川汶川、青海玉树、甘肃舟曲都是少数民族地区。通过玉树地震救助,我们应该清楚地看到,解决语言障碍及语言援助问题应该提到我国民族地区防减灾工作的议事日程上来,这关系到能否及时、高效地进行救灾工作,已成为能否将灾害带来的损失降低到最小程度的一个关键环节。因此,要切实解决语言障碍及语言援助问题,尤其要从以下几个方面做起。

3.1 语言障碍问题研讨常态化

我国目前已经建立了中国自然灾害应急救助管理的基本体系,国务院也于2006年1月10日印发了《自然灾害和突发公共事件救助应急预案》,但是这个体系和预案当时尚未把语言援助纳入其中。这次玉树地震给了我们深刻的教训,似乎应对《自然灾害和突发公共事件救助应急预案》做适当的修订,将语言救

---

① 刘向群、文俊《我国少数民族地区突发自然灾害时的信息传播——以2008年汶川地震为例》,《中国市场》2010年第49期。

助作为救灾中的一环,这样就会在应急救助全局中掌握有利局面。

这次玉树语言援助为人们提供了有益的经验,譬如,充分利用和发掘民族院校或方言区院校的语言资源,开发和利用当地外来务工人员的语言资源,充分发挥志愿者的作用,利用平面媒体和网络媒体及时教授简单的救助语言等等。这些措施发挥了一定的作用,但是由于力量分散,尚未形成合力。

3.2 借鉴国际上解决语言障碍的有益经验

目前,国际上一般把紧急救援体系分为两种:一种是国家救援体系,即由政府出面,举一国之力或一地区之力,对各种较大规模的灾害进行紧急救援。另一种是社会化救援体系,即对于一些规模较小的紧急事务进行救援,由政府主导,以购买服务的方式委托社会组织来完成。如在解决语言障碍时会购买一些翻译公司、语言服务公司等社会营利机构的服务,一方面使用方便灵活,另一方面节省了政府开支,有效降低了援助成本。然而由于事发第一现场存在很多不确定因素,如设备应用的有效性(地域、气候环境影响等)、时效性问题以及语言的地域性差异,这种购买社会组织服务的方式应用有限,各国都制定了一些相应的措施以应对沟通障碍。

日本采取招募多语种防灾义务人员(包括当地人和外国人)的措施,实施外语义务人员计划,将募集到的各语种防灾义务人员登记在册。美国采取在第一现场呼叫寻找翻译志愿者的措施。英国则建立志愿者组织(如翻译者协会、学生联合会),地方政府负责掌握当地的志愿者资源,并将志愿者协会编入"地方政府突发事件应急计划"中,使之具有法律效力。这些国家在非应急场合都设有多语种服务热线和多语种安全指南,美国还为警察配备了移动翻译器。上述有些措施中国已经开始实施,如多语种服务热线和多语种安全指南,但还有很多值得深入研究和借鉴。

3.3 加强和推进双语人和双方言人的培养

《玉树藏族自治州藏语言文字工作条例》(2009)第三条规定:"自治州各级国家机关执行职务的时候,通用藏汉两种语言文字。"[①]只是一直以来该地区都以

[①] 见 http://law.baidu.com/pages/chinalawinfo/1715/84/d13eeed19ebb72c46977f0727b532f24_0.html。

藏语文为主要语言文字,而且没有什么重大问题的困扰,所以忽视了双语人才的培养。"这次地震给我们敲了个警钟,必须重视双语人才的培养了。"①

要进一步加强和推进双语双方言人的培养,就要从3个方面着手:

一是大力推进民族地区基础教育阶段的双语双方言教育,在民族中小学大力推行双语教学。"在珍惜和传承本民族语言的基础上,加强汉语学习,提高使用汉语的能力和水平,对促进少数民族地区的经济社会发展有百利而无一害,而在民族中小学大力加强和推进双语教育则是提高少数民族教育质量的重要举措。"②

二是积极培养双语教师。10月19日,经中共甘肃省委统一战线工作部批准,甘肃中华职业教育社依托甘肃中华职业学校创办了首家民族团结教育示范基地,着力为少数民族和民族地区培养英语人才及民汉双语人才。基地启动后,首批将免费为玉树灾区培训百名英语及双语教师。③ 2010年,我国政府实施了相对发达的省份支援少数民族地区建设的工程,其中很重要的一项就是教育支援,而双语教师的培养是重中之重。

三是增加专业救援队伍中的双语人。在玉树的震后救助中,专业救援队伍中的双语人是不可忽视的一支力量。像四川甘孜藏族自治州公安局特警支队驻地及平时训练就在海拔4 000多米的高原,队员们很适应高原气候,来到玉树没有一人出现高原反应。④ 从一些军区抽调出来的藏族战士既能从事语言翻译,又能胜任专业救助,他们在玉树地震救灾中显示出双语救援的优势。医疗工作队伍中也应该有这样的双语人才,以便对紧急情况做出快速反应。为此,建议根据就近原则,在四川、青海、甘肃等地震高发的民族地区培养一批这样的双语人才;另外还可以将藏族地区的战士或医疗工作者送入内地部队或医疗机构进行培训,使他们能够在掌握专业技能的同时获得汉语能力。

---

① 《玉树抗震救灾,凸显双语教学重要性》,《中国民族报》2010年4月30日,见中国西藏信息中心网站,http://www.tibet.cn/news/szxw/201004/t20100430_572342.htm。
② 同注①。
③ 《甘肃将为玉树培训百名双语教师》,中国教育在线2010年10月20日,http://gansu.eol.cn/gansu_news_5505/20101020/t20101020_531075.shtml。
④ 《一切为了救援》,中国文明网2010年4月27日,http://hxd.wenming.cn/zddx/2010-04/27/content_115817.htm。

3.4 建立多发灾区语言人才数据库

开展多发灾区语言调查,充分掌握当地居民的语言使用状况,建立多发灾区语言人才数据库,及时跟踪和更新,以供特殊时期提取和选派。同时利用现代手段,追踪当地人群迁徙情况,在灾情发生后积极倡导和鼓励当地在外人员回乡充当双语志愿者。

3.5 建立语言援助和服务中心

中国自然灾害分布广,语言援助只靠地方的力量难以完成,目前需要将社会资源进行整合,事先谋划和准备预案,成立一个专门机构,如建立语言援助和服务中心。

这个机构的成员应该主要由地质专家和语言学家组成,他们应能全面了解我国地质灾害多发区和语言援助之间的关系,掌握我国灾害多发区的语言构成及使用状况,编写各种救灾实用语言援助手册。在灾害发生后,能够迅速组织语言救助者赶赴灾区,配合军队、医生等救灾人员及时有效地开展救援工作。

(孙春颖、杨书俊)

广州亚运会语言服务与语言元素

2010年11月12日至27日,第16届亚洲运动会(简称"亚运会")在广州举行,一个月后举行了亚洲残疾人运动会(简称"亚残会")。来自亚洲45个国家和地区的近万名运动员参加了亚运会,约2 500名运动员参加了亚残会。这是继2008年北京奥林匹克运动会之后,中国举办的又一次国际盛大体育赛事。本报告着重分析广州亚运会(含亚残会,下同)提供的语言服务以及展现的语言元素。

一 语言环境建设

1.1 制定《公共场所双语标志英文译法规范》

鉴于广东省公共场所双语标志翻译存在一些不同的见解,2007年广州市开始进行《公共场所双语标志英文译法规范》的调研和起草工作。[①] 2008年5月,《公共场所双语标志英文译法规范(征求意见稿)》开始向全社会广泛征求意见,引起社会较大关注,其中热议的焦点是部分路名与公共场所的英文译法问题。例如,"东风西路"究竟是夹用英文译写成"DONGFENG Road West"还是只用汉语拼音拼写成"DONGFENG XiLu",征求意见稿主张采用前者。为此,广东省民政厅还专门约见媒体记者,表示广东路牌是严格按照联合国标准和国家法规翻译的,路名中的专名规范采用了汉语拼音拼写,没有采用英文翻译。2008年9月,修订后的《公共场所双语标志英文译法规范》正式发布施行。

---

① 广东省质量技术监督局《〈公共场所双语标志英文译法规范〉编制说明》,广东省质量技术监督局网站2008年5月4日,http://www.gdqts.gov.cn/zjxx/tzgg/bzh/200810/t20081017_6966.html。

图 2—2 "乐羊羊路"路牌标注

"乐羊羊路"路牌采用的是征求意见稿中的标注方法。

1.2 规范亚运会场馆标志用语

广州亚运会场馆共有 80 余座。2010 年 3 月,广州市语言文字工作委员会办公室(简称"语委办")向各区(县级市)语委办印发《关于做好亚运会场馆及主要路段语言文字工作的通知》,要求以高标准开展社会用字的专项整治工作,确保亚运会场馆及周边语言环境用字规范、字形完整,不得使用已经简化的繁体字、已经淘汰的异体字、"二简字",消灭错别字。5 月,广州市语委办向亚洲运动会组织委员会(简称"亚组委")印发《关于做好亚运会语言文字工作的建议函》,提出亚运会场馆规范用字的工作建议并提供了相关依据。8 月,广州市语委办组织专家审阅《第 16 届亚洲运动会场馆标志应用规范》,向亚组委提交书面修改意见,得到亚组委的高度重视,并正式发文将市语委办的修改意见转发至各施工场馆执行。[1]

上述举措取得了很好的效果,但天河体育中心的一些指示牌仍然存在文字拼写、书写及翻译错误。譬如,将"Toilet"(厕所)错写成"Toielt";将"Media Entrance"(媒体入口)中的"Media"错拼成"Meida"[2];将"新闻中心入口"(News

---

[1] 广州市语委办《把握机遇 加强整治 为亚运会召开营造良好的语言文字环境——广州市亚运场馆用语用字整治行动总结》。

[2] 许方健、张洁瑶《场馆指示牌错误 22 日前整改》,《南方都市报》2010 年 10 月 20 日,见南方网,http://travel.southcn.com/l/2010-10/20/content_16829831.htm。

Center Entrance)错译成"New Center Entrance"(新中心入口);将"亚运观众入口"(Asian Spectator Entrance)中的"Asian"错拼成"Aisan"[①];还有一个指示牌中的"天河"有两种译法(见图2—3)等等。这些问题反映出亚运语言服务的质量还可以进一步提高。

图2—3

资料来源:第16届亚运会官方网站,http://www.gz2010.cn/special/0078009R/yytpzx.html。

图2—4

亚组委相当重视广州路牌和指示牌中出现的文字错误问题,并及时进行整改,图2—4为亚运场馆、市政道路交通标志改造情况通报会现场。

1.3 媒体语言环境设计与"撑粤语"事件

5月至6月,中国人民政治协商会议广州市委员会(简称"广州市政协")相关调研组调查研究"亚运会软环境"问题,希望广州电视台增加普通话的播出时间[②],在网上发布了《广州电视台播音情况调查问卷》。此举在社会上被传成了"广州市政协竟然想将广州电视台全部转成普通话",结果引发社会热议。

6月5日,广州市政协相关处室负责人在接受媒体采访时表示,"广州电视台要取消粤语播音显然是一个误读。随后《羊城晚报》发表了《一份调查引发粤语存废之辩 相关负责人澄清初衷》的报道;大洋网以"粤语是否真的与普通话互为敌人、势不两立"为题召开"民意圆桌会";广州市政协纪可光提交了《关于广

---

① 许方健、张洁瑶《场馆指示牌错误22日前整改》,《南方都市报》2010年10月20日,见南方网,http://travel.southcn.com/l/2010-10/20/content_16829831.htm。
② 《一份调查引发粤语存废之辩 相关负责人澄清初衷》,《羊城晚报》2010年6月9日,见网易,http://news.163.com/10/0609/15/68ODVTIP000146BC.html。

州电视台综合频道应增加普通话节目播出时段的建议》等提案。7月25日和8月1日分别在广州及香港部分公共场所发生了"保卫粤语"事件和"撑粤语"活动①。

此间,广州市政府迅速做出反应,先后召开新闻发布会和专家座谈会,广东省主要领导也在相关场合发表讲话,指出市政府从未在任何时候、任何场合有过"推普废粤"的表述和意思,更不存在这样的事实,"推普废粤"一说纯属子虚乌有,是一个彻头彻尾的伪命题。② 这些举措保证了亚运会大环境的平安和谐。

二 语言服务

2.1 语言翻译

亚组委为本届运动会提供了9种语言的翻译服务,这些语言是英语、俄语、阿拉伯语、日语、韩语、泰语、柬埔寨语、印尼语、越南语,从而保证90%以上的运动会参会人员不会遇到语言障碍。亚运会的专业语言服务分为笔译和口译两大类,各有专门的服务团队。10月24日,广州亚运会多语言服务中心在广东外语外贸大学正式启用,被称为"语言服务的最后一道防线"。从10月25日开始,亚运会和亚残会的各类注册人员都可以拨打热线电话免费获得9种外语口译服务,这是历届亚运会提供热线翻译语种最多的一次。亚组委还设立了赛时语言服务中心,在各比赛场馆、运动员村、主新闻中心、总部酒店等处提供领导陪同口译服务、会议口译服务、笔译服务以及口译热线服务。

2.2 赛事播报

本届亚运会成立了亚运会历史上最大的新闻中心,可提供英语、日语、韩语、

---

① 另一种说法是:7月25日下午16时许,三五成群的人员陆续在海珠区江南西地铁A出口聚集,最高峰时达数百人……至晚上19时许,聚集人群逐渐散去,现场秩序恢复正常。现场没有发生任何冲突事件,警方没有接到有关刑事、治安方面的报案。见冯倩妮、唐智奇《广州市政府重申:"推普废粤"是根本不存在的伪命题》,大洋网2010年7月28日,http://news.dayoo.com/guangzhou/201007/28/73437_13426378.htm。

② 冯倩妮、唐智奇《广州市政府重申:"推普废粤"是根本不存在的伪命题》,大洋网2010年7月28日,http://news.dayoo.com/guangzhou/201007/28/73437_13426378.htm。

俄语和阿拉伯语等5种语言的同声传译和交替传译服务。①

亚运会期间,中央电视台1、5、7、12、新闻、高清以及付费的风云足球等频道用普通话覆盖式地播放亚运会报道,规模超过往届。其中,中国网络电视台(CNTV)依托央视4、9频道的资源优势,提供英语、西班牙语、法语的亚运会报道,开办了3种语言的亚运会网上专区②,提供全程独家直播与点播服务③。广东电视台节目直播以粤语为主,新闻专题则用普通话进行解说。④ 广州广播电视台8个电视频道和4个电台频率,也是全天候地投入亚运会报道当中,除英文频道外,大部分内容都用粤语播出,综合频道有普通话播出的时段和栏目。

2.3 语言服务处和中文学习室

广州亚运会语言服务处在赛时转换为语言服务中心团队,语言服务涵盖了所有的注册人员和工作人员,服务点64个,遍布亚运会所有的竞赛场馆和非竞赛场馆。⑤ 此外,在运动员村国际区A区还建立了一个中文学习室,其中,最受各国运动员热捧的培训服务项目有两个,一是如何用汉字书写自己的名字,二是如何用汉字写"我爱你"几个字。据不完全统计,亚运会期间在中文学习室接受培训的"弟子"超过1 000人。⑥ 一个来自约旦的运动员叫沃辛姆,只要没有比赛与训练任务就会钻进中文学习室,跟老师学习汉语,练习书法,临近亚运会结束,学了差不多100句中国话。⑦

2.4 相关行业的多语服务

亚运会期间中国工商银行广州支行积极搭建多语种服务平台,力争满足海

---

① 杨明《亚运会主新闻中心全天候运行　提供新媒体服务》,《广州日报》2010年11月9日,见第16届亚运会官方网站,http://www.gz2010.cn/10/1109/07/6L1HDJ9A0078000U.html。
② 《中国网络电视台将以奥运模式报道亚运会》,中国网络电视台,http://sports.cntv.cn/20100926/101625.shtml。
③ 李斌《中央电视台:全频道覆盖亚运会》,《广州日报》2010年11月2日,见大洋网,http://gzdaily.dayoo.com/html/2010-11/02/content_1173384.htm。
④ 《广东电视台:四大演播室展示亚运风貌》,《广州日报》2010年11月2日,见大洋网,http://gzdaily.dayoo.com/html/2010-11/02/content_1173384.htm。
⑤ 杨敏《精心翻译　语言交流更流畅》,《广州日报》2010年11月7日,见大洋网,http://gzdaily.dayoo.com/html/2010-11/07/content_1179099.htm。
⑥ 《亚运城中文学习室受追捧　运动员最想写中文名》,《广州日报》2010年11月22日,见第16届亚运会官方网站,http://www.gz2010.cn/10/1122/08/6M350BGS0078000U.html。
⑦ 符桂新《临走,学会了百句中文》,《羊城晚报》2010年11月29日,见腾讯网,http://news.qq.com/a/20101129/001420.htm。

外客户的多语种需求①；广州图书馆在亚运城的运动员村和媒体村通过电脑终端设立了 24 小时自助图书馆，为各国运动员提供语言速成、各类亚运知识、文化休闲等方面的书籍②。

从 2008 年开始，广州市开展"迎亚运，全民学英语"活动，一直持续到 2010 年 10 月。③ 广州市交通委员会 2008 年就组织开展"迎亚运，全行业学英语"行动，要求公共交通、出租车司机和客运站场等 8 万交通从业人员两年内普及《迎亚运英语 100 句》，驾驶员必须参加每月组织的停产培训学习，达到标准后，方可重新上路营运④，同时还要学习手语，保障了公交系统语言服务的基本质量。

中国移动全力打造"数字亚运"工程，其中包含提供大量多种语言服务的内容，如热线多语服务、多国语言服务手册和亚运服务盲文手册、广州亚运主场馆周边及红线区域内 13 个服务厅的英语服务等。⑤ 志愿者的出色服务是广州亚运会的一个非常突出的亮点，有国外媒体记者评价，广州亚运会志愿者的语言服务也是历届亚运会里最好的。⑥

三 语言元素

3.1 亚运会标志

亚运会会徽：会徽设计以柔美上升的线条构成了一个造型酷似火炬的五羊外形轮廓，会徽中的"第 16 届亚运会"用英文拼写，亚运会举办城市用汉语拼音

---

① 《工行：亚运金融服务各项准备全面到位》，第 16 届亚运会官方网站，http://www.gz2010.cn/10/1111/16/6L7L0UGL0078000U.html。

② 李培《自助图书馆进驻大学城》，《南方日报》2010 年 11 月 6 日，见第 16 届亚运会官方网站，http://www.gz2010.cn/10/1106/10/6KQ35ERP0078000U.html。

③ 林华英《迎亚运全民学英语 外国友人跟你玩游戏》，第 16 届亚运会官方网站，http://www.gz2010.cn/08/0310/18/46MN3U1M0078000U.html。

④ "迎亚运，全行业学英语"司机有专门英语教材》，第 16 届亚运会官方网站，http://www.gz2010.cn/08/0401/16/48F5R74100780010.html。

⑤ 《中国移动全力出击冲刺"数字亚运"工程》，《南方日报》2010 年 5 月 10 日，见大洋网，http://life.dayoo.com/3g/87238/87246/201005/10/87246_12726751_3.htm。

⑥ 《广州新变化让人耳目一新 志愿者语言服务历届最好》，天津网，http://www.tianjinwe.com/rollnews/201011/t20101121_2556196.html。

拼写。① 见图2—5。

亚运会理念：经过向社会征集和筛选锤炼，亚组委最终形成"激情盛会、和谐亚洲"(Thrilling Games, Harmonious Asia)这一理念。该理念图标的主体部分用汉语表述，下方辅以相应的英文。图标字体采用手写体，奔放有力，富有动感。② 见图2—6。

资料来源：第16届亚运会官方网站，http://www.gz2010.cn/special/007801UD/data.html。

图2—5

图2—6

亚运会吉祥物：广州亚运会的吉祥物总名"乐羊羊"，一套5种，由具有运动时尚的5只羊构成。见图2—7。5只羊分别取名"阿祥、阿和、阿如、阿意、乐羊羊"，组成"祥和如意乐羊羊"。羊与中华民族传统文化的发展有着深厚的历史渊源，对中国文字、饮食、道德、礼仪、美学等领域文化的产生和发展也有重要影响。如中国古代文字中"羊"通"祥"，"吉祥"也可写作"吉羊"；在亚洲许多国家的传统文化中，羊也是吉祥之物，能给人带来幸运。③ 其命名采用"阿X"这样的格式分别给其中的4只羊命名，具有非常典型的汉语特征，根据汉语拆合性强的特征，这几个汉字可以连缀组合成"祥和如意"。

亚运会体育图标：体育图标的创意灵感源自亚运圣火。标志设计以柔美流畅的线条勾勒出56个体育项目的基本轮廓，仿佛56位拥有健美身躯的"火人"，每个体育图标下面都用汉字标明了项目名称。见图2—8。

---

① 第16届亚运会官方网站，http://www.gz2010.cn/special/00780201/gz16.html。
② 第16届亚运会官方网站，http://www.gz2010.cn/08/0304/16/4674CEUN0078001H.html。
③ 同注①。

广州亚运会语言服务与语言元素

图 2—7

资料来源：第 16 届亚运会官方网站，http://www.gz2010.cn/special/007801UD/data.html。

图 2—8

3.2 开幕式和闭幕式

亚运会开幕式各代表团按照英文字母顺序先后入场，这一点与北京奥运会有所不同。亚奥理事会主席艾哈迈德亲王出席开幕式并致辞，用汉语说出了一句"晚上好，广州"，赢得了全场热烈的掌声。[1]

本次亚运会开幕式和闭幕式的演唱充分利用了粤语元素，凸显了举办地的文化风情。开幕式上演唱了广东童谣《落雨大》，闭幕式上演唱了广东童谣《月光光》，《月光光》由著名歌唱家汤灿、"东山少爷"廖寰等演员分别用童声唱法、民歌唱法、说唱音乐（RAP）和合唱 4 种不同方式演绎，既有粤语演唱的形式，也有普通话演唱的形式。继《月光光》之后，来自东亚、南亚、西亚、中亚等各国家和地区的著名歌手引领的代表亚洲其他各地不同文化特色的 7 首歌曲进行"大串演"[2]，传递了一种多元文化和谐交流的理念。

广州亚运会闭幕式上设计燃放的"羊"字焰火，燃放高度为 519 米、宽度为 341 米，燃放总面积达到 17.4 万余平方米，超过 24 个标准足球场的面积，成为世界上最大的模拟汉字焰火。[3] 见图 2—9。

---

[1] 《亚奥理事会主席汉语问好：亚运会今夜翻开新篇章》，中国新闻网 2010 年 11 月 12 日，http://www.chinanews.com/ty/2010/11-12/2653307.shtml。

[2] 罗桦琳、何道岚、陆建銮、杨明、骆昌威《亚运闭幕式 4 种唱法演绎〈月光光〉》，《广州日报》2010 年 11 月 28 日，见第 16 届亚运会官方网站，http://www.gz2010.cn/10/1128/08/6MIJ3L3Q0078000U.html。

[3] 吴渤《广州亚运闭幕式羊字焰火获世界纪录认证》，《南方都市报》2010 年 12 月 20 日，见新浪网，http://news.sina.com.cn/c/p/2010-12-20/102421673610.shtml。

亚残会开幕式上,近8万名观众在主持人的带领下用手语一起打出"妈妈我爱你""朋友我爱你""世界我爱你",奥体场馆顶部悬挂下来巨型网幕上焰火在夜空中打出了"生命""阳光""关爱"3组巨型手语图案。见图2—10。胡锦涛总书记在参观上海世博会"生命阳光馆"时说:让关爱的阳光照亮每一位残疾人的心灵。亚残会开幕式的这个手语创意及造型是受到胡总书记动情表述的启发而形成的。①

图2—9

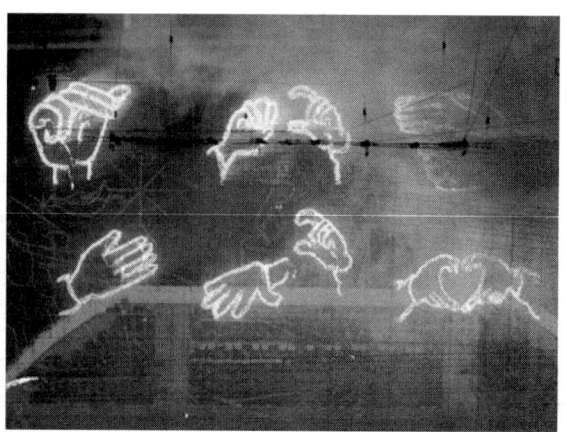

资料来源:新浪网 http://sports.sina.com.cn/0/2010-12-13/17435364391.html。

图2—10

3.3 志愿者及其他

本届亚运会志愿者的主体由广州地区高校学生及市民组成,参与志愿服务总人数超过60万,有的外籍志愿者也能用汉语进行服务。② 志愿者的服务口号"一起来,更精彩"在亚运期间成为一句非常流行的志愿服务口号。羊成为本届亚运会志愿者形象的重要标志,亚运会志愿者的昵称定名为"绿羊羊"。③

其他许多亚运活动也不同程度地体现了语言元素,比如老外说汉语比赛,用书法作品展示亚运理念,亚运会文化、环境、志愿者各类标志的创意设计,以及各

---

① 尹安学《广州亚残运开幕式三组手语造型烟花震撼全场》,《羊城晚报》2010年12月13日,见新浪网,http://sports.sina.com.cn/o/2010-12-13/17435364391.shtml。
② 汤南《俄罗斯籍志愿者用流利中文服务广州亚运》,《广州日报》2010年9月13日,见第16届亚运会官方网站,http://www.gz2010.cn/10/0913/07/6GENSUJJ007800OU.html。
③ 谭秋明《广州亚运会志愿者昵称正式名为"绿羊羊"》,《广州日报》2010年11月26日,见第16届亚运会官方网站,http://www.gz2010.cn/10/1126/07/6MDBSARB0078000U.html。

种亚运特许商品的设计等等。本次亚运会语言元素利用的一个亮点是围绕举办地的城市象征——羊来做文章,会徽中的形象、吉祥物的命名、闭幕式上巨大的"羊"字焰火、志愿者的昵称,都从羊的角度来诠释中华文化的特质,展示了本届亚运会的一大特色。

(屈哨兵)

北京农民工子弟语言使用与身份认同调查

一 背景情况

上世纪 90 年代以来，随着改革开放和城市化进程的深入发展，我国城市出现大规模"民工潮"涌入现象。截至 2005 年，全国范围内的流动人口已经达到 1.4 亿，占全国总人口的 10% 左右。① 在北京市，农民工占城市人口的 20%，虽然增长有减缓势头，但也以 40% 的速度逐年递增。② 在上海市，2004 年义务教育阶段的农民工子弟与上海市户籍初中及小学生的比例是 2∶5。③ 农民工成为城市建设的主力军，他们的第二代在城市中的生活和学习状况日益引起社会各界的广泛关注。大量研究数据显示，由于语言障碍，农民工较少与城市本地人交往；绝大多数农民工表示要求其子女熟练掌握普通话；农民工子弟逐渐脱离家乡文化，但不能融入城市生活，成为城市"边缘人"。④⑤ 大规模的调查数据为我们描绘了农民工语言使用的基本概况，我们需要更加深入的案例分析以便进一步了解他们的实际语言生活。

农民工子弟处于身份认同形成的关键期，他们的生活环境、与同龄人的交往

---

① 参见国家统计局《2005 年全国 1‰ 人口抽样调查主要数据公报》，国家统计局网站 2006 年 3 月 16 日，http://www.stats.gov.cn/tjgb/rkpcgb/qgrkpcgb/t20060316_402310923.htm。

② 参见北京市统计局、国家统计局北京市调查总队《农民工已成为北京市经济建设中不可缺少的力量》，北京统计信息网 2005 年 6 月 6 日，http://www.bjstats.gov.cn/rdht/bxgz/200606/t20060609_43926.htm。

③ 参见蒋冰冰、施建华、王颐嘉《上海市民工子弟学校语言文字工作情况调查》，载"中国语言生活状况报告"课题组编《中国语言生活状况报告（2008）》上编第 214 页，商务印书馆 2009 年版。

④ 参见李汉林《关系强度与虚拟社区——农民工研究的一种视角》，载李培林主编《农民工——中国进城农民工的经济社会分析》第 57 页，社会科学文献出版社 2003 年版。

⑤ 参见夏历《农民工语言状况》，载"中国语言生活状况报告"课题组编《中国语言生活状况报告（2006）》上编第 110 页，商务印书馆 2007 年版。

状况对他们的一生将产生重要影响。交际中的语言使用复杂,涉及多种社会因素,很难量化,需要从多方位、多层面、多角度深入考察。为了了解农民工子弟与北京本地人交往中的语言使用和身份认同状况,我们深入到两所农民工子弟学校,一所是北京本地公立小学,一所是民办农民工子弟学校。我们积极参与到学生的学习生活中,进行了为期一年的实地调查。

二 民办学校案例:距离产生误解

这所民办农民工学校创办于上世纪 90 年代中期,现已被所在区教育局认可为民办学校。在这类学校中,该校创办较早,发展较好。由于农民工人口激增,在城市中工作和生活的时间延长,他们对子女接受教育的需求日益增加。当时的公办学校招生数量有限,学费、择校费使农民工家长难以承受,于是农民工自发开办了多种形式的农民工子弟学校,为他们的子女提供基础教育。该校硬件设施比较简陋,多数教师虽有从业资格,但流动性强。学校开设语文、数学、英语、音乐、体育等课程,但教师往往身兼数职。学生年龄通常在 6 岁(一年级)至 15 岁(九年级)之间,但由于频繁搬家、转学等原因,有的学生年龄偏大,九年级也偶有十七八岁的学生。该校学生多数在北京出生长大,或者从小随父母来到北京,主要在北京生活。

该校课堂用语主要以普通话为主,课下同学之间尤其是老乡之间也说家乡话。大多数学生自称普通话不够标准。在学校以外与家人及生活在附近的老乡交流时,学生常用家乡话。老师认为,学生的普通话基本标准,偶有地方口音,主要是受家庭中家乡话的影响。家乡话便于建立家乡身份,这种身份在家庭中或老乡间能够形成一种亲密关系,使彼此的交流更加顺畅有效。普通话则能建立一种城市身份,和家乡身份相比,这种城市身份更时尚,给他们更多机会、更多自信,使他们能够在北京这个大环境中生存,与来自天南海北的人交流。该校学生大多不认同自己是北京人,他们对自己的地方口音比较敏感,也对自己外地人的身份比较敏感。

案例 1:涛涛的"卖菜生涯"

涛涛聪明伶俐,尊敬老师,团结同学,但是学习成绩不理想。为了鼓励他学习,班主任老师让他担任班委会中的纪律委员。涛涛果然不负众望,把班里的纪律管理得有条不紊。经过长时间重点观察和深度访谈,我们了解到涛涛的父母在附近菜市场卖菜,涛涛放学后要去帮父母干活,父母工作繁忙,家务活也经常由涛涛承担,这些都减少了涛涛的学习时间。关键是,涛涛认为上学不能改变命运,一心想读完初中就进入社会,打工赚钱,减轻家庭经济负担。

……最近这么多事,谁能学习好呀!班里换老师,宿舍里同学闹事,家里也有特别多的事。我爸得回老家去一趟。他走了就剩我跟我妈了,上货都得我和我妈去。前些天,我爸摔了一跤。上货、去市场也是我和我妈去。反正就是事多。我们班学习好的都走了,剩下都是不学习的……我们××话特俗,在老家时不觉得,出来才觉得……我准备念完初中就出去打工,早点挣钱……我都不想回家,回家就得干活,做饭。和老家相比,我更喜欢北京。和北京孩子接触不到一起,要是在公立学校就能接触到。有一次学校组织"真心朋友"的活动,是公立学校的孩子来我们学校和我们联谊,握握手,交换礼物。我没去。我觉得没意义,交不到真正的朋友。我觉得我是半个河南人,半个北京人。我们比北京的孩子地位低,他们瞧不起外地人。我自己没遇到这种事,都是听说的,但是听得多了,也就这么想了……

从涛涛的谈话中,我们可以看到学校、家庭、社会 3 方面都会影响农民工子弟的语言态度和身份认同。

首先,在学校层面,农民工子弟学校教师流动性强,频繁更换老师已对学生的学习态度产生了负面影响。同学之间的影响也很大:学习好的少数同学纷纷转学,回老家或去公立中学上学;留下的多数同学都只打算完成义务教育,拿了初中毕业证就开始打工。在农民工子弟学校上学的孩子很少有机会接触到北京本地的同龄人。尽管学校花力气组织了联谊活动,但是他们和本地孩子之间的隔阂还是很深。

其次,在家庭方面,父母忙于生意,无力辅导涛涛的学习,但和城市孩子相比,涛涛的学习自觉性和自理能力都很出众。他要承担力所能及的家务劳动,父亲不在家时还要帮母亲照顾生意,凌晨去蔬菜批发市场上货,放学去菜市场帮母亲卖菜,回家做饭,顶上半个家庭劳力。

最后,社会层面的影响对涛涛也很明显。虽然他自己没有直接受到过歧视,但社会话语不可避免地渗透到孩子的私人世界之中,不断重复和加深孩子对身份认同方面的消极影响。

在语言态度方面,涛涛认为自己的家乡话"特俗"。在老家时他没有这种体会,当时觉得说家乡话天经地义,即便在某些场合说普通话,但家乡话的使用也还是非常普遍的。来到北京后,普通话成为"默认"语言,家乡话成为"异类"。可以断定的是,涛涛不以说家乡话为荣,这与他的身份认同相吻合。虽然从小生长在北京,但他并不认同自己是北京人。当然他也不认为自己是家乡人,他离家乡已经十分遥远,对家乡生活也会感到陌生。和很多"生活在别处"的人们一样,涛涛所表达的是一种"别处"的身份——在北京时他是外地人,在家乡时他是"北京人"。他对二者都没有归属感。

案例 2:梁老师的看法

梁老师是该校语文老师,也是班主任。她毕业于地区师范专科学校,普通话发音标准,教学经验丰富,责任心强。在深度访谈中,梁老师表达了她对该校学生语言使用和身份认同的看法。

> ……南方孩子的口音我一般就通过能不能发"r"音来判断,不能发"r"音或称翘舌音的,大多是南方人。有一次上语文课,我安排他们用方言表达自己,他们都觉得挺好玩儿的。他们回家和家长说话基本上都用方言,有时候家长来了,他们说的好多话我都听不懂。但有的孩子说的就是地道的北京音,可是他们心里边对北京孩子不特别接受,因为他们生活环境里接触的基本都是老乡。他们对北京人的印象不是很好,总觉得自己是外地的,他们没有多少机会和北京孩子接触。学校是打工子弟学校,不能提供接触北京孩子的机会。因为他们和北京孩子接触少,所以就觉得很难融入其中。如果有机会接触,我想他们毕竟是孩子,相处起来应该比大人容易得多。他们对北京人的一言一行,偶尔的一句话,都特别敏感。如果是咱们,或是他们的老乡说同样的一句话,他们也许就无所谓,但是北京人说的他们就特别敏感。潜意识告诉他们,他们不是北京人……

梁老师从老师的角度解读了农民工子弟的语言和身份认同。她教语文课,所以对学生的口音比其他任课老师更留意。她在教学时通过学生的语言特征,如平舌音、翘舌音的区分,前后鼻音的区分和儿话音的运用来判断学生是从哪儿来的。根据她的观察,南方学生学习普通话的难度比较大,家乡口音对普通话的影响很难克服。相比来说,北方孩子学习普通话就容易许多。虽然有平翘舌音区分的问题,但只要注意纠正,很快就可以克服。在一次语文课上,梁老师组织同学们用各自的方言讲述自己,老师和同学们都觉得"挺好玩儿的"。认为一种语言或方言"好玩儿"是一个富有价值取向的判断,很少有人会认为普通话"好玩儿",说普通话很"正常"。

在身份认同方面,尽管有的同学普通话说得很标准,甚至能说一口地道的北京话,但是他们对北京人还是比较排斥。这主要是由于学生们和北京人相互了解的机会少。他们在学校接触到的老师和同学都来自不同省份,同为外地人身份。回家后,邻居和朋友也多为同乡。他们对北京人的看法来自一些印象,或别人转述的经历。学生们普遍不了解北京人,容易对他们产生误解。他们往往把一些北京人的言语行为理解为对自己的歧视,也对自己的外地人身份很敏感。由此可见,隔阂产生误解,误解被不断强化,孩子们逐渐认为自己被当地社会排斥在外,也对本地人以及他们的言行产生抗拒心理。

三　公立学校案例：理想与现实之间

我们调查的这所公立学校位于北京老城区,周边是待改造的老旧平房和胡同。由于当地居民纷纷迁至楼房,该校生源不足,于是在区教育局的支持下开始招收农民工子弟。该校录取农民工儿童不需缴纳额外费用,家庭困难的学生还适当减免学杂费。该校的本地学生和农民工子弟数量相当,有些班级的农民工子弟略多于本地学生。农民工子弟主要来自在该学区租房而居的农民工家庭,他们的父母多在附近从事商业或服务业工作,如卖水果蔬菜、卖早点、做清洁工、做家政服务等。这些孩子和城市学生一起学习生活。这所学校成绩平平,经济条件较好的城市家庭会为孩子"择校"到其他学校就读,因此按户口划片录取到这所小学的本地学生,大多来自本学区中下阶层家庭。该校老师均为北京人。

与前述农民工子弟学校不同,该校农民工子弟在日常学习生活中,有许多机会与北京本地同龄人交往。这些农民工子弟大多能说很标准的普通话,有时夹带北京地方口音和词汇。他们自称普通话与本地同学没有区别。与前述学校学生相同的是,他们在与家庭成员交谈时,大多使用家乡话。该校的本地同学多使用北京话,个别学生北京口音浓重。在身份认同方面,该校农民工儿童多认为自己和本地的同龄人没有区别,认同自己的"北京人"身份。这在很大程度上与他们较强的普通话交际能力有关,同时也和与本地学生的密切交往分不开。在这方面,该校老师在日常教学活动中做出了很大努力,他们通过各种方式,积极引导学生,淡化城乡差别,使农民工子弟和本地学生能够很好地融为一体。

案例3:"我们说的都是中文!"

这个班级的学生有30名左右,其中约有一半是农民工子弟,没有北京市户口。案例3中的两名女生都来自农民工家庭,学习成绩分别属于中等和中上等。她们平时关系很好,互相帮助,相互间交谈也比较直接。

在一堂美术课上,老师要求同学分成小组,为他们自己的好朋友画一幅画像,这个好朋友可以是他们的同桌、同小组的组员,也可以是想象中的人。一位来自农村的女生画了听课老师,另一个女生批评她画得不像。因为老师是披肩长发,而画中的女孩则扎着两个羊角辫,羊角辫是农村女孩的发型。也许是因为这位女生的批评语气太过直接,画画的女孩被激怒了,她反驳道:"农村女孩怎么了?!别忘了你也是农村来的!我们都是中国人,分什么城里农村呢?!我们说的都是中文!"

两个孩子的普通话都很标准,平翘舌音、前后鼻音等比较难掌握的发音她们都掌握得很好。这是因为她们从小在公立小学就读,和本地同龄人接触比较多。她们和其他同学的关系也很融洽,平时分不出谁是本地学生,谁是农民工子弟。

这堂美术课原本是轻松愉快的一节课,同学们可以自由分组,自选素材画画,但是一句关于画得"像不像"的批评使气氛忽然紧张起来。画得不像并不是关键,关键是评论的女孩认为,画得不像是因为把城市女孩的形象画成了农村女孩的形象。可见,虽然同在公立学校就读,看外表或听口音都没什么区别,但是孩子们对自己的身份、对城乡身份的差别已经有了一定的认识。

画画的女生对这一"不像"的评价反应激烈,两个孩子的对话充满了火药味。被批评画得不像也许并不会使这位女生反应过激,使她激动的真正原因是对方关于城市农村的言论。作为农村来的孩子,她也许对这样的言论更为敏感,这样的言论更容易触及她内心最深层的情感。她也许并不认为农民工子弟这种身份有何不妥,但和评论的女生一样,她至少对城乡身份之间的不同有一定的切身感受。并且,她以情绪化的语气提出,如果我们都只区分中国人和外国人,而不区分城里人和农村人,或本地人和外地人,就可以模糊城乡间的身份差异。她进而为这一看法提供了依据:"我们说的都是中文!"说中文直接与作为中国人的身份认同相联系,这正是现代民族—国家的假设:一种语言,一个民族,一个国家。[①]但现实生活能否这样理想?人们彻底去除城乡观念也许还需要很长时间。

---

① Hymes, Dell (1996) *Ethnography, Linguistics, Narrative Inequality: Towards an Understanding of Voice*. pp. 207—221. London: Taylor and Francis.

四 一点思考：教育公平问题

从上述案例可以看出，民办农民工子弟学校能够弥补城市公立教育供给的不足，为适龄农民工子弟提供基础教育，满足他们受教育的需求。由于该校学生都是农民工子弟，在校外接触到的家人、邻居、朋友也都是农民工及其子女，他们虽然生活在城市，但实际上与本地同龄人接触的机会很少，这导致了他们对本地同龄人的疏离感。他们对自己的普通话不满意，对自己的身份认同评价也多为负面。他们常常有自卑感和不安全感，觉得自己既不属于北京，也不属于家乡。他们所面临的最紧迫、最根本的问题是升学机会问题。受学籍的限制，他们无法在北京上高中、考大学。学习成绩优秀的学生往往选择回户口所在地，留级重新就读。绝大多数留在农民工子弟学校的孩子认为，上学读书没有出路。

与农民工子弟学校就读的孩子相比，公立小学的农民工子弟和本地同龄人的接触较多，他们的语言使用水平与本地学生非常接近。在身份认同方面，多数农民工子弟认同自己的本地人身份，认为自己和本地同学没有多少差别。他们并非不知道自己来自农村这一事实，但是农民工子弟身份并未对他们的自我认知造成明显的负面影响。在日常学习生活中，农民工子弟和本地学生相互交往、彼此了解的机会比较多，因此减少了许多不必要的误解。加上老师和学校的适当引导，本地学生和农民工子弟彼此认同，在日常交际层面非常融洽。

当然，这并不是说公立学校就十全十美，在其他层面不存在问题。与农民工子弟学校的学生类似，该校农民工子弟所面临的核心问题是升学问题，即教育公平问题。他们小学毕业后或者回户口所在地读初中，或者升入本区一所"末流"中学，也就是人们常说的"大拨轰"学校就读。

民办农民工子弟学校在很大程度上缓解了城市农民工子弟入学难的问题，但在客观上却将城市儿童与农民工子弟隔离开来。将农民工儿童纳入城市公立教育体系是促进社会和谐发展的重要步骤。北京市在这方面的积极努力，已经取得了显著成果。随着下一轮"婴儿潮"的来临，城市公立中小学如何容纳成倍增长的学生，学生的升学机会如何保证，这将是我们面临的新挑战。

（董 洁）

内蒙古额尔古纳市俄罗斯族语言使用调查

俄罗斯族是我国人口较少的少数民族之一，分布在31个省、市、自治区，尤以新疆维吾尔自治区和内蒙古自治区人数最多。第五次人口普查资料显示，全国俄罗斯族共有15 609人，其中新疆有8 935人，占57.24%，内蒙古有5 020人，占32.16%。[1]

俄罗斯族是1953年中国进行民族识别后正式确认的一个少数民族。[2] 此后，陆续有其他省区的人申报为俄罗斯族，许多具有俄罗斯血统的中俄混血也要求改汉族为俄罗斯族。

内蒙古的俄罗斯族主要集中在额尔古纳市，其中绝大多数为俄国十月革命前后迁入的俄罗斯移民。其后裔与中国汉族通婚生出的后代被称为"混血人""米吉斯"[3]和"华俄后裔"。2007年，内蒙古俄罗斯民族研究会曾调查了额尔古纳市的各个乡镇，结果显示，全市华俄后裔（指具有俄罗斯血统的人，包括俄罗斯族和户籍上登记为其他民族的人[4]）为7 086人。[5]

由于居住环境、接触的语言等方面都与新疆的俄罗斯族有所不同，内蒙古俄罗斯族的语言使用情况也形成了自己独有的特点。

一 基本情况

1.1 人口构成

内蒙古额尔古纳地区的人口构成经历过几次变化。

---

[1] 《俄罗斯族简史》编写组、《俄罗斯族简史》修订本编写组编《俄罗斯族简史》第3页，民族出版社2008年版。
[2] 黄光学《中国的民族识别》第148页，民族出版社1995年版。
[3] 俄语 метис（混血）的音译。
[4] 由于种种原因，目前许多华俄后裔户口上登记的并不是俄罗斯族，而是汉族，个别为回族或其他民族。
[5] 于福林《关于额尔古纳市未改民族户籍俄罗斯族强烈要求更改民族户籍的几点说明》，《内蒙古俄罗斯民族研究会会刊》2008年第2期。

19世纪中后期及20世纪初,特别是俄国十月革命前后,大批俄罗斯人越过额尔古纳河进入中国定居。随着中俄混合家庭的建立,华俄后裔的人口也在逐渐增加。新中国成立初期,额尔古纳地区人口数量最多的仍然是俄罗斯移民,其次为华俄后裔,人口最少的是汉族。当时额尔古纳右旗共有人口2 470户12 350人,其中俄罗斯移民1 825户9 799人①,占该旗总户数的73.9%,总人口的79.3%;非俄裔移民仅有645户2 551人,其中具有中俄血统的华俄后裔又占了大多数。②

上世纪50年代中期,随着俄罗斯人的大批回迁,额尔古纳地区的人口构成发生了较大变化。截至1959年,共有俄罗斯移民1 363户8 171人离开中国。③此时,额尔古纳地区的人口构成以华俄后裔为主,其人口数量也升至第一位。

在俄罗斯移民迁出后,中国政府有计划地从山东、内蒙古昭乌达盟等地向额尔古纳地区迁来汉族、回族移民④,同时,大批军垦战士也奉命到此,投身当地的生产建设。至此,汉族成为当地的主体民族,华俄后裔人口数量次之,其他如蒙古族、回族、满族、达斡尔族、鄂温克族等少数民族人口更少。以额尔古纳市室韦俄罗斯族民族乡为例,全国第五次人口普查时,全乡人口4 224人,汉族占50%左右,华俄后裔占42%,其余为蒙、回等民族。⑤

1.2 文化教育背景

额尔古纳地区第一代华俄后裔大多没有受过什么教育,文盲所占比重很高,无论俄语还是汉语,多为家庭环境中自然习得。第二代以后的华俄后裔,年龄越轻,受教育人数越多,文化程度也相对越高。我们在额尔古纳市室韦俄罗斯民族乡下辖的室韦、临江、恩和3地抽样调查了俄罗斯族的文化程度:

表2—3 室韦、临江、恩和3地俄罗斯族的文化程度

年龄段	文盲		小学		初中		高中		高中以上		总计	
	人数	百分比	人数	百分比	人数	百分比	人数	百分比	人数	百分比	人数	百分比
20—39岁			2	7.4	17	63.0	4	14.8	4	14.8	27	100.0
40—49岁			5	19.2	14	53.9	7	26.9			26	100.0

---

① 额尔古纳右旗史志编纂委员会《额尔古纳右旗志》第104页,内蒙古文化出版社1993年版。
② 唐戈《具有俄罗斯血统的汉族集体将民族成分更改为俄罗斯族的理由》,《内蒙古俄罗斯民族研究会会刊》2009年第3期。
③ 同注①,第666页。
④ 同注①,第104页。
⑤ 于建忠、姜勇《俄罗斯族——新疆塔城市二工镇/内蒙古额尔古纳市室韦乡调查》第314页,云南大学出版社2004年版。

(续表)

50—59 岁	2	10.0	5	25.0	10	50.0	2	10.0	1	5.0	20	100.0
60—69 岁	10	47.6	11	52.4							21	100.0
70 岁以上	21	84.0	4	16.0							25	100.0
总计	33	27.7	27	22.7	41	34.5	13	10.9	5	4.2	119	100.0

结果表明,49岁以下年龄组的53名被调查人中无一人是文盲;小学文化程度有7人,占13.2%;初中和高中文化程度的人数量最多,有42人,占到79.2%;高中以上文化程度4人,占7.6%。50—59岁年龄组文盲有2人,占10.0%;小学文化程度5人,占25.0%;初中和高中文化程度有12人,占60.0%;高中以上1人,占5.0%。而60—69以及70岁以上年龄组,文盲率分别高达47.6%和84.0%,其余全部为小学文化程度,很多人只在小学读过2年或3年书。

额尔古纳市俄罗斯族接受俄语教育的机会并不多,这与当地的俄语教育状况有直接关系。

新中国成立前及建立初期,俄罗斯移民曾在当地开办俄语学校,俄罗斯人的子女和华俄后裔,甚至汉族子女,都可以到俄语学校学习俄语。但中俄混合家庭大多生活贫困,到学校上学的华俄后裔数量并不多。额尔古纳的教育起步较晚,很长一段时间都借助和依赖俄罗斯人所办的学校。

上世纪50年代,随着大批俄罗斯移民的离开,他们兴办的学校也全部停办。直到1994年俄罗斯族民族乡成立,当地个别中学和小学恢复开设俄语课程,几年后又因种种原因,陆续停开。至今,当地没有学校教授俄语。

二 语言使用现状和语言态度

2.1 语言使用现状

调查显示,额尔古纳市的俄罗斯族普遍精通汉语,其家庭用语和共同交际语均为汉语,俄语掌握程度存在着年龄上的差异。

70岁以上的俄罗斯族老人,一般能讲流利的俄语。他们绝大多数没上过学,不识字,不会写也不能读。他们的汉语一般是在十几岁之后学会的,很多人的俄语比汉语熟练。彼此交往多使用俄语,但与家人或同村年轻人交往时一律使用汉语。

四五十岁到60多岁的中老年人群,大多在幼年跟父母或长辈学过俄语,他们小时候周围的人都讲俄语。后来由于"文革"的影响,没有使用俄语的环境了,这个年龄段许多人的俄语,就只停留在听说层面,不能阅读和写作。四五十岁的人多半能听懂与日常生活有关的话语,会说一些日常用语或词语。个别60岁开外的人,口语表达相对流利,但较之老年人群有明显的退化。这个年龄段人群的俄语水平远不及汉语,在与老年人交往时,无论对方使用何种语言,他们通常都用汉语作答;与年轻人及彼此之间交往时,只使用汉语。

40岁以下的中青年及儿童,基本上只懂汉语一种语言,俄语既不能听,也不能说,更谈不上读和写,为数不多的人可以听懂生活中常用的个别单词。20岁以下的人,俄语水平较其父辈还要差。这个年龄段的人群相互之间及与长辈交往时均使用汉语。

当地室韦乡的林娜老人,80多岁,母亲是俄罗斯人,父亲是汉族。林娜自幼随父母来到中国,后与中俄混血人结婚,婚后育有9个子女。丈夫去世后,林娜随小儿子一家居住。小儿子50岁左右,只会讲汉语。小儿媳是鄂温克族,当年嫁过来时不会讲汉语,后逐渐学会。除林娜老人外,其他家庭成员均不懂俄语。住在村子另一头的玛露霞老人76岁,父母均为俄罗斯人。林娜经常去玛露霞家串门聊天,两位老人大多使用俄语交流,偶尔穿插使用汉语。

我们曾在当地问卷调查俄罗斯族的"俄语掌握情况",共收回有效问卷133份,涉及男性44人、女性89人。样本的年龄构成及调查结果见表2—4。

数据显示,70岁以上的老年人俄语听说能力较强,其他人群年龄越轻,俄语听说能力越差。在133名被调查人中,"完全能听懂"的人共计47人,其中39岁以下的2人,占这47人的4.3%;40—59岁的9人,占19.1%;60—69岁的14人,占29.8%;70岁以上的22人,占46.8%。"能流利表达"的共有37人,39岁以下的2人,占这37人的5.4%;40—59岁的1人,占2.7%;60—69岁的13人,占35.1%;70岁以上的21人,占56.8%。

俄语的读写能力从整体上看普遍偏弱,九成以上的被调查人处于文盲状态。"完全能看懂"和"能写书信"的人在30岁以上各年龄组均为零。29岁以下年龄组"完全能看懂"的只有2人,占被调查人数的1.5%;"能写书信"的3人,占2.3%。而"完全看不懂"和"一点不会写"的人则分别有120人之多,占90.2%。

这些数据表明,额尔古纳市俄罗斯族的俄语使用人数和掌握程度均呈明显的衰退趋势。

表 2—4 俄语掌握情况调查

能力	程度	19岁以下 人数	百分比	20—29岁 人数	百分比	30—39岁 人数	百分比	40—49岁 人数	百分比	50—59岁 人数	百分比	60—69岁 人数	百分比	70—79岁 人数	百分比	80岁以上 人数	百分比	总计 人数	百分比
听	完全能听懂	1	7.1	1	6.7			6	23.1	3	15.0	14	66.7	18	85.7	4	100.0	47	35.3
	大部分能听懂			2	13.3	2	16.7	7	26.9	9	45.0	4	19.0	2	9.5			26	19.6
	小部分能听懂	11	78.6	10	66.7	8	66.6	11	42.3	5	25.0	3	14.3	1	4.8			49	36.8
	完全听不懂	2	14.3	2	13.3	2	16.7	2	7.7	3	15.0							11	8.3
	总计	14	100.0	15	100.0	12	100.0	26	100.0	20	100.0	21	100.0	21	100.0	4	100.0	133	100.0
说	能流利表达	1	7.1	1	6.7			1	3.8			13	61.9	17	80.9	4	100.0	37	27.8
	基本能表达			2	13.3	1	8.3	6	23.1	8	40.0	2	9.5	3	14.3			22	16.5
	表达有困难	2	14.3	9	60.0	5	41.7	9	34.6	5	25.0	5	23.8	1	4.8			36	27.1
	不会说	11	78.6	3	20.0	6	50.0	10	38.5	7	35.0	1	4.8					38	28.6
	总计	14	100.0	15	100.0	12	100.0	26	100.0	20	100.0	21	100.0	21	100.0	4	100.0	133	100.0
读	完全能看懂	1	7.1	1	6.7													2	1.5
	大部分能看懂			3	20.0	2	16.7	1	3.8									4	3.0
	小部分能看懂			5	33.3	2	16.7											7	5.3
	完全看不懂	13	92.9	6	40.0	10	83.3	25	96.2	20	100.0	21	100.0	21	100.0	4	100.0	120	90.2
	总计	14	100.0	15	100.0	12	100.0	26	100.0	20	100.0	21	100.0	21	100.0	4	100.0	133	100.0
写	能写书信	1	7.1	2	13.3													3	2.3
	能填写表格			4	26.7	2	16.7											4	3.0
	只会写名字			4	26.7	2	16.7											6	4.5
	一点不会写	13	92.9	5	33.3	10	83.3	26	100.0	20	100.0	21	100.0	21	100.0	4	100.0	120	90.2
	总计	14	100.0	15	100.0	12	100.0	26	100.0	20	100.0	21	100.0	21	100.0	4	100.0	133	100.0

2.2 语言态度

额尔古纳市俄罗斯族的语言态度与其自身命运和俄语使用的变化无常有很大关系。上世纪"文革"期间,中苏关系紧张,俄罗斯族对俄语怀有恐惧心理,害怕说俄语会给他们个人和家庭带来厄运。改革开放后,特别是随着中苏关系的正常化,俄语不再是禁语。上世纪90年代初,中俄边境贸易逐渐升温,俄语的作用日益显露出来,许多俄语基础较好或在俄罗斯有亲戚的俄罗斯族人都开始涉足商海。在与境外俄罗斯人的接触中,已然生疏的俄语又派上了用场。与此同时,当地一些学校重新开设了俄语课程。但时隔不久,中俄边境贸易降温,俄语再度遭到冷落。

俄语使用的反反复复以及自身命运的跌宕起伏,使额尔古纳市俄罗斯族对俄语产生了复杂的情感。一方面,年轻人大多认为俄语的用处不大,不能给生活和命运带来明显的改变和持久的益处,只有熟练掌握汉语,才是保证正常学习、工作和生活的必备条件。另一方面,很多老年人对俄语怀有深深的眷恋,认为俄语的传承出现断层是很大的遗憾。

调查问卷中设计了"对孩子今后发展最重要的语言是什么"这个问题,有102人回答。结果显示,认为对孩子今后发展最重要的语言是汉语的有66人,占64.7%;是俄语的有25人,占24.5%;是英语的11人,占10.8%。

从问卷结果看,大多数俄罗斯族对汉语的认可程度要远远高于俄语,这固然与汉语作为国家通用语和当地优势语的地位有关,但同时也说明,额尔古纳市俄罗斯族对掌握俄语所具有的前景并不十分乐观。尽管如此,俄罗斯族对俄语的认可程度较英语还是高出许多,说明他们对俄语仍然怀有难以割舍的情感,希望下一代也能掌握俄语。

三 发展趋势

调查表明,目前额尔古纳市俄罗斯族俄语的使用整体上处于严重衰退的状态。

第一,俄语的使用人数急剧减少。不同年龄段人群俄语掌握情况的变化说明,俄罗斯族的母语能力呈明显的衰退趋势,语言的延续性几近中断。

第二,俄语的使用范围大幅缩小。从最初作为华俄后裔的家庭用语、族内交际用语,到目前只局限在个别老年人之间使用,俄语的使用范围经历了从大到小的衰变过程,萎缩程度明显。

第三,俄语的使用功能严重减弱。额尔古纳市俄罗斯族普遍精通汉语,目前其家庭用语和族内、族际交际用语均为汉语,这意味着,俄语已不再是俄罗斯族生活中必需的语言,它在俄罗斯族社会交际活动中的作用已越来越小。

若照此趋势发展下去,再过一二十年或稍长一点时间,随着懂俄语的老人们相继辞世,俄语将可能退出当地人的交际舞台。

(白 萍)

华语词典编纂状况

"华语"一词,早期多在海外使用,是对现代汉民族共同语的一种称说。20世纪80年代以来,随着华人社区的频繁交流,"华语"的使用范围逐渐扩大,使用频率不断提高,内涵、外延也不断变化。本文吸纳学界的研究成果,把华语看作"以普通话为基础的全世界华人的共同语"。这种看法,有利于在全球视野中看待汉语,显示了对各社区华语变体的同等关注。[①]

2010年5月17日,《全球华语词典》出版座谈会在人民大会堂举行。中共中央宣传部、中共中央对外联络部、外交部、教育部、新闻出版总署、国务院侨务办公室、中华全国归国华侨联合会、华文教育基金会、中国出版集团、商务印书馆等有关部门负责同志及来自海内外的语言学者共100余人参加。与会领导和学者高度评价《全球华语词典》,认为词典所收词语是各地华人历史和社会生活的实态记录。它的编纂与出版,可以帮助不同华语区消除语言隔阂,加强各地华人的交流与沟通,也有助于各华人社区的华语相互吸收,丰富华人的共同语,更有利于汉语走向世界,帮助世界各地汉语学习者学习与使用汉语。[②]

一 概况

在全球华人社区,华语词典编纂大致可分为版权引进、个人编写、合作编写3种情况。

1.1 版权引进

目前在港台和其他华语地区通行的华语词典,大多通过版权转让的方式引

[①] 《全球华语词典·前言》,商务印书馆2010年版。
[②] 《〈全球华语词典〉出版座谈会在京举行》,教育部门户网站2010年5月17日,http://www.moe.gov.cn/publicfiles/bussiness/htmlfiles/moe/moe_1485/201005/88253.html。

进,即当地出版社依据中国现有版本的词典重新排版印刷而成。如中国社会科学院语言研究所词典编辑室编的《现代汉语词典》,先后就有日本版(日本东方书店)、韩国版(韩国斗山出版社)、新加坡版(新加坡联邦出版社),以及香港中文繁体版(香港商务印书馆)。近年李行健主编的《现代汉语规范词典》也有马来西亚版(联营出版社),郭良夫主编的《应用汉语词典》有新加坡版(新加坡怡学出版社)。

由于这些词典主要根据中国读者(华语作为第一语言学习者)的不同需求,以中国大陆通行的词语为核心词汇编写的,很少根据华语作为第二语言和外语学习者的需求,以其他使用华语地区的通行词汇做考量,因此都无法满足以华语作为第二语言学习者的需求。[①]

1.2 个人编写

上世纪 80 年代以来,一些大陆学者开始尝试编写了各种华语词典。如邱质朴主编的《大陆和台湾词语差别词典》(南京大学出版社,1990),黄丽丽、周澍民、钱莲琴编的《港台语词词典》(黄山书社,1990),朱广祁编著的《当代港台用语辞典》(上海辞书出版社,1994),吴开斌编的《香港话词典》(花城出版社,1997),魏励、盛玉麒主编的《大陆及港澳台常用词对比词典》(北京工业大学出版社,2000)。

此间也陆续出现了华语区学者参与编写的本土化词典。如郑定欧编的《香港粤语词典》(江苏教育出版社,1997),汪惠迪编著的《时代新加坡特有词语词典》(新加坡联邦出版社,1999),李谷城编的《中国大陆改革开放新词语》(香港中文大学出版社,2006),徐复岭编的《泰国华语特有词语例释》(泰国留中大学出版社,2007),邹嘉彦、游汝杰编著的《21世纪华语新词语词典》(复旦大学出版社,2007)和《全球华语新词语词典》(商务印书馆,2010),张天惠编著的《现代中国用语辞汇》(台湾文经出版社有限公司,2008),田小琳编著的《香港社区词词典》(商务印书馆,2009)。

这些词典虽包容了以华语作为第二语言学习者所需的相关词典信息,使用者可以退而求其次,综合地应用现有词典的优点,但是至少要两部词典参照查检,仍然无法满足以华语作为第二语言学习者的需求。[②]

[①] 吴英成《华语词典应用与编纂的落差》,《语言教学与研究》2002年第3期。
[②] 同注①。

1.3 合作编写

上世纪 90 年代以来,在有关学者的呼吁和相关机构的推动下,集合各华语区专家学者合作编纂合乎华语区使用者需求的词典,已成了可能。

《两岸现代汉语常用词典》由台湾中华语文研习所和北京语言大学组织编写,施光亨、李行健、李鍌主编。北京语言大学的学者组成北京编辑部,负责组织撰写、修改和编审工作;台湾学者组成台北编辑部,负责审读,提出修改、补充意见。2003 年北京语言大学出版社出版大陆简体字版,2006 年台湾中华语文出版社推出台湾繁体字版。由于这部词典只注释了词语的基本意义,并未说明词语使用的语义背景,而且收录的台湾当地词语数量偏少,因此还是未能满足华文学习者的需要。①

《全球华语词典》由大陆、港、澳、台、新、马等地的专家学者协作编写,中国国家语言文字工作委员会立项支持,李宇明担任主编。相继成立了大陆编写组、港澳编写组、台湾编写组、新马编写组、其他地区编写组。2010 年 5 月,北京商务印书馆和新加坡怡学出版社同步推出大陆版和新加坡版。该词典除了注音、释义、例证外,还专门设立了"使用地区"和"异名词语"两个板块,尽量说明条目在各地的使用情况,这在传统词典模式上往前走了一大步。②

2009 年 6 月 19 日,台湾地区领导人马英九提出两岸民间合编"中华大辞典"的主张,建议将繁简体两种字词、语汇陈列比较,以利两岸互动。③ 2009 年 7 月 12 日,第五届两岸经贸文化论坛(湖南长沙)发表了《共同建议》,"鼓励两岸民间合作编纂中华语文工具书","支持两岸学者就术语和专有名词规范化、辞典编纂进行合作",并就两岸合编"中华大辞典"达成初步意向。2010 年 3 月和 6 月,两岸专家学者先后在北京、台北就合编中华语文工具书进行了工作会商,并制订了具体时间表。④

---

① 陆俭明《为使汉语走向世界 携起手来 共同奋斗——在台湾华语文教育访问团与在京学者座谈会上的发言》,2010 年北京。
② 同注①。
③ 《马英九提议两岸合编中华大辞典 繁简体字词并列》,中国新闻网 2009 年 6 月 20 日,http://www.chinanews.com/tw/tw-rwtw/news/2009/06-20/1742037.shtml。
④ 《两岸合编中华语文工具书时间表披露:〈两岸常用词汇词典〉明年推出》,《京华时报》2010 年 7 月 9 日。

二 《全球华语词典》特色

《全球华语词典》主要收录20世纪80年代以来各华人社区常见的10 000条特有词语,如大陆的"海归、黄金周",港澳的"叉电、生果金",台湾的"博爱座、拜票",新马的"组屋、度岁金"。与通用型语文词典相比,《全球华语词典》在理念、功能、内容、运作、体例等方面均具特色。

2.1 理念:放眼世界

我们平常说的汉语,大多局限于大陆的普通话。实际上,港澳台地区的国语、海外其他地区的华语,都属于我们的"大华语"范畴。[1] 有鉴于此,《全球华语词典》所收录的华语词语,除了关注大陆核心区外,还包括中国香港、澳门、台湾,以及新加坡、马来西亚、泰国、印度尼西亚等华语地区,此外还有日本、澳大利亚、美国、加拿大等外语地区。[2] 这就把汉语的概念延伸到了境外和海外,表现了我们开放的视野和海纳百川的胸怀。

事实上,只有放眼全球华人社区,把海内外华语作为一个整体来看待,才能更全面准确地把握当代汉语,展现世界华语的真实状况。

2.2 功能:消除障碍

由于政治、经济、文化、移民、语言环境等各种复杂因素的作用,历史上逐渐形成了海内外各华人社区的华语变体。譬如,大陆所说的"方便面",在台湾叫"速食面"或"明星面",在香港叫"公仔面",在新马地区称为"快熟面"。这些各有特色的华语变体,蕴涵了各地华人的语言智慧,但也会给华人社区之间的交流带来一些障碍。《全球华语词典》就是为了消除这些因变异形成的障碍而编纂的,它是一座沟通华人语言文化交流的桥梁。有了这样一本词典在手,大陆、港、澳、台、新、马等地的华语在词语方面的差异就不成其为障碍了,这大大地增强了交际的亲和力。

---

[1] 陆俭明《关于建立"大华语"概念的建议》,《汉语教学学刊》2005年第1辑。
[2] 《全球华语词典·凡例》,商务印书馆2010年版。

2.3 内容:描写为主

从一定意义上讲,语词是人们生活、思维、感情的反映。《全球华语词典》作为一部描写性的词典,记录并保存了各地有特色的词语,尽量将某些词语在各地的不同说法加以对照,这"也就把移居并扎根于世界各地的华人在和当地文化交融、吸收异质文化营养,进而发展中华文化的情况曲折地集中呈现于一册之中了"①,这是华语中一种奇特的景观,既便于各地华语使用者的沟通,也折射了华语的多元和魅力,有助于全球华人构建和谐的语文生活。

当然,这部词典描写的背后还有一种思考,就是语言是活在大众生活里的,只能进行引导,不能生硬干预。况且,目前海内外华人社区的语言还没有到规范的时候,应该在沟通交流当中让大家自由选择,逐渐实现它的和谐和规范。②

2.4 运作:中外合作

上世纪末,新加坡南洋理工大学教授周清海等多次倡议编纂《全球华语词典》,得到了海内外众多学者的赞同与支持。本世纪初,商务印书馆更是表示了极大的热忱,开始筹划词典的编纂,并于2004年率先在新加坡成立新马编写组,进行试编。2005年初,《全球华语词典》编写工作得到中国国家语言文字工作委员会的立项支持,以李宇明教授为主编的编委会正式成立,并聘请周清海、陆俭明、邢福义3位教授担任学术顾问,随后相继成立了港澳编写组、台湾编写组、大陆编写组和其他地区编写组,编纂工作就此全面展开,历时5年完成。

可见,《全球华语词典》是不同华人社区学者的共同成果。每个编写组都由中国大陆和海外学者共同组成,编委和顾问来自不同的华人社区。参与者尽管各自的社会背景、学术专长、生活习惯等有所不同,但为着华人的共同事业,为着汉语走向世界,大家互相尊重,坦诚商讨,共同努力,精益求精,终于完成这一跨国跨地区的文化工程,并为今后的合作打下了良好的基础。

2.5 体例:创新探索

从辞书编纂角度说,《全球华语词典》从内容到体例都具有开创性。比如条

---

① 许嘉璐《全球华语词典·序》,商务印书馆2010年版。
② 《一座沟通华人语言文化交流的桥梁——李宇明主编谈〈全球华语词典〉》,台北《华文世界》2010年7月第105期。

目,简化字和繁体字并列,如何显示二者的关系?词典采用字形对照的形式,大陆、新马等地通行的在前,港澳台等地通行的在后,以"/"隔开。

更为重要的是,《全球华语词典》设立了"使用地区"栏和"异名词语"栏。每个条目都标出使用地区,并指出同一事物或现象的不同说法或写法。正如许嘉璐所点评的,"起码,受它的启发,今后编写中华大辞典一类工具书时,会把港、澳、台、新、马等地的用语和语义都收进去并标以流行地区。这实际上是这部词典在为华语的进步、扩散、发展所做出的贡献。"①

三 《全球华语大词典》设想

传统华人社区的华语丰富多彩且在不断发展;华人仍不停地在世界各地行走,创造着新的华语词汇。为此,《全球华语大词典》应有大华语圈的视野,考虑到世界各地华人使用的需求,理当谋划在先。

3.1 政府搭台

中国走向世界,需要全世界华人的支持。华人华侨心向祖国(祖籍国)、血脉相连;华语是全世界华人的纽带、认同的标志、凝聚力的体现,也是国家宝贵的语言资源。目前全世界学汉语的人群中,绝大多数是华人华侨;关心华人华侨的母语教育,编纂真正符合华语学习者需要的中文辞书,祖籍国责无旁贷!

2010年5月的《全球华语词典》出版座谈会上,时任新加坡内阁资政的李光耀先生提议,在《全球华语词典》的基础上,将华语中相同的和有差别的词汇全部收录,编成《全球华语大词典》。中国人民政治协商会议前主席李瑞环先生当场对编写《全球华语大词典》表示积极支持。会后,新闻出版总署署长柳斌杰指示,将《全球华语大词典》列入总署议事日程。如今,《全球华语大词典》已正式列入国家"十二五"出版规划重大出版项目,并获得了国家出版基金项目的资助。

3.2 学术引航

《全球华语大词典》应充分搜集和整理海内外关于华语研究尤其是华语词汇研究的学术成果,使词典能真正体现当代华语研究的学术水平。

这里的"全球",不光包括港澳台以及东南亚、东北亚华语社区,还要逐步扩

---

① 许嘉璐《全球华语词典·序》,商务印书馆2010年版。

展到美洲、欧洲、非洲、大洋洲等的华语社区。这里的"华语",也应包括华语通用词语和各区特有词语两部分,即把主要服务于全球华语核心区的《现代汉语词典》,与主要收录各华语区特色词语的《全球华语词典》有机融合在一起,使之成为包括世界五大洲华语词语在内的真正名副其实的华语大词典。这是一项浩大的系统工程,关系到汉语走向世界和中华语言文化的传承与发展。

3.3 语料支撑

华语词典的语料库建设应先行一步。特别是有关各区的美食、菜肴、建筑物、旅游景点、风俗习惯用语等语料,要利用计算机和互联网等现代化手段先行整合,以提高辞书编纂的技术水平。

令人欣慰的是,教育部语言文字信息管理司与暨南大学共建了海外华语研究中心,华语语料库已基本成形,最近还在建设华语教材语料库、华裔学生口语语料库和书面语语料库,为提取词表、归纳词义、选择例句做好了准备,为词典的编纂提供了语料支持。

3.4 团队配合

华语词典的队伍组建已成当务之急。编者应为该华语区土生土长的人,熟悉当地语言生活,有一定的学术功力和词典编纂经验。

目前拟组建各区的学术顾问团队、编写团队、审稿团队、编辑团队,几支队伍密切合作,才能打造出一部世界华人适用、好用、爱用的华语辞书。

3.5 立体开发

《全球华语大词典》作为一项系统出版工程,可针对不同华语社区的不同需求,先出版特色词语的分册,如《港澳特有词语词典》《台湾特有词语词典》《新加坡特有词语词典》《马来西亚特有词语词典》等。这些词典的选词立目可适度宽一些,这更能显示当地华语的一些特色,还能据此增补、修订《全球华语词典》。

此外,还应同步考虑《全球华语大词典》的电子网络版。这样,不但不同地区的人往来时可以随时随地查检,方便全世界的华人和学习华语的各国朋友,而且还能动态地,在以后的版本中及时地反映华语在不同地区的新变异,让《全球华语大词典》在中华文化永不停歇的进程中得到永生。

(周洪波、赵春燕)

《咬文嚼字》"咬嚼"社会生活语言

《咬文嚼字》创刊17年来秉承"宣传语文规范,传播语文知识,引导语文生活,推动语文学习"的办刊宗旨,"咬嚼"社会生活中的语言。2010年《咬文嚼字》更加贴近语言生活,拓宽"咬嚼"领域,在社会各界引起热烈反响。

一 基本情况

《咬文嚼字》的口号是"咬书咬报咬刊,咬天下该咬之错;嚼字嚼词嚼句,嚼世上耐嚼之文"。创刊伊始,即以大众传媒和知名作家作品为"靶子",号召社会读者向语病和错别字"开炮",并以"一字千金"之诺率先"向我开炮"。《咬文嚼字》从自身开"咬","咬"过《人民日报》《解放日报》《文汇报》等12家全国性报纸,"咬"过《半月谈》等12种印数百万以上的期刊,还"咬"过王蒙等12位著名作家、《岁月情缘》等12本明星图书、中央电视台等12家电视台、《亮剑》等12部热播电视剧[①],以及《百家讲坛》的12位知名坛主……"咬"得入情入理,有理有据,被"咬嚼"者心悦诚服,广大读者也因此受益。

多年来《咬文嚼字》不断追踪社会语言热点,成功举办了多项社会公益活动。成立之初,发起组织语言文字专家赴北京、上海、武汉等12个大城市"为城市洗脸";在2008年北京奥林匹克运动会和2010年上海世界博览会(简称"上海世博会")筹备期间,倡议全社会动员参与"咬文嚼字"活动;在10年办刊基础上深入调查统计易错用字,整理发表《当代汉语出版物中最常见的100个别字》,据统计这些高频别字的覆盖率占到了现行出版物错误总量的一半以上;从2006年起发布年度十大语文差错,积极引导社会语文运用;2010年发布年度十大流行语,读者评价很"给力"。

---

① 李雪萌《〈咬文嚼字〉公布12部热播剧文字质量排名》,《济南日报》2009年12月27日第3版。

二 "咬嚼"社会生活语言

2.1 点击文坛十二家

2010年《咬文嚼字》精心策划的"点击文坛十二家"活动,是继2000年向王蒙、贾平凹、刘心武、张抗抗等12位著名作家"开炮"后,再次将当代文坛最为活跃的铁凝、陈忠实、刘震云、张贤亮等12位重量级作家列为"众矢之的"。12位作家诚恳表示支持这次活动,甘愿为规范祖国语言文字做"靶子"。①

为提高"点击"的准确性和命中率,《咬文嚼字》设计了深入细致的"咬嚼"流程:首先广泛征集读者意见;同期成立语文专家评判小组,从中选出能够成立的意见;再从可以确定的语文差错中选择典型差错,告知作家本人;读者意见经作家认可后,请读者写出分析差错的文章,形成"咬嚼"报告,公开发表。②

表2—5 《咬文嚼字》"点击文坛十二家"活动的基本情况

作家	期刊月份	著作	典型差错	作者感言③	报道统计④
毕飞宇	2010.1	《楚水》《平原》《受伤的猫头鹰》《美好如常》	"咸水妹"不作"碱水妹","关门""开山"两不宜	"读者帮助我改正,这是对我的爱护,不是和我过不去。我非常乐意成为靶子。""'咬'得好。""现在有人帮我指出来,感谢还来不及。小说再次出版时,会把这些错误都改过来。"	约12 300条
毕淑敏	2010.2	《女心理师》《红处方》《预约死亡》《白桦的舍利》	人能"蓬荜生辉"吗?"老"是代词吗?	"有责任感的作家和有文化追求的刊物,应该是'惺惺相惜'的关系。《咬文嚼字》对整个文化的健康做了非常重要的工作,非常愿意配合'点击'活动,并鼓励自己要'勇敢一点'。""很感谢《咬文嚼字》。今后一定会牢记和避免这些错误。"	约32 600条

---

① 谢正宜《大作家欢迎"被咬"》,《广州日报》2009年12月28日B3版。
② 金鑫《〈咬文嚼字〉"点击文坛十二家"收官》,中国新闻出版网 2010 年 12 月 29 日, http://news.sxpmg.com/ynxx/gndt/201012/38224.html。
③ 见《咬文嚼字》2010年第2、4、6、8、11、12期的"广角镜"栏目。
④ 据百度搜索统计,搜索引擎选择参见《商业周刊》封面文章《百度如何赢在中国》,新浪科技网2010 年 11 月 12 日, http://tech.sina.com.cn/i/2010-11-12/18344860740.shtml。

(续表)

作家	时间	作品	差错举例	作家态度	博客搜索结果
陈忠实	2010.3	《白鹿原》	"坐堂"焉能"就诊","树干"不是"树杆"	"好！挑一挑毛病有好处，我们共同对读者负责。""都挑得有道理，我以后改正。"	约29 000条
池莉	2010.4	《所以》《水与火的缠绵》《池莉影记》	好丈夫不会"深负众望","达坂"与"大阪"	持肯定感谢态度。	约16 100条
迟子建	2010.5	《向着白夜旅行》《火炉闲话》《布基兰小站的腊八夜》《哀蝶》《责编速写》	南方人都说粤语？茶壶不宜以"盏"计	"我自己曾做过语文老师。我对文字，一向是重视的，尽量让自己不犯差错，但可能做不到……到重版时要改正一下。"	约79 800条
方方	2010.6	《乌泥湖年谱》《方方影记》《风景深处》《江北的椸杆》《看病》	水塔"一望无际"？福建何来"五夷山"	"无论读者挑出什么毛病，都是应该的……作为作家，对自己祖国的语言文字理当抱有敬畏之心。"	约26 100条
刘震云	2010.7	《手机》《一腔废话》《故乡面和花朵》	"洪钟""黄钟"大不同，"伤寒"并非"打摆子"	"咬文嚼字使人进步，我对汉语还有许多盲点和误点。我对生活常识，也有许多盲点和误点。谢谢每一个帮我咬文嚼字的朋友。"	约27 100条
莫言	2010.8	《檀香刑》《酒国》	"童姥"误为"童佬"	"旁观者清。有些问题，我看不出，你们可能看出来。""挑得很对，非常感谢。"	约37 300条
苏童	2010.9	《刺青时代》《红粉》《米》《武则天》《手》	误把"醒木"称"惊堂"，时间短不能说"一时半载"	"真诚地谢谢他们，意见都是成立的。"	约33 200条
铁凝	2010.10	《玫瑰门》《铁凝散文》	何谓"走马观花","已故作家"怎能嘱人带信	"感谢编辑部这样认真对待作家的作品，并请代我感谢读者对我的作品'咬文嚼字'。作家尤其需要这样的'挑毛病'，这能让我们在创作时更多一些对语言文字的珍惜和警觉。"	约22 200条

（续表）

王安忆	2010.11	《长恨歌》《香港的情和爱》《秀才和栀子花》	既有"唯其"何需"因为","莺红柳绿"？	"意见很好，重版时考虑修改。谢谢读者！"	约41 200条
张贤亮	2010.12	《男人的一半是女人》《悼"外公"》《我失去了我的报晓鸡》《一亿六》	都是"所"字惹的祸，此"博"和彼"搏"	"感谢读者。我作品中疏忽之处绝对不止这些，有时偶然翻阅就有发现。谢谢！希望常指教！"	约13 600条

经过广大读者的热情参与、有关专家的专业审读，从12位知名作家的作品中挑出错误60处，内容涉及语法、修辞、字词等多个方面，这是12位作家作品自出版以来第一次以这样的形式被读者挑出语病。这次由作家、读者、媒体和编者联袂参与的"点击文坛十二家"活动，取得多方共赢效果。多数作家把被"咬"视为一种幸运，这种态度体现了作家高度重视语言文化和认真负责的品质，成为宣传语文规范的榜样；《咬文嚼字》作为沟通桥梁促进了作家与读者的良性互动，担当起推广普及语文知识和规范的重任；广大读者在寻找语言文字应用问题的过程中，对语言文字规范有了更深刻的理解，成了自觉净化社会语言环境的生力军。

2.2 举办"迎世博""爱低碳"咬文嚼字活动

以"迎世博"为主题的首届"国家电网杯咬文嚼字大赛"2009年7月在上海举行，大赛吸引了海内外20余万人参与，其中包括海外华人选手。

在上海世博会日益临近之际，为进一步净化、优化上海的城市环境，2010年4月7日，《咬文嚼字》倡议全社会、各有关部门、有关单位自觉检查和纠正上海街头的"*欢渡/欢度、*理發/理发、*震憾/震撼、*家俱/家具、*打腊/打蜡、*哈蜜瓜/哈密瓜、*启示/启事、*碳烧/炭烧、*九洲/九州、乘座/乘坐"①十大常见用字错误。杂志社还公布了热线电话号码接受咨询。②

以"我爱低碳生活"为主题的第二届"徐汇杯咬文嚼字大赛"于2010年8月

---

① 前面加"*"的为错误用法。
② 余传诗《〈咬文嚼字〉倡议：纠正街头十大别字》，《光明日报》2010年4月7日第4版。

22日、23日在上海举行。大赛旨在弘扬世博文明,提倡低碳生活,以测试语言文字知识和规范运用能力为主,内容新颖、试题有趣,成为一场全球公开的"语文考试"和"汉语水平测验"。《解放日报》《文汇报》《新民晚报》、东方新闻网站、新民网站公开试题后,社会反响热烈,到9月1日,投寄答题卡和在网上答题的人数超过25万。①

语文特级教师于漪对此高度评价:"语文运用无处不在,世博文明的弘扬与低碳生活的推广离不开语言文字,通过社会语文比赛把它们结合起来,是很有意义的。咬文嚼字大赛把语文规范化和更美好的城市生活结合起来,正可谓相得益彰。"②同期出版的《谁是低碳达人——"我爱低碳生活"徐汇杯咬文嚼字大赛全解码》将大赛获奖者名单收入书中,进一步扩大了大赛传播语文知识和规范的影响。

以"相聚在世博"为主题的咬文嚼字讲习所第11期于10月17日成功举办。咬文嚼字讲习所的口号是"带一堆问号过来,带一双慧眼回去",通过分析和解决当前社会及语文生活中的典型问题,力求达到普及语文知识、纠正语文差错、引导语文运用的目的。

2.3 公布年度十大语文差错及十大流行语

12月27日,《咬文嚼字》公布了2010年度中国出现频率最高、覆盖面最广的"十大常犯语文差错",分别是:1.最容易被写错的成语:美轮美奂;2.最常被写错的地名:黄浦江;3.经常被混淆的词:截止/截至;4.体育报道中经常用错的词:囊括;5.新闻报道中容易用错的词:侧目;6.容易误认的繁体字:書;7.书名或栏目名称最常见的差错:"精粹"误为"精萃";8.最容易被误读的古诗名句:"忽如一夜春风来,千树万树梨花开";9.用汉字数字表示年份时常见的差错:以阿拉伯数字"0"代替汉字数字"〇";10.在否定句式中经常误用的词语是:无时无刻,常常被当成"每时每刻"使用。③

《咬文嚼字》编辑部当日又公布了"2010十大流行语":给力、神马都是浮云、围脖、围观、二代、拼爹、控、帝、达人、穿越。④

---

① 吕怡然《"咬文嚼字大赛"为何能"双赢"》,《文汇报》2010年8月31日第5版。
② 《各路专家热评咬文嚼字大赛》,中国新闻网2010年8月25日,http://www.chinanews.com/cul/2010/08-25/2490304.shtml。
③ 李菁《〈咬文嚼字〉公布十大语文差错》,《新民晚报》2010年12月28日第A18版。
④ 李思姗、乐梦融《"给力"荣登榜首,"达人"顺利突围——〈咬文嚼字〉2010年十大流行语评选出炉》,《新民晚报》2010年12月28日第A17版。

三 社会反响

3.1 大众传媒

中国语言文字网、新浪教育汉语频道等收录了《咬文嚼字》的多篇文章。从2010年12月31日关于部分网站对《咬文嚼字》的关注与报道的统计可以看出,社会大众对语言文字问题的密切关注一定程度上与该刊长期不懈的努力是分不开的。

表2—6 门户网站及报刊媒体网站对《咬文嚼字》的报道情况(2010年12月31日)

媒体类别	媒体名称	报道条数	媒体类别	媒体名称	报道条数
新闻网站	人民网	约4 379	大众门户网	新浪	约4 680
	新华网	约2 610		搜狐	54
	中国新闻网	约2 540		网易	10
	光明网	约3 460		腾讯	7
	凤凰网	44	电子报纸	新民晚报	22
	联合早报网	8		文汇报	18
	香港文汇网	2		新京报	24

2009年8月12日至19日举行的"2009上海书展"上,上海锦绣文章出版社的《谁是火眼金睛》位列销售排行榜第2名。① 据当当、卓越亚马逊等网络书店的读者评价,对《咬文嚼字》合订本及系列图书的质量评价和满意度多为五星。② 众网友自发留言评论:

"中国第一本把博大精深的语文知识融会贯通到生活中的每一个角落的杂志","是我最钟爱的杂志","这或许是一本适合所有识字人读的书","看了《咬文嚼字》,才发现自己的语文水平太低了,有相见恨晚的感觉","《咬文嚼字》纵横捭阖,读之多年受益匪浅,希望更多的人受益","可以学到很多知识,用来收藏也不错","深切地感受到,离开《咬文嚼字》,就不能与时俱进","良师益友,受之无愧!"③

---

① 《24万读者徜徉书海 2009上海书展圆满落幕》,中国上海网2009年8月20日,http://www.shanghai.gov.cn/shanghai/node2314/node2315/node4411/userobject21ai357116.html。
② 据当当、卓越等知名图书网销售情况统计,星级评定是通过读者在线反馈进行的。
③ 凌鼎年《让我难忘的十二本(套)书》,《今日阅读》2010年第3期,http://www.szlib.com/reading/2010-3.pdf。

3.2 相关领域

《咬文嚼字》还得到了专家的肯定和相关领域的重视。

著名语言学家、语文教育家吕叔湘先生曾说:"办一个刊物,专门纠正语言文字使用中的毛病,这是我多年的希望。《咬文嚼字》就正是我想象中的那样一本刊物。"① 海峡两岸关系协会原会长汪道涵先生对《咬文嚼字》给予了高度肯定:"你们纠正的只是一字一词,但维护的是中华民族的文化大厦。"②

国家语言文字工作委员会(简称"国家语委")原主任许嘉璐在《咬文嚼字》创刊之初即致贺信并称赞道:"小刊物,大眼光;小文章,大手笔;小角度,大视野。"③ 国家语委主任郝平为 2009 年合订本作的序中指出:"这种立足于发现并指出出版物、影视作品、公共场所中语文应用的差错,传播和普及正确知识的独特定位,恰好适应了国家促进文化发展繁荣的新形势,人民群众需要高质量文化生活的新要求。"④

《咬文嚼字》通过抓大报名刊、公众人物、热点事件、典型差错以及追踪监测语言热点、举办语文知识大赛等社会性的活动,对语言文字工作者、新闻报刊出版、广播电视传媒业、文化教育界及汉字应用等领域产生着积极长效的影响。

有新闻出版人认为:"这是一份为编刊人编辑的刊物,一本为出书人出版的书。文字是一切出版物的基础。《咬文嚼字》堪称刊中之刊、书中之书,是我们出版人既怕又爱的诤友、畏友。"⑤ 咬文嚼字大赛试题被作为报刊媒体的编辑、记者及相关人员的业务进修材料;咬文嚼字讲习所培训的学员也多来自全国各省市的新闻出版、文化教育等单位。

不少语文教师把大赛试题穿插到语文教学中去⑥,特别是《当代汉语出版物中最常见的 100 个别字》,在全国各地的高考中都能见到相关试题;翻译教师则认为《咬文嚼字》对提高外译汉的措辞准确度有很大帮助。

《咬文嚼字》经过多年的努力,形成了一定品牌影响力,受到相关部门的认可

---

① 郝铭鉴《〈咬文嚼字〉刊物是要有一点精神的》,《传媒》2007 年第 1 期。
② 甄晓菲《〈咬文嚼字〉 汉语的"护堤员"》,《教育文汇》2007 年第 3 期。
③ 同注①。
④ 郝平《静水深流,润物无声》,《新民晚报》2010 年 2 月 2 日第 B5 版。
⑤ 《咬文嚼字》(合订本 2000)编辑推荐语,中国图书网 2010 年 6 月 13 日,http://www.bookschina.com/1148618.htm。
⑥ 陈熙涵《参赛,是一种文化享受》,《文汇报》2010 年 9 月 10 日第 7 版。

和表彰。2002年荣获中国语文报刊编校质量一等奖,2005年荣获国家期刊奖二等奖。2009年度在上海市253种社科期刊编校质量检查中,《咬文嚼字》差错率为0,并连续3次获编校质量最高奖项优秀奖。① 多年来《咬文嚼字》杂志社受国家新闻出版总署委托,对教育期刊、科普期刊等共382种出版物进行了编辑校对质量检测。②《咬文嚼字》杂志社多次受到国家新闻出版总署、上海市新闻出版局表彰,多次被国家语委、上海市语委评为"语言文字工作先进集体"。③

3.3 在华语圈及海外的传播和影响

《咬文嚼字》是较早在港澳台地区及海外华语圈"成名"的中国大陆出版物。1996年《咬文嚼字》杂志诞生一年多,就被新加坡《联合早报》评为"十大畅销读物"之一。④ 在亚太地区的华文出版市场上,《咬文嚼字》作为"小而美""墙内开花墙外香"的中国大陆出版物多次被列入海外华文十大畅销书。

《咬文嚼字》"咬嚼"讨论内容不局限于中国大陆,还关注并影响着整个华语世界。《咬文嚼字》曾讨论过"按揭"一词的来源,讨论范围辐射到中国香港地区直至新加坡,终于找到了一个比较合理的答案。香港作者斯人将《咬文嚼字》选编整理成《咬文嚼字精选本》(繁体中文版)⑤,以便解决当地社会语言生活中的一些困惑和误用。新加坡《联合早报》也曾集中转载了《咬文嚼字》"百家会诊"栏目对"七月流火"用法的讨论。⑥

《咬文嚼字》举办的两届大赛在海外华语世界掀起了波澜,上自耄耋老人,下至识字幼童都积极参与,不少参赛者从海外寄来试卷,坦言并不是为了获奖,而是把参赛作为一次学习机会,当作一种文化享受。⑦

(何 瑞)

---

① 《〈咬文嚼字〉杂志在上海市报刊编校质量评比中位列优秀》,上海文艺出版集团网2009年5月27日,http://www.shwenyi.com/news_detail.asp?id=799。
② 章红雨《于友先呼吁:出版界须纠正"无错不成书"思想》,人民网2007年1月31日,http://media.people.com.cn/GB/40606/5349402.html。
③ "侨界风采·郝铭鉴",上海归国华侨联合会2010年4月6日,http://www.shanghaiql.org/renda/node7406/node13511/node13514/node13516/u1a1664419.html。
④ 《中国"小书"释放大魅力》,新华网2009年8月18日,http://sh.xinhuanet.com/zhuanti2009/2009-08/18/content_17429763.htm。
⑤ 天地图书(中国香港)出版社2003年版。
⑥ 王敏《〈咬文嚼字〉编校质量的三块基石》,人民网2009年8月24日,http://media.people.com.cn/GB/22114/42328/166831/9915992.html。
⑦ 陈熙涵《参赛,是一种文化享受》,《文汇报》2010年9月10日第7版。

学界关注语言生活

"语言生活包括语言学习、语言交际和利用语言进行各种各样的工作等内容,是人生的重要部分。"① 自《中国语言生活状况报告》于 2006 年发布以来,"语言生活"这个术语越来越频繁地进入公众的视野。本文主要描述近年来刊物、网站、著作与教材、论文、学术会议等关注研究语言生活的概况。

一 刊 物

1.1 专刊

《中国语言生活状况报告》自 2006 年首次出版以来,已经连续发布了 5 年,在学界和大众群体中引起了强烈的反响。②

《语言文字应用》2007 年第 1 期开辟了"语言生活状况"栏目,话题涉及《中国语言生活绿皮书》,报纸、广播电视、网络用字用词调查,语言生活与生活语言,海外华语传播与《中国语言生活状况报告》等。2009 年第 1 期"语言生活状况"栏目刊登了北京奥运会语言环境建设、青藏铁路语言文字使用、手机短信语言使用状况等语言生活方面的研究成果。

《中国社会语言学》杂志较多关注语言生活中的热点问题,如语言状况、语言认同、语言文字使用情况、新词语等。

《语言文字报》主要反映国家语言文字工作政策、法规、动态,社会语言文字信息等,以及不同社会层面的语文生活。

1.2 专栏

《长江学术》2008 年第 1 期、2009 年第 4 期开辟了"语言生活热点问题"

---

① 李宇明《语言生活》,《华中师大报》2000 年第 1 期。
② 汲传波《〈中国语言生活状况报告〉的社会反响》,载"中国语言生活状况报告"课题组编《中国语言生活状况报告(2009)》上编第 206—221 页,商务印书馆 2010 年版。

专栏。

《云南师范大学学报》自2008年第3期起开辟"语言国情"专栏以来,年年保持,同时聘有专栏主持人。戴庆厦主持刊登了关于小语种语言保护、母语安全、语言接触与语言和谐、语言文字规范、多语生活、语言选择等论文;陈章太主持刊登了关于语言资源与语言问题、语言资源的价值等论文;周庆生主持刊登了北京奥运会中的中国汉字元素、立法语言现状、非物质文化遗产中的语言保护等论文;李宇明主持刊登了有关语言关系与国家安全、美国"关键语言"战略与中国国家安全战略、国家安全视域中的中国外语规划、语言文字信息化与国家安全等论文。

《北华大学学报》2010年第1期辟有"语文现代化"专栏,刊登语言资源、语言舆情、语言监测、语言经济等方面的学术论文、会议信息、会议纪要、专题报道等文章。

《现代语文》2005年第3期开辟了"语言新观察"专栏,刊登分析新词新语的内容,并从2006年开始刊登涉及中国语言生活新变化的文章及有关《中国语言生活状况报告》的报道。

《中国社会科学院院报》2010年9月以来分别在不同版面刊登"语言生活"的相关内容和信息,如语言服务、法庭语言、农民工语言问题、网络语言热等话题。

1.3 内部刊物

教育部语言文字应用研究所创办的内部月刊《语文信息》设有"语言文字论坛"板块,摘登海内外相关论文,刊登有关语言文字的各种信息。

由教育部语言文字信息管理司(简称"语信司")指导、上海外国语大学中国外语战略研究中心主办的《外语战略动态》,主要分为"焦点观察""人物专访""专题讨论""语言与文明进程""语言与现代化""国内外语要情通报""国外语言要情通报"等专题。

由教育部语信司指导、武汉大学中国语情监测与研究中心主办的《中国语情》2009年4月正式创刊,刊登了多篇语言热点问题文章,如方言保护问题、上海世博会与汉语国际推广、台湾为甲骨文"申遗"引发的热议等。

商务印书馆《汉语世界》杂志社编辑印制了《中国语言资源动态》,及时反映国内外语言资源的开发利用情况,探讨把语言转化为生产力的方式途径、理论

实践等。每一期专门讨论当时语言生活的热门现象,目前已对中国语言资源,2008年、2009年与2010年的"汉语盘点"活动,语言产业与语言经济,汉字繁简之争,中国语言生活状况报告座谈会,中国语言学的话语权问题,全球华语词典,海内外中国语言学者的研究情况等近几年语言生活的热点问题进行了专门讨论。

此外,此类不定期内刊还有北京外国语大学中国外语教育研究中心主编的《世界语言战略资讯》、南京大学的《世界语文动态》等。

1.4 电子刊

《中国语言生活》于2010年5月10日创刊,由教育部语信司指导,商务印书馆、中国语言资源开发应用中心主办,是中国第一份以"中国语言生活"为主题的普及性小型电子期刊,旨在关注、介绍、讨论中国语言生活的方方面面。杂志的内容与中国语言生活的调查和研究相配合,以期进一步引起社会各界对中国语言生活的关注和讨论。

由教育部语言文字应用研究所、语言舆情研究中心主办的《语言文字舆情与动态》和《语言文字舆情月月读》是内部电子期刊,力图"透过语言舆情了解语言生活,透过语言生活思考语言政策"。两刊梳理报道了2010年语言文字的热点问题,如上海4所高校自主招生考试不考语文、二代身份证语病问题、全国人民代表大会代表提议屏蔽网络不良用语、漯河发红头文件要求至少认识500个繁体字、广州"撑粤语"事件、汉字书写危机、高中语文教材"去鲁迅化"和小学语文教材造假、网络词语"给力"流行、新闻出版总署规范出版物文字使用等。有人指出,语言舆情成为反映当前社会语言文字生活的民意聚集地,其本身也已成为新时期语言文字生活的重要一隅。[①]

1.5 其他

另外一些刊物,如《语文建设》自2003年起开辟了"语言新观察"栏目,阐释新词新义;后来又开辟了"规范与应用"栏目,探讨新词新义的规范;还报道了"经典诵读"等活动。

[①] 张挺、魏晖《2010语言文字舆情"给力之年"》,中国社会科学报刊网2011年1月31日,http://sspress.cass.cn/news/17465.htm。

二 网 站

2.1 中国语言文字网[①]

中国语言文字网于2002年6月开通,由教育部、国家语言文字工作委员会主办,教育部语言文字应用研究所承办,旨在宣传国家语言文字政策,服务社会语文生活,引导社会正确使用祖国语言文字,提高国民语文素养,促进学术研究与交流。网站设有工作机构、政策法规和规范标准、语文工作、学术交流、语文史话、中文信息处理、远程教育、服务窗、百家争鸣等内容,特别注重宣传国家语言文字工作的方针政策,向社会提供咨询和信息服务,实现网上远程教育(包括普通话的培训测试及文字应用水平的测试等),实现全国语言文字工作和科学研究的网络化,成为规范标准发布的平台,开通征求意见、讨论语言文字问题的渠道。

2.2 中国语言资源网[②]

中国语言资源网成立于2005年,由国家语言资源监测与研究中心主办,华中师范大学承办。主要刊登国家语言资源监测与研究中心的工作动态、科研成果、各个分中心的相关情况等,主要关注历年的"汉语盘点"活动、流行语发布、语言学相关论坛与会议通知、《中国语言生活状况报告》的发布等内容。另外,该网站专门开辟了"语言生活"栏目,主要关注网络语言、汉语盘点、网络流行语、对外汉语的相关情况等。

2.3 教育部国家语言资源监测与研究中心6个分中心网站

自2004年起,国家语言资源监测与研究中心陆续成立了6大分中心:平面媒体语言分中心(2004)[③]、网络媒体语言分中心(2005)[④]、有声媒体语言分中心(2005)[⑤]、教育教材语言分中心(2005)[⑥]、海外华语研究中心(2005)[⑦]与少数民族

[①] 中国语言文字网网址是 http://www.china-language.gov.cn/index.htm。
[②] 中国语言资源网网址是 http://nlp.ccnu.edu.cn/。
[③] 其网站的网址是 http://cnlr.blcu.edu.cn/。
[④] 其网站的网址是 http://pop.clr.org.cn/。
[⑤] 其网站的网址是 http://ling.cuc.edu.cn/。
[⑥] 其网站的网址是 http://ncl.xmu.edu.cn/。
[⑦] 其网站的网址是 http://www.globalhuayu.com/。

语言分中心(2010)①。这些中心主要运用信息技术手段,分别负责当代社会语言生活中某一具体领域的动态监测:如平面媒体、网络媒体、有声媒体的实态监测与分析,基础教育领域及对外汉语教学领域的教材语言的动态情况,海外华语资源开发与利用,少数民族语言的接触与变异情况,汉语与少数民族语言双语语料库建设与双语教育等,对中国语言文字使用实态开展调查与基于数据分析的战略研究,为国家语言文字政策的制定和调整提供参考。

2.4 中国语言资源开发网②

由教育部语信司指导、商务印书馆主办的中国语言资源开发应用中心于2008年12月29日成立。中国语言资源开发应用中心注重语言作为一种资源的价值,致力于把语言和语言知识转化为生产力和文化商品。以"中国语言产业的研发、示范基地"为定位,以壮大语言学队伍、拓展语言学领域、提高语言学的社会影响力为己任,力求引导语言生活向和谐健康的方向发展。目前中国语言资源开发网上登有《中国语言生活》电子杂志的相关内容,该网计划逐步增加"中国语言生活研究""中国语言生活著述目录""中国语言生活热点问题在线讨论""语言学者专访""中国语言生活新闻"与"中国语言生活讲座"等内容。③

2.5 华语桥④

由暨南大学华文学院和香港中国语文学会联合主办的华语桥网站,2003年5月正式注册创建。主要刊登华语生活的最新研究动态,介绍华语的相关文章和最新书籍,旨在促进华语世界的沟通,引起国内外华人社会的广泛关注。

三 著作与教材

3.1 《当代语言生活》

《当代语言生活》属于普通高中课程标准实验教科书,按照《普通高中语文课程标准(实验)》的指导思想设计,是一门全新的课程。江苏省高等中学自2006

---

① 其网站的网址是 http://cmli.cun.edu.cn。
② 中国语言资源开发网网址是 http://www.yuyankaifa.com。
③ 参考于根元《中国语言资源开发网准备工作启动》,唤醒语言博客2011年1月21日,http://huanxingyuyan.blog.163.com/blog/static/8368054520110218511233/。
④ 国内网址是 http://www.huayuqiao.cn;国外网址是 http://huayuqiao.org。

年以来开设了"当代语言生活"课程,使用江苏教育出版社的选修教材《当代语言生活》(2006),自此"语言生活"进入高中教材。教材选取与社会生活密切相关的语言现象,讨论当代语言生活主要关注的话题,如:语言发展、汉语与外语、流行语、称谓语、法律语言与广告语言等。《当代语言生活》在语文教学的教学方式与学习方式上引起了重大变革。该教材出版使用后,相继有其他高中选修读本《高中语文读本·当代语言生活(江苏选修)》(2008)①、《当代语言生活选读·语文选修读本》(2010)②等出版。

3.2 《中国语言生活绿皮书》系列

由国家语言文字工作委员会发布的《中国语言生活绿皮书》提倡"语言服务"的理念,旨在积极引导社会语言生活的和谐发展。《中国语言生活绿皮书》分为引导语言生活的"软性"规范A系列和中国语言生活状况与分析的B系列。《中国语言生活绿皮书》已出版的A系列图书有《现代汉语常用词表(草案)》(2008)等。《中国语言生活绿皮书》B系列已出版的图书除了2006年到2010年共10本《中国语言生活状况报告》外,还陆续出版了《中国语言文字使用情况调查资料》(2006)、《古籍汉字字频统计》(2008)、《中日韩常用汉字对比分析》(2009)、《中国语言资源有声数据库调查手册·汉语方言》(2010)以及《2006汉语新词语》(2007)、《2007汉语新词语》(2008)、《2008汉语新词语》(2009)、《2009汉语新词语》(2010)。③

3.3 《新时期中国少数民族语言使用情况研究丛书》

《新时期中国少数民族语言使用情况研究丛书》由中央民族大学"985工程"中国少数民族语言文化教育与边疆史地研究创新基地组织调查编写,属于新时期中国民族语言的国情调查研究项目。已出版的图书有:《基诺族语言使用现状及其演变》(2007)、《阿昌族语言使用现状及其演变》(2008)、《云南蒙古族喀卓人语言使用现状及其演变》(2008)、《云南里山乡彝族语言使用现状及其演变》(2009)、《西摩洛语语言使用现状及其演变》(2009)、《元江县羊街乡语言使用现状及其演变》(2009)、《布依族语言使用现状及其演变》(2009)、《莫旗达斡尔族语言使用现状与发展趋势》(2009)、《耿马县景颇族语言使用现状及其演变》(2010)等。④ 这

---

① 《高中语文读本》编写组编,江苏文艺出版社2008年版。
② 《普通高中课程标准实验教科书语文选修读本》编写组编,中国对外翻译出版社2010年版。
③ 上述图书除《中国语言文字使用情况调查资料》由语文出版社出版,其他均由商务印书馆出版。
④ 上述图书均由商务印书馆出版。

些个案调查主要探讨了所调查的少数民族语言之间及与汉语之间的使用现状及其演变特点、由语言接触引起的语言变化等。

3.4 《网络时代语文热点丛书》

《网络时代语文热点丛书》充分利用现代信息手段,及时搜索语文热点,描述热点形成的来龙去脉,介绍相关的知识与史事,帮助读者增广见闻,考察问题,形成己见。① 其中影响较大的有《汉字最近有点儿烦》。在汉字问题讨论最激烈的时候,商务印书馆出版了民间文化团体"名博沙龙"网络写手一清的《汉字最近有点儿烦》,并于 2009 年 9 月 18 日召开了座谈会,探讨《汉字最近有点儿烦》的出版时机、对汉字的简省规律、复繁主张,以及汉字字形微调等问题。一清用严谨亲切的风格,深入浅出地表达了对当时语言生活中的热点问题"汉字繁简之争"的观点:汉字的简化,已经是为世界所接受了的一个历史事实,汉字已经进入了简化时代。该书被《求是》杂志转载,进一步引起了社会各界对语言生活的密切关注与重视。

3.5 其他语言生活类专著

涉及"语言生活"的专著还有《海峡两岸语言与语言生活研究》②、《云南语言生活现状调查研究》③、《构建多语和谐的社会语言生活——民族语文国际学术研讨会论文集》④、《城市语言生活与语言变异研究》⑤、《辞书编纂与语言生活——第五届全国语文辞书学术研讨会论文集》⑥、《中国语言规划论》⑦、《中国语言规划续论》⑧、《中国少数民族语言使用现状及其演变研究》⑨ 等等。

---

① 李宇明《把握住我们的语言生活——网络时代语文热点丛书序》,见 http://www.age06.com/gardenportal/Detail.aspx?InfoGuid=a93b49e1-574b-4537-a31d-370fe58b068f。
② 《海峡两岸语言与语言生活研究》编委会编《海峡两岸语言与语言生活研究》,商务印书馆 2007 年版。
③ 罗明东、崔梅、周芸主编《云南语言生活现状调查研究》,云南大学出版社 2007 年版。
④ 戴庆厦主编《构建多语和谐的社会语言生活——民族语文国际学术研讨会论文集》,民族出版社 2009 年版。
⑤ 王立《城市语言生活与语言变异研究》,中国社会科学出版社 2009 年版。
⑥ 中国辞书学会语文词典专业委员会、安徽大学新闻传播学院编《辞书编纂与语言生活——第五届全国语文辞书学术研讨会论文集》,安徽大学出版社 2009 年版。
⑦ 李宇明《中国语言规划论》,商务印书馆 2010 年版。
⑧ 李宇明《中国语言规划续论》,商务印书馆 2010 年版。
⑨ 戴庆厦主编《中国少数民族语言使用现状及其演变研究》,民族出版社 2010 年版。

四 论文

以"语言生活"为关键词,在中国知网上搜索2000年到2010年的期刊文章,共有111篇,见图2—11。

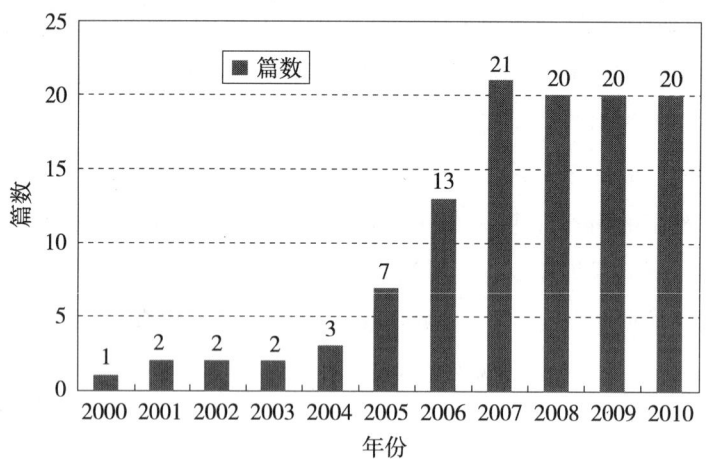

图2—11 以"语言生活"为关键词在中国知网数据库的搜索数据统计

从图2—11可以看出,对"语言生活"的关注可以以2005年为分界点,之前也出现过"语言生活"的提法,然而关注不多,从2006年《中国语言生活状况报告》出版后,更多的人开始关注"语言生活","语言生活"作为语言学界一个较新的研究领域更多地进入人们的视野。

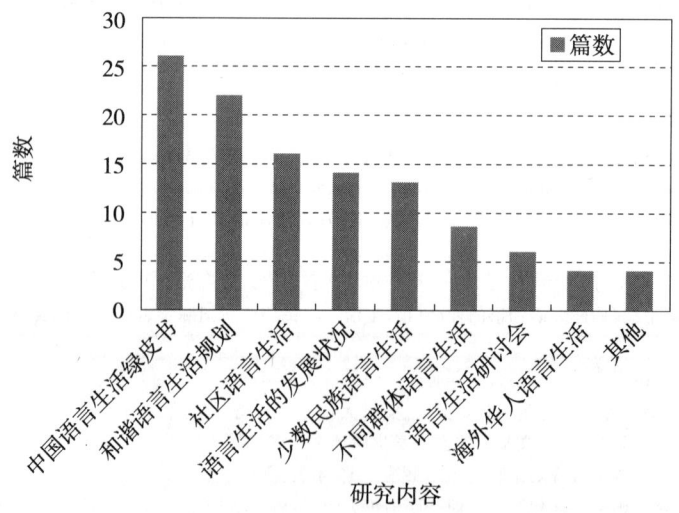

图2—12 以"语言生活"为关键词在中国知网数据库的研究内容分类统计

从上面的统计数据可以看出,近年来对"语言生活"的关注主要表现在以下几个方面:中国语言生活绿皮书、和谐语言生活规划、社区语言生活、语言生活的发展状况、少数民族语言生活、不同群体语言生活、语言生活研讨会、海外华人语言生活等。

五 学术会议

首届中国语言生活研讨会。首届中国语言生活研讨会由教育部语信司、商务印书馆、中国人民大学、武汉大学及北京语言大学共同主办,2010年10月16日在中国人民大学召开。会议引起了10多家媒体的关注。会议探讨的议题主要有:《中国语言生活状况报告》与语言生活的关系,如何扩大《中国语言生活状况报告》的学术影响,如何推动相关研究成果的进一步开发和改进等等。

第五届海峡两岸现代汉语问题学术研讨会。第五届海峡两岸现代汉语问题学术研讨会由中国社会科学院语言研究所、南开大学、广州大学共同主办,12月7日在广州大学召开。会议的主题是"海峡两岸的语言协调"。教育部语信司司长李宇明、北京大学教授陆俭明、香港中国语文学会会长姚德怀、台湾师范大学华语文教学研究所教授信世昌分别做了"中国语言生活的基本状况""两岸携手推进汉语走向世界""世界人民是否可以自由运用汉字"与"汉语国际化的概念及推展思维"的报告。与会专家学者以海峡两岸丰富多彩的语言生活及汉语走向世界的过程为大背景,热烈讨论了语音、词汇、语法、文字等各个层面及其相关规范和标准的建立,各地新的语言现象考察与分析、汉语教材编写等问题。

2010年中国外语战略论坛。2010年中国外语战略论坛由上海外国语大学中国外语战略研究中心于6月5日主办。该论坛围绕"国家战略视角下的外语与外语政策"的主题,讨论了"外语战略研究的理论、方法与目标""历史进程中的外语及其作用""外语教育政策的宏观研究""国外语言政策研究与启示""多层面的外语教育与测试研究""语言生活、语言生态与中外语言文化接触""国家语言战略研究"等专题。与会者从战略的高度综合论述中国的外语发展,体现了强烈的国家意识、社会责任感和战略眼光。

语言资源监测与服务论坛。语言资源监测与服务论坛由国家语言资源监测与研究中心于9月17日在北京主办。论坛的议题是"语言监测(数据发布)的目的及如何更好为社会服务"。"语言生活中与大众切身利益相关的语言资源的应用和服务""社会各界的语言需求""语言资源数据和成果的共享"等议题受到特别关注。①

第四届语言与国家高层论坛。第四届语言与国家高层论坛由华中师范大学于10月9日举办。论坛的主题为"城市化进程与国家语言生活",议题有"《国家通用语言文字法》的实施与国家的城市化进程""社会语言服务问题""汉语国际传播""应用语言学科建设与发展"等。该论坛充分表达了大家对社会变革背景下国家语言生活的关注,也充分表明了社会发展变革与语言生活发展之间的紧密互动和深刻影响。②

中外外语教育政策与规划高层论坛。中外外语教育政策与规划高层论坛由北京外国语大学中国外语教育研究中心于11月6日主办。教育部语信司司长李宇明、北京外国语大学教授胡文仲、中国社会科学院民族学与人类学研究所研究员周庆生和中国外语教育中心教授王克非做主旨报告,论述近年来"语言生活"中的热点问题。他们的论题分别是"中国的外语教育与国际话语权之争""制定外语教育政策的紧迫性""中外双语教育政策动向比较"以及"外语教育在当代社会发展中的意义"。该论坛旨在结合中外社会经济发展,多方位考察分析外语教育政策,从外语教育发展和国家利益的高度、人才培养的角度提出了中国外语教育政策和规划研究的必要性、重要性和迫切性,为中国外语教育政策和规划的研究制定提供支持。

海内外中国语言学者联谊会——首届学术论坛。海内外中国语言学者联谊会——首届学术论坛由教育部语信司、中国社会科学院语言研究所和商务印书馆于6月27日联合主办。论题为"留学潮与中国语言学"。来自北美、日本、法国以及中国香港等地的语言学者分别介绍了各地的研究状况。

综上所述,语言生活问题不仅受到语言学界的广泛关注,也受到政治、文化、新闻传播等领域的关注。相关会议召开的频率越来越高,专题分类越来越细,跨学科性质越来越明显。这些研讨为社会大众了解中国语言国情提供了重要的材料,也为相关部门制定更为科学有效的语言政策提供了重要的参考。

(李 俏)

---

① 《语言资源监测与服务论坛(2010)在京举行》,教育部门户网站2010年9月26日,http://www.moe.edu.cn/publicfiles/business/htmlfiles/moe/moe_814/201009/108826.html。
② 《第四届语言与国家高层论坛举办》,《语文信息》2010年第10期。

第三部分

热 点 篇

年度语言生活聚焦

2010年,中国互联网舆论继续保持高速发展的态势,网民数量持续攀升,微博等新兴网络媒体发展迅速。与2010年的社会经济文化生活一样,中国语言生活也在急速发生变化。语言与社会的联系日益密切,语言矛盾进入多发期,语言问题凸显,并越来越多地影响到政治、经济、文化、社会等诸多方面,不断形成热点话题,引发广泛舆论,语言舆情呈现快速发展的态势。用一句话来概括,就是:"语言问题至关重要。"

一 热点事件回顾

在2010年的语言生活中,有3个语言事件引起社会广泛关注,形成舆论热议的话题,出现不同观点的交锋。

1.1 广电总局"屏蔽"外语缩略语

4月份,国家广播电影电视总局向中央电视台等各广播影视机构下发通知,要求在口播新闻、采访和影视字幕等方面,不要使用外语及外语缩略词,如NBA、GDP、WTO等;如遇特殊情况必须使用,要在外语及外语缩略词后加中文解释。[①] 通知一经披露,立刻引发媒体和民间的大讨论。

尽管国家广播电影电视总局的通知并未使用"屏蔽""禁止"等字眼,称此举的目的并非屏蔽和排斥外来文化,而是要求规范使用汉语外来词语,但是,很多媒体和评论仍将此行动归为"屏蔽""封杀",民间也普遍反映难以接受。

截至4月20日,新浪网一项35 959人参加的调查显示,持不赞同意见者占

---

① 《央视从此不再报"NBA"和"CBA" 地方台也要改动》,东方网2010年4月6日,http://sports.eastday.com/s/20100406/u1a5130504.html。

被调查人总数的50.4%,持赞同意见者占44.1%。① 而环球网4月8日至5月8日一项25 329人参与的调查则显示,持赞成态度者占被调查人总数的74%,持反对态度者占26%。在媒体报道和评论方面,持反对态度者居多。②

不赞同意见认为,语言的传播是社会选择的结果,很难人为控制,也无须人为干涉。外语缩略语是文化融合的产物,文化洁癖对整个民族的母语保护作用微乎其微。使用外语缩略语方便,换成纯汉语表达冗长啰唆,不利于交流。③

赞同意见认为,外语缩略语在媒体、出版物上使用泛滥,破坏了汉语的纯洁性,也是对中华文化的侵略。推出此举是保护母语、实现文化本土化、抵制外来文化侵略的表现。④

也有观点认为,对待外语缩略语不能一刀切,对那些大众知晓度较高、尚无对应中文的,或虽有对应中文词语但过于冗长的外语缩略语,应"网开一面"。⑤字母词的大量使用引发"英语侵入下,汉语会不会消亡"的忧虑。在全国人民代表大会和中国人民政治协商会议召开期间,有代表提议,对现行《国家通用语言文字法》中的部分条款进行修改,禁止使用"洋泾浜"语言,禁止使用外文字母词,一切外来语言文字必须经过翻译使其汉语化。

1.2 "撑粤语"事件

6月,中国人民政治协商会议广州市委员会(简称"广州市政协")就提升广州亚洲运动会软环境等相关问题进行调研,并在广州政协网上进行"关于广州电视台播音情况的调查"。有网友将此调查称为"广州电视台要取消粤语",并以此为题在微博上发表意见。⑥ 一时间"粤语危亡论"四起,并迅速拉开"粤语存废"之争的序幕。

7月5日,广州市政协提交了一份《关于进一步加强亚运会软环境建设的建议》的提案,其中包括《关于广州电视台综合频道应增加普通话节目播出时段的

---

① 《调查:你认为是否应该禁止使用外语缩略词》,新浪网2010年4月20日,http://survey.news.sina.com.cn/result/44750.html。
② 刘靖文、张挺《语言舆情监测与社会语言生活》,《云南师范大学学报》2011年第1期。
③ 参见教育部语言文字应用研究所编《语言文字舆情月月读》(内部电子刊物)2010年第4期。
④ 同注③。
⑤ 杜永道《怎样正确看待外来"字母词"的"入侵"?》,语言文字报网站2010年4月22日,http://218.249.7.36/more.asp?infoid=231。
⑥ 教育部语言文字应用研究所编《语言文字舆情与动态》(内部电子刊物)第7期。

建议》。又有政协委员发微博称"母语危矣"①,媒体评论也进一步升级,进而出现了"推普废粤""粤语危亡论"等伪命题②,接着出现"捍卫粤语"的活动。7月15日和25日,广州有人上街举行"撑粤语"游行;8月1日,广州、香港又发生街头行动。至此,网上舆情演变成街头行动。

此事件引起学界和社会对"推广普通话与保护方言"问题的广泛探讨。如何处理好普通话与方言的关系,不仅是政府、学界关心的问题,也是社会公众热议的话题,甚至成为家长教育下一代的纠结,"保住方言的底线""方言是消灭不了的"成为一些网友的激辩之词。有专家目前担忧方言的生存环境,呼吁"推广普通话,善待方言"③,提倡普通话用于正式场合或公共场合,方言用于私人场合,构建双语和谐社会。

1.3 高中语文教材删减经典

9月初,编剧刘毅发微博报料:高中语文教材"大换血",《孔雀东南飞》《药》《阿Q正传》《记念刘和珍君》《雷雨》《背影》等名篇被踢出语文教材。④ 由于涉及鲁迅多篇文章,这事亦被称为"鲁迅大撤退"。

此消息一经发出,便引起轩然大波,成为网络热门话题。"去鲁迅化"已成为网络热词,并成为新浪微博转载跟评率最高的话题之一,"鲁迅大撤退"入选互动百科网站发布的9月十大网络热词。⑤ 高中语文教材"换血"遭受众议,议论各方围绕语文的价值取向、文化传承和民族精神等话题各抒己见,针锋相对。

9月初,某门户网站一项有8 687人参与的调查显示,9成网友不同意删除朱自清的《背影》。⑥ 截至9月8日,凤凰网有12 300人参与的一项调查显示,7成网友反对"鲁迅大撤退"。⑦

反对的观点认为,经典篇目都是中国文化的精髓所在,如果随意删除,就不

---

① 教育部语言文字应用研究所编《语言文字舆情月月读》(内部电子刊物)2010年第6期。
② 同注①。
③ 《语言学家热议语言多样性 未来我们怎样"说话"》,人民网—人民日报2010年7月21日,http://culture.people.com.cn/GB/87423/12202638.html。
④ 教育部语言文字应用研究所编《语言文字舆情月月读》(内部电子刊物)2010年第9期。
⑤ 《新闻正反方:高中语文课本"去鲁迅化"引争议》,新华网2010年9月9日,http://news.xinhuanet.com/edu/2010-09/09/c_12536716.htm。
⑥ 《江苏专家称语文教材中鲁迅作品大撤退是大忽悠》,《扬子晚报》2010年9月9日,见天津网,http://www.tianjinwe.com/rollnews/gn/201009/t20100909_1708955.html。
⑦ 同注⑥。

能起到传承文化的作用。语文教材不应把拥有较强生命力的传统篇目撤换殆尽,这对语文教学改革不啻为一种灾难。课程改革后的教材有一个很大的缺点,就是过分强调所谓创新与时代气息等次级标准,而将文章最重要的品质置之不顾。鲁迅是历史的,但其传达的社会责任早已超乎时代,超越地域,撤下鲁迅的文章就是切断了传统和文化的血脉。①

支持的观点认为,现行教材编写正在尝试还原文学审美本质功能,更注重时代元素,更关注人文精神,这是对语文教材改革进行的有益探索。新时代需要新经典,鲁迅作品受时代局限,如今已然过时,新时期作家的作品更具当下价值。②

二 热点问题分析

综观 2010 年语言生活中的热点事件,大致可以概括为 3 大热点问题。

2.1 语言发展与规范

在全球一体化的浪潮中,英语与其他语言的接触交流日益频繁,英语对汉语及其他语言的影响十分巨大。互联网重构了社会生活,信息技术解构了原有的语言权威,网络语言冲击着世俗社会的语言生活。语言规范面临着前所未有的新问题和新挑战。

语言发展与语言规范永远是一对矛盾,规范滞后于发展,又引导和促进发展。面对现实语言生活和虚拟语言空间,加强并推进语言文字规范化和标准化建设是国家语言文字工作的重要方针和长期而艰巨的任务。如何正确认识并妥善处理这一基本矛盾,如何进行科学而有效的规范,使语言规范能够促进而不是阻碍语言的发展,是当前语言生活和语言文字工作面临的重要问题。

英语对汉语、网络语言对通用语言的冲击,是现阶段汉语发展过程中两个最为突出的问题。"屏蔽"外语缩略语之所以迅速成为舆情热点,从一个侧面说明外语词在中国人际交流和媒体传播中使用普遍,屏蔽网络词语引起网民的不满情绪。网络词语正逐渐被大众接受,主流媒体呼唤语言文化创新和文化环境宽松。

---

① 教育部语言文字应用研究所编《语言文字舆情月月读》(内部电子刊物)2010 年第 9 期。
② 同注①。

对于生活中的语言新现象,是吸纳还是排斥,出现了两种声音,反映出社会和学界对于语言发展和规范的不同认识和态度。一种声音是:这些新现象破坏了汉语的纯洁,汉语面临危机,要保卫汉语的纯洁,"打汉语保卫战"。[①] 另一种声音是:这些现象并不会使汉语面临危机,反而是汉语发展的驱动力,这种现象反映的并不是文化危机,而是文化繁荣。[②]

外来词语和网络词语的纷纷呈现,正是改革开放的必然结果,是时代发展的真实写照,也是社会变化的现实需求。外语缩略语带来了外面世界的新事物和新现象,也丰富和拓展了汉语词汇的表现手段和表现形式。作为网络文化的载体,网络语言必然对传统的语言规范带来冲击和影响。如果说外来词语表现出全球化对汉语的冲击,以及不同语言文化之间的相互影响,那么网络词语则表现出现代电子多媒体符号对传统语言符号的冲击,以及不同语言媒体之间的相互影响。这些非主流语言现象的出现属于语言的正常发展,它们具有鲜明的时代特征,能使汉语的使用更加鲜活生动,使语言生活生机勃勃,丰富多样。

面对这些非主流语言现象,我们应当以发展的眼光、全新的视角和包容的心态,区分不同情况,分别加以积极引导和规范管理,使其健康良性发展。

2.2 普通话与方言

我国社会经济的急速发展、公众权利意识的增强,以及普通话的迅猛推进,使人们开始担心方言的生存和前途。2005年前后,社会上出现过"保卫上海话"的呼声,2010年又出现了"保卫粤语"的呼唤。发出这些呼声的大都是经济发达地区,而且都是强势方言区。近年来,"汉语方言到底能抗多久""全民皆'普'方言何去何从""保护方言""保护多元文化"的呼声持续高涨[③],"撑粤语"事件就是方言与普通话之争的极端事例。事件虽然平息了,但争论并未停止,问题也没有从根本上解决。

如果说方言娱乐节目的流行体现了平民化和娱乐性,那么,如今一些方言区

---

① 教育部语言文字应用研究所编《语言文字舆情月月读》(内部电子刊物)2010年第2—5期。
② 同注①。
③ 《"粤普"语言之争的背后:文化多元化的"保卫战"》,新华网2010年7月28日,http://news.xinhuanet.com/edu/2010-07/28/c_12384805.htm;《普通话与方言争夺出路?》,泉州论坛2010年2月8日,http://www.qzbbs.com/thread-295532-1-1.html;《汉语方言到底能抗多久?》,新浪博客2010年2月21日,http://blog.sina.com.cn/s/blog_4900fe270100hiyp.html;《保卫方言》,光明网博客2010年2月25日,http://blog.gmw.cn/u/wangxijei/archives/2010/116803.htm。

的人坚守自己的方言,把连续举办4届全球闽歌大赛称作为全球华人沟通和文化交流搭建平台,则更像是一种深层次的诉求,体现出人们在多元文化中对母语文化的认同和归属。这些现象表明,语言多元化的诉求已经呈现出由学界讨论到社会参与的势头,方言问题,尤其是经济发达地区的强势方言与普通话的协调问题,有可能成为关乎社会民生的大问题。今后这类呼声和诉求会不会更加强烈,又当如何应对,确实令人深思。

中国方言众多,普通话有利于消除语言隔阂,促进社会交往,对政治、经济和文化建设意义重大。普通话是中华民族共同的交际工具,是中国现代文化的重要载体,既标志着国家文明、进步和现代化的程度,也体现着人的文化素质、道德修养和精神面貌。在现代化、信息化的进程中,必须站在国家战略的高度,坚定不移地执行推广普通话的国策,以更高的要求和更大的力度积极推广和大力普及普通话。

方言作为地域文化的典型代表,是传承一方文化的重要载体,象征着一个地域的精神团结。当今社会对方言的需求主要体现在文化价值方面,甚至更多地表现为一种心理需求。在多元化的格局中,保护方言的话语权也满足并体现了现代社会人们的语言权利。普通话与方言从来都不是势不两立、水火不容,它们有着不同的生存空间,满足着不同层面的需求,互相依存,互相影响,互相吸收。在普通话初步普及并向基本普及迈进的今天,推普政策是否需要有所调整,推普重心是否应当有所转移,推普工作如何针对不同情况,做到有理有利,必要适度,因时、因地、因人而异;如何使普通话与方言和谐共存,共同发展;如何尊重和保护各种方言,特别是濒危方言……这些都是新时期的新课题,急需进行政策和策略的研究。

2.3 语文教育与汉语危机

2010年对于中国教育是一个重要的年份。教育改革位列年度最受关注的10大焦点问题之一,受关注度呈上升态势,语文教育更是引人关注。部分高校招生取消语文考试,高中语文教材"鲁迅大撤退",小学语文教材的"篡改"与"造假"……从大学到中学再到小学,从语文考试到语文教材再到语文教学,语文教育问题多次成为公众舆论热点。质疑的主体也从民间团体、社会公众上升到中央媒体,争议范围之广,涉及内容之多,批评力度之大,为历年之少见。

语文教育专业性较强,本不属于大众舆论关注的范畴。由于语文教育关乎国家的语文政策和教育目标,事关公众的民族情感和切身利益,既是公共话题,又是敏感话题,因而有了极高的关注度。这种关注体现了社会对教育下一代的关心和思考,也折射出在拿什么样的文化经典滋养下一代这个问题上,出现了多元化的价值取向。关于教材和教改,人们把更多的目光投向教学手段、教学方法、教育模式和教育体制,投向语文教育的根本目的,呼吁改变教材编写理念,改革教材编写体制,实现"公民教育"。讨论还引发"母语教育与外语教育""汉语地位与外语地位"的大讨论。

与此相呼应,一项对大学生的测试显示,在语言文字能力上,30%的学生不及格,68%的学生在70分以下,大学生汉语应用能力呈现下降趋势。[①] 人们惊呼:汉语面临危机!据《中国青年报》社会调查中心对3 269人的调查显示,有47.1%的人将汉语应用危机的原因归于当前汉语教育存在问题;23.5%的人对当前汉语教育有好评,57.1%的人认为汉语教育一般,16.5%的人觉得比较差,2.9%的人认为非常差。[②]

一方面,学生觉得语文没用而不愿意上语文课,语文教育日益边缘化;另一方面,大中小学学生语文应用能力普遍弱化,社会上语言文字使用乱象纷呈。凡此种种,不能不令人深思语文教育存在的诸多问题,质疑语文教育的质量和效率,评估语文教育的缺失。语文教育率先成为人们批评现行教育制度的着力点,由此释放出一个信号:语文教育改革箭在弦上。

语文不单单是工具,更是民族精神与民族文化的首要载体和重要组成部分。在中国迈向现代化、提升国际性的今天,面对语文教育弱化和边缘化、国民语文应用能力下降的现实问题,我们有的不仅仅是危机感,更应当有责任感与使命感。应当加大宣传教育力度,以强制性的手段提升汉语的社会地位和教育地位,促使全社会转变观念,重视母语教育与应用,改变当前母语教育与外语教育、母语地位与外语地位极不平衡的不正常状态。同时,推进大中小学语文教育改革,探索语文教学的有效途径,提高语文教育质量,构建完整的语文教育体系和语文能力测评标准,将语文作为入学必考科目和从业资格要求,切实提高全社会的汉语应用能力,真正使语文教育成为化解汉语危机的有效途径。

---

① 《专家呼吁"保卫汉语",71.1%受访者建议将语文课列为大学必修课》,中青在线—中国青年报2010年12月21日,http://zqb.cyol.com/content/2010-12/21/content_3466536.htm。
② 同注①。

三 热点问题的影响因素

语言文字与国计民生直接相关,语言热点问题也是社会热点问题,反映了广泛而深刻的社会文化内容。

3.1 社会与文化的多重影响

我国仍处于社会转型时期,社会结构重新调整,社会阶层发生分化,社会关系出现变化,所积累的各种社会问题日益凸显,社会矛盾逐渐多发。中国社会科学院发布的《2011年社会蓝皮书》认为,2010年金融危机对居民生活的负面影响逐步显现,我国城乡居民总体生活满意度下降。另一方面,社会公信力有所缺失,公民表达权和舆论监督权成为舆论的敏感点。在这种背景下,一些与群众切身利益密切相关的问题会凸显出来,极易激发舆情并形成热点。有时一件极小的事情甚至是不实传言,都有可能激化社会矛盾。"撑粤语"事件的发生实际是社会矛盾的一次小爆发,它源于一个伪命题,最终发酵成为一个真事件。此事件表明,语言或方言也会变为政治的工具,语言问题也极有可能成为其他社会问题的导火索和发泄口。

受世界思潮尤其是后现代主义思潮影响,当前的知识与科学所追求的不再是法定标准或普遍性规则,而是寻求差异性,表现出非规范性、去整体性、去中心化及平民化倾向,多元文化呼声渐高,而多元文化之间既有影响,又有冲突,既相依存,又相抵触。"屏蔽"外语缩略语引起的社会大讨论就是出现在这一背景之下,表现出人们对民族语言文化的认同和归属。对外来语言文化冲击的焦虑甚至愤怒,反映了本土文化与外来文化的对抗。这个问题的实质,正是文化全球化与文化本土化之间的冲突在语言上的表现。"撑粤语"事件并非单纯的语言问题,语言冲突的背后是文化的冲突,是社会矛盾的发泄,体现了当地文化与外来文化的对抗,其实质是文化一体化与文化多元化的冲突在一个国家内部不同地区之间的体现。

3.2 网络媒体的强力助推

2010年被称为微博呈井喷式发展的一年,新华网、人民网、凤凰网等多家媒体网站和一些主要门户网站相继推出微博,很多知名网友的主要活动阵地向微博转移。目前,中国微博访问用户规模达12 521.7万人,微博用户数达6 500万人。① 作为一种快速发展的新兴网络媒体,微博凭借其开放、便捷和低门槛等特性,在网民中快速渗透,使普通民众成为新闻事件传播和推动的主力,对当前的舆论格局产生巨大影响,成为重要的社会化新媒体。西方微博多谈论网民的日常起居,而中国微博则渗透到社会生活的各个层面,强烈关注时事,对事件的发展能够起到重大的影响和推动作用。2010年舆情热度靠前的50起重大舆情案例中,微博首发的有11起,占22%。与此相应,2010年的语言舆情事件中,微博首发的占20%。②

博客的增长势头依然强劲。2010年博客用户规模达到2.95亿人,年增用户7 310万人,在网民中的使用率为64.4%。③ 微博和博客各有所长,微博在事件报料及对事件走势的影响上发挥重大作用,博客则在对社会热点事件进行深度阐释和剖析中拥有特殊的生命力。

3.3 社会心态的负面效应

近年来,社会心理压力增大、公民心理忍耐点降低已经成为社会问题,由此引发社会情绪,导致社会舆情事件频繁发生。

负面心态与情绪日益积累,会在一定程度上引起公众的情感共振,引发负面舆情。而一旦情绪流动,就会以极端的方式爆发,导致群体性突发事件。语言文字也是社会现象,语言生活也渗透着社会负面心态,处理不当,解决不好,同样会成为公众负面情绪的出火口和发泄渠道。因此,信息公开,加强沟通,正面解释,积极引导,不失为化解负面情绪的有效手段。

(孙曼均)

---

① 《2010微博年度报告发布,微博成为网民报料首选方式》,人民网—人民日报2010年12月29日,http://media.people.com.cn/GB/13605622.html。
② 同注①。
③ 中国互联网络信息中心《中国互联网络发展状况统计报告》2011年第1期。

"汉语盘点"活动扫描(2006—2010)

一年一度的"汉语盘点——用一个字、一个词描述中国与世界"网络征集和评选活动(简称"汉语盘点"),由国家语言资源监测与研究中心、商务印书馆、新浪网联合主办,自2007年以来已成功举办5届。在平面媒体、网络媒体、移动媒体,以及语词收藏人、文化草根、自媒体、私媒体等进行的各类字词盘点活动中,"汉语盘点"拥有较高的声望和关注度,在汉语词语推广方面有较大的社会影响力,已成为一项重要的文化活动和新闻事件,成为国人关注中国和世界的一个重要窗口。

一 基本情况

"汉语盘点"活动在每年的岁末或年初举办,由网友在新浪网的特定网页推荐可以描述当年度的中国与世界的字词并投票选举,由语言学家、社会学家、经济学家、资深媒体人等组成的专家评选委员会评审筛选并撰写解读词。5年的"汉语盘点",共获得700多万次点击量,收到8 000多条推荐字词,既追踪了时代的变化和观念的变迁,又记录了重大社会事件和热点问题,也可以说以特殊的方式书写了汉语新词新语的编年史。

1.1 "汉语盘点2006"

2007年3月初,首届"汉语盘点"活动正式启动,历时1个月,获得110万次点击量,数十万投票。经由网民推荐、专家评审、网络票选等阶段,共收到推荐字词1 479条,其中有效推荐的国内字177个,国内词278个,国际字24个,国际词60个,并最终评选出2006年描述中国的一个字、一个词,分别是"炒""和谐",描述世界的一个字、一个词,分别是"乱""石油"。

从网友推荐的前20个字词,可以更多地看出当年的热词热语和社会生活。入选的2006年国内字词、国际字词前20名分别是:

国内字：和、博、牛、累、秀、炒、房、暖、民、难、网、安、合、忙、体、盼、全、炫、真、蛹；

国内词：草根、和谐、博客、牛民工、恶搞、绿色、选秀、房奴、潜规则、以人为本、接轨、青藏铁路、百家讲坛、反腐、公平、关注民生、基民、崛起、软实力、责任；

国际字：变、暖、核、博、爱、你、疯、和、幻、乱、争、吵、斗、合、平、秀、钱、新、热、狂；

国际词：人民币、全球变暖、绿色、博客、石油、战国时代、竞争、多元、世界是平的、挑战、非洲、断臂、负翁、和平、萨达姆、世界杯、战争与和平、恶搞、福布斯、裂变。

1.2 "汉语盘点2007"

2008年1月14日启动，历时1个月，获得300万次点击量，130万投票。共收到有效推荐的字词1 699条，其中国内字1 005个，国内词476个，国际字88个，国际词130个。2007年描述中国的一个字、一个词分别是"涨""民生"，描述世界的一个字、一个词分别是"油""全球变暖"。

入选前20名的字词分别是：

国内字：牛、涨、股、核、升、变、忙、房、假、客、虎、浮、调、猪、探、炒、火、热、疯、网；

国内词：民生、和谐、基金、十七大、奥运、物权法、加息、劳动法、华南虎、涨价、房价、股市、钉子户、人民币升值、又好又快、节能减排、猪肉、城管、网络力量、科学发展观；

国际字：油、核、涨、争、斗、变、暖、升、缓、乱、热、换、和、幻、纷、危、选、交、退、大；

国际词：中国、次贷、石油、全球变暖、北京奥运、大选、博弈、环保、中国制造、危机、朝鲜、恐怖、普京、人民币、能源、美元贬值、和平、印度、嫦娥、民意。

1.3 "汉语盘点2008"

2008年12月29日启动，历时两个月，获得310万次点击量，20万投票。共收到有效推荐的字词近2 100条，其中国内字927个，国内词732个，国际字165个，国际词210个。2008年描述中国的一个字、一个词分别是"和""改革开放30年"，描述世界的一个字、一个词分别是"争""华尔街风暴"。

入选前20名的字词分别是：

国内字：和、震、难、爱、情、变、动、雷、囧、挺、惊、稳、灾、韧、泪、憾、信、跌、聚、强；

国内词：多难兴邦、震撼、感动、加油、悲喜交加、奥运、团结、神七、不折腾、和谐、力量、什锦八宝饭、凝聚、志愿者、两岸三通、山寨、改革开放30年、坚强、大爱无疆、问责；

国际字：变、乱、跌、救、闹、和、争、难、惊、动、油、痛、危、衰、盟、急、荡、降、熊、盗；

国际词：金融危机、次贷、海盗、危机、救市、失业、中国、竞选、衰退、华尔街风暴、奥巴马、金融海啸、我和你、动荡、北京奥运、裁员、房贷、油价、汶川地震、菲尔普斯。

1.4 "汉语盘点2009"

2010年1月4日启动，历时1个月，获得150万次点击量。共收到有效推荐的字词1 510余条，其中国内字942个，国内词359个，国际字84个，国际词129个。2009年描述中国的一个字、一个词分别是"被""民生"，描述世界的一个字、一个词分别是"浮""金融危机"。

入选前20名的字词分别是：

国内字：被、保、房、牛、强、变、涨、稳、拆、乱、和、囧、庆、雷、假、黑、哥、挺、惑、慌；

国内词：国庆、房价、民生、甲流、保八、蜗居、打黑、地王、信心、不差钱、复兴之路、躲猫猫、杯具、偷菜、钓鱼执法、和谐、寂寞、欺实马、绩效工资、家电下乡；

国际字：乱、危、变、救、恐、碳、争、冲、和、机、流、谋、惊、衰、新、忧、荡、赌、浮、破；

国际词：危机、奥巴马、甲流、低碳、气候变化、中国、迪拜债务危机、索马里海盗、金融危机、迈克尔·杰克逊、反恐、2012、中国崛起、生存危机、G20峰会、卢武铉、世纪日全食、复苏、护航、老虎伍兹。

1.5 "汉语盘点2010"

2010年12月1日启动，历时1个月，获得180多万次点击量。共收到推荐字词1 816条，其中有效推荐的国内字813个，国内词492个，国际字69个，国际词 102 个。2010 年描述中国的一个字、一个词分别是"涨""给力",描述世界的一个字、一个词分别是"乱""军演"。

2010 年度推荐投票程序进行调整,由往年的"20 进 5"再"5 进 1",改为"10 进 1",入选前 10 名的字词分别是:

国内字:涨、草、博、控、堵、猜、囧、被、房、灾;

国内词:给力、浮云、世博、高铁、民生、房价、微博、纠结、低碳、涨价;

国际字:乱、闹、债、斗、漏、战、火、换、中、演;

国际词:军演、世界杯、维基解密、苹果、升值、钓鱼岛、章鱼保罗、经济复苏、博弈、量化宽松。

二　字词分析

在"汉语盘点"活动中,网友推荐字词涉及政治、经济、军事、体育、文化、娱乐等诸多领域。

2.1　热词

2006 年度,"啃老族、忽悠、草根、博客、断臂、恶搞、PK"等字词引起了很多人的关注。网友的推荐理由也相当精彩,比如"啃老族":"一直无业,二老啃光,三餐饱食,四肢无力,五官端正,六亲不认,七分任性,八方逍遥,九(久)坐不动,十分无用,形容的就是'啃老一族'。"

2007 年度,"带头大哥、华南虎、钉子户、史上最牛、博客、播客"等词榜上有名。专家对 2007 年度国际字"油"的解读为:"不知谁说油是'魔鬼的汗珠',不,油是浑身沁着汗珠的魔鬼!"在对年度国内字"涨"的解读中,专家戏谑地点评道:2007 年最因"涨"字暴得大名的,是曾在吴承恩笔下风光过一把的"天蓬元帅"。在 2007 年的一则新段子里,唐僧对猪八戒说:徒儿啊,你的肉如今可比我的值钱啊!

2008 年度的"多难兴邦、坚强"等,让我们看到了中华民族的坚韧不屈和携手筑爱的众志成城;"雷、囧、山寨"等词,体现了民间语言的活泼、幽默和智慧,"囧"还被奉为"21 世纪最风行的一个汉字";而"华尔街风暴、金融危机、次贷、失业、衰退、动荡、金融海啸、裁员、房贷"等跻身国际词前 20 名,也反映出国际经济局势的紧张,反映出世界在网友眼中的灰色基调。

2009年度的"偷菜、寂寞、杯具"等反映了新生代的生活状态和语言特色;"房价、蜗居、甲流"等再次紧扣民生主题;"被××"成为一种热用句式,表达了人们许多无奈的复杂情绪。

2010年度,有一种革命叫"微博",有一种力量叫"围观";"菜奴、车奴、孩奴、卡奴、团(团购)奴、年(过年)奴、码(密码)奴"四起,俨然步入"奴时代";"豆你玩、蒜你狠、姜你军、鸽你肉、油你涨、苹什么、糖高宗、煤超风"等谐音造词家族不断扩大成员,形象地展示出因绿豆、蒜、姜等的涨价给老百姓带来的无奈;羊羔体、凡客体、QQ体、微博体、子弹体、回音体等新语体层出不穷,真是你方唱罢我登场,套用一句流行语,"神马都是浮云"。①

2.2 热点

综观5年"汉语盘点"年度字词,"涨"和"民生"先后两次上榜,成为热中之热。

2007年度,"民生"以38.33％的票选率位列国内词第一。有网友如是解读:"2007年是民生问题聚焦的一年,住房、出行、惠农、物价、低收入、医改……从来没有如此众多的民生问题摆在大家的眼前。"②"民生是政府工作之重,也是芸芸众生之梦。猪肉价格和油价轮番上涨,这是民生之急;各地矿难此起彼伏,这是民生之痛;'最牛钉子户'引发热议,这是民生之重;十七大提出'努力使全体人民学有所教、劳有所得、病有所医、老有所养、住有所居',这是民生之幸。"到了2009年度,"民生"再次被选为年度国内词。专家解读为:"'民生'二字,听着温暖,想着动情,做起来艰难。在刚刚走过的这一年,政府力推新农村建设、关注就业,建立城乡居民社保体系,发展保障性住房,关注空巢老人,大力推进灾后重建,改善生态环境……民生多艰,时不我待,问题仍多,重任在肩。"2010年度,"民生"在网友推荐和投票等环节也一直位居前列,在国内字前10名中排名第五。

2007年度,股票、利息、房价、物价、汽油价格等大涨,让人喜忧参半的"涨"字无疑成为国人在2007年最深刻的体验。在"汉语盘点2007"中,在网友提名

---

① 相关新词语含义参看本报告《2010年度媒体新词语表》。
② 《中国青年报:"涨"字被评选为2007年国内关键字》,新浪网2008年3月4日,http://edu.sina.com.cn/l/2008-03-04/1549141402.shtml。

的1 005个国内字中,有421位网友提到了"涨"字,占国内字推荐总数的41.9%。在此后的投票阶段,"涨"字更是一枝独秀,最终以70.2%的票选率高票获选。2010年度,"涨"字依然遥遥领先,网友推荐环节共有362人次推荐,并毫无悬念地当选为年度国内字。有专家幽默地说,"似曾相识'涨'归来"。国内消费者物价指数(CPI)从1月份的1.5%涨到11月份的5.1%,涨得深圳人上香港打酱油去了。人们多么盼望工资也欢蹦乱跳地涨一涨,让人好好爽一爽啊!

2.3 热推

历年"汉语盘点"中的热字热词,都与网友的创造与推动密切相关。新浪网副总编辑孟波说,"给力、纠结、神马、浮云"以及"控、狂、囧"等进入排行榜,体现出网友站在语言前列的特点。华中师范大学李向农教授引用了网友的话评论"给力"一词的流行:"这是网络热词的一小步,却是中国语文的一大步。"[1]

2010年,我国的网民数量已经达到4.57亿[2],网民们用谐音、象形、会意、仿拟、引申等多种方式,创造出的网络新词新语新义,开始受到人们越来越多的关注。"囧、槑、烎、踽、奭、兲"等汉字在网络上流行;"被××、楼××"等格式的词语被大量仿造;"贾君鹏,你妈喊你回家吃饭""哥××的不是××,是寂寞""不要迷恋哥,哥只是个传说""人生就像茶几,上面摆满了杯具""神马都是浮云""你懂的"等流行语,也是得益于网络的传播而爆红。"华南虎、钉子户、城管、问责、蜗居、打黑、躲猫猫、钓鱼执法、欺实马"等词的入选,体现了网友对正义、尊严、温暖的期待,体现了网友参与国事、监督舆论、推进社会进步的热情与责任感。

教育部语言文字信息管理司司长李宇明指出,"汉语盘点"活动,是网民用汉语汉字这把"尺子"在丈量社会,丈量世界,丈量世道人心。随着网络和网民的成长,虚拟语言生活已经迅速发展起来,而且越来越有意思,甚至在引领着现实语言生活的发展。网络是国家发展的强大力量,不可忽视,也不应忽视,可以说,在中国走向世界的征程中,网络是先遣队,网民是排头兵。[3]

---

[1] 新浪网2011年1月5日,http://book.sina.com.cn/news/c/2011-01-05/1804282100.shtml。
[2] 《CNNIC第27次报告:网民总数4.57亿》,搜狐网2011年1月19日,http://it.sohu.com/20110119/n278946005.shtml。
[3] 新浪网2011年1月5日,http://book.sina.com.cn/news/c/2011-01-05/1722282098.shtml。

三 他山之石

与"汉语盘点"相呼应的是,海峡对岸的台湾地区,以及一衣带水的日本、韩国等汉字文化圈的国家,也以汉字的形式对当年的社会生活进行总结。

台湾的年度汉字评选活动始于2008年。2008年度的代表字是"乱",2009年度是"盼"。2010年12月15日,台湾年度代表字票选揭晓,汉字"淡"以9 464票夺得头筹。"主办方认为,'淡'字表明台湾经过金融危机,大众认同'宁静自在的感觉'和'平淡的幸福',云淡风清成为处世哲学。"① 正如台湾《联合报》所说:"'淡'字部首从'水',再加上两把'火',可它并没有弄得水火不容,反倒流露出一种淡雅和谐的薄味,这不正是当前我们亟需的智慧吗?"②

从1995年起,日本汉字能力鉴定协会每年年末都向社会征集能代表这一年世态的汉字,得票最多的汉字当选为年度汉字。2006年是"命",2007年是"伪",2008年是"变",2009年是"新"。据报道,在2010年的28.540 6万张选票中,"暑"字得票超过1.453 7万票,成为日本年度汉字。上榜理由是日本当夏酷暑,创史上最高平均气温,有不少人中暑热死,菜价也随之高涨,森林里的动物因缺少食物而到人的居住地捣乱。智利33位矿工在隧道里忍受高温劫后余生,也给日本人留下深刻印象。③

2010年12月22日,以韩国各大学212名教授为对象的问卷调查显示,"藏头露尾"以41%的支持率被选为韩国2010年度汉字成语。韩国《教授新闻》报道称,教授们认为,在2010年发生的几项重大事件上,韩国政府未能交代清楚,呈现出"藏头露尾"的模样。该年度排名第二和第三的成语分别是"盘根错节"和"煮豆燃萁"。④

此外,2010年海峡两岸首次合作通过网络平台票选代表汉字。12月28日,

---

① 《台湾2010年度代表字出炉 一字折射百样情》,中国新闻网2010年12月17日,http://www.chinanews.com/tw/2010/12-17/2728692.shtml。
② 《台媒评年度代表字"淡":水火相容 淡然处之》,中国新闻网2010年12月16日,http://www.chinanews.com/hb/2010/12-16/2727063.shtml。
③ 《日本2010年度汉字 "暑"字登榜首》,互动百科,http://w.hudong.com/e93adfd6a7fa44dc86436067645b6dfc.html。
④ 《韩国评选2010年汉字成语 "藏头露尾"成年度代表》,长江网2010年12月20日,http://news.cjn.cn/gjxw/201012/t1267099.htm。

"2010海峡两岸年度汉字评选"活动在台北中山堂揭晓,两岸民众共有超过56万人次参与投票。"涨"字以91 758票夺魁。2010年,百姓记忆深刻的就是"涨"。"涨"不仅反映了过去的一年物价房价上涨,也反映了百姓的新年愿望,希望2011年股市连涨,薪水大涨,中国人在世界的地位继续看涨……也希望未来两岸交流合作的行情看涨,两岸民众的幸福指数"涨起来",两岸民众的信心也"涨起来"。[①]

四 几点思考

4.1 加大国际字词的推荐数量

2010年,国内字词有效推荐数量为1 305个,国际字词有效推荐数量为171个,可见网民们对国际形势的关注还不够。中国人民大学教授金灿荣对此评论说,(网友们对)国际词的理解与国内词相比,与事实稍微有点偏差;网友们对国内字词的推荐及解读非常准确地把握了国内形势,但是国际字词的推荐则更多地反映了媒体的关注点。

4.2 适当延长"汉语盘点"活动字词推荐的时间

网友推荐字词阶段一般只有一周,这会限制推荐的有效字词的数量以及整个活动的点击量。每年的活动时间应相对固定,这有利于吸引更多网民的关注。可考虑设立网友解读奖,将此奖项颁发给对解读字词有贡献的网友。

4.3 扩大"汉语盘点"活动的社会影响力

应联合多种媒体,加大宣传力度。新浪网作为主要网络宣传平台,应增加放在其首页上的时间,以扩大活动的社会影响力。正如李向农教授所说,"汉语盘点"活动不仅为广大民众提供了品味汉语和关注中国与世界的平台,也具有很高的新闻价值,同时还提高了全世界对汉语言和中华文化传统的认识和理解,在交流对话的基础上进一步扩大了汉语的国际影响力。

[①] 《2010海峡两岸年度汉字评选 "涨"字夺魁众望所归》,中国日报网 2010 年 12 月 31 日,http://www.chinadaily.com.cn/hqjs/thrd/2010-12-31/content_1496323.html。

汉字,凝聚了中华民族的感情和智慧。风云变幻的局势,跌宕起伏的生活,值得我们回味和珍藏。多年后,回望往昔的烟尘,这些有形有义的符号将记载下我们成长的脚印,描绘出时代发展的踪迹,积淀历史的悲欢离合,传承汉字的独特魅力。

附录

"汉语盘点"年度字词解读

2010年度字词及解读

涨

继2007年之后,"涨"再获选2010年年度国内字。"涨"字多意,人们感受最直接的自然是物价。有网友调侃:2007年"涨"起来的汽油,那是车"喝"的,而今年"涨"的多是农产品,都是人吃的。当初买不起房,如今都快买不起米了。调侃归调侃,与此同时,"涨"字也是国力、热情、干劲的上涨,体现了人们对祖国实力、社会生活、自身工作等方方面面"节节高"的期许。

给力

一个在今年世界杯期间流行开来的网络热词,11月10日更是登上了《人民日报》的头版头条,一时间成为现实中人们竞相使用的时髦词语。"给力"首先给人一种温暖的感觉,用来表达人们的那种真诚的帮助和美好的期待:关键时候能够拿得出、用得上,绝不掉链子!值得注意的是,人们不仅用这个词去表达相互之间的鼓励和赞扬,亦用它去表达对30多年来国家改革开放所取得的方方面面成绩的高度赞许。从这个意义上讲,"给力"确实给力!

乱

22名香港游客在马尼拉市中心遭劫持的事情虽然发生在酷暑中的8月,但菲律宾警察乱哄哄的救援到现在仍是很多人心中的愤怒与哀痛。这一年国际舞台白云苍狗,一会儿泰国红衫军反政府集会被清场,一会儿印控克什米尔各城镇因持续的抗议活动陷入停顿状态,一会儿莫斯科市中心的地铁站接连遭遇自杀式爆炸,一会儿吉尔吉斯斯坦发生大规模骚乱……这个世界,没有一天是让人省心的。

军演

6月1日,泰国中部主要海陆空军事基地及演练场,代号为"金色眼镜蛇"的东南亚地区最大规模联合军事演习;6月23日至8月1日,夏威夷海域,两年一度的多国"环太平洋2010"军事演习;7月25日至28日,韩国东海水域,韩美代号为"不屈精神"的联合军演;11月28日,同一海域,韩美再次联合军演,美国"乔治·华盛顿"号航母参加……2010年6月以来,美军与亚太盟国已举行近20场不同规模的联合军事演习,其数量之多、规模之大、科目之繁杂、目标之明确都达到了史无前例的程度。尤其在别人家门口耀武扬威,让人不免不爽并"多想"。

2009年度字词及解读

被

"被",从衣皮声,作介词时表示被动。由"被自杀""被就业"等新词语在2009年生发出大量"被××"结构的流行语,如"被捐款""被涨薪""被幸福"和"被艾滋"。它们的流行表达了公众对于公民权责名实相符的吁求。

民生

"民生"二字,听着温暖,想着动情,做起来艰难。民生乃民之生计,国之根本。在刚刚走过的这一年,政府力推新农村建设,关注就业,建立城乡居民社保体系,发展保障性住房,关注空巢老人,大力推进灾后重建,改善生态环境……这一切,人们看到的是践行科学发展观的奋力跋涉,感受到的是以人为本的阵阵清风。民生多艰,时不我待,问题仍多,重任在肩。

浮

2009年发生的诸事如浮萍般漂浮不定,令人眼花缭乱。因此,我们喜欢稳定、需要稳定。欧洲央行行长特里谢在布鲁塞尔就说过,在国际金融危机发生后,欧洲和世界更需要一个稳定发展的中国。然而树欲静而风不止,大风袭来,水面复又荡漾起来,甚至引出白浪滔天也未可知。

金融危机

过去一年,世界经济、国际贸易、国际资本萎缩程度为二战以来所仅见,受金融危机拖累,世界经济哀鸿遍野。占世界经济66.5%的发达国家经济陷入全面衰退,发达国家中只剩澳大利亚经济略微正增长。原苏东经济危难重重,中东欧陷入债务危机,独联体受金融危机与油价暴跌双重打击,衰退程度超过欧美,冰岛整个国家甚至破产,希腊等国财政状况也出现了朝不保夕的艰难局面。

2008年度字词及解读

和

"和",属于2008年的中国素描。这一年,国人共同经受了雪灾和地震的严峻考验,体现了"人心和";北京奥运,中国人民与世界人民齐声歌唱了一曲祥和的《我和你》,显示了"宇内和";金融海啸,我国政府斥巨资与欧美等国携手对抗这场危机,这是"和"的最佳演绎。天时地利人和,唯以"人和",最为关键。

改革开放30年

30年,人之"而立";30年,国可复兴。中国改革开放30年,写下一路辉煌。生活水平的提高、经济建设的进展、思想观念的变化、自然环境的改善,中国变得越来越自信了。自信的中国,在大国复兴的快速车道上,稳健前行。

争

甲骨文的"争"的字义,模拟两手,争夺一物。虽然并非万事万物都可以跟人争,但国际舞台上诸强们还是针锋相对,寸步不让。他们的胳膊特别长,但凡有土地、能源、矿藏、市场,都可以看到他们的身影。于是纷争、争执、争端、争斗四起,终于世界在争斗中告别了2008,走进了2009。

华尔街风暴

2007年爆发的次贷危机,经过一年多的震荡起伏,在2008年9月15日,终于引信燃尽,掀起华尔街风暴:雷曼兄弟申请破产保护、美林证券被美国银行收购、最大保险集团美国国际集团陷入财政危机。纽约股市三大股指巨幅下挫,创下"9·11"以来的最大单日跌幅,而这仅仅是黑色的开始……华尔街持续不断倾泻的股指迅速感染全球。昔日,金融巨头们共同分享好处,今天一起付出代价。风暴之下,曾翻云覆雨的华尔街一片狼藉。

2007年度字词及解读

涨

"涨"字本义,一指水面升高,一指价格提高。"涨"字在2007年几乎与我们每个人息息相关。它可能是不见云端的"蓝筹",也可能是一路飙升的房价。而2007年最因"涨"字暴得大名的,是曾在吴承恩笔下风光过一把的"天蓬元帅"。在2007年的一则新段子里,唐僧对猪八戒说:徒儿啊,你的肉如今可比我的值钱啊!

民生

民生是政府工作之重,也是芸芸众生之梦。猪肉价格和油价轮番上涨,这是民生之急;各地矿难此起彼伏,这是民生之痛;"最牛钉子户"引发热议,这是民生之重;十七大提出"努力使全体人民学有所教、劳有所得、病有所医、老有所养、住有所居",这是民生之幸。民生,无疑是2007年政府工作和民众关心的一个亮点。

油

携2006年之风,石油价格依然牵动着全球神经。当各国央行行长在为如何对付通货膨胀这个幽灵而焦头烂额之际,一度冲破100美元大关的油价,一定是他们诅咒的第一个对象!大国觊觎,战事纷起,人们在发愁,经济在发抖,政治在奔走,军事也出手,油价依然不回头。不知谁说,油是"魔鬼的汗珠",不,油是浑身沁着汗珠的魔鬼!

全球变暖

都是全球变暖惹的祸,骗得花儿枉开两次(暖春来临),害得北极熊游泳累死(冰层融化),可不敢再说,全球变暖是杞人忧天了。2007年,几千个最聪明的脑袋关在一个小黑屋里,认定了一个全世界都知道的事实,凭这还与戈尔一起获得了诺贝尔和平奖——都影响"世界和平"了,这事儿怎能不重要?

2006年度字词及解读

炒

原指一种烹调方法。它是炒作的炒,也是炒股票、炒基金、炒鱿鱼、炒老板、炒二手房、炒原始股的炒……天下之大,可炒之物很多,就怕把东西炒煳了。

和谐

2006年,没有比"和谐"更频繁地出现在全国人民的视野中了。对于芸芸众生而言,"和谐"与其说是一种社会理想,不如说是一种现实期待。在这个日益多元化的世界,在无法超越的矛盾凸显期,"和谐"是"幸福"的一种表达。它也正在成为一种生活态度或者生活方式。

乱

多极的国际关系,多变的热点问题,带来了深刻变动的世界格局。乱世思良将,乱世出英雄。2006年国际舞台上时有新生力量乱中取胜,闪亮登场。

石油

经济发展的生命线。其价格无论涨跌,都牵动着每个人的神经。"石油工人一声吼,地球也要抖三抖。"2006年,是也。

(蔡长虹)

中小学语文教材热

新中国成立60年来,特别是改革开放以后,我国中小学教材经历了从"一纲一本"的统一教材建设到"一纲多本"的多样化教材建设的转变。2001年《基础教育课程改革纲要(试行)》颁布,新教材开始启用,全国中小学教材审定委员会陆续审查通过了义务教育22个学科共160余种教材,普通高中16个学科共近70种教材供全国各地中学选用,其中语文教材更是远远突破了以往一套教材通行天下的格局,涌现出一批面向学生、能力导向、体现语文学习规律、选文丰富、反映时代精神和特点的教科书。

审查通过的语文教材基本满足了不同地区学校多样化的需求,适应了新时期教育发展的要求。但必须正视的是,语文课程建设是一项长期、艰巨的任务,新教材也并不是完美的。过去几年中,年年都有对语文教育及教材的讨论,这充分体现了社会各界对语文的关注。2010年,公众对语文教材的关注依然不减,在不同见解的背后都反映出什么问题呢?

一 热点聚焦

1.1 中学语文:教材篇目问题备受关注

每年新学期之前,各教材都会做些篇目调整。据不完全统计,2010年,各种国家标准版本语文教材新增篇目有:蒙田的《热爱生命》、帕斯卡尔的《人是一根能思想的苇草》、余华的《十八岁出门远行》、海明威的《老人与海》、蔡元培的《就任北京大学校长之演说》、杜甫的《咏怀古迹》、柳永的《望海潮》、苏轼的《定风波》、辛弃疾的《水龙吟》、戴望舒的《雨巷》、卞之琳的《断章》、马丁路德·金的《我有一个梦想》。

由于教材容量有限,增加篇目的同时自然也就会有篇目的删减,但具体文体的一"进"一"出"之间,并没有直接关联。这几年,从教材中删去的篇目有:《孔雀东南飞》《药》《阿Q正传》《记念刘和珍君》《雷雨》《南州六月荔枝丹》《陈奂生上城》《廉颇蔺相如列传》《病梅馆记》《石钟山记》《五人墓碑记》《伶官传序》《项脊轩志》《狼牙山五壮士》《朱德的扁担》《牛郎织女》等。

可以看出，新选入的文章时代感、经典性都是比较强的。但由于篇目调整涉及鲁迅（几年前则有《狼牙山五壮士》的调整），"退"下来的文章鲁迅作品较多，有媒体人称此调整为"鲁迅大撤退"。随即有较为活跃的论坛帖子认为，"各地教材大换血，将网络文章、武侠小说引入教材，撤换掉一批经典课文"。这本是针对去年乃至前年语文教材篇目调整的一种意见，但马上有门户网站跟进，以《各地语文课本删除大量经典文章 鲁迅作品大撤退》为标题做成新闻，"鲁迅大撤退"就此成为一种"现象"，由此而引起的语文教材"大换血"的报道一时也蔚为大观。

对此，人民教育出版社高中教材执行主编、北京大学语文教育研究所所长温儒敏教授进行了详细说明：

> 过去高中语文教材三学年6册共选有鲁迅作品5篇，现在保留3篇，减少2篇。为什么减少？背景是实施课改，力图让学生真正成为学习的主体，所以整个课程结构都改变了。
>
> 语文课变为包括必修与选修两个大板块，必修课只占1.25学年，余下1.75学年用作选修与复习。因为必修课的课时只有1.25学年，总课量少了，课文总篇数也相应要减少。就是说，鲁迅篇目在必修课中的减少，是由于课程结构变化与整个课时减少决定的。而在另外新加的选修课教材中，又保留甚至增加了鲁迅作品篇目的数量。人教版的选修课就收有鲁迅的《未有天才之前》(《演讲与辩论》选修教材)和《鲁迅论读书》(《中国文化经典研读》选修教材)。所以，2004年前后人教社出版的高中语文教材，并非减少鲁迅作品篇目，而是调整篇目。[1]

在篇目调整讨论之外，还有对一些具体篇目解读的讨论。有学者建议，中学课本中删去朱自清的《背影》，因为《背影》带给读者的感动是"不健康的"，是不理性和实用主义的表现。而且近代文学家中，朱自清的散文水平并不是最高的。[2] 事件的导火索缘于福建师范大学孙绍振教授《〈背影〉的美学问题》(《语文建设》

---

[1] 陈一鸣《能不能别那么关心语文？——"人教版"高中语文新教材执行主编温儒敏谈课改》，《南方周末》2010年9月16日第21版。

[2] 北京外国语大学丁启阵《我赞成把朱自清〈背影〉从语文课本中删去》，见其博客，http://blog.sina.com.cn/s/blog_4900fe270100k3kd.html。

2010年第6期),批驳《背影》解读中关于"违反交通规则""不够潇洒"的观点。孙文认为,《背影》中错位的隔膜的亲子之情,乃是该文不朽的原因,并以冰心笔下的"母爱"作为比较,提出"冰心的文章在中学语文课本有逐渐消逝之势"。

北京外国语大学副教授丁启阵随后在博客中以杂文的形式,以"父亲背影之美关乎民族病态审美"和"认为父亲违反交通规则无伤大雅是实用主义而非理性主义"为主要理由,提出批判,同时力挺冰心散文,反驳了孙绍振的观点。接着丁启阵又陆续更新博文,表明态度,内容涉及其对朱自清生平的研究,并列举论据表达了看法——名作不等于杰作,认为朱自清散文中枯燥、琐碎内容居多,人格魅力亦被放大了,不足以成为典范,应考虑从教材中删除。几天后,孙绍振针锋相对地表明态度,"他(丁启阵)没有起码的美学审美。中国语言文字,最动人的不是抒情,而是白描。他这么做的目的,网友们都说了,不过是吸引眼球罢了!"①

还有些教授认为,《鲁提辖拳打镇关西》《张中丞传后叙》两篇课文,展示了血淋淋的杀人场面,会给孩子带来不良影响,要删除。对此,有论者认为,"即使按专家建议,真的删除诸篇,在现实电影电视环境的耳濡目染下,还不如借课文良机,与孩子面对面好好探讨辨析一番。在此认知基础上,学会辨析善与恶、是与非。"②

从这些社会媒体的讨论中能够看到,"吸引眼球"或许是媒体插手语文教材讨论的一个前提。由于教育的专业性与报纸的时效性存在着冲突,媒体往往是从最为表面的篇目变化开始,渐渐集中到专题策划,最后才进入深入研讨。

1.2 小学语文:因"吃错了药"而选择"民国"?

2010年9月,《救救孩子:小学语文教材批判》③出版。大致同一时期,由叶圣陶主文、丰子恺插画、1932年版《开明国语课本》重印本④卖断市,同期重印的一些民国小学语文"老课本"系列在网上获得一片好评。

《救救孩子:小学语文教材批判》是由20位一线语文教师组成的"第一线教育研究小组"撰写的关于现行语文教材研究的新书,由于书名的火暴和媒体的跟

---

① 《孙绍振:我看他是不老老实实做学问》,《现代快报》2010年7月4日第7版。
② 龚丹韵《语文课本为何总被诟病》,《解放日报》2010年6月22日第12版。
③ 郭初阳、蔡朝阳、吕栋等《救救孩子:小学语文教材批判》,长江文艺出版社2010年版。
④ 叶圣陶等编《开明国语读本》,上海科学技术文献出版社2010年重印。

进,此书很快引起社会的广泛关注。该研究小组历经两年多研究,考察了人民教育出版社、江苏教育出版社和北京师范大学出版社3个版本的小学语文教材,得出了小学语文教材的4大缺失:经典的缺失、儿童视角的缺失、快乐的缺失、事实的缺失。

其实,早在2009年,《南方人物周刊》就曾针对"第一线教育研究小组"的相关研究做过报道,其中《我们的孩子在吃错药》这篇文章标题特别抓人眼球,该文作者访问了小组核心成员、浙江绍兴稽山中学语文教师蔡朝阳。文章认为,"小学语文课本中的母亲形象不外两张脸孔:要么苦大仇深,要么道德完美如同圣女";"儿童则基本上都是不快乐的孩子,要么就是成人化的孩子,总之是非常态的孩子。这些孩子要么在恐惧中成长……要么被工具化般的蓄养"。[1]

伴随2010年新著的出版,本轮媒体讨论其实是上一年度报道的延续:10月,《收获》杂志副编审叶开在博客上连续发文《上海小学语文恶意篡改安徒生童话》《被小学语文教材篡改的巴金名作》,他言辞激烈地表示:"小学语文教材里大量出现的剽窃和篡改的劣质课文,比三聚氰胺奶粉还要危害深远。"[2] 在接受《中国青年报》"冰点"采访时,叶开激烈地将教材中的一些内容斥为"垃圾",直言不讳地宣称:"孩子在学校学了半个学期的语文,肚子里装的都是垃圾,要利用假期给她倒出来。"[3] 无独有偶,Ian是上海中心学校(小学部)的"高才生",不久前还在全国小学生辩论赛上获奖。他才11岁,对学了5年的课本的感觉是"被洗脑了"。[4]

这一轮对语文的批评多是从思想文化层面切入的,由于对现有语文教材失望,一些论者不惜用偏激的方式表达"爱深恨切"的情感。参与讨论者普遍认为,小学语文的真正问题是现代价值的缺失。正如《时代周报》"2010影响中国时代进程100人"入选词描述蔡朝阳时所说的:"蔡老师的独特之处在于能培育学生读书的兴趣、培养学生独立思考的能力。他最大的价值在于,他让孩子们看到了真相,知道了不同的观点,扩大了中学生的视野。"[5]

---

[1] 陈小瑾《我们的孩子在吃错药》,《南方人物周刊》2009年8月。
[2] 见《收获》杂志叶开的新浪博客,http://blog.sina.com.cn/liaozenghuy。
[3] 王波《对抗语文》,《中国青年报》2010年12月"冰点"特稿第779期。
[4] 黄修毅、郜艺、刘林《语文教材:从民国到现在》,《南都周刊》2010年第44期。
[5] 转引自绍兴市政府门户网站,http://www.sx.gov.cn/content/20090803000142/20101215000339_0.html。

而民国教材的再度走红,或许正是公众在感受到"吃错药"情况下的自然选择。"太阳,太阳,你起来得早。昨天晚上,你在什么地方睡觉?"① 就像是在说孩子的心里话;"十只猪过一座桥,母猪跑在前面,小猪跟在后面。过了桥,母猪回过身来,指着小猪说:'一,二,三,四,五,六,七,八,九。我们共有十只,怎么少了一只呢?'"② 在饶有趣味的故事情节中引入数字学习;而课文中娓娓道来的生活小节,随处可见的日常情境,则又流露出一种温暖和优雅的气息。如果说"少年时期的学生,正是心性活动的时候,读有兴趣的文章,方足以引人入胜"③,那么贴近儿童心理,就是那个年代小学课本编写的一种共识。民国时期语文教材的趣味性,朴素的道理,寓教于乐而不是生硬说教,与文字相得益彰的精良插图,都给现在的人们留下了深刻的印象。

二 热点透视

与中小学校其他科目的教材相比,为什么总是语文教材年年受媒体关注甚至是翻炒?温儒敏教授在接受《南方周末》访谈时认为,"这和语文学科的社会性有关,谁都插得上话",他也不无调侃地说,"也可能由于传媒从业者大都和'吃语文饭'有关"。④ 其实,无论是怀念民国教材,还是质疑现行教材,都因为作为学校教育的语文与作为现代社会生活的"语文"存在着脱节,同时社会对语文教材又寄予了太多的期望。义务教育语文课程标准曾指出,语文的基本特点是工具性与人文性的统一。在工具性方面,语文正努力形成自己的能力体系,正在增强语文实践能力的探索路途上艰难跋涉;在人文性方面,语文在公众心中似乎无法提供现代滋养,语文素质整体滑坡,以致"危机中文""保卫语文""保卫母语"成为国人时刻要警醒的口号。

2.1 教材就是篇目的集合吗?

有意思的是,民国期间也有不少关于语文的讨论,但那时却很少因课文篇幅

---

① 叶圣陶等编《开明国语读本》第18课《太阳》,上海科学技术文献出版社2010年重印。
② 叶圣陶等编《开明国语课本》第38课《十只猪过桥》,上海科学技术文献出版社2010年重印。
③ 黄修毅、郜艺、刘林《语文教材:从民国到现在》,《南都周刊》2010年第44期。
④ 陈一鸣《能不能别那么关心语文?——"人教版"高中语文新教材执行主编温儒敏谈课改》,《南方周末》2010年9月16日第21版。

调整引发巨大论争,只是对某一具体文本的不同解读展开探讨。原因或许很简单,民国时期教科书多元化,而且大多数教师都是在"用教材教"而不仅仅是"教教材",所以论争多在教材编制原理及内容阐释层面,而新中国的教科书有近半个世纪都是一元独尊,课程内容的主要载体就是教材,以致篇幅稍有变动,就会产生很大反响。

长期以来,教材具有至高无上的地位,落实教材就是落实教学。但是,如果只有一个统一的教学大纲、统一的教材,你知道的东西我也知道,你不知道的东西我也不知道,必然导致同质化,何来创新?教师要学会利用教材,但不拘泥于教材,帮助学生将教材融会贯通,补充相关的更广阔的社会生活内容,培养学生独立思考、研究、成长的能力。

当前,在一些新课程标准教材中,我们看到了许多与以往完全不同的设计,例如语文出版社的高中新教材,在《庄子与惠子游于濠梁》课后的习题中,让学生评析吕叔湘与陈鼓应对庄子的评论,既有相当的学术含量,又展示了不同的见解,让学生自行分析判断,对于扩大学生视野、提高思辨能力有很大的好处。

类似的例子不胜枚举,这说明教材作为一种重要的课程资源,不仅仅只是篇目的集合,更已开始打破封闭的知识系统往"导学"方向靠拢。以往学科导向的教科书设计,学生学习的好坏是由掌握学科体系是否完整来决定,"双基"由学科知识来决定;而现在,所有的学科都是服务于人,"双基"是为了人的成长而精选。

值得注意的是,《南方周末》上半年整版报道了北京特级教师顾德希退休后搞的"网络语文教改",顾老师利用网络的网状结构和交互功能,建设网络课堂和物理课堂并行的"双课堂",最终实现个性化教学。文中引用顾老师的话:

> 课程改革,关键是转变教学方式。如果我们真的组织起学生的自主学习,大纲还重要吗?教材还重要吗?只有把教学方式变了,教学内容才可能变,真把学生自主学习变成一个持续的探索,资源建构可以一点一点来,一点点成形,这样形成的教材才是真正学生想学的,而不是老师想教的。①

能够结合教学谈教材,这是近几年公共媒体报道中不多见的超越之作。

2.2 教材编写应遵循什么样的原则?

上述民国时期小学教材重印卖断货,社会公众持续热捧,批判当前小学教材

---

① 石岩、马晓莉《光改教材,没用》,《南方周末》2010年5月20日第17版。

引发媒体热议,亦引起教育部的关注。12月底例行新闻发布会上,教育部发言人续梅在回答记者有关《开明国语课本》近年来热销的现象时说,从2009年开始,教育部组织专家面向20多个省市、十几万学生,对义务教育阶段所有教材及教材使用情况进行了跟踪调查。目前调查已经结束。在调查中发现了一些问题和不足,教育部正在请相关专家进行整体梳理,进一步分析,为明年教育部将要启动的新一轮教材修订提供参考。

至于什么是好的语文教材,教材编写应遵循什么原则,北京师范大学语文教育研究所闫苹教授针对民国教材提出:

> 大家喜欢民国老教材,一方面是大家对现在教材有一些意见甚至反感,一方面是老教材确实有可取之处,但还有一个方面是出于我们的新奇、新鲜感。你去看开明版的老教材,里面图文并茂描述那个年代小孩的童年,他们的游戏和玩具对现在的孩子来说,那是完全陌生的世界,很新鲜,他们当然有好奇心去了解。①

温儒敏教授则认为迫切需要改进的是"梯度"问题。过去的教材一般注重"梯度",每一学段、年级,甚至一个学期的前、中、后期,课文、知识点和练习的安排都依照深浅程度形成一条循序渐进、螺旋式上升的线索。而现有的多种新编语文教材体例都变了,就是采用"主题单元"的框架结构,以主题来牵动整个课程计划,往往顾此失彼,很少考虑难度系数和教学适用度,也难体现语文教学由浅入深循序渐进的规律。②

2010年元月,还有一部会聚了7位不同学术背景的专家见解的《小学语文教材七人谈》③出版,朱自强、王荣生、徐冬梅、李庆明、郭初阳、周益民、张学青等专家或从事课程教学研究,或从事儿童文学研究,或是经验丰富的一线教师,他们从"小学语文教材究竟出了什么问题""语文教育是语言教育还是文学教育""教材选文""儿童本位""课程与教材""编写队伍和编审用制度"等7个话题入手,进行了为期3天的集中讨论,形成了许多建设性意见,例如"坚持儿童本位是改革小学语文教育的一剂良药""依据学情选择教材""语文学习是以阅读为统合的整体性学习""在小学语文教育中运用儿童文学,可以为儿童文化与成人文化

---

① 《当时,知识界都在编教材》,《东方早报》2010年12月29日B07版。
② 温儒敏《教材　怎样改才能让人满意?》,《人民日报》2010年12月24日。
③ 朱自强等《小学语文教材七人谈》,长春出版社2010年版。

的和谐融合搭建宽阔的桥梁"等,从这些讨论中,我们可以看出,贴近儿童心理,尊重语文的规律,尊重儿童学习语文的规律,这些都是"好"教材所应遵循的原则。

三　几点启示

3.1 "只见篇目,不见教材、不见课程"是一种偏颇

随着课程改革的推进,教科书多元化的选用政策已经稳定。教科书从统一渐渐走向多元,这是历史的必然选择。新中国成立初期,人民教育出版社成立,统一编写教材。经政务院文化教育委员会批准的《1951年出版工作计划大纲》规定:"人民教育出版社开始重编中小学课本,并于年内建立全国中小学课本统一供应的基础。"① 中间偶尔有因教育大跃进而出现教材下放到学校的局面,但总的来说,"统一"是"文革"以前教材政策的关键词。直到1992年,国家颁发《九年义务教育全日制小学、初级中学课程计划(试行)》,新中国第一次将"教学计划"更名为"课程计划",第一次提出"国家安排课程"和"地方安排课程",各地根据城乡经济文化发展和学生自身发展不同而设置的课程有了法理依据,这是课程管理政策方面质的突破。

2001年,教育部正式提出三级课程的概念,伴随着三级课程管理政策的制定和完善,教科书从一元化向多元化转型。面对众多国标版本的教材,面对部分地方先试先行的地方课程、校本课程、选修课程实验,很难想象,再用常见的"只见篇目,不见教材、不见课程"的眼光审视教材,对丰富的现行中小学语文教学而言,是一个多么大的偏颇。

从社会各界对教材的热切关注以及对语文课程改革的进程分析中,我们可以看到,对语文教材必须强调多样化原则,这是建设高质量教材的必由之路。在这个背景下看篇目的适度变化,这种变化完全是教材整体建设中的一种正常现象。10年的课程改革实践足以证明:多样化的教材更利于各地因地制宜地选用,更适应学生的身心发展特点,更适应教师的创造性教学,也更加有利于广大教师的专业成长。

在经过了一个适应、完善、广泛讨论的过程之后,下述观念正在成为共识:教

---

① 见百度百科"人民教育出版社"词条,http://baike.baidu.com/view/49395.htm。

材多样化是实现教材高质量的必由之路;同时,通过多样化高质量的教材,可以更有效地把新课程理念送达每一间教室、每一个课堂。用一位有着30多年教龄的中学校长的话说,"我们的教师从来没有像今天这样,能和教材编者面对面地讨论问题;一线教师的声音也从来没有像今天这样,得到教材编者的充分重视和关注。"

3.2 应从"教教材"过渡到"用教材教"

关注语文,需要建立从篇目到教材,再到课程的整体观照。比篇目选择更重要的是教材体系,比教材体系更重要的是正确认识教材的性质和地位,即教材是主要的教学内容,但它只是课程资源的一种,教师应从"教教材"过渡到"用教材教"。

基础教育课程改革提出,要改变课程过于强调学科本位的现象。在此观念下,教材的确不好教了,因为对于一门学科的教育意义,要追问的是"这门学科对那些不会成为这个领域专家的年轻人的教育有什么贡献"[①]。"教什么"不再仅仅由学科来决定,教师在执行教材时,既要重视学科知识的传授,还要注意在这个过程中培养学生形成积极主动的学习态度,学生获得基础知识和基本技能的过程,同时也是打开视野和掌握方法的过程,是学会学习、形成正确价值观的过程。这必然要在教材的基础上借鉴更多的课程资源,避免学生成为知识的附庸;有时甚至还要提供开放性结论,引导学生锻炼思维。中小学语文教学实践必须考虑拓展语文课程资源,教学观念已经从"教教材"转变到"用教材教"。当然,国家也应通过各种手段切实提高教师的综合素质,鼓励教师对于国家教材有自己的创造性处理,鼓励校本课程建构,鼓励在高中新课程中落实选修。

(蔡 可)

---

① 〔美〕拉尔夫·泰勒《课程与教学的基本原理》,人民教育出版社1994年版。

"汉字书写危机"热议

2010年社会各界曾就近年来广泛存在的"提笔忘字"现象展开热议。有人认为,汉字是最具代表性的中国文化符号[①],"提笔忘字"现象影响了中华文化的传承。有人则认为,因广泛使用电脑而出现的"提笔忘字"现象是新技术带来的必然结果,是一种正常社会现象,大可不必杞人忧天、过分担忧。

一 缘起

1.1 政协委员提案及媒体调查

随着中小学教学中电脑使用不断增多,很多学生的字写得越来越难看,汉字书写问题越来越不受重视,这种现象引起了中国人民政治协商会议(简称"全国政协")委员苏士澍、欧阳中石、王明明的关注,他们于2010年3月联名递交了一份《关于加强青少年汉字书写教育的提案》[②]。提案对目前中国汉字书写技艺被轻视的现象表示了忧虑,指出当前青少年汉字书写丑陋、错别字多的问题依然比较突出,即使硕士生、博士生的汉字书写水平也大不如前。提案建议提高对书法教育重要性的认识,加强中小学书法教育,把书法教育列入学校教育工作的考核序列,加强书法教师队伍的培养。其他一些政协委员及全国人民代表大会代表也在公开场合表示支持该项提案。文化部副部长王文章提出要在大学、中学、小学大力普及书法;[③] 人民网全国政协委员、《人民日报》(海外版)原总编辑詹国枢

---

① 周宁《调查:大学生认为"汉语/汉字"最具中国文化代表性》,新华网2010年11月27日,http://news.xinhuanet.com/politics/2010-11/27/c_12822501.htm。
② 《关于加强青少年汉字书写教育的提案》,人民网—中国政协新闻网2010年2月10日,http://2010zxnews.people.com.cn/GB/180903/10966772.html。
③ 《王文章委员:在大中小学大力普及书法教育》,腾讯网2010年3月8日,http://news.qq.com/a/20100308/001856.html。

认为,书法是中国文化标志之一,小学应有书法课。①

一些媒体和单位随即对目前社会上"提笔忘字"的情况进行了调查。4月中旬,《中国青年报》委托民意中国网和北京益派市场咨询公司调查了"汉字书写问题"。结果显示,在生活中有较多手写机会的占30.89%,表示有一些手写机会的占39.73%,手写机会很少的占21.92%,几乎不用手写的占7.46%。承认自己有书写中文困难的占87.73%。②

汉字书写频率的减少使越来越多的人会"提笔忘字",甚至常写错别字。有个机构对"我虽然工作在风光旖旎的地方,却很寂寞,所以我要跳槽"这句话进行测试,结果显示:"旖旎"两个字写不出或写错的比例为95%,"寂"字为54%,"寞"字为65%,就连"跳"字也有19%。一名记者调查了上海外国语大学新闻传播学院2007级新闻班,全班26名学生,仅有4人说平时没有"提笔忘字"的情况,约占总人数的15%。而让这4人手写"钥匙""寒暄""喷嚏""邂逅""暧昧"这5个词语时,还是有两个人卡了壳。③

11月5日,《光明日报》就"在网络时代如何看待汉字的书写"做了一次有奖问卷调查。问题涵盖了汉字书写的现状、汉字书写危机的影响和应对措施等多个方面。④调查结果显示,觉得自己的字不好看的占44.25%,经常提笔忘字的占41.52%,经常写错别字的占14.23%。⑤

1.2 国外媒体报道

国外部分媒体也开始关注中国人的书写现状。英国《卫报》8月29日的一篇报道称,中国和日本的许多年轻网民出现了忘记如何写字的现象,究其主要原因,是过于依赖电脑和手机中以字母为基础的输入法。调查显示,这种被称为"字体失忆症"的现象在中国非常普遍,导致中国年轻人对本国古老书写系统的前景感到担忧。美国《洛杉矶时报》7月12日刊登了一篇关于中国人忘记如何

---

① 高星《詹国枢:书法是中国文化标志之一 小学应该有书法课》,人民网2010年6月2日,http://news.163.com/10/0602/10/685TNJV8000146BC.html。
② 《手写机会与文化认同感调查》,发布时间为2010年4月18日,为无时间限制调查,上述数据截至2011年7月10日,见 http://www.1diaocha.com/Survey/SurveyResult_217997.html。
③ 《传统汉字遭数字化时代侵袭 提笔忘字渐成新困扰》,解放网—解放日报2010年7月26日,http://news.sohu.com/20100726/n273768555.shtml。
④ 见 http://topics.gmw.cn/hzsx.htm。
⑤ 《汉字手写能力未可乐观》,光明网2010年11月22日,http://culture.gmw.cn/2010-11/22/content_1402718.htm。

正确书写的长篇特稿《中国担心丢失自己的特色（文字）》。文章称，中国民众由于用罗马字母来撰写手机短信或在计算机上打字，取代了传统的一笔一画的汉字书写，因此越来越多的中国人发现，他们已经忘记如何用笔来书写汉字。文章被翻译成中文传至国内以后，引发了一场范围不小的讨论。相关讨论文章可在7月至8月的人民网、新华网、新浪网、搜狐网等网站见到。

二 观点交锋

2.1 提笔忘字：进化还是退化？

《光明日报》进行的调查数据显示，认为如果"提笔忘字"成为一种普遍现象，会影响民族文化传承的占92.49%，认为无所谓的占7.51%。[①]

北京一位中学教师说，自己教高一学生时，曾对学生做了个小检测，要求写出"大写数字1—10"、香港的"港"字、"福兮祸之所伏"的"兮"字，结果非常不理想，大部分同学写不出来，或者写出来的是错的。[②]

有专家指出，在文字交流方面，电脑自身的条件已决定它无法完全取代手写。只用电脑而未受过手书训练的人，只能用轮廓认字，不能准确辨识，所以写起字来错漏百出。一些用人单位招聘员工甚至博士生入学面试，需要手填表格做考核，不是没有道理的。汉字书写能力的降低，也会影响到人们对汉字的识读和应用，综合能力降低就会对文化产生影响。一些学者指出，电脑写作最大的问题是缺乏写作的庄重感，这不仅造成文字水准下降，也造成专业论文和文学作品水平严重下降。[③]

另外，有学者认为，对汉字书写能力低下的担忧是"杞人忧天"，"这是新技术带来的必然影响，是正常现象。绝大多数人'提笔忘字'只是暂时性失忆，事后他们会通过查询字典、手机、电脑，复习字的写法，这种现象并不影响他们对汉字的使用，也不足以影响汉字的传承。"[④]

---

① 《汉字手写能力未可乐观》，光明网2010年11月22日，http://culture.gmw.cn/2010-11/22/content_1402718.htm。

② 张中江《电脑时代的汉字书写之忧：中国人不会写中国字了？》，中国新闻网2010年10月29日，http://www.chinanews.com/cul/2010/10-29/2621847.shtml。

③ 周怀宗《你还会提笔写字吗？》，网易2010年4月19日，http://news.163.com/10/0419/02/64JNM1Q800014AED.html。

④ 同注②。

2.2 汉字书写缘何"危机"?

在不少人眼中,计算机、手机等新技术的冲击,是汉字书写出现"危机"的首要原因。《人民日报》8月11日的一篇文章指出,应当承认新技术的确给古老的汉字艺术带来了较大的冲击。美国学者杰茜卡·贝内就曾把电脑称为"手写体的诅咒"。除了电脑,手机短信也是"祸首"之一。因汉字象形表意的文字结构十分特殊,拼音输入对汉字手写的冲击尤为严重。① 一位接受调查的大学生说:"经常不写字,偶尔会大脑短路,前几天就忘记'邮箱'的'箱'怎么写了。自己想想都奇怪,这么简单的字居然会忘。"②

也有人指出,新技术的冲击绝非导致当下汉字境遇的唯一原因。将汉字手写艺术的尴尬处境完全归因于新技术,乃是推脱我们自身传承文化的使命和责任。深层次的原因,还在于我们对汉字缺少一份应有的珍视,对民族传统文化缺少一份应有的敬重。"提笔忘字"透露出学校教育特别是语文教育的失落和迷失,意味着传统的汉字书写艺术及其所传承的中国语言文化离人们渐行渐远,反映出人们在实用主义价值观冲击下轻视古老文化,日渐丧失对传统文化的敬畏之心。③

有人质疑现行中小学的汉字书写教育,认为汉字书写退化的原因既有社会的责任,更有教育的责任,特别是小学阶段的语文教学,对汉字书写要求不严,应试教育下的各种考试竞赛对书写标准也没有明确规定,致使师生把汉字书写置之角落,渐渐遗忘掉了。④

三 分析与思考

3.1 正视"提笔忘字",强化汉字的社会文化价值

"提笔忘字"并非只是汉字书写面临的问题。《环球时报》做过相关调查,发

---

① 郭立场《"提笔忘字"与汉字危机》,《人民日报》2010年8月11日。
② 《传统汉字遭数字化时代侵袭 提笔忘字渐成新困扰》,解放网—解放日报2010年7月26日,http://news.sohu.com/20100726/n273768555.shtml。
③ 张中江《电脑时代的汉字书写之忧:中国人不会写中国字了?》,中国新闻网2010年10月29日,http://www.chinanews.com/cul/2010/10-29/2621847.shtml。
④ 郭立场《莫让汉字成为失落的文明》,《甘肃日报》2010年8月19日。

现目前很多国家都存在这方面的问题。美国的一项调查分析了150万16—17岁学生的作文,发现大多数学生交的是打印文本,只有15%的学生书写花体字答题。[①] 英国越来越多的中小学生在参加毕业考试时,必须请抄写员来帮忙,因为他们根本无法在答卷上用标准的英文字体作答。德国一些孩子患上"书写障碍症",只要拿笔写字就心烦意乱,但改用电脑来写作业,就好得多。东京都知事根据东京都厅公务员的表现,概括出一种"远离活字(文字)症",即平素不愿意读文字书籍和写字,只用电脑打字。

汉字书写已经由手写过渡到电脑打字。从结绳记事到锲刻,从锲刻到毛笔,从毛笔到硬笔,从硬笔到现在的计算机,人们的书写方式经历了一次又一次变革,每一次变革,都使我们的书写变得更加方便实用,与我们的生活更相适应,这是社会进步的一种表现。

但是我们应该清醒地认识到:汉字书写并不仅仅是实用,更是一个精神家园。使用电脑绝不能放弃书写,放弃书写就意味着放弃自己的语言文化,放弃"中华文化的根"。

社会需要重视公民的写字教育,让写字成为公民的一种文化素养。通过举办各种汉字书写活动,让人们了解汉字,了解汉字书法,在社会上营造重视书写的氛围。中国历史上,人们对文字曾有过近乎神圣的敬畏感,民间一向有"敬惜字纸"的传统,这种传统在日本、韩国等汉字文化圈国家和地区仍有体现。据媒体报道,日本大约有3 000万人在练习书法,也就是说每五六个人中就有一个,社会上研习书法之风甚盛,随处可见"书法教室"的广告。韩国民众热衷书法的也不少,习字者逾10万人。台湾地区至今已连续举办了6届"汉字文化节",节日期间举办形式多样的各种活动,让汉字融入民众生活,也让更多的人对中华传统文化有了新的感性认识,在民间具有较大影响。我国教育部语言文字应用管理司近年来举办"大中小学生规范汉字书写大赛"等活动,取得了一定的社会效应,但社会影响力还有待进一步扩大。让人们意识到在承认和尊重变化的同时,也应该珍惜和传承我们文化中那些弥足珍贵的遗产。

3.2 制定并实施汉字书写教育政策

近两年,各省根据本省具体情况制定了相应的汉字书写教育政策。江西省

---

① 《书写文字或成被瞻仰文物》,网易 2010 年 12 月 14 日,http://news.163.com/10/1214/10/6NSOG6PB00014AED.html。

教育厅2009年普通高考自行命题科目语文《考试大纲》实施方案规定,高考作文每一个错别字扣一分,实施这一新规定的目的是引导中学生规范使用汉字。2010年湖北省教育厅下发通知,要求各级学校加强规范汉字书写教学,开设汉字书写相关课程。福建省下发通知,要求中小学开设专门写字教育课程,保证写字训练时间。广东省目前已将书法课列为中小学必修课,每周一节,专用教材编写以及专业教师培养工作同步推进。甘肃省教育厅将在中小学中建立规范汉字书写教育特色学校,促进汉字书写教育在学校中的普及;同时要求从2010年秋季开学起,写字课程成为甘肃省小学的必修课程,初高中也根据条件将写字课列为必修课或选修课。在北京、上海、天津等城市,一些学校也已经开始通过专业课程、兴趣小组的方式培养学生对书法的学习。

这些政策和文件的出台对中小学为学生写好汉字创造环境、提供必要条件等提出了要求。然而,对这些举措在目前应试教育的模式下能否发挥切实有效的作用,很多一线教师也充满担心。

目前应着力加强两项工作:一是培养专职书法教师,这是当前师范院校刻不容缓的当务之急,是保障中小学生在启蒙教育中能受到正规书法教育的基础,也是培养大批合格的具有规范、准确、美观、熟练书写能力的学生的基础。二是进行汉字书写的试点教学,系统科学地探讨汉字书写教育的教学内容、教育方法和评价制度。目前国家教育体制的改革工作正在逐步推进,基础教育综合改革试点提出了"探索减轻中小学生过重课业负担的有效途径,全面推进素质教育"的目标。建议以此为契机,通过3—5年的实际教学检验和经验总结,逐步完善相关方案,在其切实可行以后,逐步推广。

附录

从10月下旬到11月中旬,光明网就"在网络时代如何看待汉字的书写"做了一次有奖问卷调查。问卷的基本问题涵盖了汉字书写的现状、汉字书写危机的影响和应对措施等方面。在不同年龄段、不同职业的网友积极参与下,圆满地完成了这次调查,现将结果呈现给广大读者。①

---

① 《汉字手写能力未可乐观》,光明网 2010 年 11 月 22 日, http://culture.gmw.cn/2010-11/22/content_1402718.htm。

一、79.04％的人经常用笔书写汉字；20.96％的人则很少用笔书写汉字。

二、53.75％的人更喜欢手写；46.25％的人更喜欢电脑输入。

三、62.28％的人会用毛笔书写汉字；37.72％的人不会。

四、44.25％的人觉得自己的字不好看；41.52％的人经常提笔忘字；14.23％的人经常写错别字。

五、92.49％的人认为如果"提笔忘字"成为一种普遍现象，影响民族文化的传承；7.51％的人认为无所谓。

六、23.35％的人认为能够写一手好字作用不大；76.65％的人认为一手好字很重要。

七、96.41％的人认为书法是中华民族的传统艺术瑰宝，绝不能放弃；3.59％的人认为信息时代电脑方便快捷，不用浪费时间学书法。

八、94.93％的人通过电话、短信、邮件等方式与他人取得联系；5.07％的人通过书信、留言条等方式。

九、80.60％的人发手机短信时用拼音输入法；13.43％的人使用手写功能；5.97％的人使用笔画输入法；0.6％的人使用其他。

十、80.60％的人使用电脑时最常用的输入法是拼音；2.38％的人使用手写板；6.57％的人使用五笔输入法；10.45％的人使用其他。

十一、85.29％的人认同全民汉字手写水平在下降；6.31％的人不认为；8.4％的人表示不清楚。

十二、对于手写时代渐行渐远，36.65％的人认为这会削弱人们对中华文明的认同感；31.61％的人认为这会导致书法艺术趋于消亡；28.26％的人认为写作者的个性无法体现；3.48％的人认为不会有什么不良后果。

十三、30.89％的人认为造成汉字手写问题的原因是电脑、手机等的广泛使用；26.56％的人认为是因为学校书写教育的薄弱；28.00％的人认为是因为社会对汉字书写的忽视；14.55％的人认为是因为英语等外语的侵蚀。

十四、83.23％的人赞同政府通过政策手段强化汉字的推广和传承；16.77％的人不赞同。

十五、66.57％的人认为有必要设置汉字书写等级考试；33.43％的人认为没有必要。

十六、90.15％的人不赞同汉字的拼音化,认为汉字拼音化会切断中华民族的文化血脉;9.85％的人认为应该汉字拼音化,这样能够帮助中国更好地与世界接轨。

(刘靖文)

第四部分

数据篇

2010年度媒体用字用语调查

媒体语言文字使用情况是语言监测的基础内容。报纸、广播电视、网络(新闻)的年度语言文字使用频率变化、频序排位相对变化反映了媒体对社会生活的关注点的变化。透过这些字词语的使用状况可以看到年度的社会生活、时事面貌。2010年度的用字用语调查是在国家语言资源监测语料库2010年度的语料上进行的。

一 语料与对象

1.1 语料

2010年度的调查语料涵盖平面媒体(报纸)、有声媒体(广播电视)、网络媒体(新闻网站)3种,共计1 158 219个文本文件,1 216 867 823字符次(包括标点、符号及西文字母、数字等出现的次数),其中汉字出现1 012 867 638字次。

语料采集时剔除了网络页面上的标签、广告、转版等信息。语料的总字符次保持在12亿左右,总汉字次保持在10亿左右。平面、有声、网络媒体的语料量仍按5∶1∶4的比例进行选取。

1.1.1 报纸[①]

平面媒体选择了2010年度15种报纸作为调查语料,选择时综合考虑了发行量、发行地域、发行周期、媒体价值、可获得性等因素。发行量参考了2009年12月第62届世界报业大会发布的"2009年世界日报发行量前100名排行榜";媒体价值参考了世界品牌大会2009年6月"传媒行业品牌"的排行榜。

所选的15种报纸是(按音序排列):《北京青年报》《北京晚报》《法制日报》《光明日报》《广州日报》《华西都市报》《今晚报》《南方周末》《钱江晚报》《人民日

[①] 报纸语料是从相应报纸的网站上采集的,是报纸的网络版。

报》《深圳特区报》《新民晚报》《扬子晚报》《羊城晚报》《中国青年报》。

报纸语料共计 773 833 个文本，698 169 320 字符次，其中汉字出现 565 568 968 字次。

1.1.2 广播电视①

广播电视语料来自所播录音或录像的转写文本，选取主要依据节目收视率，并综合考虑了传播媒介（广播、电视）、媒体级别（中央、地方）、传播广度（是否上星）、播出时间（是否黄金时段）、节目样态（独白、对话、综合）、文本存现（是否有转写好的文本）等因素。

2010 年度选取的广播电视语料包括：中央电视台、中央人民广播电台、北京电视台、北京人民广播电台、上海广播电视台、天津人民广播电台、重庆广播电视集团、浙江广播电视集团、山西广播电视台、山东电视台、山东人民广播电台、河南电视台、安徽电视台、合肥电视台、黑龙江电视台、哈尔滨电视台、吉林电视台、新疆电视台、东南卫视、厦门广播电视集团、广州电视台、深圳电视台、深圳人民广播电台、成都广播电视台、大连电视台、石家庄电视台等 33 家媒体 170 个栏目的播出文本转写。共计 20 496 个文本，123 284 950 字符次，其中汉字出现 101 623 075 字次。

1.1.3 网络（新闻）

根据年度调查所确定的 3 种媒体语料量的比例，网络媒体只选取新浪、腾讯两个网站的部分新闻语料。选取的方式是在每一天的语料中按既定比例随机抽取文本。获得的语料共计 363 890 个文本，417 075 347 字符次，其中汉字出现 345 675 595 字次。

1.2 对象

本次调查的对象是语料中的汉字和词语。汉字调查时，对语料中由乱码、网络符号等产生的汉字、汉字部件进行了剔除。由于在大规模语料中还无法自动识别别字，因此本调查没有甄别文本中的别字。词语由计算机自动分词产生，既包括语文词，也包括专名（人名、地名、组织机构名、其他专名）、时间表达式（如"21 时 7 时 03 分 17 秒、下午五点半、11 时左右"）、结合紧密、使用稳定的短语（如"犯罪嫌疑人、上市公司、近水楼台先得月"），以及缩略语（如"京港澳高速、呆

---

① 广播电视语料是由广播电视节目转写的文本，与原始有声语料之间存在某些差异。

坏账")。调查项目主要有频次、频率、覆盖率、出现文本数、使用率、累加使用率[①]等。

二 汉字使用情况

2.1 基本数据

本次调查中,全部语料共计 1 012 867 638 字次(不包括标点、西文、数字、字母等字符),字种数计 10 613 个。报纸、广播电视、网络(新闻)3 种媒体中都出现的汉字,计 6 474 个,它们在全部语料中出现 1 012 814 479 字次,覆盖整个语料的 99.99%。仅出现在任意两个媒体中的字种数计 1 539 个,只出现在一个媒体中的独用字计 2 600 个。部分共用字和独用字在语料中的分布仅占全部语料的 0.01%。具体数据见表 4—1。

表 4—1 2010 年度汉字使用情况

统计项目		报纸	广播电视	网络(新闻)	全部语料
总字种		9 946	7 120	8 034	10 613
总字次		565 568 968	101 623 075	345 675 595	1 012 867 638
媒体间共用	字种数			6 474	
	比例(%)	65.092	90.927	80.583	61.001
	字次	565 532 249	101 620 936	345 661 294	1 012 814 479
	比例(%)	99.994	99.998	99.996	99.995
媒体间部分共用	字种数	1 407	456	1 215	1 539
	比例(%)	14.146	6.404	15.123	14.501
	字次	27 355	1 678	12 007	41 040
	比例(%)	0.005	0.002	0.003	0.004
媒体独用	字种数	2 065	190	345	2 600
	比例(%)	20.762	2.669	4.294	24.498
	字次	9 364	461	2 294	12 119
	比例(%)	0.002	0.000	0.001	0.001

本次调查的全部语料用字(共计 10 613 个汉字)形成《2010 年度媒体用字总

[①] 这些术语见国家语言资源监测与研究中心编《中国语言生活状况报告(2009)》下编第 525—534 页,商务印书馆 2010 年版。也可见本书所附光盘中《语言监测相关术语(2011 修订)》。

表》(见本书所附光盘),表中包括了汉字在语料中出现的频次、文本数、覆盖率等统计数据。

2.2 覆盖率

汉字的覆盖率反映了汉字在整个调查语料中的分布情况。从表4—2中可以看出常用汉字、低频使用汉字的数量分布。

表4—2　2010年度汉字对语料的覆盖率情况

语料	达到80%		达到90%		达到99%		达到100%
	字种数	字种比例(%)	字种数	字种比例(%)	字种数	字种比例(%)	字种数
报纸	611	6.14	989	9.94	2 493	25.07	9 946
广播电视	541	7.60	881	12.37	2 256	31.69	7 120
网络(新闻)	581	7.23	941	11.71	2 321	28.89	8 034
全部语料	601	5.66	972	9.16	2 431	22.91	10 613

其中覆盖率达到80%、90%、99%的汉字统称为高频汉字。高频汉字(2 431个)占年度用字总数的22.91%,其余占字种数77.09%的8 182个汉字在语料中出现的字次仅覆盖全部语料的1%。

2.3　2010年度与2009年度汉字比较

2.3.1　字种

将2010年度与2009年度覆盖率达到80%、90%、99%、99.99%对应部分的汉字进行对比,每一段都略有不同。随着覆盖率的增加,用字的共性减小,差别变大,表明用字变化较大的部分是在低频部分,高频汉字相对稳定。

表4—3　2010年度与2009年度汉字覆盖率对应字种比较

覆盖率	统计项目	2010年	2009年
80%	字种数	601	602
	独用	9	10
	共用	592	
90%	字种数	972	970
	独用	30	28
	共用	942	

			(续表)
99%	字种数	2 431	2 400
	独用	65	34
	共用	2 366	
99.99%	字种数	5 455	5 337
	独用	191	73
	共用	5 264	
100%	字种数	10 613	10 204
	独用	1 585	1 176
	共用	9 028	

低频部分的汉字具有一定的偶然性。2010年度的独用字中,按频次排序前10个汉字见表4—4。

表4—4 2010年度按频次排在前10个的独用字

汉字项目	縝	藠	蠷	瀤	蛸	嬷	眳	騍	苊	邢
频次	181	78	45	41	39	38	38	38	32	29
文本数	25	7	7	1	1	9	14	11	1	20

其中,"縝、瀤、眳、苊、邢"出现在人名中。"藠"出现在"藠头"中,是一种植物。"蠷蛸"是一种动物。"嬷"出现在称谓"阿嬷"中,该称谓全部出现在《扬子晚报》中。"騍"出现在"拳毛騍"中,"拳毛騍"是昭陵六骏之一。

在历时6年的用字调查中,2010年度的用字种数是最多的。在语料规模大致相同的情况下,汉字的使用数量随年份的增加而渐多。低频汉字的不断增多及其反映的媒体语言特点以及社会变化,值得关注。

这些低频汉字的出现情况大致可以分为以下几种:古书中的字句引用,或古文物等介绍时用字;人名、网名中用字;利用形码进行输入时,选择了形似的汉字,比如"邢"字均为"邢"的误选。网名起名中的不规范汉字使用,形码输入的错误用字,在调查中均未做任何处理,全部列于《2010年度媒体用字总表》中,以反映语言使用实态。

2.3.2 频率变化

对《2010年度媒体用字总表》的前600字、前1 000字、前2 500字,分别计算其相对于2009年度对应汉字的频率比值,可以得到这3个范围内使用频率变化最大的汉字。表4—5列出了对应上述范围,2010年度使用频率增大的前20个汉字。

表4—5 不同范围使用频率增大的前20个汉字

前600字	博 世 房 城 园 救 住 涨 诉 亚 你 孩 居 圳 州 控 楼 儿 黄 地
前1 000字	杯 博 菜 灾 馆 绿 援 玉 树 微 矿 世 房 土 岛 城 园 救 障 住
前2 500字	腊 觅 娥 碳 蒜 圭 炬 舟 蔬 堤 汛 衫 豫 虾 勿 杯 禹 淹 博 胀

从表中可以看出,汉字频率变化反映了当年的社会生活。"博"字的使用频率增加,与2010年上海世界博览会、微博的大量报道有关;"涨"与房价、农产品等涨价相关;"世、城、园、馆"等字使用频率增加,均与世博会主题有关;"房、居、控、楼、地、障、住"等与2010年的房地产、安居工程、保障房调控、楼市等热点话题息息相关;"玉、树、救、援"等字使用频率增加,记录了媒体对玉树地震、救援等事件的报道,由于对事件集中报道而导致汉字频率增高的,还有"娥"(嫦娥二号卫星发射)、"岛"(冰岛火山灰)、"腊"(希腊债务问题)、"虾"(洗虾粉)等;而"蒜、绿、蔬、堵、碳"等频率的增加,与大蒜、绿豆、蔬菜涨价、治堵、低碳等社会生活在媒体的集中反映相关。

从表中还可以看出,不同的频率范围表现出的话题和事件不完全相同,这里既有语言系统中汉字固有的常态频率分布因素,又有受社会影响而表现出的动态频率变化因素。

三 词语使用情况

2010年度媒体词语使用的调查采用了新的分词系统,该分词系统是由中国传媒大学有声媒体语言分中心开发的。该系统面向语言监测,便于维护。本次调查经分词系统切分得到的切分单位(包含各种标点、符号、纯英文字母词语等)共计686 000 975词符次,其中汉字词语和常用的字母词共计601 649 583词次。

3.1 基本数据

媒体全部语料经过分词处理,滤除标点、符号、纯西文、纯阿拉伯数字、数字与西文混合式、网址等分词单位之后,共得601 649 583词次,2 175 837个词种。其中218 275个词种在3种媒体中都出现,占全部词种数的10.03%;这些共用词种在语料中共出现593 103 885次,覆盖全部语料的98.58%。任意两个媒体共用的词种有 383 051 个。媒体独用的词种计 1 574 511 个,占全部词种数的 72.36%,但仅覆盖全部语料的 0.59%。词语调查的基本数据见表 4—6。

表 4—6 2010 年度词语使用情况

统计项目		报纸	广播电视	网络(新闻)	全部语料
总词种		1 550 037	445 077	1 000 324	2 175 837
总词次		335 490 298	60 491 683	205 667 602	601 649 583
媒体间共用	词种数	218 275			
	比例(%)	14.08	49.04	21.82	10.03
	词次	330 462 155	59 911 500	202 730 230	593 103 885
	比例(%)	98.50	99.04	98.57	98.58
媒体间部分共用	词种数	362 080	74 132	329 890	383 051
	比例(%)	23.36	16.66	32.98	17.60
	词次	2 774 106	245 101	1 960 324	4 979 531
	比例(%)	0.83	0.41	0.95	0.83
媒体独用	词种数	969 682	152 670	452 159	1 574 511
	比例(%)	62.56	34.30	45.20	72.36
	词次	2 254 037	335 082	977 048	3 566 167
	比例(%)	0.67	0.55	0.48	0.59

从表中可以看出,各媒体共用的词种较少,但这些仅占全部语料 10.03% 的词语对各个媒体的覆盖率都达到了 98.50% 以上,说明共用词语的使用频次很高,媒体间语言面貌相似。这些词语主要是语文词语和与共同关注的热点话题相关的词语。各媒体上出现的大量不同的词种,是以极低的频率分布的,主要表现为专名。

3.2 覆盖率

表 4—7 列出了覆盖率为 10% 到 90% 和 91% 到 100% 各段的词种情况。不同覆盖率下对应的词种个数反映了词语使用频率的分布。总体分布情况和往年基本一致,即:使用频率较高的少数词语覆盖了较大的语料范围;使用频率较低的大量词语仅仅覆盖整个语料的很少部分。具体来说,覆盖整个语料 90% 的词语有 13 672 个,仅占全部词种数的 0.63%;覆盖率达到 99% 的词语有 189 243 个,占全部词种数的 8.70%;其余的 1 986 594 个低频词语,占全部词种数的 91.30%,在整个语料中的覆盖率仅占 1%。

表 4—7 不同覆盖率的词种数

覆盖率(%)	词种数	比例(%)	覆盖率(%)	词种数	比例(%)
10	5	0.00	91	15 648	0.72
20	29	0.00	92	18 103	0.83
30	92	0.00	93	21 198	0.97
40	238	0.01	94	25 250	1.16
50	536	0.02	95	30 805	1.42
60	1 091	0.05	96	39 107	1.80
70	2 223	0.10	97	52 644	2.42
80	4 864	0.22	98	81 525	3.75
90	13 672	0.63	99	189 243	8.70
			100	2 175 837	100.00

与 2009 年度①相比,2010 年度语料量略大。而 2010 年度词种的数量减少,高频词语的数量增多,与分词系统有一定关系。

3.3 频次与词种数

表 4—8 不同频次范围的词种数

频次段	词种数	占词种数的比例(%)	累计(%)
1	1 059 416	48.69	48.69
2	337 228	15.50	64.19
3	154 719	7.11	71.30
4	96 671	4.44	75.74
5	62 514	2.87	78.61
6—10	154 440	7.10	85.71
11—20	99 374	4.57	90.28
21—100	118 934	5.47	95.75
>100	92 541	4.25	100.00

表中的词语频次分布表明低频词语占词种数的绝大多数,在全部 10 亿余字次的语料中,使用频次大于 100 次的词种数仅占全部词种数的 4.25%。

3.4 高频词语

3.4.1 基本数据

词语覆盖率达到 90% 的所有词语称为高频词语。高频词语的词种数情况见表 4—9。

---

① 2009 年度的全部词种数是 2 348 100 个,高频词语(覆盖率达到 90% 的词语)的个数是 12 517 个。见国家语言资源监测与研究中心编《中国语言生活状况报告(2009)》下编第 10—12 页,商务印书馆 2010 年版。

表 4—9 高频词语的词种数

媒体	全部词种数	高频词语词种数	占全部词种数的比例(%)
报纸	1 550 037	14 249	0.92
广播电视	445 077	9 844	2.21
网络(新闻)	1 000 324	11 967	1.20
全部语料	2 175 837	13 672	0.63

从表中可以看出,尽管各媒体的词种数差别较大,但高频词语的数量均集中在1万词语左右。全部语料共有13 672个高频词语,除了广播电视、报纸各有1个专名未在其他媒体的高频词语部分出现外,其余词语在3种媒体中都是高频使用。同时,也可以看出,语料规模越大,高频词语所占全部词种数的比例越小,这说明高频词语使用相对稳定。

3.4.2 用字统计

在13 672个高频词语中,共使用汉字27 200字次,2 770个字种,占全部字种数的26.10%,这些汉字出现在《2010年度媒体用字总表》前3 000位的汉字个数是2 683个。高频词语中的用字情况见表4—10。

表 4—10 高频词语中的用字分布

构词数	≥100	99—80	79—50	49—20	19—10	9—3	2	1	总计
字种数	12	12	64	294	405	976	312	695	2 770
比例(%)	0.43	0.43	2.31	10.61	14.62	35.24	11.27	25.09	100.00

在高频词语中出现最多的50个汉字及其构词数量列于表4—11中。

表 4—11 高频词语用字中构词能力最强的前50个汉字

汉字	构词数量	汉字	构词数量	汉字	构词数量	汉字	构词数量	汉字	构词数量
人	186	会	105	家	81	业	71	外	66
大	175	发	100	下	81	部	71	性	66
年	155	生	97	力	80	小	69	学	66
中	150	有	94	月	80	电	68	工	65
国	136	行	92	动	79	心	68	事	65
不	133	车	91	开	78	用	68	机	64
一	132	地	89	分	77	时	67	手	63
出	111	子	86	长	76	新	67	实	63
上	110	公	85	面	74	主	66	到	62
日	110	高	83	民	71	场	66	定	62

3.4.3 词长分布

表4—12 高频词语的词长分布

词长(字)	词种数	比例(%)	累计(%)
1	2 099	15.35	15.35
2	9 655	70.62	85.97
3	1 386	10.14	96.11
4	394	2.88	98.99
5	105	0.77	99.76
6	17	0.12	99.88
7	11	0.08	99.96
8	5	0.04	100.00
总计	13 672	——	——

与2009年度高频词语的词长分布[①]对比,三字词至八字词的比例略有增加,一字词与二字词的数量略有减少。

3.4.4 特色词语

高频词语中,使用频率变化较大的词语体现了年度的社会生活,2010年度下列高频词语使用频率比2009年度有明显增加:

微博、低碳、创业板、团购、加息、二手房、房贷、高铁、央企、准备金率、纠结、给力、上海世博会、亚运会、海地、玉树、舟曲、智利、希腊、泥石流、广州亚运会、火山、国美、富士康、阿凡达、曹操、减持、世博园、南非世界杯、网购。

3.5 成语

成语的调查以商务印书馆2002年出版的《新华成语词典》为参照,将分词单位与该词典中相同的词语作为成语。基本情况如表4—13。

表4—13 成语基本情况

词种数	占全部词种的比例(%)	词次	占总词次的比例(%)
6 580	0.30	1 961 518	0.33

使用频率最高的50个成语如下:

前所未有、东道主、全力以赴、脱颖而出、丰富多彩、无论如何、不可思议、引

---

① 见国家语言资源监测与研究中心编《中国语言生活状况报告(2009)》下编第13页,商务印书馆2010年版。

人注目、众所周知、一如既往、见义勇为、坚定不移、与众不同、供不应求、名副其实、出人意料、不可或缺、层出不穷、愈演愈烈、千方百计、独一无二、淋漓尽致、不约而同、深入人心、小心翼翼、莫名其妙、可想而知、源源不断、不知不觉、如火如荼、当务之急、与时俱进、突如其来、显而易见、实事求是、迫不及待、截然不同、沸沸扬扬、史无前例、随时随地、一应俱全、息息相关、络绎不绝、毋庸置疑、想方设法、紧锣密鼓、成千上万、五花八门、不得而知、水涨船高。

3.6 姓氏

本次对媒体中姓氏的使用情况进行了调查。在全部语料中共提出了 693 174 个不同的名字（包括带姓的称谓，如"张先生"之类），这些名字或称谓共出现 13 007 067 次。从中共提出 752 个姓氏，其中单姓 492 个，二字姓 250 个，三字姓 10 个。其中有些二字姓、三字姓是外来的。

排在前 100 位的单姓是：

王、张、李、陈、刘、黄、周、杨、赵、吴、马、孙、胡、徐、郭、林、郑、朱、金、罗、何、韩、姚、梁、曹、宋、冯、许、谢、沈、高、杜、唐、温、邓、蔡、蒋、姜、于、方、曾、苏、丁、余、肖、叶、袁、韦、贾、陆、董、汪、彭、范、潘、白、鲁、石、吕、田、程、崔、魏、钟、江、谭、万、任、秦、章、孟、洪、雷、卢、钱、易、夏、尹、戴、顾、龙、侯、薛、廖、安、郝、汤、齐、邵、俞、邱、乔、梅、华、牛、毛、陶、孔、艾、康。

出现的二字姓如：

欧阳、诸葛、司马、司徒、西门、上官、皇甫、公孙、慕容、夏侯、尉迟、端木、东方、申屠、令狐、东郭、呼延、拓跋、长孙、万俟。

第四部分 数据篇

附录1

2010年度媒体用字总表(示例)

【说明】

2010年度媒体语料用字共计10 613个,所有用字按照使用频次由高到低排列形成《2010年度媒体用字总表》,其中高频的601个汉字覆盖了整个语料的80%,972个汉字覆盖了整个语料的90%,2 431个汉字覆盖了整个语料的99%。《2010年度媒体用字总表》见本书所附光盘。在此,选取了频率最高的前100个汉字,形成示例。示例中给出了汉字在语料中出现的频次、文本数、累加频率,以及出现的媒体(其中A代表报纸语料,B代表广播电视语料,C代表网络(新闻)语料)。

《2010年度媒体用字总表》中频次低于10(包含10)次的汉字共计3 290个,这些低频汉字多是罕用字,其出现情况大致可以分为以下几种:古书中的字句引用,或古文物介绍时用字;人名、网名用字;方言字;汉字输入时误选的旧字形或生僻字,比如,"邢"字均为"邢"的误选。上述情况在调查中均未做任何处理,全部列于《2010年度媒体用字总表》中,以反映语言使用实态。

序号	汉字	频次	文本数	累加频率(%)	出现媒体
1	的	32 728 086	1 121 664	3.231 230 3	ABC
2	一	11 513 227	1 044 710	4.367 926 4	ABC
3	是	9 564 428	926 020	5.312 218 4	ABC
4	在	9 524 113	1 054 018	6.252 530 1	ABC
5	了	8 181 131	947 436	7.060 249 8	ABC
6	人	7 849 269	935 405	7.835 204 8	ABC
7	有	7 788 418	975 874	8.604 152 1	ABC
8	不	7 372 983	896 152	9.332 083 6	ABC
9	中	7 208 986	986 091	10.043 823 8	ABC
10	国	6 455 794	770 627	10.681 201 7	ABC
11	大	6 452 391	950 389	11.318 243 5	ABC
12	上	5 955 357	951 222	11.906 213 5	ABC
13	年	5 682 019	836 721	12.467 196 8	ABC
14	为	5 554 450	957 913	13.015 585 4	ABC
15	这	5 246 558	800 999	13.533 575 8	ABC
16	个	5 083 832	825 204	14.035 500 5	ABC
17	和	4 725 806	894 732	14.502 077 3	ABC

序号	汉字	频次	文本数	累加频率(%)	出现媒体
18	会	4 545 805	797 971	14.950 882 8	ABC
19	到	4 511 033	855 481	15.396 255 2	ABC
20	时	4 444 456	890 886	15.835 054 5	ABC
21	出	4 291 960	892 396	16.258 797 9	ABC
22	来	4 131 667	826 107	16.666 715 6	ABC
23	我	4 119 953	541 905	17.073 476 9	ABC
24	发	4 062 286	813 977	17.474 544 7	ABC
25	以	4 020 499	856 727	17.871 486 9	ABC
26	地	3 793 328	739 789	18.246 000 6	ABC
27	市	3 770 477	602 719	18.618 258 2	ABC
28	对	3 747 673	809 885	18.988 264 4	ABC
29	行	3 693 197	779 241	19.352 892 2	ABC
30	他	3 646 125	616 445	19.712 872 6	ABC
31	生	3 628 069	698 880	20.071 070 3	ABC
32	家	3 601 694	733 728	20.426 664 1	ABC
33	要	3 536 320	732 663	20.775 803 5	ABC
34	日	3 513 318	901 763	21.122 671 9	ABC
35	业	3 436 321	530 094	21.461 938 4	ABC
36	公	3 374 859	618 685	21.795 136 9	ABC
37	后	3 371 451	791 713	22.127 998 8	ABC
38	成	3 356 792	791 303	22.459 413 5	ABC
39	能	3 231 553	716 591	22.778 463 4	ABC
40	们	3 188 193	583 160	23.093 232 3	ABC
41	多	3 181 073	765 032	23.407 298 4	ABC
42	现	3 063 875	774 433	23.709 793 5	ABC
43	就	3 057 128	654 260	24.011 622 4	ABC
44	新	3 036 294	765 929	24.311 394 5	ABC
45	者	3 008 959	817 092	24.608 467 7	ABC
46	经	3 003 543	734 304	24.905 006 3	ABC
47	也	2 987 856	722 624	25.199 996 1	ABC
48	场	2 906 071	640 308	25.486 911 3	ABC
49	作	2 896 079	692 345	25.772 839 9	ABC
50	于	2 889 756	793 836	26.058 144 3	ABC
51	前	2 844 979	813 862	26.339 027 9	ABC
52	下	2 842 790	759 330	26.619 695 4	ABC
53	方	2 829 376	705 730	26.899 038 5	ABC
54	过	2 784 504	757 393	27.173 951 4	ABC
55	开	2 717 891	745 224	27.442 287 7	ABC
56	学	2 684 530	381 331	27.707 330 2	ABC
57	说	2 682 152	603 355	27.972 138 0	ABC

序号	汉字	频次	文本数	累加频率(%)	出现媒体
58	月	2 668 447	743 397	28.235 592 6	ABC
59	工	2 667 686	523 306	28.498 972 1	ABC
60	高	2 662 216	661 711	28.761 811 6	ABC
61	可	2 648 458	695 365	29.023 292 8	ABC
62	分	2 639 384	710 179	29.283 878 1	ABC
63	本	2 621 624	784 482	29.542 709 9	ABC
64	动	2 515 984	647 809	29.791 112 0	ABC
65	天	2 513 480	674 189	30.039 266 8	ABC
66	将	2 510 836	734 493	30.287 160 6	ABC
67	部	2 497 767	639 804	30.533 764 1	ABC
68	进	2 494 403	701 581	30.780 035 4	ABC
69	自	2 441 784	673 670	31.021 111 8	ABC
70	车	2 403 048	277 395	31.258 363 7	ABC
71	全	2 397 282	674 399	31.495 046 3	ABC
72	都	2 382 993	630 293	31.730 318 3	ABC
73	得	2 360 915	669 118	31.963 410 4	ABC
74	用	2 333 069	610 688	32.193 753 3	ABC
75	主	2 241 928	653 358	32.415 098 0	ABC
76	还	2 202 855	667 678	32.632 584 9	ABC
77	而	2 200 879	653 034	32.849 876 8	ABC
78	实	2 184 187	625 283	33.065 520 6	ABC
79	子	2 181 990	490 419	33.280 947 6	ABC
80	小	2 178 454	570 436	33.496 025 5	ABC
81	最	2 164 027	669 640	33.709 679 0	ABC
82	民	2 158 349	448 598	33.922 771 9	ABC
83	长	2 110 515	582 120	34.131 142 1	ABC
84	面	2 096 017	641 844	34.338 081 0	ABC
85	机	2 091 306	536 604	34.544 554 8	ABC
86	法	2 090 756	475 700	34.750 974 2	ABC
87	理	2 090 245	558 311	34.957 343 3	ABC
88	力	2 087 074	594 287	35.163 399 2	ABC
89	元	2 084 166	432 413	35.369 168 0	ABC
90	同	2 078 294	658 881	35.574 357 2	ABC
91	产	2 060 414	400 477	35.777 781 0	ABC
92	区	2 051 240	470 424	35.980 299 0	ABC
93	事	2 051 226	546 425	36.182 815 7	ABC
94	报	2 051 119	747 050	36.385 321 8	ABC
95	比	2 026 933	521 748	36.585 440 1	ABC
96	员	2 020 949	545 277	36.784 967 6	ABC
97	之	2 015 969	641 399	36.984 003 3	ABC

序号	汉字	频次	文本数	累加频率(%)	出现媒体
98	关	1 981 068	598 384	37.179 593 4	ABC
99	体	1 973 741	622 587	37.374 460 0	ABC
100	记	1 972 202	669 712	37.569 174 7	ABC

附录2

2010年度媒体高频词语表(示例)

【说明】

2010年度媒体语料经分词系统切分得到的词种数共计2 175 837个,这些词种包括普通的语文词语,如"我们、这个、市场、可以";也包括人名、地名、组织机构名以及其他专名,如"姚明、梅西、广东省佛山市、天津市南京路、新华社、央行、人民日报、国安";时间表达式,如"21日7时03分17秒、下午五点半、11时左右";结合紧密、使用稳定的短语,如"犯罪嫌疑人、上市公司、近水楼台先得月";缩略语,如"京港澳高速、呆坏账";还有部分字母词,如"GDP、3D、NBA、CPI"。这些词语在语料中共出现601 649 583词次。其中,覆盖率达到90%的词语共计13 672个,覆盖率达到95%的词语共计30 805个,覆盖率达到99%的词语共计189 243个。

对覆盖率达到95%的30 805个词语,删除其中的时间表达式、数字表达式、专有名称后,共计25 546个,形成《2010年度媒体高频词语表》附于本书光盘中。

在此,选取频次出现最高的前100个词语,形成示例,示例中包含了词语在词语表中的序号、频次、文本数等。

序号	词语	频次	文本数	序号	词语	频次	文本数
1	的	32 256 349	1 121 271	11	也	2 872 063	716 622
2	在	8 000 494	1 035 697	12	就	2 677 586	612 059
3	是	7 622 173	900 666	13	人	2 625 505	614 100
4	了	7 308 550	910 774	14	上	2 441 036	720 271
5	一	6 514 334	939 805	15	他	2 427 240	428 695
6	和	4 396 864	878 501	16	我	2 372 276	331 784
7	不	4 189 758	760 872	17	中	2 349 096	717 908
8	有	3 800 337	789 200	18	为	2 253 831	723 123
9	个	3 122 564	728 612	19	将	2 225 941	691 715
10	这	3 049 962	718 198	20	对	2 141 491	652 704

序号	词语	频次	文本数	序号	词语	频次	文本数
21	都	2 032 837	581 945	58	市场	912 194	230 629
22	到	1 901 869	621 250	59	你	905 047	191 120
23	说	1 849 110	501 276	60	发展	894 764	228 711
24	多	1 797 275	623 134	61	出	884 028	426 844
25	大	1 777 782	604 141	62	他们	878 519	309 543
26	还	1 674 239	605 989	63	好	871 870	365 659
27	与	1 641 223	593 768	64	名	860 047	335 790
28	会	1 630 189	518 257	65	她	842 528	174 256
29	等	1 585 226	588 094	66	可以	818 173	352 121
30	要	1 535 239	462 164	67	这个	816 485	278 762
31	而	1 474 902	553 295	68	高	811 025	361 949
32	我们	1 443 002	342 544	69	已经	806 693	379 378
33	记者	1 428 817	573 640	70	之	804 848	376 292
34	后	1 423 243	559 879	71	种	801 152	318 859
35	元	1 414 491	303 074	72	本	782 512	460 290
36	被	1 361 079	482 158	73	三	774 056	349 938
37	年	1 339 524	461 689	74	表示	770 232	358 903
38	最	1 325 089	510 016	75	家	769 747	298 886
39	但	1 321 177	515 035	76	进行	756 040	370 621
40	两	1 308 643	508 743	77	问题	754 923	284 354
41	从	1 249 802	537 981	78	公司	750 226	167 870
42	能	1 165 325	458 891	79	前	741 938	384 321
43	很	1 118 864	408 975	80	看	735 758	320 335
44	来	1 100 013	448 849	81	给	731 677	337 510
45	新	1 080 602	398 613	82	已	725 395	375 939
46	没有	1 073 031	417 912	83	把	709 309	306 291
47	并	1 064 137	519 707	84	过	698 957	332 884
48	以	1 030 879	466 654	85	每	698 330	315 137
49	次	1 017 825	404 831	86	于	684 949	371 897
50	更	1 017 211	434 871	87	目前	683 814	348 124
51	着	988 334	370 940	88	向	663 729	333 627
52	地	981 260	410 559	89	该	657 460	319 632
53	自己	956 735	348 626	90	做	643 944	280 489
54	让	947 008	400 246	91	又	640 526	333 307
55	时	934 711	444 839	92	其	637 206	315 794
56	工作	919 145	306 224	93	企业	634 478	159 468
57	下	912 959	441 634	94	位	631 230	294 269

序号	词语	频次	文本数	序号	词语	频次	文本数
95	可	627 591	314 883	98	得	594 491	286 365
96	天	616 786	284 484	99	经济	592 763	166 713
97	里	612 375	266 771	100	时间	591 374	312 312

（杨尔弘、陈 雪、王文媛撰写；俞士汶、朱学锋、孙茂松、魏 励等审阅；刘冬明等提供平面媒体数据；侯 敏等提供有声媒体数据；何婷婷等提供网络媒体数据）

2010年度媒体新词语调查

为及时了解和把握词语创新和使用的实际情况,记录2010年中国社会的变化,国家语言资源监测与研究中心在前4年开展年度新词语专项调查的基础上,又对2010年度的新词语进行了调查统计。同时跟踪调查了2007、2008、2009年度新词语在2010年度的使用情况。

一 对象

这里的年度新词语,指的是当年新产生并在大众媒体中出现的词语(或词义)。本次调查的对象是2010年度产生的新词语,包括新产生的词语和已有词形又出现新义的,也包括2009年12月中旬以后产生而在2009年度新词语调查中没能及时收录的个别词语。

二 语料

调查语料来自国家语言资源监测语料库中的平面媒体、有声媒体和网络媒体(新闻),在用字用语调查所用语料的基础上,增加了《新京报》2010年全年语料。共计1 301 850个文本文件,1 116 623 140字次。

本次调查的新词语,限于在主流媒体(报纸、广播电视及网络新闻)中出现的,只出现在人们口头或网络BBS、博客、微博中的没有包括在内。

另外,还利用百度、谷歌等搜索工具,查对了每一个词语最初出现的时间,以核查、确认其新词语的身份。

三 方法

本次调查仍采用"机器+人工"的方法,即先利用计算机自动提取调查语料中的新词语候选集,再在此基础上进行人工排查和确认。在机器自动提取候选集时,采用了"全切分对比法""切分组合对比法"和"特征对比法"[①]3种方法,使新词语的搜获更为全面,减少遗漏。

2010年度新词语确认的原则与2007、2008和2009年度保持一致。[②] 在3月1日至4月15日将提取出的新词语放在中国语言文字网、中文互动百科网、有声媒体语言资源网等网站上公示,广泛征求意见,网友们对某些词目及释义提出了宝贵意见,也做了一些补充。词表据此做了调整与修改。[③]

四 结 果

经过层层筛选和专家审定,2010年度共提取出新词语500个,见本书所附光盘中的《2010年度媒体新词语表》。下面是对这500个新词语进行统计分析的结果。

4.1 词语长度

词语长度是词汇的一个重要特征。统计时一个汉字、一个字母或一个阿拉伯数字,都算一个字长。统计结果显示,数量排在前面的依次为三字词、四字词、二字词。三字词语占53.00%,是全部年度新词语的一半多;而且几年来一直走高,比2009年度高出1.99个百分点,比2008年度高出5.37个百分点。四字词语占22.60%,比2008年度低5.25个百分点,比2009年度高出5.18个百分点。二字词语占17.00%,比2008年度高出1.68个百分点,但比2009年度回落了1.69个百分点。三字词语比例持续增高,与近几年几个热门格式造词有关。2010年度除了持续2009年度的"被××、楼××""～门、～族"外,"××哥、××姐、××帝、××体"以及由"微博"衍生出的"微××"特别活跃。2010年度与2009年度、2008年度词长分布比较的具体数据见表4—14。

[①] 国家语言资源监测与研究中心编《中国语言生活状况报告(2007)》下编第348页,商务印书馆2008年版。国家语言资源监测与研究中心编《中国语言生活状况报告(2008)》下编第321页,商务印书馆2009年版。国家语言资源监测与研究中心编《中国语言生活状况报告(2009)》下编第323页,商务印书馆2010年版。

[②] 国家语言资源监测与研究中心编《中国语言生活状况报告(2007)》下编第349—351页,商务印书馆2008年版。国家语言资源监测与研究中心编《中国语言生活状况报告(2008)》下编第321页,商务印书馆2009年版。

[③] 对新词语修改贡献较大的网友的名单,将在《2010汉语新词语》一书中登出。在此谨表示衷心的感谢。

表4—14　2010年度与2009年度、2008年度新词语词长分布比较

词长(字数)		1	2	3	4	5	6	7	≥8	总计	平均词长
2010年度	数量(个)	0	85	265	113	34	1	2	0	500	3.21
	比例(%)	0.00	17.00	53.00	22.60	6.80	0.20	0.40	0.00	100.00	
2009年度	数量(个)	3	74	202	69	38	5	3	2	396	3.26
	比例(%)	0.76	18.69	51.01	17.42	9.59	1.26	0.76	0.51	100.00	
2008年度	数量(个)	3	55	171	100	22	4	2	2	359	3.31
	比例(%)	0.84	15.32	47.63	27.85	6.13	1.11	0.56	0.56	100.00	

4.2　词语构成材料

就构成材料看,500个新词语以汉字为主体,同时兼有多样。完全由汉字构成的新词语有486个,占97.20%。其余14个新词语中,有字母加汉字的,如"PE腐败、IN词、N连跳、富N代、i理财、TA时代";有阿拉伯数字、字母加汉字的,如"3Q大战、3D报纸";也有汉字加数字的,如"微博110、10代"。具体分布见表4—15。

表4—15　2010年度新词语构成材料分布

类型	纯汉字式	非纯汉字式	总计
数量(个)	486	14	500
比例(%)	97.20	2.80	100.00

4.3　结构方式

结构方式指的是词语内部的组织构成方式。表4—16显示了500个新词语结构方式的分布情况。

表4—16　2010年度新词语结构方式分布

类型			数量(个)	比例(%)	样例
词语型	单纯型		4	0.80	呜呜祖拉、瓦瓦祖拉、闹太套、神马
	合成型	复合式 偏正式	297	59.40	白技、微民、蛋居、活粉、潮丐、尿点、慢城
		并列式	3	0.60	巴比、零百千万、认房认贷
		主谓式	12	2.40	媒曝、媒治、经转商、楼超超、楼挤挤、煤超疯
		动宾式	28	5.60	给力、对表、跑京、淘男、炫父、撞峰、毁遗
		补充式	2	0.40	腐不起、悲催
		兼语式	3	0.60	化税为薪、豆你玩、药你苦
		附加式 前附加	13	2.60	被上楼、被上网、被第一、被小三、被联盟
		后附加	138	27.60	傍傍族、表情帝、杯具门、章鱼哥、微博控
总计			500	100.00	——

从表中可以看出,新词语的结构方式仍以合成型占绝对优势,单纯型只占0.80%。合成型中偏正式能产性最高,占总词数的59.40%,其次是后附加式合

成词,占 27.60%。类后缀构词中,这几年居高不下的"~门、~族、~奴"等继续凸显优势。2010 年度新词语中,以"族"为后缀的有 39 个,占 7.80%;以"门"为后缀的有 32 个,占 6.40%;以"奴"为后缀的有 7 个,占 1.40%。这三者占了所有年度新词语的近 1/6。

类后缀构词中特别值得注意的是,"~哥、~姐、~帝、~体"的出现。"哥、姐"本是亲属称谓,可在 2010 年度,网民们却把它们慷慨地送给了值得关注的人,甚至动物。称"~帝"的往往是在某一方面做到极致的人或物。"~体"是人们对某种特定或流行话语格式的总结和归纳。它们都有泛化、虚化的趋势。这类新词语在 2010 年度多产、高频,本文从中选择了 31 个列入《2010 年度媒体新词语表》,如"犀利哥、淡定姐、章鱼哥、贺岁帝、凡客体、子弹体"等。

另外,2010 年度新词语中还延续了 2009 年度的热门格式"被××"和"楼××"。"被××"是 2010 年度前附加构词类型的主体,为数仍然不少,选出 14 个列入《2010 年度媒体新词语表》;"楼××"格式使用下降,《2010 年度媒体新词语表》收录了 3 个:"楼超超、楼挤挤、楼陷陷",与 2009 年主要反映建筑质量相比,2010 年涉及更多的是违规违章建筑的问题。

表 4—17 显示了 2010 年度与 2009 年度、2008 年度新词语结构方式分布的对比。可以看出以下几个特点:偏正式一直是最活跃的、占据主流的词语结构方式,占所有新词语总数的 60% 左右;后附加式次之,且呈逐年递加的态势,从 2009 年度开始,已超过所有新词语的 1/4。这两种结构方式已占了近 90%。其余类型除动宾式比较稳定,每年在 4%—5% 外,大部分随机性较强,视各年度情况不同或有或无,但不影响大局。具体数据见表 4—17。

表 4—17 2010 年度与 2009 年度、2008 年度新词语结构方式分布对比

类型			2010 年度		2009 年度		2008 年度	
			数量(个)	比例(%)	数量(个)	比例(%)	数量(个)	比例(%)
词语	单纯型	单音节	0	0.00	4	1.01	3	0.84
		多音节	4	0.80	2	0.50	3	0.84
	合成型	复合式 偏正式	297	59.40	212	53.54	239	66.57
		并列式	3	0.60	0	0.00	4	1.11
		主谓式	12	2.40	25	6.31	11	3.06
		动宾式	28	5.60	20	5.05	13	3.62
		补充式	2	0.40	0	0.00	1	0.28
		连动式	0	0.00	5	1.26	1	0.28
		兼语式	3	0.60	0	0.00	0	0.00
		附加式 前附加	13	2.60	22	5.56	4	1.11
		后附加	138	27.60	106	26.77	80	22.29
	总计		500	100.00	396	100.00	359	100.00

4.4 词性分布

500个新词语中有341个是词[①],其余是短语。这341个词分别属于名词、动词、形容词、代词。其中名词最多,有296个,占86.81%,如"呜呜祖拉、慢城";动词42个,占12.36%,如"漏摇、炫父";形容词1个,为"悲催";动形兼类词1个,为"给力"。2010年度与2009年度、2008年度新词词性分布对比状况见表4—18。

表4—18 2010年度与2009年度、2008年度新词词性分布对比

统计项目		名词	动词	形容词	区别词	量词	代词	名形兼类	名动兼类	动形兼类	总计
2010年度	数量(个)	296	42	1	0	0	1	0	0	1	341
	比例(%)	86.81	12.32	0.29	0.00	0.00	0.29	0.00	0.00	0.29	100.00
2009年度	数量(个)	231	48	1	2	0	0	0	2	0	284
	比例(%)	81.35	16.90	0.35	0.70	0.00	0.00	0.00	0.70	0.00	100.00
2008年度	数量(个)	201	17	4	2	1	0	1	1	1	228
	比例(%)	88.16	7.45	1.75	0.88	0.44	0.00	0.44	0.44	0.44	100.00

4.5 使用频次分布

表4—19 2010年度新词语的使用频次分布

频次段	数量(个)	比例(%)	例词
≥1 000	11	2.20	给力、犀利哥、呜呜祖拉、章鱼哥、维基揭秘
999—300	28	5.60	赵作海案、翻墙、豆你玩、巴比、天地图
299—100	88	17.60	开领、哈夫病、零帕、拜客、考神、北约
99—30	205	41.00	悦活、贺岁帝、媒曝、打错门、医联码、蛋居
29—10	72	14.40	淘课族、格子领、新老年、撤办令、子弹体
9—3	85	17.00	低碳谷、半漂族、啃嫩族、漂二代、险奴
2—1	11	2.20	码奴、海藻灯、恐检族、低薪白、下井助理
总计	500	100.00	——

---

① 词与非词的划界见仁见智。本调查采取的方法是:二字单位一般确认为词,三字单位根据具体情况确认为词或短语,四字及四字以上的一般确认为短语。

表4—20 2010年度与2009年度、2008年度新词语使用频次分布对比

频次段	2010年度		2009年度		2008年度	
	数量(个)	比例(%)	数量(个)	比例(%)	数量(个)	比例(%)
≥1 000	11	2.20	14	3.53	18	5.01
999—300	28	5.60	30	7.58	28	7.80
299—100	88	17.60	58	14.65	43	11.98
99—30	205	41.00	95	23.99	62	17.27
29—10	72	14.40	115	29.04	75	20.89
9—3	85	17.00	74	18.69	95	26.46
2—1	11	2.20	10	2.52	38	10.59
总计	500	100.00	396	100.00	359	100.00

从表4—19、4—20可以看出,2010年度新词语出现频次分布状况与2009年度、2008年度相似,都是两头小,中间大。但这种状态2010年度更明显,特别高频和特别低频的词都很少。另外这3年频次段所含词数最高点逐渐增高并前移,这在图4—1中看得很清楚。

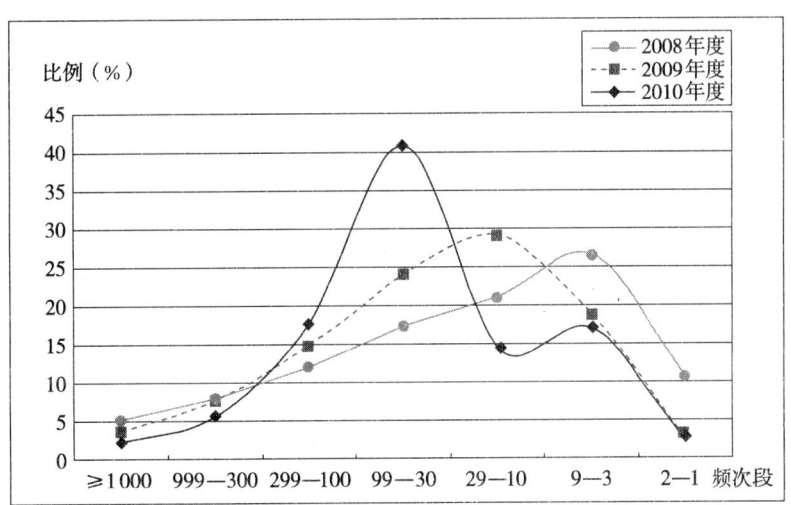

图4—1 2008、2009、2010年度新词语频次分布图

从图中可见,2008年度新词语出现最多的是在9—3这个频次段,为26.46%;2009年度是在29—10这个频次段,为29.04%;到2010年度,最高点前移至99—30这个频次段,为41.00%。这种现象可能与媒体的变化有关。新媒体如博客、微博的出现,加速了新词语的传播,也使得传统媒体上新词语的出现率增高。但总体来说,新词语的使用频率不是很高,这也体现了年度新词语的特点:在使用上,大多具有小众化的特点,还处在慢慢生长、逐渐发育阶段。其中有的

词语一旦有合适的土壤,便可能迅速成长,新颖色彩磨损,甚至进入汉语词汇的常用词系统;有的词语由于种种原因,总是带有比较高的新颖度;也有的词语在语言生活中很快隐退,成为昙花一现的历史词语。

五　2007—2009年度新词语跟踪调查

为了解2007、2008、2009年度新词语目前的使用情况,本文做了跟踪调查。方法是将2007年度的420个新词语、2008年度的444个新词语和2009年度的574个新词语[①],在国家语言资源监测语料库2010年度的语料(包括平面、有声、网络新闻3种媒体)里逐个进行检索统计。

表4—21、4—22、4—23分别显示了2007、2008、2009年度新词语在2010年度国家语言资源监测语料库中使用频次的分布情况。

表4—21　2007年度新词语在2010年度语料中使用频次分布

频次段	数量(个)	比例(%)	例　词
≥1 000	10	2.38	动车、保障房、海宝、次贷、小长假、和谐号
999—300	18	4.29	次级债、养基、霾天、次债、碳足迹、脑残
299—100	22	5.24	凤凰男、晒品、牛钉、格子铺、药事费、血奴
99—10	89	21.19	职客、试客、D字头、干物女、排队日
9—3	62	14.76	拼保姆、华漂、闪跳族、裸退、淘券族
2—1	34	8.09	限批令、亚疾病、自驾吧、辣奢族、搜遗
0	185	44.05	奥标猪、帮帮族、股友会、减排点、懒婚族
总计	420	100.00	——

表4—22　2008年度新词语在2010年度语料中使用频次分布

频次段	数量(个)	比例(%)	例　词
≥1 000	20	4.50	山寨、纠结、雷人、三聚氰胺、上网本
999—300	19	4.28	裸官、吸费、街购、雷语、限塑、云安全、动卧
299—100	25	5.63	劲走、网政、不折腾、雷主、蓝立方、雷点
99—10	84	18.92	大三通、山寨品、农二代、三胺、槑、山寨文化
9—3	65	14.64	奥运钞、纸枷锁、6时代、草食女、宅青、雷民
2—1	59	13.29	囧片、权金化、润物女、山寨街、奥衫
0	172	38.74	E爸妈、爱券族、奥钞、地铁推手、电话吸费
总计	444	100.00	——

---

① 本次跟踪调查的新词语词条根据侯敏、周荐主编,商务印书馆出版的新词语编年本《2007汉语新词语》《2008汉语新词语》《2009汉语新词语》所收词目。

表4—23 2009年度新词语在2010年度语料中使用频次分布

频次段	数量(个)	比例(%)	例　　词
≥1 000	30	5.23	围观、竞彩、秒杀、蜗居、甲流、蚁族、围脖
999—300	32	5.57	茶具、裸婚、诈捐门、被增长、蹭网卡、拉卡拉
299—100	45	7.84	占坑班、生日钞、贫二代、脖友、手机票
99—10	172	29.97	蚁居、历女、爱点、微粉、民二代、动姐
9—3	102	17.77	毕漂族、普相女、偷菜族、牛迷、院仕、漂绿
2—1	53	9.23	餐见、戒驾、麻豆族、秒友、换客族、裸归
0	140	24.39	比婚女、愁婚男、单二代、定日递、哭帖
总计	574	100.00	——

从表4—21到表4—23的数据可以看出,在2010年度的语料中,3个年度的新词语在各频次段上总体使用状况比较均衡,不同的是,随着时间距离越远,新词语使用度越低。这在图4—2中看得更清楚。

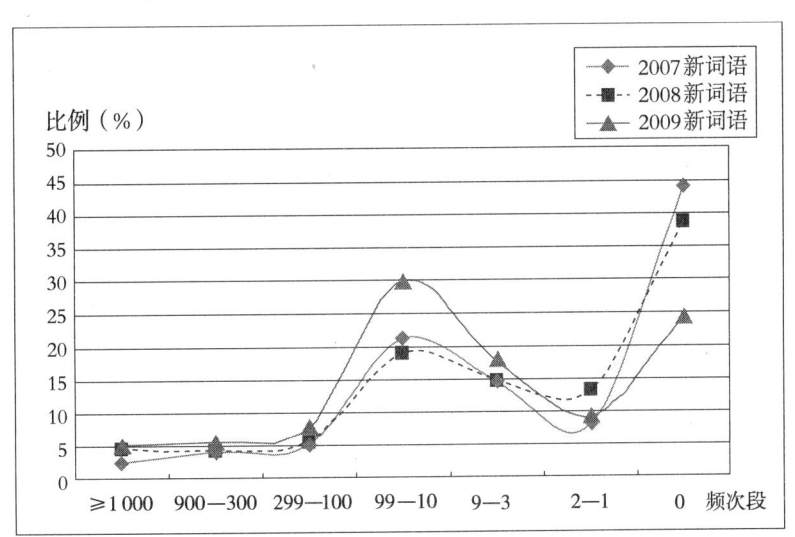

图4—2 2007、2008、2009年度新词语在2010年度语料中的使用状况

总起来看,这3个年度的新词语,在2010年度语料中出现频次在100以上的占12%到19%;频次在10以下的占25%左右;每年都有30%左右的词在2010年度语料库中没有出现,为"隐退词",2007年度新词语中隐退词高达44%。

频次在100以上的有两种情况:一种情况是该词语在产生当年就频次较高,如"快男、次贷、和谐号、山寨、上网本、雷人、三聚氰胺、甲流、蚁族、围脖"等;另一种情况是产生当年词频不是很高,后来使用频次大幅增高,如"小长假、保障房、碳足迹、动车、纠结、裸官、孩奴、官二代、织围脖"等。这些词语中有一部分很有可能会在语言生活中慢慢沉淀下来，甚至有可能进入常用词语的行列。

　　隐退词情况不一。有的是反映当年度特有的社会现象，如2007年度的"奥标猪、炒基团、返联公投、零利肉"，2008年度的"叮客、猪超强、奥运骑警、备孕帖"等，自然会随着社会情势的变化而退出现实语言生活。有的是反映当年度特有的社会事件，如2007年度的"黑窑儿童、乙肝作弊药、艳女门、橱窗夫妻"，2008年度的"水饺事件、死机短信、平江虎事件、鸟巢外交"等，这些词语产生当年词频较高，但事过境迁，只有在旧事重提时才会重新启用；这种"隐"是"时隐时现"，如2007年度的"鱼浮灵、滤油粉、蕉癌"，2008年度的"虫橘"在2009年度语料库里频次为零，但在2010年度语料中又出现了，虽然频次不高。还有的是反映当年度科技领域的新成果、新设想，如2007年度的"声波炉、数字水建筑、机器毛虫、电子飞蛾"，2008年度的"数字跑鞋、直升相机、影像探测器"，2009年度的"定位钟、纳米蜂"等，这些词语要看它们所指称的对象是否为人们生活中的必需品，像"电子飞蛾、直升相机"之类，恐怕只有在特定语境中才会较大量出现。当然也有当年度出现频次就不高，以后没有再出现过的"偶现"词语，如2007年度的"汽车病历、淘券族、熨吧"，2008年度的"助培费、纸教室、爱券族"，2009年度的"女媒青、宝宝手机、草莓孤儿"等，目前看来它们确实属于昙花一现，将来怎么样还很难说，但在年度语言生活状况的实态描述中，应该把它们记录下来，以备将来查阅。

附录

2010年度媒体新词语表(示例)

【说明】

1.《2010年度媒体新词语表》共编录500条新词语,按使用频次降序排列,收于本书所附光盘内。这里刊出其中20条作为示例。

2.每条词语都给出提示性释义、一到两个例句以及频次、文本数。

3.在对新词语进行释义时,除了依据国家语言资源监测语料库的语料外,还参考了网络上的相关资料。

4.频次、文本数是这些词条在国家语言资源监测语料库里统计的结果。词频统计中做了排除伪词频的工作。

5.除个别词条外,所引例句都源自国家语言资源监测语料库,所有引例都注明出处。例句内容不做改动,只对少量明显的别字、标点错误做了修改。例句后面没有标点的是引用的标题。凡引自广播电视节目的,注明电台或电视台、栏目(子栏目)名称、播出时间;引自报纸的,注明报纸名称和发行时间;引自网络新闻的,则注明网站、上传时间和网页地址。

6.词目后面标有"＊"号的是新词义。

编号	词目	提示性释义	例 句	频次	文本数
1	给力	①形容词。很棒、很带劲。最早出现于日本搞笑动漫《西游记：旅程的终点》的中文配音版。②动词。指给以力量，支持。	他的"羡慕嫉妒恨"准确描绘出一种普遍的国民心态，着实很给力。(2010年12月17日《新民晚报》)"文化给力百姓生活。文化，成为2010年最养眼也是最有分量的词汇之一。(2010年12月27日《人民日报》)	5 443	3 132
2	犀利哥	指一名为程国荣的乞丐，因其特别的举止和着装方式以及犀利的目光而爆红网络。	乞丐"犀利哥"的照片经网络传播，在短短一个星期之内，出乎意料地红得发紫。(2010年3月4日《北京青年报》)	4 805	1 062
3	呜呜祖拉	南非世界杯足球赛场上观众用于助威的塑料大喇叭，最早起源于非洲羚羊角制成用来驱赶狒狒的发声工具，是 vuvuzela 的音译。也写作"呜呜祖啦""呜呜组拉"。	"呜呜祖拉"是南非球迷助威的号角，球迷几乎人手一个。(2010年6月22日《人民日报》)	3 274	462
4	章鱼哥	指一只在南非世界杯足球赛期以准确预测足球比赛胜负而闻名世界的名为保罗的章鱼。又称"章鱼保罗""章鱼帝""预测帝"。	尽管南非世界杯足球赛结束已经好几个月，但"章鱼哥"保罗的离世，还是像它当初"入战入捷"的神奇预测一样，引人注目。(2010年11月1日《人民日报》)	2 633	806
5	中国达人秀	东方卫视制作的真人秀节目，旨在为身怀绝技的"达人"提供展现自己的舞台。	刘伟奏响的一曲《梦中的婚礼》，让全场观众乃至三位评委同起立鼓掌，这是中国达人秀开赛以来，前所未有的。(2010年9月2日上海人民广播电视台《七分之一》)	1 918	665
6	维基揭秘	指维基解密网站曝光美军机密资料的事件。也写作"维基揭密""维基解密"，或称"维基泄密"。	当被同及逮捕令文件是否会影响到维基揭秘继续揭秘美军文件的计划时，阿桑奇说，所有针对他的指控都不会停止维基揭秘的工作。(2010年8月24日《北京青年报》)	1 656	313
7	新国十条	2010年4月17日，国务院为遏制部分城市过快增长的房价，地价以及反映住房价过快上涨的《关于坚决遏制部分城市房价过快上涨的通知》。其内容包括十条，简称为"新国十条"，以区别于2006年和2008年发布的"国十条"。	被称为"新国十条"的上述通知，力度最广、影响最深远的指控，将对地产投资和投机性购房需求造成精准打击。(2010年4月20日《北京青年报》)	1 541	869

2010年度媒体新词语调查

编号	词目	提示性释义	例句	频次	文本数
8	胶囊公寓	指在保证住客基本生存权的前提下，将私人空间做到最小化的合理的公寓。因其形状像胶囊一样，故称。	随着"**胶囊公寓**"知名度的上涨，新浪网乐居也找上黄日新商谈合作。(2010年4月27日《新民晚报》)	1411	209
9	伪娘	通常指化妆或者装扮后像女性的男性。	一个喜欢"**伪娘**"装扮的男生来找他哭诉，张超拍拍他的肩膀："你就是一个正常人，喜欢女生打扮没什么大不了的。"(2010年6月23日《中国青年报》)	1379	475
11	世博护照	指用于收集世博会各参展展馆纪念印章的指定载体。大小及样式类似普通出国护照。	上海世博会"**世博护照**"已经推出了一款卡通版和三款标准版，之后还将推出典藏版。(2010年5月1日《光明日报》)	1037	338
13	蒜你狠	对大蒜价格涨幅过大的戏谑说法。谐音"算你狠"。	在打击了"**蒜你狠**"和"豆你玩"现象之后，游资对于农产品的投机，囤积和哄抬有所抑制，市场也趋于稳定。(2010年11月18日《北京青年报》)	878	677
16	翻墙*	利用代理或者虚拟专用网络等手段绕过防火墙屏蔽的网站。	一名工头则利用闪存驱动"**翻墙**"，浏览大量色情页面。(2010年4月24日《新民晚报》)	744	554
17	豆你玩	对绿豆、黑豆等豆类农产品价格飘升超出合理范围的戏谑说法。谐音"逗你玩"。	连日来，连续上涨的大蒜和绿豆价格，已经引起越来越多人的关注，有网民甚至给这些飞涨的农产品取了一个特殊的名字，大蒜涨价叫"蒜你狠"，绿豆、红豆、黑豆价格被戏称为"**豆你玩**"。(2010年5月30日《光明日报》)	714	589
29	漏摇	统一摇号时遗漏部分摇号者。	因人工汇总庞大的"意向选房登记数据和资料"，最终造成部分家庭"**漏摇**"事件发生。(2010年12月18日《北京青年报》)	367	296
31	微新闻	字数少、短小精悍的新闻。	"改版后，觉得更好看了。特别关注**微新闻**。"汤静对本报的微新闻印象很深。(2010年10月20日《华西都市报》)	361	318

编号	词目	提示性释义	例句	频次	文本数
36	立体快巴	中国正在研制的一种新型交通工具,在特制轨道上运行,上层载客,下层通车,时速可达60公里。也称"立体大巴""立体巴士""3D巴士"。	一种新式的交通工具——"立体快巴"明年年底有望面世。人们希望这种新式的交通工具,能缓解北京的交通拥堵。(2010年8月30日《北京青年报》)	325	33
37	慢城	一种生活节奏舒缓的城市形态。一般是人口在5万以下的城镇、村庄或社区,致力于保护与保持纯净的自然环境,推行健康的饮食与生活方式。	当你感叹世界变化"快"的时候,你又Out啦,现在有个时髦词叫"慢城",而且它已发展成为风靡全球的"慢城运动"。(2010年10月29日《中国青年报》)	310	60
43	零帕	没有压力。"零"即无的意思,"帕"是压力的衡量单位。	"零帕"是一种生活态度,在面对来自生活及工作中的各种压力时,懂得如何化压力为无形,并且始终保持积极乐观的心态。(2010年9月9日《新民晚报》)	277	69
47	空博	没有任何博文的博客。也称"空壳博客"。	有媒体指出民生博客初期存在"空博"现象,原先仓促上阵的"空博"在关闭一段时间后正待重开。(2010年6月7日《人民日报》)	265	207
49	凡客体	指网购品牌"凡客诚品"的广告文案写作模式。由一系列"爱……,爱……,爱……,我不是……,我是……"的短句组成。	从7月31日开始,在豆瓣网上以凡客广告为蓝本的"凡客体",短短一周就吸引了1万多名网民的注意。(2010年12月13日《中国青年报》)	250	78

(侯 敏、滕永林、何 伟、邹 煜撰稿;刘 佳、刘 俊、刘欣斐、吴继媛、王华英、王 宁、陈毓麒、李雪燕、马月红、张金玲参与词表研制;杨尔弘、陈 雪等提供平面媒体语言数据;何婷婷、张 勇、刘 华等提供网络媒体语言数据)

2010年度媒体流行语调查

2010年12月30日,国家语言资源监测与研究中心、北京语言大学、中国传媒大学、华中师范大学、中国新闻技术工作者联合会、中国中文信息学会在北京语言大学联合发布2010年度中国媒体十大流行语。

一 基本情况

年度媒体流行语由国家语言资源监测与研究中心平面媒体语言分中心、有声媒体语言分中心、网络媒体语言分中心联合提取,并由平面媒体语言分中心进行综合、汇总。此次流行语分为10个常规类别和5个特色专题。其中,10个常规类别包括综合类、国内时政类、国际时政类、经济类、科技类、教育类、文化类、娱乐类、体育类、社会生活类;5个特色专题分别是世博专题、楼市专题、环保专题、灾害专题、社会问题专题。

流行语是从国家语言资源监测语料库2010年1月1日—12月20日的全部语料中提取的。内容包括平面媒体语言分中心16家主流报纸语料库,有声媒体语言分中心11家电视台、10家广播电台的有声语料库以及网络媒体语言分中心2个门户网站的网络新闻,共计1 184 668个文本。[①]

流行语真实记录了2010年度的世界万象与社会变迁,客观映照了时代发展中国际和国内社会的诸多热点。诚然,发布的150个流行语并不能反映2010年度社会状况的全貌,但是通过它们,大众能够了解社会媒体关注的焦点。

2010年度流行语共分15类,其中综合类的流行语给出了其在年度间及年度内的使用率变化曲线。

---

① 16家主流报纸(按音序排列):《北京青年报》《北京日报》《北京晚报》《法制日报》《光明日报》《广州日报》《华西都市报》《今晚报》《南方周末》《钱江晚报》《人民日报》《深圳特区报》《新民晚报》《扬子晚报》《羊城晚报》《中国青年报》,共计736 691个文本,536 429 239字次语料。
广播电视语料:包括中央电视台、北京电视台、东南卫视等11家电视台以及中央人民广播电台、北京人民广播电台等10家广播电台141个栏目的转写文本,共计14 871个文本,91 414 060字次语料。
网络语料:包括新浪、腾讯2个门户网站的网络新闻,共计433 106个文本。

二 综合类流行语使用率变化曲线

地震、广州亚运会、上海世博会、高铁、低碳、微博、货币战、嫦娥二号、"十二五"规划、给力

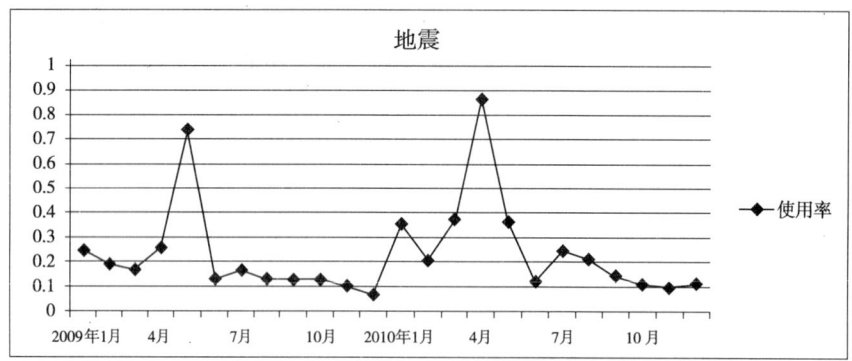

图 4—3 2009—2010 年度"地震"使用情况

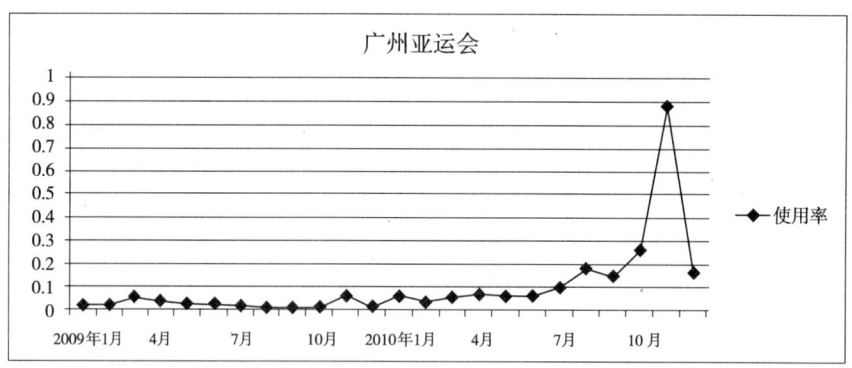

图 4—4 2009—2010 年度"广州亚运会"使用情况

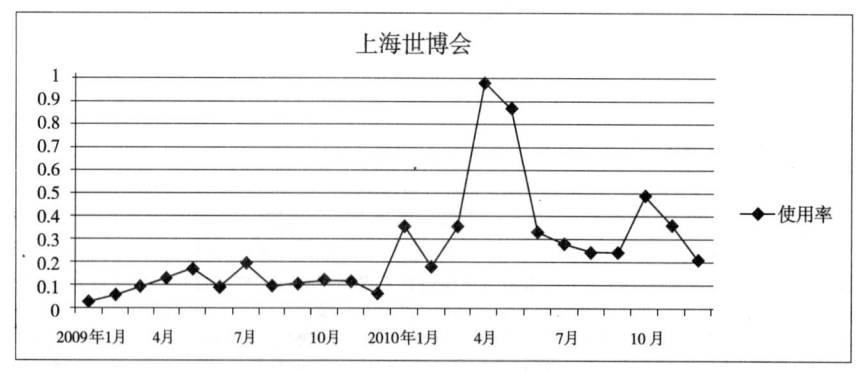

图 4—5 2009—2010 年度"上海世博会"使用情况

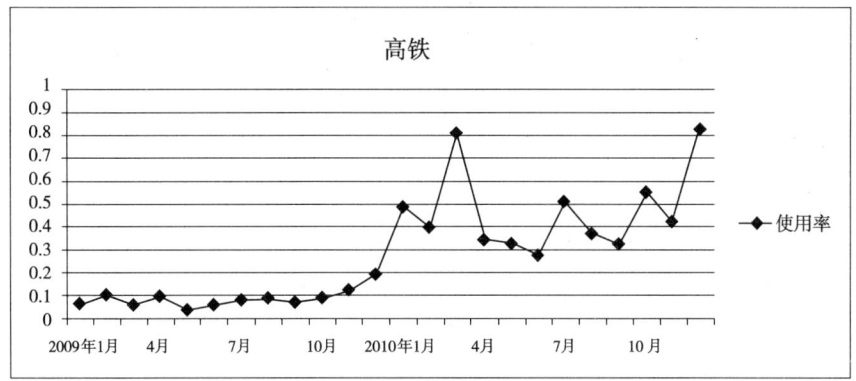

图 4—6　2009—2010 年度"高铁"使用情况

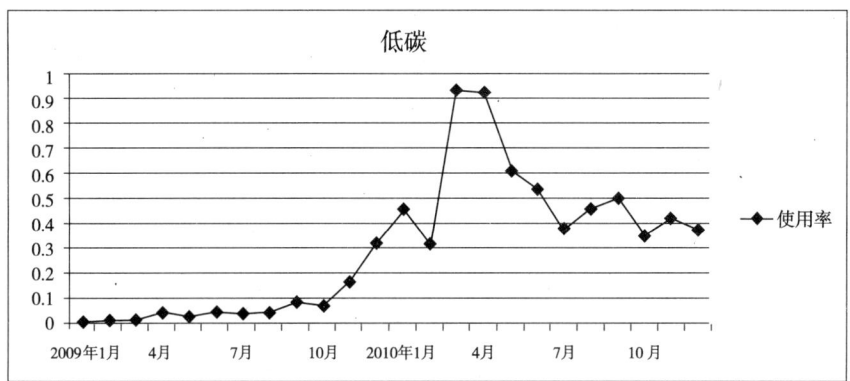

图 4—7　2009—2010 年度"低碳"使用情况

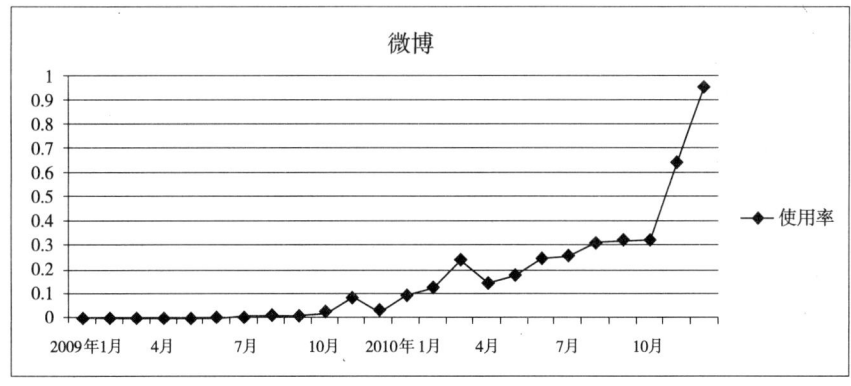

图 4—8　2009—2010 年度"微博"使用情况

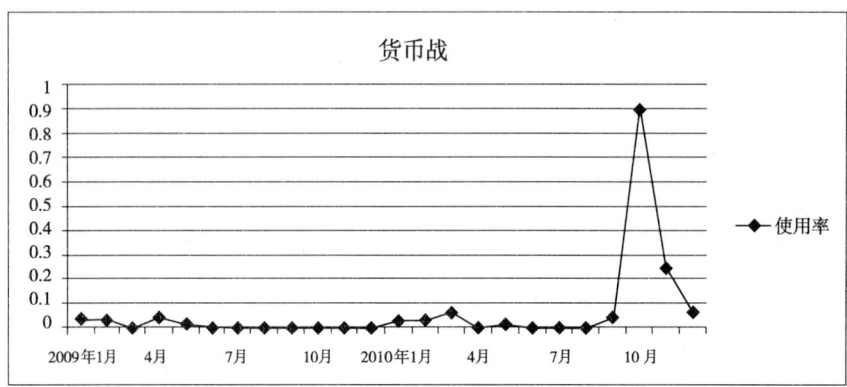

图4—9 2009—2010年度"货币战"使用情况

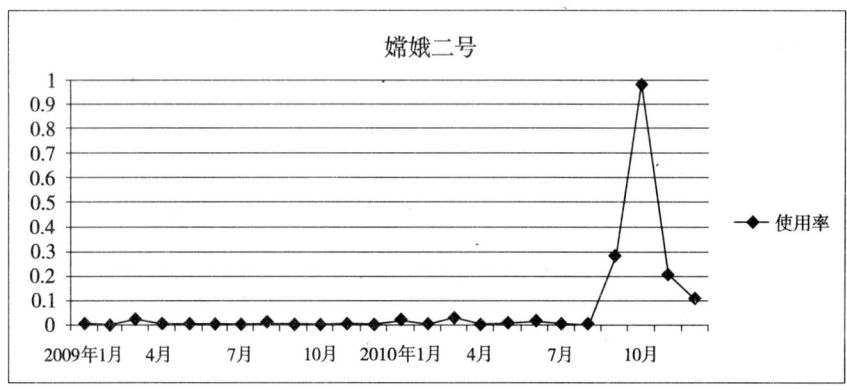

图4—10 2009—2010年度"嫦娥二号"使用情况

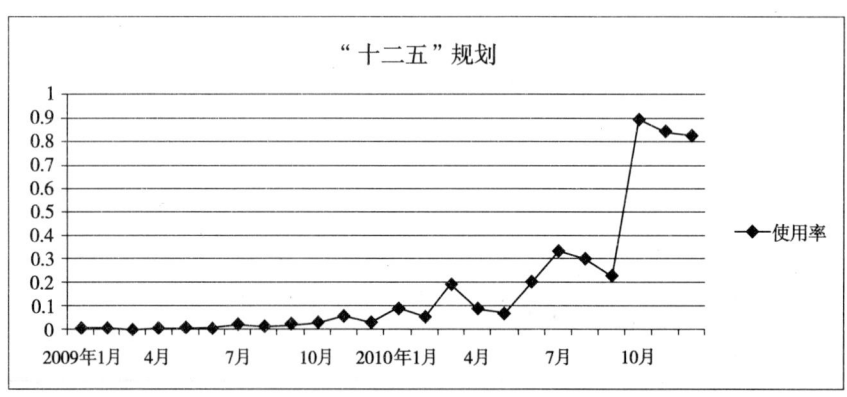

图4—11 2009—2010年度"'十二五'规划"使用情况

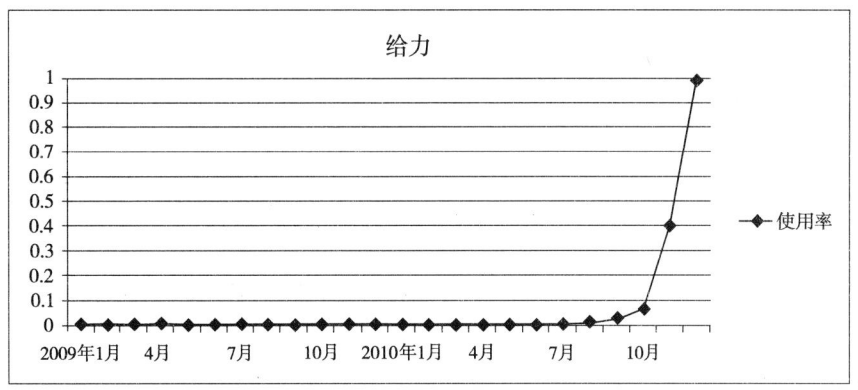

图 4—12　2009—2010年度"给力"使用情况

三　其他各类流行语

3.1　国内时政

钓鱼岛、驻京办、人民陪审团、第六次人口普查、执行力、人民调解法、包容性增长、公共服务均等化、打黑除恶、特区扩容

3.2　国际时政

红衫军、菅直人、朝韩关系、维和警察、柠檬水起义、超级细菌、维基解密、菲律宾人质事件、季莫申科、沙门氏菌

3.3　经济

高盛、股指期货、黄光裕、车船税、人民币升值、加息、融资融券、通货膨胀、民间资本、二次探底

3.4　科技

3D(3D电视、3D电影、3D技术)、三网融合、物联网、智能手机、珠海航展、云计算、探月工程、空天飞机、平板电脑、蛟龙号

3.5　教育

教育规划纲要、杨济源、高考加分、自主招生、国考、义务教育均衡发展、学前教育、校园安全、南方科大、去行政化

3.6 文化

胡其俊、张季鸾、郭明义、钱伟长、方舟子、富春山居图、丹霞地貌、裸捐、曹操墓、慈善晚宴

3.7 娱乐

阿凡达、唐山大地震、陈志云、相亲节目、周立波、中国达人秀、郭德纲、学历姐、广告植入、犀利哥

3.8 体育

中国足协、南非世界杯、呜呜祖拉、亚残运会、萨马兰奇、温哥华冬奥会、世界武搏运动会、刘翔、章鱼哥、海心沙

3.9 社会生活

团购、毕明哲、实名制、物价上涨、麻疹疫苗、蟑虫、限电、微××、腾讯与360、纠结

3.10 世博

世博园、中国馆、海宝、城市最佳实践区、国家馆日、世博游、主题馆、生命阳光馆、世博护照、城市,让生活更美好

3.11 楼市

限购令、房产税、地王、空置率、保障房、楼市新政、房贷新政、胶囊公寓、棚户区改造、央企退出

3.12 环保

节能减排、电动汽车、新能源车、零碳、资源税、绿色发展、供热计量、垃圾分类、清洁能源、坎昆气候大会

3.13 灾害

火灾、泥石流、漏油、矿难、水污染、空难、旱灾、踩踏事件、火山灰、洪水

3.14 社会问题

富士康、张悟本、强拆、圣元奶粉、问题疫苗、王贝整容、学历门、曲美、空巢老人、智障工

附录

2010年春夏季中国主流报纸十大流行语

一、综合类
地震、上海世博会、低碳、房价调控、南非世界杯、维和警察、债务危机、校园安全、"十二五"规划、墨西哥湾漏油事件

二、国内时政类
沈浩、高铁、驻京办、曹操墓、公平正义、杨济源、新生代农民工、学习型党组织、海南国际旅游岛、精神损害赔偿

三、国际时政类
红衫军、吉尔吉斯斯坦骚乱、核安全峰会、"天安"号事件、鸠山由纪夫、英国大选、莫斯科地铁爆炸、反捕鲸、波兰总统专机失事、美国医改

四、经济类
高盛、经济复苏、用工荒、经济合作架构协议（ECFA）、收购沃尔沃、创业板指数、中国—东盟自由贸易区、丰田"召回门"、结构性减税、提高存款准备金率

五、科技类
日环食、3D电视、王跃、一站式、平板电脑、人造生命、强子对撞机、三网融合、大熊猫基因组、厦门翔安隧道

六、文化娱乐类
吴冠中、阿凡达、犀利哥、小虎队、杜拉拉升职记、富春山居图、"澳门学"、非诚勿扰、华君武、网络春晚

七、体育类
萨马兰奇、温哥华冬奥会、曼德拉、赌球、东亚四强赛、花样滑冰、呜呜祖拉、扎库米、瑞士女排精英赛、女子短道速滑

八、社会生活类
绿豆、团购、大蒜、秒杀、垃圾分类、火车票实名制、最低工资标准、严打黄赌

毒、百度被黑、谷歌退出中国

九、世博专题

城市，让生活更美好、世博园、中国馆、海宝、城市最佳实践区、主题馆、生命阳光馆、世博轴、世博门票、世博护照

十、住房专题

房产税、地王、二套房贷、胶囊公寓、国十一条、政策性住房、投机性购房、经转商、78家央企退出、新国十条

十一、突发事件专题

玉树地震、手足口病、透水事故、雪灾、天坑、山体滑坡、冰岛火山灰、西南大旱、洪涝灾害、校园血案

十二、社会问题专题

富士康、张悟本、地沟油、海上皇宫、天上人间、赵作海案、止咳水、毒豇豆、山寨ATM机、局长日记

（李艳娇、杨尔弘撰稿；侯　敏等提供有声媒体语言数据；何婷婷、张　勇等提供网络媒体语言数据）

2010年度博客语言调查

博客已成为人们展示自我、发布信息和网络社交的一个重要平台,正越来越深入地影响着社会生活,本报告以网络媒体监测语料库中2010年度博客语料为基础,对中文博客进行了多角度的调查和分析。

调查语料来自新浪、网易和搜狐3家网站,这些网站都公布了名博列表,本次调查统计了这些列表中的1 929个博客用户全年发布的共计176 089个博客帖。调查内容包括博客用户发帖情况、博客用字用语情况以及博客标签使用情况等。

一 发帖情况

1.1 发帖量

统计分析各博客用户的发帖量,得到用户的年发帖量分布情况,见表4—24。

表4—24 各个发帖数量段的博客用户数分布比例

发帖数量段	用户数	用户数比例(%)	累计百分比(%)
1—10	487	25.25	25.25
11—20	254	13.17	38.42
21—30	190	9.85	48.27
31—40	126	6.53	54.80
41—50	99	5.13	59.93
51—100	304	15.76	75.69
101—200	246	12.75	88.44
>200	223	11.56	100.00

统计结果表明,年发帖量小于或等于50的用户占总用户数的59.93%,发帖量小于或等于200的用户占总用户数的88.44%。发帖量最多的用户全年发帖3 076篇,有72个用户全年只发帖1篇,平均每个用户发帖91篇。

年发帖量在200以内的用户的发帖数分布见图4—13,其中横轴表示发帖数量段,纵轴表示发帖量在某一范围的博客用户数占博客用户总数的比例。

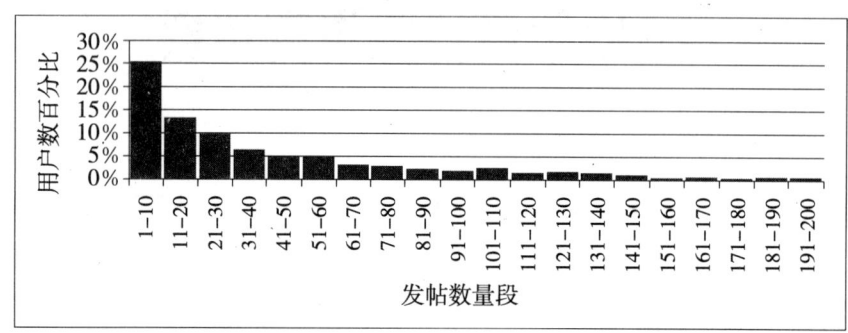

图4—13 各个发帖数量段的博客用户数分布(发帖数小于或等于200的用户)

1.2 博客帖长度分布

博客帖长度指博客帖中包含的字符个数。博客语料中,全部博客帖的平均长度为3 369个字符,最长的博客帖包含2 682 992个字符,最短的博客帖只有7个字符。博客帖长度分布的统计数据见表4—25。

表4—25 博客帖长度分布比例

长度范围(字符)	博客帖数	所占比例(%)	累计百分比(%)
1—100	6 853	3.89	3.89
101—200	6 126	3.48	7.37
201—300	5 471	3.11	10.48
301—400	5 378	3.05	13.53
401—500	5 454	3.10	16.63
501—600	6 097	3.46	20.09
601—700	6 006	3.41	23.50
701—800	6 050	3.44	26.94
801—900	6 714	3.81	30.75
901—1 000	6 963	3.95	34.71
1 001—2 000	59 713	33.91	68.62
2 001—3 000	24 375	13.84	82.46
3 001—4 000	10 862	6.17	88.63
4 001—5 000	5 727	3.25	91.88
≥5 000	14 300	8.12	100.00

从表4—25可以看到,长度小于等于1 000的博客帖占博客帖总数的34.71%,长度在1 001到2 000之间的博客帖占博客帖总数的33.91%,长度小于等于5 000的博客帖占总数的91.88%。

1.3 博客帖标题长度分布

博客帖标题长度指博客帖标题中包含的字符个数。全部博客帖标题的平均长度为 15.5 个字符,最长的 86 个字符,最短的 2 个字符。博客贴标题长度分布比例如表 4—26 所示。

表 4—26　博客帖标题长度分布比例

长度范围(字符)	博客帖数	所占比例(%)	累计百分比(%)
2—10	37 210	21.13	21.13
11—20	103 613	58.84	79.97
21—30	32 511	18.46	98.44
>30	2 755	1.56	100.00

统计结果表明,标题长度小于等于 30 个字符的博客帖约占总数的 98.44%。进一步分析长度在 30 个字符以内的博客标题,其长度分布如图 4—14 所示。图中横轴表示博客帖标题长度,纵轴表示标题长度为某一值的博客帖数占全部博客帖的比例。

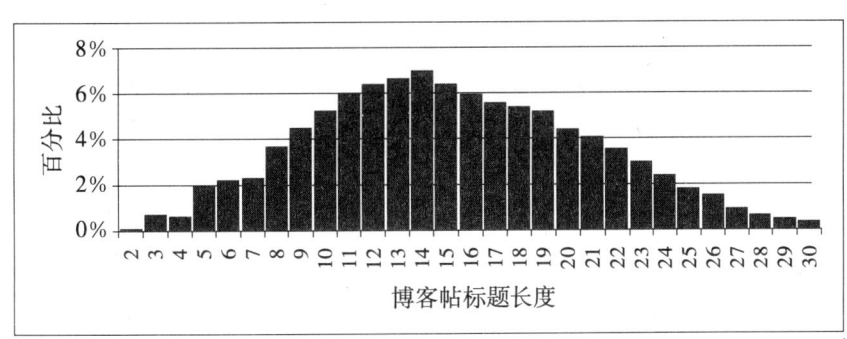

图 4—14　长度小于等于 30 个字符的博客帖标题长度分布

二　汉字使用情况

2.1　基本数据[①]

全部博客语料中汉字的字种数为 12 172,占字符种数的 93.50%;总字次为

[①] 本次调查在统计汉字时以 Unicode 中的 CJK 统一汉字(0×4E00-0×9FBB)和 CJK 统一汉字扩充 A(0×3400-0×4DB5)两个区间为判定汉字的标准,这两个区间共有汉字 27 506 个。

459 373 079，占总字符次的 86.12%。表 4—27 显示了各级覆盖率下所用字种数和字种比例。

表 4—27　汉字覆盖率及字种数统计

覆盖率(%)	字种数	字种比例(%)	覆盖率(%)	字种数	字种比例(%)
10	6	0.05	91	1 071	8.80
20	22	0.18	92	1 148	9.43
30	51	0.42	93	1 237	10.16
40	94	0.77	94	1 342	11.03
50	156	1.28	95	1 470	12.08
60	248	2.04	96	1 627	13.37
70	384	3.15	97	1 833	15.06
80	597	4.90	98	2 126	17.47
90	1 004	8.25	99	2 652	21.79
			100	12 172	100.00

从表 4—27 可以看到：高频的前 597 个汉字仅占汉字字种数的 4.90%，覆盖了全部语料的 80%；前 1 004 个汉字占汉字字种数的 8.25%，覆盖了全部语料的 90%；前 2 652 个汉字占汉字字种数的 21.79%，覆盖了全部语料的 99%。

2.2　与网络(新闻)的比较

将博客语料和网络新闻语料的用字情况进行比较，可以看出博客的用字特点。表 4—28 中分别列出了两种语料的汉字总字次、字种数，以及它们的共用字种数、独用字种数。表 4—29 中分别列出了当覆盖率达到 80% 和 90% 时，两种语料的汉字字种数。从表 4—28 和表 4—29 可以看出，相对于网络(新闻)，博客用字范围更广。

表 4—28　博客和网络(新闻)用字比较

语料类别	总字次	字种数	共用字种数	独用字种数
博客	459 373 079	12 172	7 760	4 412
网络(新闻)	345 675 595	8 034		274

表 4—29　博客和网络(新闻)汉字覆盖率比较

语料类别	覆盖率达到 80% 的字种	覆盖率达到 90% 的字种	覆盖率达到 99% 的字种
博客	597	1 004	2 652
网络(新闻)	581	941	2 321

利用汉字频序比值对博客和网络(新闻)的高频字进行分析,表4—30中分别列出了两种语料中频序比值最高的15个汉字。可以看出,博客语料中频序比值高的汉字很多都是与个人生活相关的,而网络(新闻)语料中频序比值高的汉字很多都是与体育相关的,这在一定程度上也体现了两类语料各自的特点。

表4—30 高频序比汉字列表

语料类别	例 字
博客	你 学 那 么 文 我 虎 真 爱 读 什 语 看 就 想
网络(新闻)	赛 球 队 司 元 车 公 场 将 讯 季 篮 尔 示 月

三 词语使用情况[①]

3.1 覆盖率

不区分词性时,博客语料中覆盖率达99%的词语计98 131个词种[②],出现178 264 097次。表4—31显示了博客语料中10%到99%的各级覆盖率下的所用词种数。

表4—31 覆盖率与词种数

覆盖率(%)	词种数	词种比例(%)	覆盖率(%)	词种数	词种比例(%)
10	3	0.00	91	13 713	2.18
20	18	0.00	92	15 785	2.51
30	61	0.01	93	18 355	2.92
40	166	0.03	94	21 641	3.44
50	418	0.07	95	25 961	4.13
60	913	0.15	96	31 942	5.08
70	1 905	0.30	97	40 874	6.50
80	4 228	0.67	98	56 557	8.99
90	12 008	1.91	99	98 131	15.61

3.2 专有名词

3.2.1 基本数据

本次调查的专有名词包括机构名、地名和人名。其中,机构名、地名(包括国

---

① 本次调查采用的分词标注软件由中国传媒大学开发。
② 考虑词性信息时,覆盖率达到99%时,全部博客语料中共有101 707个词种。

家名)和人名 3 类专有名词共有 23 650 种。具体数据见表 4—32。

表 4—32 专有名词统计情况

类别	词种数	总词次
机构名	3 356	705 481
地名	4 535	2 798 603
人名	15 759	2 474 429
总计	23 650	5 978 513

3.2.2 高分布率专有名词

分布率表现了词语在语料中的散布程度,专有名词的分布率越高,表明其被用户关注的程度越高。本文对博客语料中前 50 个高分布率机构名、地名和人名做了简单归类,从中可以看出博客用户关注的话题。

首先来看前 50 个高分布率机构名。从地域看,中国内地的机构名有 42 个,境外机构名有 8 个。从类型上看,最多的是涉及政治、军事的机构名,有 20 个;其次是互联网公司机构名,有 11 个;与金融相关的机构名有 6 个;与新闻传媒相关的机构名有 5 个;与教育科研相关的机构名有 5 个;一般公司机构名有 3 个。

再来看前 50 个高分布率地名。洲级地名 3 个,为"欧洲、亚洲、非洲";国家名 20 个,其中"中国、美国、日本"居前三位。中国的省、自治区、直辖市、特别行政区名 16 个,其中"北京、上海、台湾"居前三位。城市名 8 个,其中,国内城市名 7 个,排前三位的分别是"广州、深圳、南京";国外城市为"纽约"。其他地名 3 个。

最后来看前 50 个高分布率人名。国内人名有 42 个,国外人名有 8 个,国外人名中"奥巴马、巴菲特、马克思"居前三位。国内人名中,与影视娱乐相关的有 15 个,与政治军事相关的有 9 个,与历史相关的有 7 个,与文学相关的有 4 个,企业界人名有 3 个,其他与社会问题、体育等相关的人名共 4 个。

四 博客标签使用情况

博客标签通常体现了博客所关注的主题。博客标签的添加主要有 3 种方式:(1)博客用户填写若干个关键词作为标签;(2)部分博客网站提供的"自动匹配标签"功能,自动为博客帖匹配合适的标签;(3)如果以上两种标签填写的方式都不采用,部分博客网站会自动填写一个默认标签"杂谈"。

本次调查从博客语料中总共提取了 421 308 个标签,去重后共 69 029 种。

4.1 标签长度分布

标签长度指标签中包含的字符个数,表4—33显示了标签长度分布情况,长度小于8的标签占标签种数的99.26%。

表4—33 标签长度分布情况

标签长度	标签数量	比例(%)	累计比例(%)
1	300	0.43	0.43
2	20 214	29.28	29.71
3	15 380	22.28	51.99
4	20 978	30.39	82.38
5	5 604	8.12	90.50
6	3 904	5.66	96.16
7	2 138	3.10	99.26
≥8	511	0.74	100.00

图4—15是长度小于8的标签分布的柱形图,从中可以明显看出,绝大部分标签的长度为2到7之间,长度为2或者4的标签最多,其次是长度为3的标签。

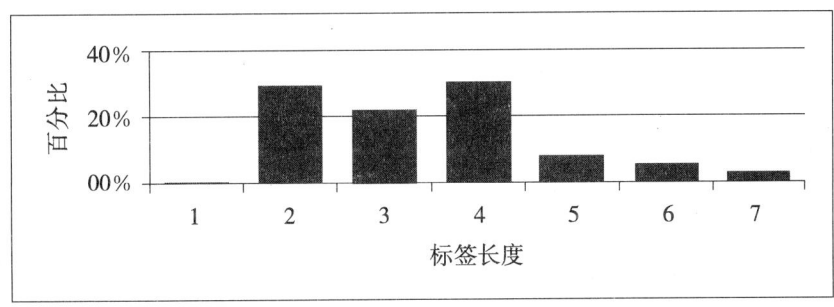

图4—15 长度小于8个字符的标签长度分布

4.2 标签用户数

标签用户数是指使用这个标签的用户人数,体现了用户对这个标签所对应话题的关注程度,相对于标签频次,它能更好地反映用户对标签所代表的主题的关注度。表4—34显示了标签用户数分布情况,用户数为1的标签占标签种数的76.28%,用户数小于10的标签占标签种数的98.26%,这说明了博客标签的个性化程度很强。

表 4—34　标签用户数分布情况

用户数	标签数量	比例(%)	累计比例(%)
1	52 657	76.28	76.28
2	7 941	11.50	87.78
3	3 098	4.49	92.27
4	1 565	2.27	94.54
5	939	1.36	95.90
6	621	0.90	96.80
7	477	0.69	97.49
8	284	0.41	97.90
9	243	0.35	98.26
≥10	1 204	1.74	100.00

表 4—35 中列出了用户数最多的前 150 个标签及其用户数。

表 4—35　用户数最多的标签列表

标签	用户数	标签	用户数	标签	用户数
杂谈	706	香港	90	经济	62
娱乐	390	育儿	89	环保	62
文化	266	足球	87	微博	61
情感	231	美食	82	冯小刚	60
中国	179	阿凡达	81	台湾	60
体育	167	爱情	80	非诚勿扰	60
旅游	165	电影	79	韩寒	59
财经	157	2010	78	赵本山	59
世界杯	151	房价	78	世博	59
北京	145	80后	77	孔子	59
时尚	142	汽车	76	生活	59
教育	137	韩国	75	游戏	58
上海	134	IT	70	深圳	58
转载	132	地震	70	两会	57
美国	131	军事	68	星座	55
休闲	127	春节	66	朝鲜	53
房产	123	校园	65	南非世界杯	53
世博会	109	婚姻	65	互联网	52
健康	105	玉树	64	郭德纲	52
股票	101	美女	64	奥巴马	52
日本	96	女性	63	宋体	52
春晚	91	广州	62	唐山大地震	51

(续表)

南非	51	历史	42	印度	35
低碳	50	电视	42	杭州	35
明星	50	法国	42	模特	35
理财	50	湖南卫视	42	电视剧	35
张艺谋	49	手机	42	留学	35
新年	49	女人	42	法律	35
家居	48	英国	41	红楼梦	35
潜规则	48	股市	40	蜗居	35
章子怡	48	赵薇	40	职场	35
范冰冰	48	西班牙	40	广告	35
让子弹飞	47	好莱坞	40	圣诞节	35
证券	47	房地产	40	周迅	34
德国	47	大学生	40	徐帆	34
央视	47	写真	40	奥运	34
两性	47	服装	40	成都	34
科技	47	李宇春	39	男人	34
重庆	46	毛泽东	39	A股	34
音乐	45	幸福	39	黄晓明	34
高考	45	摄影	39	阿根廷	34
基金	45	姜文	39	虎年	33
影评	44	富士康	38	大雪	33
王菲	44	家庭	37	山楂树之恋	33
宗教	43	巴西	37	娱乐圈	33
就业	43	大S	37	人生	33
慈善	43	张柏芝	36	信仰	32
成龙	43	上海世博会	36	创业板	32
三国	43	养生	35	生日	32
GDP	42	亚运会	35	曹操	32

对表4—35中列出的标签所属的话题领域做简单归类,统计各类别的标签种数如表4—36,可以看到,与影视、娱乐相关的标签最多,其次是与情感、生活相关的标签。

表4—36 用户数最多的标签领域分布情况比较

标签所属领域	标签种数
影视、娱乐	35
情感、生活	28
社会、政治	18

（续表）

教育、文化	17
财经	13
体育	6
科技	6
其他	27

（何婷婷、涂新辉）

维吾尔语小学、初中语文教材用词调查

语文教材的用词状况直接关系到语文教学效果。本次主要调查了九年义务教育阶段维吾尔语文新课标教材中的用词状况。

本次调查选取的是，新疆维吾尔自治区九年义务教育教材审定委员会审定、新疆教育出版社出版的九年义务教育新课程标准普通班实验教科书（简称"普通班版"）和九年义务教育新课程标准双语班实验教科书（简称"双语班版"）的维吾尔语文教材。这两种版本的教材是目前新疆维吾尔自治区九年义务教育通用教材。由于一年级教材主要以识字为主，词汇量非常小，所以本次调查选取了小学二年级到初中三年级共 8 个年级的两种版本的语文教材。每个年级的教材分上下两册，共 16 册，两套教材合计 32 册。两套教材共有课文 1 270 篇，其中普通班版 656 篇，双语班版 614 篇，有少量课文是两套教材共选的。表 4—37 显示了两套教材之间课文篇目的异同情况。

表 4—37　课文篇目统计

教材＼类型	课文		独有课文		共有课文
	普通班版	双语班版	普通班版	双语班版	
二年级上册	32	22	32	22	0
二年级下册	33	27	26	20	7
三年级上册	35	33	29	27	6
三年级下册	38	33	32	27	6
四年级上册	36	33	29	26	7
四年级下册	42	35	27	20	15
五年级上册	48	51	33	36	15
五年级下册	46	48	41	43	5
六年级上册	51	48	35	32	16
六年级下册	38	39	31	32	7
七年级上册	51	47	44	40	7
七年级下册	46	44	37	35	9

(续表)

八年级上册	46	43	37	34	9
八年级下册	44	45	37	38	7
九年级上册	38	37	26	25	12
九年级下册	32	29	26	23	6
总计	656	614	522	480	134

从表4—37看出，两套教材选文差别还是比较大的，各自独有的课文占了较大比例。普通班版教材几乎每册的课文数量和独有课文数量均大于双语班版对应级册，说明普通班版教材选文数量相对较大，内容更丰富。

下面的调查主要从用词概貌、学段用词、各册用词3个方面进行。

一　用词概貌

1.1　基本数据

维吾尔语中的词由单个或多个字母组成，书写时以词为单位连体书写，词与词之间以空格隔开，标点符号紧跟在词语之后。

本次调查项目包括词次、词种和词干种。

两套教材总词次540 294次；总词种数68 979个；总词干种数24 568个。具体情况见表4—38。

表4—38　用词统计

教材	词次	词种数	词干种	共用词干	独用词干
普通班版	293 268	56 174	22 171	18 728	3 443
双语班版	247 026	50 249	21 125	18 728	2 397

从表4—38可见，普通班版与双语班版词次相差46 242，词种数量相差5 925，词干种数量相差1 046，说明两套教材语料的量、词种数和词干种数具有一定的差异。

1.2　长词使用

维吾尔语的词语长度可根据其构成的字母个数来计算。两套教材出现的最长词长度为27个字母。下面列出10个长词：

چىقىرىۋاتقانلىقىڭلارنىمۇ(不能集中的)、**مەركەزلەشتۈرەلمەيدىغانلارنى**(就连被你们赶出去)、**بويسۇندۇرۇلايدىغانلىقىغا**(去征服)、**ئايرىلالمايدىغانلىقىمىزنى**(我们不能离开彼此)、**مۈجەسسەملەشتۈرۈۋالغاندەك**(好像明白的样子)、**مۆئەييەنلەشتۈرمەكچىمەنكى**(我准备确定)、**ئايلاندۇرۇلايدىغانلىقىغا**(可以转动、运转或周转)、**ئالماشتۇرۇۋېلىنغانلىقنى**(被交换)、**يوشۇرۇنالمايدىغانلىقىنى**(无法被隐瞒)、**مەسلىھەتلىشىۋالغاندەكلا**(就像提前商量好了似的)。

其中第一个词长度为27个字母，第2至第5个词长度为24个字母，第6至第10个词长度为23个字母。但是这些词使用频率非常低，其中3个词出现过2次，其他的只出现过1次。

1.3 独用词干

两套教材中，普通班版独用词干3 443个，双语班版独用词干2 397个。表4—39列出两种版本教材频次排在前50的独用词干。

表4—39 独用词干使用状况

教材	独用词干个数	前50个高频独用词干
普通班版	3 443	شياڭگاڭ، رېيىس، داۋد، تازچاق، يادرو، چېيىردى، كابەگ، مەختۇم، سانئېن، خۇامخې، باقاۋۇل، مەختۇمسۇلا، ئۇقتۇرۇش، باكتېرىيە، يادروس، يادروسى، تۆلكچاق، ئارخمەندرت، سۇسان، موناخ، ياقۇپباي، نوگاي، كىۋرى، دىنازاۋۇر، مارىيا، شاركىرات، ژېنىنى، ھۆجەيرە، پۆكەي، ئولىمپىك، كىس، قۇتۇپ، مەيپوروش، توشۇغۇچى، خارت، ثاقپالتا، تورۇس، ئادىسلبەگ، ماگرېتا، نۆزۈك، ماگرېت، ۇبرسال، ئېرپان، ستىشوۋت، سوغىسى، خارتۇم، كسالاتا، قەشقىرى، كسال، لياڭشەن (50)
双语班版	2 397	فېنول، ھۆسەيىن، مۆختەربايى، مۆختەر، كرۇرران، قارچغى، فېنولوگىيە، دۇۋال، ماكېنى، ئىلاخۇن، سالاملشىش، گۆلەم، قارغۇجا، ساتار، سەئىدخان، تەگىرقۇت، مخايلوۋىچ، ۋىزباي، لەھپوزباي، بۇلۇق، چاتاش، ياۋروپاچە، پېلانپتا، بۇغۇملۇق، سابا، ياركەنت، تۆگكۈس، سابان، فېنولوگېيسلك، بابۇرخان، مۇلچەرتاغ، گىرسستانىنو، قۇتلۇقجان، خۇرۇچ، رىبفلېكس، خەلەپ، زىياۋۇدۇن، مورفىما، جىھەنىم، مالاي، مەئسمۇن، دۇئجان، مىڭبېگى، قوشچى، لىرا، نېپال، ياۋچى، ئايازبېك، قوشچى، تۆركۈلۇگ، نېروۋا (50)

二 词种与词频

2.1 词种与词频的关系

频次与词种的关系能从一定角度反映词在教材中的使用情况，统计结果见表4—40。

表 4—40　词频分布

频次段	词种数	占总词种数的比例(%)
1	26 405	38.28
2	18 210	26.40
3	4 999	7.25
4	4 119	5.97
5	2 276	3.30
6—10	5 741	8.32
11—20	3 440	4.99
21—100	3 153	4.57
>100	636	0.92
总计	68 979	100.00

表 4—40 显示，两套教材中，仅出现 1 次的词有 26 405 个，占总词种数的 38.28%。频次为 5（包括 5）次以下的词为 56 009 个，占总词种数的 81.20%，说明维吾尔语词种数量庞大，用词分散。频次为 6（包括 6）次以上的词有 12 970 个，占总词种数的 18.80%，其中频次为 11（包括 11）次以上的词有 7 229 个，占总词种数的 10.48%。

2.2 词种覆盖率

覆盖率是反映词语影响力的一个重要指标。两套教材不同覆盖率的词种数及其比例见表 4—41。

表 4—41　不同覆盖率的词种数

覆盖率(%)	词种	频次	占总词种数的比例(%)
50	1 487	270 146	2.16
60	3 031	324 191	4.39
70	6 076	378 218	8.81
80	12 574	432 240	18.23
90	28 762	486 265	41.70
95	42 269	513 279	61.28
96	47 367	518 682	68.67
97	52 770	524 085	76.50
98	58 173	529 488	84.33
99	63 576	534 891	92.17
100	68 979	540 294	100.00

2.3 词种分布

词种分布是指词种在课文中的分布状况。两套教材共有课文1 270篇,按课文数来统计词语的分布,可以说明词语的课文使用范围。分布最广的词语是بىر(一,995)、بىلەن(与或和,958)、بۇ(这,907);有28 666个词种只在一篇课文中出现。调查结果见表4—42。

表4—42 词的课文分布情况统计

课文数	词种	比例(%)
1	28 666	41.56
2—5	29 684	43.03
6—10	4 950	7.18
11—50	4 709	6.83
51—100	589	0.85
101—200	241	0.35
201—300	76	0.11
301—400	35	0.05
401—500	13	0.02
≥501	16	0.02

表4—42显示,分布在51篇课文以上的有970个词语,占词语总数的1.40%。只出现在1篇课文中的词语达28 666个,占词语总数的41.56%;1—5篇的词语占词种数的84.59%。可见,教材词语数量大,但大多属低频词,课文分布率低,词语使用分散。

2.4 高频词

高频词指在两套教材语料中频次累加覆盖率达到90%的全部词语。高频词的词种数为28 762个,占全部词种数的41.70%。其中覆盖率达到50%时有1 487个词;覆盖率达到60%时有3 031个;覆盖率达到80%时有12 574个词。

选取词频覆盖率达到50%时的1 487个词形成《维吾尔语小学、初中语文教材高频词表》,收录在本书光盘内。其中覆盖率达到10%、20%、30%、40%、50%时所对应的高频词个数分别为19、98、282、682和1 487。表4—43给出前100个高频词的相关信息。表中的"长度"指的是词语构成的字母个数。

表4—43　前100个高频词

序号	词汇	汉译	频次	文本	长度	序号	词汇	汉译	频次	文本	长度
1	بىر	一	7 114	995	3	40	ھەم	又	775	379	3
2	بىلەن	与、和	6 114	958	5	41	چىقىپ	时态(去)	759	332	5
3	بۇ	这	5 828	907	2	42	ئۇلارنىڭ	他(它、她)们的	748	357	7
4	ئۇ	他、它、她	4 498	798	1	43	كېلىپ	时态(来)	734	390	5
5	ۋە	和	4 172	817	2	44	قانداق	怎么样	725	376	6
6	دەپ	说、告诉	2 980	737	3	45	قالدى	留下	722	299	5
7	بولۇپ	完成、过后	2 755	773	5	46	تۇرۇپ	时态(去)	713	379	5
8	مەن	我	2 751	544	3	47	ئەمەس	不是	710	338	4
9	ئۇنىڭ	他(它、她)的	2 516	615	4	48	دە	说、告诉	709	270	2
10	يەنە	还、又	1 773	621	4	49	خىل	种	705	303	3
11	ئىدى	时态(是)	1 657	452	3	50	بېرىپ	时态(去)	700	354	5
12	كېيىن	以后、后来	1 621	557	5	51	ياخشى	很好、非常好	698	350	5
13	قىلىپ	时态(做)	1 569	610	5	52	سۇ	水	691	238	2
14	ئۈچۈن	所以	1 475	549	4	53	بالا	小孩、祸害	690	199	4
15	شۇ	是的、那个	1 462	537	2	54	كۆپ	多	679	365	3
16	ئىككى	二	1 323	295	4	55	كېرەك	应该	671	312	5
17	ئىككى	有	1 313	454	4	56	تۇرغان	时态(站立)	665	330	6
18	بار	说	1 300	552	3	57	ياكى	或者	652	307	4
19	ئۇلار	他(它、她)们	1 206	425	5	58	ماڭا	对我	650	291	4
20	قاراپ	时态(看)	1 193	437	5	59	ئۇنىڭغا	向他(她、它)	634	351	6
21	ئېلىپ	时态(拿)	1 115	454	4	60	كەلدى	来了、已来	620	289	5
22	ئۇنى	把他(它、她)	1 085	483	3	61	ئەمدى	现在、本次	617	264	4
23	بولغان	时态(快)	1 067	503	6	62	مېنىڭ	我的	605	253	5
24	بولىدۇ	可以、行、同意	1 053	405	6	63	كەتكەن	已去、已走	602	302	5
25	بىز	我们	1 047	380	3	64	ئىكەن	时态(是的)	601	306	4
26	لېكىن	但是	965	421	5	65	ئەڭ	最	599	312	2
27	دېگەن	是、说的	962	452	5	66	باشقا	其他(她、它)	595	349	5
28	كەتتى	走了	958	345	5	67	مېنى	把我	589	252	4
29	نېمە	什么	913	338	4	68	يەر	土地、地	586	276	3
30	بولدى	自己(人)	900	379	5	69	ناھايىتى	很、非常	584	301	8
31	بۆز	行了、发生	896	407	2	70	يىل	年	582	297	3
32	شۇنداق	就是、就那样	893	399	6	71	قېتىم	次	581	318	5
33	چوڭ	大	885	425	3	72	يىلى	年	578	279	4
34	بولسا	是、就是	878	400	5	73	ئۇيغۇر	维吾尔族	576	137	6
35	يوق	没有	864	364	3	74	دەپتۇ	已说、已告诉	576	145	5
36	ھەر	每一个	851	427	3	75	كۈن	日	575	279	3
37	كۈنى	日	806	420	4	76	ئىچىدە	里、里面、内	563	319	5
38	ئادەم	人	803	356	4	77	قارا	黑	555	225	4
39	سەن	你	795	260	3	78	قىلغان	已做	553	312	6

(续表)

79	ئىش	事、事情	548	302	2	90	شۇڭا	所以	496	300	4
80	ئاندىن	以后、后	545	313	5	91	كۆز	眼睛、眼光	493	292	3
81	مۇشۇ	这是、这	545	286	4	92	يەردە	在地上	487	257	5
82	قالغان	时态(留、停下)	543	286	6	93	يەرگە	向地、低头	479	243	5
83	كۆرۈپ	时态(看、朝)	536	312	5	94	ئاق	白	477	218	2
84	خۇددى	好像	527	261	5	95	بەك	太	476	263	3
85	چاغدا	时候	522	299	5	96	مانا	这儿、朝	476	230	4
86	كىچىك	小	519	304	5	97	كەلگەن	来过	474	265	6
87	ئۈچ	三	515	276	2	98	كىشىلەر	人民	474	261	7
88	ئانا	母亲	513	186	3	99	قويۇپ	时态(放着)	469	253	5
89	يول	路	513	232	3	100	ئەمما	但是	457	253	4

2.5 高频词干

本调查利用自动词干提取工具与人工干预的方法从 68 979 个词种中共获得 24 568 个词干种。从词种覆盖率达到 50% 时的 1 487 个词中提取词干 1 279 个；从覆盖率达到 60% 时的 3 031 个词中提取词干 2 526 个；从覆盖率达到 80% 时的 12 574 个词中提取词干 8 974 个；从覆盖率达到 90% 时的 28 762 个词中提取词干 16 046 个。

选取按频次降序排列的前 5 000 个词干形成《维吾尔语小学、初中语文教材 5 000 词干表》，收录在本书光盘内。本文附录给出该表的前 100 个词干作为示例。

三 学段用词与各册用词

3.1 学段用词

3.1.1 学段用词数据

参照《全日制义务教育"双语"班母语文课程标准(实验稿)》[①]，本调查以学段为统计单位。其中，小学二到三年级为第一学段，四到六年级为第二学段，初中一到三年级为第三学段。统计结果见表 4—44。

---

① 新疆维吾尔自治区制定，新疆教育出版社 2009 年版。

表 4—44　各学段用词统计

用词\学段	普通班版			双语班版		
	词次	词种	词干种	词次	词种	词干种
第一学段	22 768	8 838	5 885	19 671	7 888	5 511
第二学段	93 407	25 087	13 644	90 825	25 487	13 979
第三学段	177 093	41 160	18 820	136 530	34 425	17 037

表 4—44 显示，在 3 个学段中，两套教材的词次、词种、词干种均显著增长，符合学生随学段增长的认知规律。第一、二个学段，两套教材的教学词汇量差异不明显，进入第三学段后，普通班版教材的词次、词种和词干量均明显高于双语班版教材，反映出双语班版教材在初中阶段对词汇教学的目标要求低于普通班版教材。

3.1.2　学段新增词干

表 4—45　各学段新增词干比较

教材	第一学段		第二学段		第三学段	
	词干种	新增词干种	词干种	新增词干种	词干种	新增词干种
普通班版	5 885	5 885	13 644	8 978	18 820	7 308
双语班版	5 511	5 511	13 979	9 526	17 037	6 088

表 4—45 显示，两套教材基本呈现出词干量随学段增长，新增词干在第一、二学段增加，第三学段减少的态势，这种状况与维吾尔语词本身的黏着性结构特点以及教学规律有关，说明维吾尔语词干构词能力强的特点。

3.2　各册用词

下面是各册教材的用词情况统计。

表 4—46　各册用词情况统计

册号	普通班版				双语班版			
	词次	词种	词干种	新增词干种	词次	词种	词干种	新增词干种
3	2 242	1 444	1 246	1 246	1 594	973	837	837
4	4 651	2 452	1 996	1 475	4 217	2 281	1 835	1 494
5	7 823	4 077	2 966	1 797	6 720	3 557	2 790	1 853
6	8 052	3 783	2 941	1 367	7 140	3 524	2 726	1 327
7	13 668	5 967	4 395	1 940	12 530	5 745	4 299	2 056
8	11 778	5 582	4 190	1 428	11 591	5 566	4 213	1 578
9	14 166	6 517	4 863	1 630	14 645	6 618	4 917	1 661
10	18 701	7 682	5 532	1 587	19 182	8 278	5 806	1 810
11	18 371	8 001	5 861	1 420	16 263	7 493	5 534	1 453

(续表)

12	16 723	7 144	5 200	973	16 614	6 934	5 079	968
13	22 089	9 427	6 663	1 422	20 414	8 561	6 026	1 231
14	34 856	12 416	8 087	1 608	21 078	8 647	6 064	1 112
15	35 257	12 885	8 456	1 436	28 894	11 001	7 398	1 165
16	31 100	11 879	7 894	1 128	19 198	8 677	6 136	852
17	27 595	10 895	7 383	951	28 432	11 131	7 595	1 095
18	26 196	10 274	6 959	763	18 514	7 608	5 415	633
合计	293 268	56 174	22 171	22 171	247 026	50 249	21 125	21 125

表4—46显示，两套教材的词干学习从小学二年级第3册开始到初中二年级第16册基本呈现平缓增长的趋势。这种安排符合学生的学习规律和认知能力。

普通班版与双语班版教材词干及新增词干比较，结果如图4—16、图4—17所示。

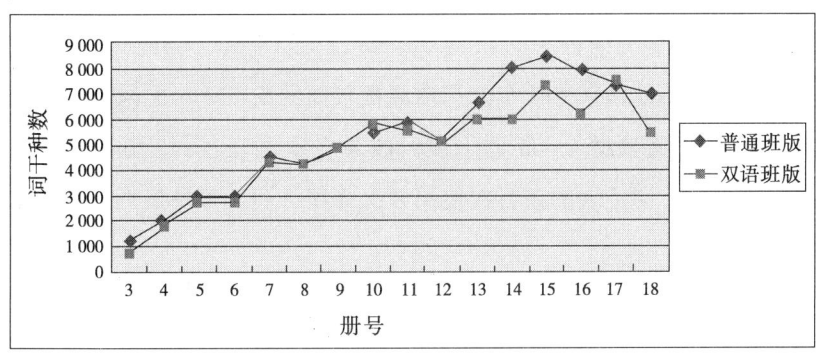

图4—16 各册词干数量变化

图4—16显示，两套教材各册词干呈现出基本一致的变化规律，体现出教材安排词干学习的循序渐进的过程。

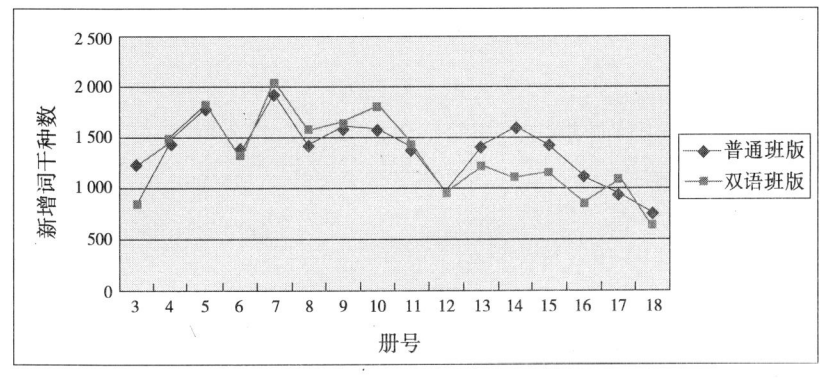

图4—17 各册新增词干数量变化

图 4—17 显示,两套教材各册新增词干的曲线基本相同,都是在每学段结束时,即小学三年级下学期(第 6 册)、小学六年级下学期(第 12 册)、初中三年级下学期(第 18 册)有明显的下降。不同的是,初中阶段普通班版的新词干增长幅度明显比双语班版大,对学生所掌握词汇量的要求更高。

附录

维吾尔语小学、初中语文教材 5 000 词干表(示例)

【说明】

本调查利用自动词干提取工具与人工干预的方法,从维吾尔语小学、初中语文教材的 68 979 个词种中共获得 24 568 个词干种。从覆盖率达到 90% 的 28 762 个词中提取词干 16 046 个。选取频次较高的前 5 000 个词干,形成《维吾尔语小学、初中语文教材 5 000 词干表》,收录在本书光盘内。这里给出前 100 个词干作为示例。词干表的条目按使用频次降序排列。每一条词干都给出相应的长度、频次。

序号	词干	长度	频次	序号	词干	长度	频次
1	بول	3	24 815	18	ۋە	2	4 611
2	ئۇ	1	16 542	19	بار	3	4 569
3	قىل	3	16 301	20	دەپ	3	4 230
4	بىر	3	13 070	21	مەن	3	4 174
5	بۇ	2	9 847	22	قارا	4	4 165
6	بىل	3	8 721	23	باش	3	4 081
7	دە	2	7 649	24	چىق	3	4 072
8	كەت	3	7 378	25	كۆر	3	4 055
9	ئال	2	7 272	26	ئۆز	2	3 982
10	ھە	2	7 113	27	قار	3	3 902
11	بىلەن	5	6 270	28	قوي	3	3 772
12	تۈر	3	6 222	29	كۆن	3	3 264
13	يا	2	6 107	30	يىل	3	3 041
14	شۇ	2	5 801	31	بالا	4	3 009
15	قال	3	5 709	32	ئىش	2	2 806
16	كەل	3	5 334	33	يەر	3	2 688
17	ئۈن	2	5 123	34	كۆز	3	2 567

序号	词干	长度	频次	序号	词干	长度	频次
35	ئولا	3	2 547	68	ئىچ	2	1 488
36	ئات	2	2 488	69	سەن	3	1 468
37	ھەم	3	2 440	70	ياش	3	1 453
38	بىز	3	2 424	71	ئۆي	2	1 435
39	بەر	3	2 380	72	باشلا	5	1 365
40	بال	3	2 320	73	تەر	3	1 362
41	قىز	3	2 312	74	سۇ	2	1 339
42	ئۈچ	2	2 275	75	مېنى	4	1 324
43	قول	3	2 167	76	قات	3	1 316
44	ھەر	3	2 092	77	ئەس	2	1 304
45	دەر	3	1 986	78	سۆز	3	1 296
46	دادا	4	1 957	79	ئىچى	3	1 253
47	كېيىن	5	1 957	80	تار	3	1 247
48	ئاي	2	1 952	81	چولۇك	3	1 239
49	يول	3	1 943	82	ئىكەن	4	1 210
50	ئىككى	4	1 910	83	ھەممە	5	1 210
51	كەر	3	1 858	84	يېزا	4	1 147
52	چۈش	3	1 814	85	شۇندا	5	1 125
53	بەرى	4	1 791	86	تىل	3	1 121
54	ئېدى	3	1 777	87	شۇنداق	6	1 102
55	يەنە	4	1 773	88	نۇر	3	1 095
56	بوي	3	1 717	89	ئەمەس	4	1 091
57	دېگەن	5	1 713	90	ئۆي	2	1 085
58	كىشى	4	1 669	91	كۆپ	3	1 080
59	ئادەم	4	1 639	92	ئوت	2	1 079
60	دېدى	4	1 611	93	ئوق	2	1 062
61	قان	3	1 600	94	يوق	3	1 023
62	ئېيت	3	1 582	95	دەريا	5	1 022
63	ئۆزى	3	1 568	96	ئەت	2	1 021
64	ئانا	3	1 566	97	يۇر	3	1 010
65	ئۈچۈن	4	1 536	98	يۈز	3	1 008
66	نىمە	4	1 513	99	ياز	3	1 005
67	مالك	3	1 510	100	تاش	3	1 002

（玉素甫·艾白都拉、赵小兵、艾山江·阿不力孜、艾孜尔古丽、热孜万古丽、艾孜海尔江撰写；阿布都瓦伊提·阿皮孜、张海军、阿不都热依木·沙力、拜斯尔、齐向卫、潘伟民审阅；艾孜尔古丽、艾孜海尔江、热孜万古丽、肖开提、阿里木、艾尼瓦尔提供数据）

藏语初中、高中语文教材用词调查

本次调查所选用的初中阶段教材系五省(区)协作教材义务教育课程标准实验《语文》教科书,由五省(区)①藏语文编写委员会编著,青海民族出版社2006—2007年审定出版;高中阶段教材系五省(区)协作教材全日制高级中学《语文》教科书,由五省(区)藏语文教材编写组编著,青海民族出版社2001—2002年审定出版。

一 教材概貌

所用藏语初中、高中语文教材各6册,初中共有课文126篇,高中共有124篇。题材选自藏族古典小说、现代小说、诗歌、散文、翻译作品及科普知识作品,还有记叙文、说明文、议论文等相关理论知识的介绍和范文分析。

1.1 课文体裁

本调查将藏语文教材中课文正文部分按文章选材来源分为藏族文学作品及翻译作品两类。藏族文学作品按照印度《诗镜》的体裁分为诗歌、散文、诗文合体3类;翻译作品分为记叙文、说明文、议论文、应用文4类。表4—47显示了课文体裁在各册的分布篇数。

表4—47 课文体裁分布

体裁	初中								高中							
	1	2	3	4	5	6	总计	比例(%)	1	2	3	4	5	6	总计	比例(%)
诗歌	4	7	6	2	4	3	26	20.63	4	4	2	3	5	1	19	15.32
散文	11	7	9	10	10	11	58	46.02	9	9	11	12	11	8	60	48.39

---

① 五省(区)指使用藏语的西藏自治区、四川省、云南省、青海省和甘肃省。

(续表)

诗文合体	0	1	0	3	1	2	7	5.56	2	3	5	3	2	1	16	12.90
记叙文	5	5	1	3	3	1	18	14.29	2	2	1	2	1	3	11	8.87
说明文	1	1	4	1	2	1	10	7.94	2	1	3	0	2	0	8	6.45
议论文	0	0	1	2	1	3	7	5.56	2	2	1	1	1	0	7	5.65
应用文	0	0	0	0	0	0	0	0	1	2	0	0	0	0	3	2.42
总计	21	21	21	21	21	21	126	100.00	22	23	23	21	22	13	124	100.00

表4—47显示，初中、高中阶段在散文、说明文和议论文的选用数量上大致保持一致。散文在初中和高中阶段所占比例最大，其次是诗歌。初中阶段课文正文部分没有安排应用文的学习，高中阶段安排了3篇。

中学阶段要求掌握语法和修辞方面的知识，为了集中反映这部分课文安排情况，调查中特别对初中、高中阶段内容涉及语法修辞的课文予以统计：初中阶段语法修辞是重点学习内容，专门开辟语法理论单元，6册共有22篇课文进行讲授；高中阶段将语法修辞的学习归入课文正文，共13篇，文体上大部分属于诗文合体形式。

1.2 源自汉语文统编教材的课文

初中阶段来源于藏族文学作品的文章有91篇，翻译作品35篇；高中阶段来源于藏族文学作品的文章有95篇，翻译作品29篇。本部分重点调查中学藏语文教材翻译作品中源自汉语文统编教材的课文情况。

译自汉语的课文涉及3套统编教材，分别为：人民教育出版社的初中《语文》，审定时间为2009—2010年，以下简称初中"人教版"；高中《语文》教材，2006—2007年第二版，以下简称高中"人教版"。江苏教育出版社的初中《语文》教材，审定时间为2004—2005年，以下简称初中"苏教版"；高中《语文》教材，2008版，以下简称高中"苏教版"。语文出版社的初中《语文》教材，2002年审定，以下简称初中"语文版"；高中《语文》教材，2004年审定，以下简称高中"语文版"。

表4—48统计了藏语初中、高中语文教材中各体裁源自不同汉语文统编教材相对应阶段的数量。

表 4—48　各体裁源于不同汉语统编教材的课文数量统计

统编教材		记叙文	说明文	议论文	应用文	总计
初中	人教版	9	4	0	0	13
	苏教版	9	1	0	0	10
	语文版	6	0	1	0	7
高中	人教版	3	0	2	1	6
	苏教版	3	1	2	1	7
	语文版	0	0	1	1	2

表4—48显示,藏语初中语文教材课文来源于人教版的最多,来源于语文版的最少。仅在单版出现的有7篇,其中人教版的课文5篇、语文版2篇;两版共有的有7篇,其中人教版和苏教版的共有课文5篇、苏教版和语文版的共有课文2篇;3版共有的课文3篇。具体情况如下:

仅源于人教版的5篇课文是:《观云测天气》《月亮上的足迹》《福楼拜家的星期天》《马》《中国的拱形桥》;

仅源于语文版的2篇课文是:《"两弹"元勋邓稼先》《跨世纪科学之言》;

源于人教版和苏教版的5篇共有课文是:《皇帝的新装》《最后一课》《变色龙》《我的叔叔于勒》《事物的正确答案不止一个》;

源于苏教版和语文版的2篇共有课文是:《纪念白求恩》《我的老师》;

3版共有的3篇课文是:《背影》《春》《孔乙己》。

高中教材中,来源于苏教版的最多,来源于语文版的最少。仅在单版出现的有4篇,其中人教版2篇、苏教版2篇;两版共有的2篇,均为人教版和苏教版共有的课文;3版共有的课文1篇。具体情况如下:

仅源于人教版的2篇课文是:《装在套子里的人》《药》;

仅源于苏教版的2篇课文是:《景泰蓝的制作》《长江三峡》;

源于人教版和苏教版的2篇共有课文是:《荷塘月色》《拿来主义》;

3版共有的1篇课文是:《在马克思墓前的讲话》。

其中在藏语初中语文教材中已选用的课文《我的叔叔于勒》在藏语高中语文的高一上册中再次选用;藏语高中语文教材中的《人民解放军百万大军渡长江》(高一下册)来源于统编教材的初中课文(苏教版八年级上册、人教版八年级上册)。

本次调查中,藏文分词采用软件自动切分和人工校对相结合的方法,尽量与藏语语感中的"词"保持一致,即能独立运用,使用稳定,且具有固定语义的最小单位。调查包括课文用词及"读和写"习题词汇两部分。

二 课文用词

课文用词指课文正文中出现的所有词语。藏文有4种形态的动词:现在时、未来时、过去时、命令式,统计词种数时按形态不同分别统计。课文用词调查包括:各体裁词种数、各册词种数、词次、词语频次、出现课文数的统计及高频词的调查等。本次调查初中、高中共250篇课文,18 309个词种,396 134词次。

2.1 不同来源课文用词状况

按上文提到的分类方法,统计源于藏族文学作品和翻译作品的词种数和词次,以及不同来源的每篇课文的平均词种数、平均词次,结果如表4—49所示。其中课均词种数反映了不同来源的课文用词的多样性状况;课均词次在一定程度上反映了不同来源课文的篇幅大小。

表4—49 不同来源课文用词状况词种数统计

学段	来源	篇数	词种数	词次	课均词种数	课均词次
初中	藏族文学	91	11 172	130 711	123	1 436
	翻译	35	7 092	60 351	203	1 724
高中	藏族文学	95	12 886	146 756	136	1 545
	翻译	29	6 844	58 316	236	2 011

表4—49显示,从两个学习阶段来看,高中阶段源于藏族文学作品的文章篇数较初中略有增加而翻译作品略有减少;初中藏族文学作品与翻译作品篇章比例为2.60∶1,高中藏族文学作品与翻译作品篇章比例为3.28∶1;高中阶段两个来源的课均词种数都高于初中,说明高中课文用词较丰富;同时高中课均词次也比初中高,说明高中课文篇幅长。两个阶段每篇课文词种重复出现的平均次数相当。随着年龄的增大、学习的深入,逐渐加大词汇学习量及课文学习难度,并相应地加强巩固学习力度,符合学生的认知习惯。

从两种来源看,藏族文学作品篇幅较短且词种平均重复率高;翻译作品用词量较大,课文篇幅较长,词种复现程度低;翻译作品与藏族文学作品课均词种数比例为1.70∶1,课均词次比例为1.25∶1,说明翻译作品相对而言使用词种更多。

2.2 词频统计

本次调查藏语初中语文教材共有词种数 12 920 个,191 062 词次,每个词种平均出现 14.79 次。高中教材共有词种数 14 593 个,205 072 词次,每个词种平均出现 14.05 次。

2.2.1 分频段词频

按照词频从高到低的顺序分别对初中、高中课文中的词种进行排序,分前 1 000、1 001—5 000、>5 000 这样 3 个频次段调查,词频分布见表 4—50。

表 4—50　各频次段词种分布

频次段	初中			高中		
	词种比例(%)	词次	词次比例(%)	词种比例(%)	词次	词次比例(%)
前 1 000 词	7.74	133 995	70.13	6.85	141 761	69.13
1 001—5 000 词	30.96	42 451	22.22	27.41	46 269	22.56
>5 000 词	61.30	14 616	7.65	65.74	17 042	8.31

表 4—50 显示,初中阶段出现频率最高的前 1 000 词占初中课文用词的 70.13%,平均词次为 133.995;而其余的 11 920 个词种仅占初中阶段全部词次的 29.87%,平均词次为 4.79。

高中阶段出现频率最高的前 1 000 词占高中课文用词的 69.13%,平均词次为 141.761;其余的 13 593 个词种占高中阶段全部词次的 30.87%,平均词次为 4.66。

初中、高中 3 个频次段的词种在各册中的分布见表 4—51。

表 4—51　3 个频次段词种在各册的分布

频次段	初中						高中					
	1	2	3	4	5	6	1	2	3	4	5	6
前 1 000 词	973	958	955	961	979	972	942	948	971	966	978	950
1 001—5 000 词	2 732	2 370	2 575	2 668	2 832	2 633	2 425	2 657	2 865	2 769	2 758	2 418
>5 000 词	1 642	1 665	1 740	2 060	2 117	2 166	1 501	2 050	2 604	2 421	2 671	1 939

高频段和中频段的词语在初中、高中各册中出现的个数很相似,高频段的 1 000 个词在每一册中几乎都出现;而中频段 1 001—5 000 的 4 000 个词种,在每

册中出现的数量范围在 2 370—2 865 之间;低频词种分布上,初中 5 001—12 920 共 7 920 个低频词分布在 1—6 册,每册从 1 642 到 2 166 不等,词种数量呈缓慢递增趋势。高中 5 001—14 593 的低频词共 9 593 个词种分布在 1—6 册,每册从 1 501 到 2 671 不等,说明低频词语的使用很分散;从第 1 册到第 5 册低频词的使用数量明显递增,第 6 册减少,这可能与进入复习阶段有关。

2.2.2 词语频次分布

词语频次是指某一个词在所统计范围内出现的数量。教材词语频次分布状况如表 4—52 所示。

表 4—52 频次分布情况

频次段	初中		高中	
	词种数	词种比例(%)	词种数	词种比例(%)
1	3 920	30.34	5 378	36.85
2	2 159	16.71	2 124	14.55
3	1 284	9.94	1 386	9.50
4	1 116	8.64	1 053	7.22
5	695	5.38	656	4.50
6	496	3.84	598	4.10
7	360	2.78	424	2.91
8	283	2.19	258	1.77
9	231	1.79	218	1.49
10	198	1.53	203	1.39
11—20	938	7.26	961	6.58
21—50	756	5.85	782	5.36
51—100	285	2.21	324	2.22
>100	199	1.54	228	1.56
总计	12 920	100.00	14 593	100.00

表 4—52 显示,初中阶段频次为 1 的词种最多,共 3 920 个,占初中阶段全部词种数的 30.34%;频次大于 100 时,词种数仅为 199 个,仅占初中阶段全部词种数的 1.54%。高中阶段仍是频次为 1 的词种最多,为 5 378 个,占高中阶段全部词种数的 36.85%;当频次大于 100 时,词种数仅为 228,仅占高中阶段全部词种数的 1.56%。说明教材高频词种集中,课文中大多数词种都是低频使用。

2.2.3 高频词

本调查将藏语初中、高中语文教材频序在前的 3 000 词分别形成《藏语初中语文教材 3 000 词表》和《藏语高中语文教材 3 000 词表》,收录于本书所附光盘内,并各选择前 100 高频词作为示例,见本文附录 1 和附录 2。

附录 1、2 显示,初中、高中前 6 个高频词完全相同,主要作为格助词高频使用:ི、དུ、ལ、ས、ར、ི;前 100 个高频词有 84 个相同,位序上略有差别,这为藏文教材常用词表的建立提供了依据。

2.3 各册用词

对调查教材分别按册进行用词概况、词种及独用词统计。

2.3.1 用词概况

表 4—53　各册用词概况

统计项目	初中						高中					
	1	2	3	4	5	6	1	2	3	4	5	6
词种数	5 347	4 993	5 270	5 689	5 928	5 771	4 868	5 655	6 440	6 156	6 407	5 307
词次	32 119	25 513	29 474	31 068	36 970	35 918	27 847	30 883	41 032	40 990	35 538	28 782
课文篇数	21	21	21	21	21	21	22	23	23	21	22	13
课均词种数	255	238	251	271	282	275	221	246	280	293	291	408
课均词次	1 529	1 215	1 404	1 479	1 760	1 710	1 266	1 343	1 784	1 952	1 615	2 214

表 4—53 显示,除高中第 6 册,初中和高中阶段其他各册平均每课词种数、词次及课均词次在相对稳定的范围内呈波浪式变化,属于典型的分散式教学。高中第 6 册课文篇数大幅度减少,在平均词频即每个词种重复出现平均次数与其他各册基本一致的基础上,课均词种及词次却达到最大,说明第 6 册课文跟其他各册相比,用词更丰富,词量更大,篇幅更长。

2.3.2 词种

初中、高中词种数统计结果如图 4—18、图 4—19 所示。调查项目包括各册词种、各册新增词种以及前册词种复现数。

各册新增词种数是指在本册中出现而前面所有册中没有出现的词种。前册词种数是本册课本之前所有册次课本的词种数。前册词种复现数指前册词种在本册重复出现的数量。

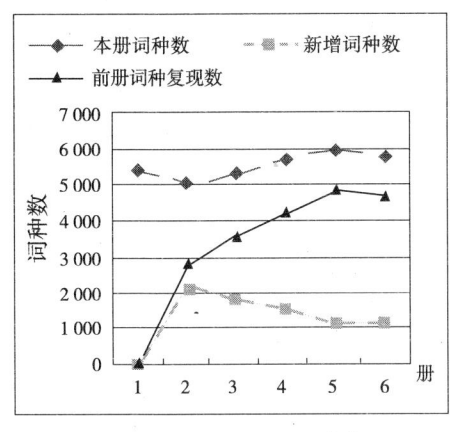 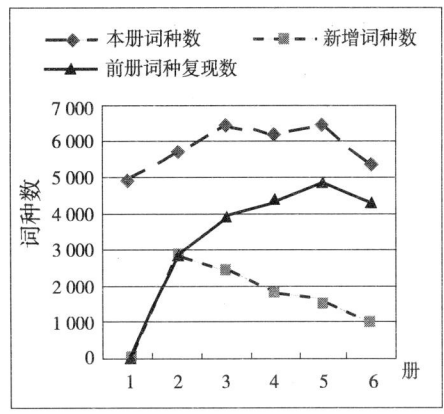

图 4—18 初中各册词种分布　　　　图 4—19 高中各册词种分布

图 4—18 和图 4—19 说明,初中和高中阶段在词种复现数、新增词种数及前册词种复现数的分布趋势上具有一致性;初中各册词种数呈小幅度波浪形变化,分布比较均匀。高中阶段前 3 册词种呈线性递增趋势,第 4 册略有减少,第 5 册再次增加,第 6 册下降幅度较大。初中和高中阶段,前册词种复现数呈现递增趋势,表明在词总量一定的情况下,随着年级的升高,积累的词汇量不断增加,到第 5 册均到达峰值;各册新增词种按线性比例递减。

2.3.3 独用词种

独用词种是只在某一册中出现,而其他册中均未出现的词种,初中共计 5 384 个,高中共计 6 402 个。独用词种在一定程度上反映了教材词汇学习的难度。独用词种数在各册中的分布情况如表 4—54 所示。

表 4—54 各册独用词种统计

统计项目	初中						高中					
	1	2	3	4	5	6	1	2	3	4	5	6
独用词种数	822	790	756	1 015	897	1 104	623	911	1 377	1 278	1 295	918
词种数	5 347	4 993	5 270	5 689	5 928	5 771	4 868	5 655	6 440	6 156	6 407	5 307
独用词种比例(%)	15.37	15.82	14.35	17.84	15.13	19.13	12.80	16.11	21.38	20.76	20.21	17.30

表 4—54 显示,在初中阶段,随着年级的升高,独用词比例不断增加,反映随着年级的升高,教材词汇学习的难度不断加大;高中阶段,高中二年级时独用词种数所占词种总数的比例最大,达到 21% 左右,在一定程度上反映高中二年级使用的教材难度最大。

独用词举例如下,标注的词义为该词的独现词义(每册各举5例):

初中:

第1册:འབོག(拔去) མཐོང་ལམ(视野) ཟེར་ཚོམ(发髻) བང་རྒྱན(胸饰) དགོ་འཕགས(地位)

第2册:གྣམ(天空) རྒྱུན་གྲོས་པ(委员长) ཐེར་མ(藏族手工毛织品) གཟིགས་ཞིབ(考察) སྐུ་དངོས(亲自)

第3册:རྒྱ་གར་པ(印度人) ཏི་སེ(冈底斯雪山) ཁྲི་ཤོར་རྒྱལ་མོ(青海湖) ཡར་ཀླུང(雅砻) གསལ་བོ(明确、清晰)

第4册:རྡོ་རྗེ་མཁར(人名) སྐར་མདའ(流星) མགྱོགས་ཚུགས(快速) ཆ་གུག(老虎) ཕུགས་ཅན(体力与技术)

第5册:བསྒྲིག(排) ཤོད(说) དབྱིངས་འཛིན(大地) བྱེ་ཁ(沙滩) ཟིང་ཟིང་པོ(昏昏沉沉)

第6册:ཡང་སྤྲུལ(化身) ཆོས་སྒྱུར(翻译) ཆོས་དད་པ(宗教信仰) ནང་རིག(内明) རྒྱ་བའི(境地)

高中:

第1册:གྲུབ་ཆེན(人名) སྣང་ཡུལ(意境) དལ་བ་དལ་བོ(缓慢) གླུ་དབྱངས(歌声) ཐོན(出去)

第2册:འཕྲིན་ཡིག(书信) ཆུ་ལམ(水道) གཞས་ཚིག(歌词) འཁྱག་པ(冰冷) དོག་པོ(窄)

第3册:གཅོད་སྟངས(砍法) ཁྱབ་པ(遍真) གལ་ཆེན་པོ(重要) ཁུལ་དངོས(真实) འདུས་ཚོགས་ཆེན་མོ(代表大会)

第4册:སྣང་བྱེད(用水浸泡的容器) ཤྲི་བཟང(人名) སྦྱོང་ཚན(作业) གཙོ་བོ(主要) གུས་བཀུར(尊重)

第5册:འཛེག(爬升) རང་ཕྱོགས(自方) འཚོལ་མཁན(通达) བྱ་བ་མཁན(做事者) སེར་སེམས(私心)

第6册:ཞི་བ་ལྷ(静护大师,菩萨) སྲིད་འཛིན(行政) གོམ་འགྲོས(步伐) གསུང(学问) རས་པ་ཅན(热巴金)

三 "读和写"习题词汇

藏语初中语文教材课后以"读和写"练习题的方式强调学习部分词汇,简称"课后词"。习题是复习课文所学、检查学习成果的一个主要环节,要求学生反复朗读、识记,并能熟练运用进行词语扩展。藏语高中语文教材没有独立安排词汇的学习。

本次调查针对藏语初中语文教材"读和写"习题中罗列的词汇,统计其音节长度,以及不同词长的高频词。

3.1 不同音节长度的词的分布

藏语初中语文教材第1册至第6册共有1 265个课后词,各册课后词分布如表4—55所示。其中多音节词指音节长度大于4的词;最后一列中的比例指各册课后词在全6册课后词中所占比例,最后一行中的比例指不同音节的课后词占课后词总数的比例。

表4—55 藏语初中语文教材课后词分布

册号	单音节	双音节	三音节	四音节	多音节	总计	比例(%)
1	45	138	22	17	0	222	17.55
2	26	171	16	18	0	231	18.26
3	26	133	20	20	2	201	15.89
4	34	149	19	16	1	219	17.31
5	21	131	24	22	2	200	15.81
6	20	119	23	24	6	192	15.18
总计	172	841	124	117	11	1 265	100.00
比例(%)	13.60	66.48	9.80	9.25	0.87	100.00	—

表4—55显示,1—6册的所有词中,双音节词的比例最大,占到了词总量的66.48%,其次是单音节词、三音节词、四音节词,多音节词最少。随着年级的升高,三音节、四音节、多音节词比例不断增大,从初中一年级平均24个,到初中二年级平均26个,再到初中三年级平均33个;而单音节词、双音节词的比例不断减少,从初中一年级平均190个,到初中二年级平均171个,再到初中三年级平均145个,体现了教材词汇学习由易到难的分配方案,符合学生认知规律。课后词平均分布在各册,属于典型的分散式教学。

3.2 不同词长的前10个高频词

对1 265个课后词在课文正文中出现的频次进行统计,根据频次大小进行排序,得到所有课后词的位序。下面分别列出单音节词、双音节词、三音节词和四音节词频次最高的前10个词,统计其在1 265个课后词中的位序,在全部课文中出现的频次及课后词所在册数和课号,以"册序/课序"表示。

表 4—56　不同词长的前 10 个高频词

序号	单音节词				双音节词			
	词种	位序	频次	册序/课序	词种	位序	频次	册序/课序
1	སྐྱེག	1	105	1/20	རྒྱུ་མཚོ	2	89	1/19
2	ཡིག	4	48	3/3	གནས་པ	3	58	1/13
3	གཅོད	8	43	4/14	ཁྲོག	5	47	2/11
4	སྟག	9	42	3/12	ཏག་གི	6	46	1/8
5	ཆས	13	39	1/1	དགུང་སོ	7	45	1/8
6	ཟད	14	38	1/14	སྐྱེ་བོ	11	40	1/13
7	ཆས	18	30	5/4	སྨིན་རིག	12	40	3/14
8	བང	19	29	1/3	ན་བཟའ	15	35	1/17
9	འབངས	20	28	1/19	པ་ཧྲི	16	34	2/21
10	མཆོད	21	28	3/14	བསྟན་བཅོས	17	33	1/20
平均		13	43			9	47	
序号	三音节词				四音节词			
	词种	位序	频次	册序/课序	词种	位序	频次	册序/课序
1	གཉུག་ལགས་བྱུང	10	41	2/21	ཀླུ་བའི་སོ་ག	48	17	6/12
2	མོ་ཧྲུ་བ	38	18	1/20,4/11	བསྒྲུངས་འདུས་པ	79	12	3/13
3	ཟོན་དུ་ཆུང	115	10	3/20	གཞུ་དུ་མེད	170	8	6/16
4	ག་མི་ཚོ	164	8	4/8,6/10	བགྲོད་གཤིས་མི་ལག	376	4	6/2
5	དགོན་རྒྱོ་བ	214	6	2/7	ཀུན་ཕྱུ་བཞིན་ལགས	382	4	6/12
6	སྐྱི་པུ་ཡམ	253	5	1/2	ཁ་བ་པུ་ཡུག	398	3	1/10,5/18
7	དཔར་བ་བ་ཉིད	269	5	2/4	ནང་ཉན་ཆུང་པ	443	3	4/16
8	དཔས་པོ་བོ	306	5	6/14	ནང་ཉན་ཆུང་པ	469	3	6/4,6/16
9	ཀྱི་བོན་པ	386	4	6/20	ཞི་ལགས་ལོན	502	2	2/3
10	གདོན་མི་ཉིད	390	3	1/2,3/8,5/20	འཇིག་རྟེན་ཉིད	591	2	6/16
平均		215	11			346	6	

　　表 4—56 中,不同词长的词平均使用频次的排序是:(1)双音节词,(2)单音节词,(3)三音节词,(4)四音节词。随着词长的逐渐增加,前 10 个高频词的整体位序逐步靠后;词长度越长,出现频次越低;除四音节词,其他音节的前 10 个高频词主要出现在初中低年级阶段,而四音节词大部分在高年级;练习题中罗列的词汇有在不同课文重复出现的情况,如表 4—56 中三音节序号为 2、4 和 10 的词。不同词长的词中有 578 个在"读和写"习题中要求而课文中没有出现,其中单音节词 29 个,双音节词 353 个,三音节词 91 个,四音节词 98 个,多音节词 7 个。下面各举 5 例,标注常用词义:

单音节词：ཞིང་（耕地）བཟེད་（转）བློག་（背叛）མལ་（床）མཚང་（罪恶）

双音节词：བཟོ་ལེགས་（秀美）གཡུང་དྲུང་（永恒）ཅེད་འཇོ་（娱乐）གཡུར་རུ་（丰硕）དགའ་གཟར་（悬崖）

三音节词：མན་ཆོག་（蓝宝石）རིམ་གྲོ་བསྐྱེད་（祈福）སྲུང་དུ་འཇུག་（尊重）མིག་ཞི་མིག་（眯缝着眼）ཉ་བ་བླགས་（倾听）

四音节词：གངས་ལྗོངས་སྤྱི་ལྟོངས་（雪域高原）གནམ་གྱི་ཉི་མ་（太阳）ས་སྐྱ་བདག་ཆེན་（萨迦）ཚམ་མེ་ཤུམ་མེ་（灿烂）ནེ་ཚོའི་འདོན་པ་（鹦鹉学舌）

多音节词：སྨིན་མའི་འགྱུར་རིང་བ་（秀眉）རབ་གྲི་སོ་གཉིས་མ་（双刃剑）མཚར་འཛིན་གྱི་བསམ་པ་（奇特的思想）འཆི་བདག་གི་ཞགས་པ་（死亡之绳）བསམ་ཡུལ་ལས་འདས་པ་（意想不到）

附录1

藏语初中语文教材 3 000 词表（示例）

【说明】

本次调查所选用的初中阶段教材系五省（区）协作教材义务教育课程标准实验《语文》教科书，由五省（区）藏语文编写委员会编著，青海民族出版社2006—2007年审定出版。共6册，共有课文126篇，词种12 920个，出现191 062词次，"读和写"习题词汇1 265个。将这些词语按频次降序排列，收取前3 000个形成《藏语初中语文教材3 000词表》，收录于本书光盘内。这里选择前100条作为示例。词表按使用频次降序排列，每条词语给出词次和课文数。

序号	词目	词次	课文数	序号	词目	词次	课文数
1	ནི་	11 221	126	12	དུ་	1 819	125
2	དང་	4 292	126	13	ཞིག་	1 797	121
3	ལ་	4 212	126	14	མེ་	1 680	120
4	མ་	3 432	126	15	ཡོད་	1 525	118
5	ར་	3 317	125	16	ལན་	1 521	121
6	ཀྱི་	2 721	126	17	བ་	1 053	121
7	ནས་	2 469	126	18	ཏེ་	933	114
8	དེ་	2 174	123	19	ཀྱིན་	901	116
9	ཀྱི་	2 165	126	20	ལས་	859	123
10	ནི་	1 963	125	21	མ་	849	116
11	ཀྱུ་	1 947	126	22	ཞིང་	764	112

序号	词目	词次	课文数	序号	词目	词次	课文数
23	ཅིག	759	108	62	མང་པོ	291	87
24	ཞེས	746	90	63	ཆེན་པོ	281	85
25	ཀུན	725	118	64	ཚེ	277	92
26	ཤིག	711	117	65	འབག	275	106
27	བྱས	690	108	66	རྒྱུ	267	87
28	སུ	689	125	67	འགྱུར	264	60
29	འདི	672	122	68	གཞན	262	85
30	སྟེ	650	116	69	ཐོག	260	55
31	ཐིལ	632	115	70	ཤེས	251	73
32	རྣམས	628	91	71	ནད	247	80
33	སོགས	611	103	72	ཡ	246	77
34	ཡང	594	113	73	རྗེས	245	71
35	མེད	573	101	74	མཐོང	243	68
36	རེད	560	80	75	འདུག	242	83
37	བྱུ	538	110	76	བུ	242	64
38	བྱུར	510	91	77	ལྟར	239	91
39	ཟེར	491	87	78	ཤེམས	238	73
40	ད	489	60	79	ཆིག	237	86
41	ཡོ	483	107	80	ཚམ	237	83
42	མེད	480	103	81	བར	237	76
43	དོན	471	114	82	གསུམ	233	77
44	ཁོ	456	43	83	ཡུལ	231	62
45	བཞིན	448	99	84	བཅས	226	75
46	ཞིད	426	101	85	རྒྱལ་པོ	226	40
47	འདུག	422	73	86	གནས	225	71
48	གཞིན	403	91	87	ཞིག	223	79
49	རང	389	96	88	དགོས་པ	216	86
50	སོད	387	74	89	ཡི་གེ	214	46
51	གཅིག	381	91	90	བུ་བ	208	63
52	ཅིད	365	53	91	སྟེད	204	75
53	བཤད	363	66	92	ལྟུ་བ	203	75
54	བྱུར	360	85	93	དེ་དག	203	70
55	དགོས	359	95	94	ཆེ་བ	200	80
56	ཅིད	345	95	95	ཁུག	199	75
57	ཕོད	343	54	96	ཕུན	198	44
58	དུས	313	91	97	སོ	196	72
59	འགྲོ	307	69	98	ཀྱི	196	69
60	སྐབས	307	69	99	བཏང	196	56
61	ང་ཚོ	303	67	100	མ་ཟད	195	80

附录 2

藏语高中语文教材 3 000 词表(示例)

【说明】

本次调查所选用的高中阶段教材系五省(区)协作教材全日制高级中学《语文》教科书,由五省(区)藏语文教材编写组编著,青海民族出版社 2001—2002 年审定出版。共 6 册,共有课文 124 篇,词种 14 593 个,出现 205 072 词次。将这些词语按频次降序排列,收取前 3 000 个形成《藏语高中语文教材 3 000 词表》,收录于本书光盘内。这里选择前 100 条作为示例。词表按使用频次降序排列,每条词语给出词次和课文数。

序号	词目	词次	课文数	序号	词目	词次	课文数
1	ཞེ	11 699	113	25	པ	879	104
2	དང	4 597	112	26	ཀྱང	865	103
3	ལ	4 159	112	27	ཡང	712	100
4	ས	3 378	111	28	གིས	705	100
5	ར	3 274	112	29	མེད	695	83
6	ཀྱི	2 872	113	30	གཅིག	694	102
7	དེ	2 542	108	31	རེད	681	63
8	ནས	2 529	107	32	འདི	658	94
9	གི	2 195	110	33	ཞེས	652	81
10	ཀྱིས	2 146	113	34	ཞིག	641	99
11	དེ	1 917	108	35	གིས	620	98
12	དུ	1 728	108	36	ཚོན	569	56
13	ཡི	1 701	105	37	སྟེ	563	95
14	ཞིག	1 630	101	38	ད	545	56
15	ཡིན	1 452	105	39	ཟེར	540	56
16	ཡོད	1 375	88	40	བྱས	532	80
17	ན	1 342	104	41	སོགས	529	83
18	ཀྱི	1 269	104	42	རང	521	83
19	ལས	1 028	108	43	གཅིག	510	93
20	ཅེད	1 020	89	44	ཏུ	510	90
21	གྱིས	1 006	102	45	བཞིན	510	78
22	ཏེ	973	104	46	གྱུར	506	78
23	སུ	918	101	47	ག	470	96
24	རྣམས	884	93	48	སོང	430	54

序号	词目	词次	课文数	序号	词目	词次	课文数
49	ཁོ	428	39	75	མེད	282	60
50	རྒྱུར	416	68	76	ཚང	280	71
51	ཤིད	405	89	77	ཆེན་པོ	279	63
52	འདུག	405	61	78	ཆོ	278	70
53	ཡི	403	77	79	གཞན	276	78
54	དུས	400	76	80	དགོས	272	60
55	བཤད	387	57	81	ཡོད	267	47
56	ཅེད	359	93	82	གསུམ	264	69
57	འགྲོ	358	60	83	ཆེག	248	60
58	ལྱིར	343	74	84	པོ	246	72
59	རྒྱུ	341	76	85	དག	246	63
60	གནས	331	60	86	ཆུ	246	63
61	སོ	328	63	87	མཆོད	244	56
62	ཐུག	324	53	88	པར	241	64
63	བཅས	323	62	89	སྐབས	241	56
64	འདི	322	67	90	ལྡུ	240	61
65	ནད	312	76	91	མོ	240	50
66	ཤེས	312	61	92	ཁ	239	63
67	ཞུག	312	52	93	དོག	236	62
68	མེ་ཏོག	302	43	94	བད	234	34
69	གང	298	70	95	ང	233	38
70	ཙོག	294	49	96	ཤིག	230	47
71	ལོ	292	63	97	ཟེག	229	69
72	ང་ཚོ	288	44	98	ཅེག	228	71
73	ཞེས་པ	286	61	99	ཡུག	224	59
74	ཚམ	282	81	100	བར	219	65

（于洪志、曹晖、祁坤钰撰稿；韩小斌、桑塔、王文玲、贾会强参与数据统计）

附篇

海外汉语教材用字用词调查

一 目的与对象

1.1 目的

《中国语言生活状况报告(2006)》曾刊出了中国使用的对外汉语教材的调查报告,本次调查的是海外使用的汉语教材,即国外学者编写、国外出版、面向汉语作为第二语言的、正规学校使用的汉语教材。教学内容与教学环境的不同,学习者与学习条件的不同,都会对把汉语作为第二语言教学的教材产生较大影响。本调查希望能对海外汉语教材的特点有更深入的了解。

1.2 对象

本次调查范围是母语为英语的几个国家,它们开展汉语教学较早较充分,汉语教学的类型与层次较多样,使用的教材也较丰富。我们在选取教材时做了广泛调查,入选的教材一般都具有使用范围较广、使用时间较长、较有代表性、为综合性通用教材等特点,有的还经过多次修订。教材的使用单位多为专门从事外语教学或有外语教学传统的学校。本次调查选用了4套教材,具体情况如下。

1.2.1 教材基本情况分析

表4—57 4套教材的基本信息

教材中文名	教材英文名	册数	编者	出版单位	国家	出版时间	版数	使用者
中文听说读写	Integrated Chinese	4	刘月华、姚道中	剑桥出版社	美国	2009	第3版	大学一至二年级
互动汉语/心系中国	Interactions/Connections	2/2	严棉、刘力嘉	印第安纳大学出版社	美国	1997/2004	第1版	大学一至二年级

(续表)

| 步步高中文 | Chinese in Steps | 4 | 张新生 | 常青图书英国公司 | 英国 | 2005 | 第1版 | 大学一至二年级 |
| 你好 | Nihao | 4 | Shumang-Fredlelin | 中软(澳大利亚)有限公司 | 澳大利亚 | 2001—2003 | 第1或2版 | 中学(初、高级)① |

1.2.2 语言文字使用情况

国外使用的汉语教材,课文用语与注释用语的语言文字使用情况丰富多样,英语、简化字、繁体字、汉语拼音,都会交替或混杂使用。具体情况如下:

表4—58 课文的语言文字使用情况调查

教材中文名		课文语言文字	注释语言文字②
中文听说读写		1、2册简化字/拼音 3、4册简化字/繁体字/英/拼音	英文
互动汉语/心系中国	互动汉语	简化字/繁体字/英/拼音	英文为主,例句为简化字/繁体字
	心系中国	繁体字/英/拼音	英文为主,例句为简化字/繁体字
步步高中文		简化字	英文
你好		简化字	拼音/英文,例句为简化字

表4—58显示,各教材在课文正文的文字使用上较多样化,有"简化字/拼音""简化字/繁体字/英/拼音""繁体字/英/拼音""简化字"等多种情况。课文中的说明、介绍、讲解、导读、题解等注释性内容则基本上用的是英文,例句是汉字或拼音。

二 用字调查

2.1 用字概貌

对教材课文正文中的汉字使用进行了调查。下面是4套教材的共用字、部分共用字、独用字的情况。

---

① 虽为中学教材,但使用范围较广,使用者与上述3套教材使用者同为汉语学习的零起点。
② 这里说的"注释语言"包括教材中除课文以外的说明、介绍、讲解、导读、题解等。

表4—59 4套教材用字统计

教材中文名	字次	字种	共用字		部分共用字		独用字	
			字种	比例(%)	字种	比例(%)	字种	比例(%)
中文听说读写	22 828	1 158	627	54.15	424	36.61	107	9.24
互动汉语/心系中国	27 933	1 321		47.46	510	38.61	184	13.93
步步高中文	17 685	913		68.68	247	27.05	39	4.27
你好	16 374	1 051		59.66	300	28.54	124	11.80
合计	84 820	1 680		37.32	599	35.66	454	27.02

4套教材中用字最多的1 321个,最少的913个。共用字占每套教材的用字约一半,最少的47.46%,最多的68.68%。4套教材的独用字占其总字种数的1/4略多。

海外汉语教材的用字量都控制在比较小的范围。我们曾对中国学者编纂出版的12套对外汉语教材的用字做过调查,初级入门型教材《速成汉语初级教程》《交际汉语》《新标准汉语》各4册,使用的字种数分别是1 518、1 092、1 576个;中级精读型教材《桥梁》2册、《阶梯汉语中级精读》4册,使用的字种数分别是2 166、2 134个。[①]

2.2 共用字、独用字分析

2.2.1 共用字情况

4套教材的共用字627个,只占总字种数1 680的37.32%。这627个共用字都在《现代汉语常用字表》中,其中624个属一级常用字(2 500字)范围,有3个字属次常用字(1 000字)范围,为"咖、啡、哎"。

再将627个共用字与《基础教育阶段小学语文教材生字位序表》[②](简称《生字位序表》)相比,也能显示出它们的某些特点。《生字位序表》是根据教材的实际情况统计出来的,对表内每个汉字都排了顺序,627个共用字中位于《生字位序表》前1 000的汉字有534个,未进入前1 000的有93个,未进入前1 500的有29个。这29个字是:哎、或、资、酒、套、牌、宜、咖、啡、申、辣、烤、炒、拳、存、腐、

[①] 参见《汉语作为第二语言教材字、词和词语义项调查》,见国家语言资源监测与研究中心编《中国语言生活状况报告(2006)》下编第172—248页,商务印书馆2007年版。
[②] 见国家语言资源监测与研究中心编《中国语言生活状况报告(2009)》下编第459—464页,商务印书馆2010年版。

港、毕、厕、搞、饺、奖、悉、签、刷、乓、乒、帅、览。

下面随机选择6个字,试做分析:

表4—60 6个例字的位序对比

例字	4套教材		生字位序表	
	位序	百分位	位序	百分位
资	469	27.92	1 723	44.70
牌	488	29.05	2 010	52.14
宜	510	30.36	1 889	49.00
申	543	32.32	1 904	49.39
腐	742	44.17	2 145	55.64
签	864	51.43	2 475	64.20

表4—60中的"位序"指的是该字在对应字表中按频次降序排列的位置,"百分位"指的则是相对排位,如"资"字排在总1 680个字的第469位,按百分位来计算,则排在前第27.92的位置。表4—60表明,这6个字在海外汉语教材中的排位都比《生字位序表》靠前。

表4—61是对这6个字的构词情况所做的调查。为了提高可对比性,我们除了与基础教育语文新课标教材词表①对比外,还增加了反映一般社会用字用语特点的词表,选用的国家语言资源监测语料库2009年语料中统计出的"报纸、广播电视、网络(新闻)词语表"(简称"2009年度词表")②。

表4—61 6个例字的构词对比

例字	4套教材的构词 (按频次高低排列)	基础教育语文新课标教材3 000 基本词语表(前5条)③	2009年度词表 (前5条)
资	投资、资料、工资、资本主义、邮资、资历	资源、资料、资格、天资、投资	投资、资金、投资者、资源、资产
牌	名牌、牌子、招牌、登机牌	木牌、招牌、牌子、站牌、扑克牌	品牌、金牌、挂牌、名牌、牌照
宜	便宜	便宜、适宜、相宜、不宜、因地制宜	便宜、事宜、适宜、不宜、因地制宜

---

① 见国家语言资源监测与研究中心编《中国语言生活状况报告(2007)》下编第475—515页,商务印书馆2008年版。

② 该词表的高频词部分见国家语言资源监测与研究中心编《中国语言生活状况报告(2009)》下编第171—321页,商务印书馆2010年版。

③ 见国家语言资源监测与研究中心编《中国语言生活状况报告(2007)》,商务印书馆2008年版。

(续表)

申	申请	申请、引申、申办、申牌、重申	申请、申报、申购、重申、申办
腐	麻婆豆腐、家常豆腐、豆腐、臭豆腐	腐烂、豆腐、腐败、腐朽、腐化	腐败、豆腐、反腐倡廉、反腐败、反腐
签	签证	签订、签字、签署、签条、竹签	签订、签署、签约、签名、签证

表4—61明显显示出海外汉语教材的用字特点，就是汉字使用与教材的使用者、教材内容有较密切的关系。海外汉语教材所面对的是汉语非母语的成年学习者，讲授的语言环境主要与日常生活有关。所构成的复合词中所用的汉字大都表现出意义单一、与海外汉语学习者生活联系密切的特点。如"腐"字构成的词都是"豆腐"义，这与教材有较多的中国饮食内容有关，而没有"腐烂""腐败""腐朽""腐化"义；"宜"字构成的词都是"便宜"义，这与购物有关，而没有"适宜""事宜"义；"签"字构成的词都是"签证"义，这与学生的跨国生活有关，而没有"签订""签署"义；"资"字的构词，有"工资""邮资""资历"，而无"资源""资格""天资""资金"；"牌"字的构词，有"登机牌"，而无"扑克牌""金牌"。后者的字义，往往或是更抽象的概括义，或是在更广范围内使用的社会义，"扑克牌"则是在中国内地常用的词。

2.2.2 独用字情况

只在1套教材中出现的独用字一共有454个，占总字种数1680的27.02%。在对中国学者编纂出版的对外汉语教材用字调查中，12套教材的独用字共792个，只占总字种数4041的19.6%。[①] 4套教材的独用字如下：

《中文听说读写》：版、拌、鞭、滨、兵、厂、晨、充、仇、绸、酬、纯、村、贷、殿、逗、番、返、纷、氛、坟、负、伽、盖、革、供、咕、冠、归、龟、柜、烘、积、集、俭、疆、芥、津、舅、军、堪、砍、柯、跨、昆、朗、良、笼、噜、落、梅、煤、闷、眠、陌、漠、墨、某、嫩、扭、偶、炮、贫、铺、企、秦、扔、融、萨、嫂、善、湿、石、税、硕、肃、塔、躺、投、纬、未、稳、伍、夕、厦、厢、辛、形、恤、淹、沿、炎、亦、益、谊、俑、余、瑜、郁、攒、丈、枕、圳、蒸、侄、质、逐（107字）。

《互动汉语》/《心系中国》：罢、磅、辈、拨、玻、播、裁、惨、尘、持、冲、臭、触、粗、催、搭、雕、丁、痘、督、渡、凡、繁、贩、佛、副、巩、沟、骨、鼓、鬼、喊、哼、猴、厚、忽、

[①] 参见《汉语作为第二语言教材字、词和词语义项调查》，见国家语言资源监测与研究中心编《中国语言生活状况报告（2006）》下编第172—248页，商务印书馆2007年版。

壶、糊、怀、矾、吉、寂、嫁、捡、荐、浆、酱、胶、跤、角、捷、筋、颈、竞、桔、距、绝、爵、君、楷、瞌、扣、亏、莱、郎、螂、璃、哩、励、俐、伶、烈、邻、刘、遛、露、炉、鹿、洛、盲、貌、媒、孟、秘、咩、摸、麽、抹、茉、窦、谋、木、慕、腻、宁、努、判、批、偏、拼、坡、歧、弃、枪、强、敲、茄、曲、权、忍、荣、熔、柔、儒、塞、刹、杉、赏、尚、舌、射、升、驶、示、薯、摔、嗦、涕、田、帖、涂、兔、吞、拖、湾、汪、威、唯、谓、坞、悟、雾、析、峡、闲、美、歇、欣、醒、许、绪、靴、血、训、丫、耶、伊、颐、疑、艺、裔、娱、渔、暂、灶、责、贬、蟑、赵、诊、争、睁、芝、执、煮、著、爪、篆、妆、庄、宗、组、祖、罪(184字)。

《步步高中文》：伴、镑、辫、馋、偿、抄、寸、盗、董、敦、俄、幅、慌、惠、获、籍、俱、夸、矿、廊、列、纳、聘、评、泉、婶、施、私、锁、梯、填、微、席、绣、询、宴、艳、仪、致(39字)。

《你好》：艾、桉、袄、澳、芭、傍、胞、布、怖、擦、藏、曹、插、肠、潮、扯、乘、橙、尺、筹、串、刺、旦、刀、叨、捣、笛、掉、毒、堵、朵、噩、防、废、橄、罐、桂、嗨、横、幻、谎、祸、佳、煎、箭、蕉、礁、戒、橘、俊、库、榄、唠、垒、蕾、荔、粒、链、临、淋、龄、萝、麦、馒、漫、眉、莓、檬、摩、牧、尼、柠、琶、刨、琵、叵、频、脐、淇、浅、饶、仍、晒、盛、饰、寿、爽、斯、寺、怂、塌、摊、探、添、亭、吐、娃、袜、喔、稀、虾、侠、项、橡、泻、凶、讶、岩、邀、叶、怡、咦、哟、悫、犹、豫、侦、筝、症、汁、粥、状、撞、镯(124字)。

2.3 高频字、低频字分析

2.3.1 高频字集中

4套教材共使用汉字字种1 680个。考察汉字的使用频率，可以清楚地看到教材中的常用汉字的分布。下面是根据使用频率对教材用字的各级覆盖率使用字种数的调查结果。

表4—62　4套教材用字覆盖率及所用字种

覆盖率(%)	字种数	最低使用频次
50	68	262
60	109	176
70	169	110
80	270	65
90	484	26
95	709	13
99	1 177	3
100	1 680	1

表4—62显示,覆盖总语料50%时只使用了68个汉字;覆盖率为90%时使用了484个汉字,最低频次为26次。这说明4套教材中常用汉字相当集中。

2.3.2 低频字分散

在常用字集中的同时,存在着另一种情况,就是低频字数量较多。只出现1次的称为单频次字,4套教材中共有244个单频次字,占总字数1 680的14.52%。与中国出版的对外汉语教材[①]及基础教育新课标语文教材[②]相比,这里的单频次字比例是最高的。请看表4—63:

表4—63 单频次字对比

教材类型	总字种数	单频次字种数	比例(%)
4套海外汉语教材	1 680	244	14.52
国内对外汉语教材	4 041	490	12.13
基础教育语文新课标教材	5 069	378	7.46

2.4 与相关字表的对比

2.4.1 与《现代汉语常用字表》的对比

4套教材总用字种数为1 680个,在《现代汉语常用字表》一级常用字(2 500字)范围内的有1 552个,在次常用字(1 000字)范围内的有87个,还有41个在《现代汉语常用字表》(3 500字)以外。这表明海外汉语教材的总用字量虽然不大却较为分散。

这41个字为:桉、镑、伽、嗨、矶、饯、跤、桔、柯、瞌、螂、遛、噜、嘛、髦、莓、咩、嗯、噢、哦、琶、淇、莎、怂、嚏、喔、丫、耶、怡、咦、颐、裔、俑、惠、瑜、蟑、圳、篆、镯、粽。这41个字中有两类比较多,一是表名物义的,二是表语气、拟声的,如"嗨、噜、嘛、咩、嗯、噢、哦、喔、咦";表动作、性质的较少。这与海外汉语教材内容贴近生活、课文多为对话式的口语体有关系。其中"莎"字为外国人名常用字,如"丽莎、瑞莎、玛莎"等。

2.4.2 与12套教材用字字表的对比

《汉语作为第二语言教材字、词和词语义项调查》[③]调查了12套国内出版的

[①] 见国家语言资源监测与研究中心编《中国语言生活状况报告(2006)》下编第172—248页,商务印书馆2007年版。

[②] 见国家语言资源监测与研究中心编《中国语言生活状况报告(2007)》下编第437—515页,商务印书馆2008年版。

[③] 同注①。

对外汉语教材,总字次为 680 171,总字种 4 041 个。将 4 套教材用字与之比较,仍有 11 个不在其中:桉、磅、饯、螂、檬、柠、怂、纬、裔、恿、蟑。

通过上面的调查可以看到,海外汉语教材中的汉字使用有以下一些特点:字种数较少;用字在一定程度上反映出教材面向的是汉语非母语的成年学习者;课文内容注重与社会生活的联系,较生活化、口语化。

三 用词调查

3.1 用词概貌

我们对课文正文中的汉字词使用进行了调查。既用简化字,又同时用繁体字表示的,不统计后者。如只用繁体字表示的,则转化成简化字,但繁转简的数量很少,只出现于少数课文标题和课文中的简短对话。划分词语时先用机器切分,再做人工干预,尽量使分词单位符合人们日常使用的语感。

4 套教材共有词次 87 223 个,词种 4 497 个。具体情况如下:

表 4—64　4 套教材用词情况

教材中文名	词次	词种	共用词		部分共用词		独用词	
			词种	比例(%)	词种	比例(%)	词种	比例(%)
中文听说读写	15 135	2 001	557	27.84	891	44.53	553	27.63
互动汉语/心系中国	19 118	2 537		21.96	1 025	40.40	955	37.64
步步高中文	11 508	1 799		30.96	623	34.63	619	34.41
你好	11 130	1 639		33.98	584	35.63	498	30.39
合计	56 891	4 497		12.39	1 315	29.24	2 625	58.37

3.2 共用词、独用词分析

3.2.1 共用词比例低

表 4—64 显示,4 套教材的共用词有 557 个,占总词种的 12.39%。在具体每套教材中,共用词比例在 21.96%—33.98% 之间。557 个共用词中,有一字词 236 个,二字词 290 个,三字词 31 个。

3.2.2 独用词数量多

4 套教材的独用词共有 2 625 个,占总词种数的 58.37%。就一套教材来说,独用词比例最高的是《互动汉语》/《心系中国》,为 37.64%,最低的是《中文听说读写》,为 27.63%。

在 12 套国内出版的对外汉语教材调查中,独用词 14 260 个,占总词种数 26 345 的 54.13%;① 在 4 套基础教育语文新课标教材的调查中,独用词 24 996 个,占总词种数 50 670 的 49.33%。② 看来在教材课文的词语使用中,独用词比例一般都较高,显示具体语篇中因语境的差异而用到的词语面都相当宽,差异比较大。独用词中有不少是表时间、人名、物名、事名的,还有一些体现了国家、民族、地区间的差异。

3.3 特色词分析

各教材词汇的特色从独用词、共用词的不同频序中都可以看出。下面略做举例。

(1)独用词中的特色词

下面是各教材独用词中频次最高的前 10 个双音节词:

《中文听说读写》:丽莎、柯林、雪梅、李文、天明、李哲、李友、王朋、舅舅、舅妈。

《互动汉语》/《心系中国》:小林、王华、美英、李明、德中、台湾、从前、印大、大陆、对象。

《步步高中文》:王京、李东、小方、职员、李英、张亮、高明、小张、爱华、老李。

《你好》:兰兰、大伟、李秋、大姨、逛街、吸毒、板球、书包、唠叨、班长。

上面独用词中的高频词其实大部分是为了课文内容表达需要而出现的称呼性词语。

(2) 共用词中的特色词

用某调查对象在分类语料中的频率减去其在全部语料中的频率所得到的值,叫频率差。用频率差的对比方法可以观察到共用词中各教材的特色词。下面是各教材特色词中排在最前面的 10 个双音节词:

《中文听说读写》:中国、你们、这个、我们、工作、一个、一些、有的、他们、身体。

---

① 参见《汉语作为第二语言教材字、词和词语义项调查》,见国家语言资源监测与研究中心编《中国语言生活状况报告(2006)》下编第 172—248 页,商务印书馆 2007 年版。

② 参见《基础教育语文新课标教材用字用语调查》,见国家语言资源监测与研究中心编《中国语言生活状况报告(2007)》下编第 437—515 页,商务印书馆 2008 年版。4 套教材的独用词分别是 5 116、4 474、7 595、7 811 个。

《互动汉语》/《心系中国》:什么、美国、觉得、应该、时候、自己、不是、可是、而且、没有。

《步步高中文》:学生、老师、没有、北京、谢谢、英国、东西、不能、你好、漂亮。

《你好》:妈妈、今天、爸爸、老师、喜欢、同学、我家、生日、上午、明天。

用频率差的方法可以从共用词中发现各教材的某些使用特点。使用频率高的如来自美国的《互动汉语》/《心系中国》中有"美国",来自英国的《步步高中文》中有"英国"。使用频率低的也能反映若干重要信息:如"中国、北京、美国、英国"是4套教材都有的词,但在《你好》中出现的频率最低,分别排在频率差最大的第1、6、8、85位。这种情况与《你好》强调课文内容贴近日常生活相吻合,上述高频词大都是日常生活用词也印证了这点。

3.4 词语长度与词种

下面按词语长度分别统计了各词长的词种数及使用频次的情况。见表4—65。

表4—65 不同词长的词种数与频次调查

| 词长 | 词种 | | 频次 | | 平均词频 |
(音节)	数量	比例(%)	数量	比例(%)	
1	792	17.61	32 403	56.95	41
2	2 803	62.33	21 686	38.12	8
3	644	14.32	2 348	4.13	4
4	200	4.45	355	0.62	2
5	34	0.76	62	0.11	2
≥6	24	0.53	37	0.07	2
总计	4 497	100.00	56 891	100.00	13

表4—65显示,词种数量最多的是双音节词,约占2/3。在使用频次上,数量最多的却是单音节词,单音节词频次占总频次的一半略多,双音节词只占到总频次的1/3强。从每个词的平均词频来看,单音节词是双音节词的5倍。三音节词的词种数占总词种数的14.32%,但频次只有总词次的4.13%。

下面是各词长频次排在最前面的10个词:

单音节词:的、我、了、你、是、不、有、在、很、好。

双音节词:什么、中国、我们、没有、小李、一个、小五、今天、喜欢、他们。

三音节词:怎么样、张天明、为什么、对不起、服务员、女朋友、李小英、星期

六、图书馆、有意思。

四音节词:澳大利亚、电子邮件、公共汽车、十字路口、不好意思、马马虎虎、中国银行、班布斯班、一天到晚、名胜古迹。

五音节词:长城信用卡、天安门广场、公共汽车站、故宫博物馆、大英图书馆、民以食为天、人民大会堂、王府井大街、伊丽莎白瓜、菠菜豆腐汤。

3.5 词语频次与词种

统计频次与词种的关系,能反映高频词与低频词的数量分布情况。表4—66是各个频次段使用的词种数。

表4—66 各频次段使用的词种数

频次段	词种数	占总词种数的比例(%)	
1	1 687	37.51	
2	733	16.30	
3	377	8.38	83.50
4	275	6.12	
5	183	4.07	
6—10	500	11.12	
11—20	341	7.58	
21—100	313	6.96	16.50
>100	88	1.96	
总计	4 497	100.00	100.00

表4—66显示,频次为1的词语有1 687个,频次为2的733个,100次以上的为88个。出现10次以上的只占总词语的16.50%。在国内出版的对外汉语教材用词调查中,单频次词是10 800个,占总词种数26 345的40.99%。在基础教育语文新课标教材用字用语调查中,单频次词是19 766个,占总词种数50 670的39.01%。[①] 3次调查数据接近,看来在一定量的真实语言使用环境中,单频次词的数量保持在一个相当稳定的规模上。另外,单频次词的比例要低于独用词的比例,因为单频次词一定是独用词,而独用词却不一定是单频次词,

---

① 参见《汉语作为第二语言教材字、词和词语义项调查》,见国家语言资源监测与研究中心编《中国语言生活状况报告(2006)》下编第172—248页,商务印书馆2007年版。《基础教育语文新课标教材用字用语调查》,见国家语言资源监测与研究中心编《中国语言生活状况报告(2007)》下编第437—515页,商务印书馆2008年版。

它可能在一套教材中多次出现。

3.6 词语分布与词种

词语分布是指词在不同语境中出现的情况。分布是体现词语价值的另一重要因素。分布调查可以以不同的单位为统计对象，可以是教材的"套""册"。这里选用的是课文的"篇"。4 套教材共有 16 册，160 篇课文。分布最广的词是"我"，见于 131 篇课文。只在 1 篇课文中出现的词种有 2 231 个。调查结果见下表：

表 4—67　各分布段与词种数的关系

课文数（篇）	词种数	比例（%）
1	2 231	49.61
2—5	1 405	31.24
6—10	387	8.61
11—50	388	8.63
＞50	86	1.91
总计	4 497	100.00

3.7 覆盖率

下面是对 4 套教材词种覆盖率的调查。

表 4—68　4 套教材词种覆盖率分布

覆盖率（%）	词种数	最低使用频次
50	88	101
60	161	56
70	312	27
80	624	12
90	1 363	5
100	4 497	1

表 4—68 显示，覆盖语料 50% 时只使用词语 88 个，至 80% 时使用词语 624 个，说明高频词集中。

（苏新春、唐师瑶撰稿；卜　源、王玉刚、周　娟、张小柳、蒋艳玲、洪桂治资料整理）

附篇

东南亚小学华文教材课文用字调查

海外华文教材的语言状况能在一定程度上反映海外华人的社会语言生活。开展海外小学华文教材的用字用词调查,可以更好地了解海外华语的动态变化,为海外华语研究、华文教学与教材编撰等提供参考依据,从而更加积极有效地促进汉语的国际传播和发展。

一 对象

根据代表性、本土化、可比性原则,本调查选择了马来西亚、新加坡、越南、泰国、印尼 5 个国家共 8 套华文教材作为调查对象,具体信息如下:

表 4—69 8 套华文教材的具体信息

国家	教材名称	编写者	出版单位	出版时间	册数	简称
马来西亚	华文	郑辉龙、王赛梅、黄雪玲、何贵强、郑淑玲、叶莲丝、孙秀青、周锦聪、王月香、林俐伶	HYPERSURF CORPORATION SDN. BHD、ELITE-GUH INDUSTRIES SDN. BHD、PENERBITAN BANGI SDN. BHD、THE MALAYA PRESS SDN. BHD	2003—2007	8	〔马〕—华文
新加坡	好儿童华文(第二版)	新加坡教育部课程规划与发展司小学华文课程组	新加坡教育出版社	1999—2000	12	〔新〕—好儿童华文
新加坡	小学华文	新加坡教育部课程规划与发展司小学华文课程组	新加坡教育出版社、中国人民教育出版社	2007	12	〔新〕—小学华文
越南	华语(实验教材)	陈晓(Trân Tiêu)	越南教育出版社	2009	10	〔越〕—华语
泰国	中文	李润新、程相文	泰国圣卡比利安基金会中文教学中心	2006	6	〔泰〕—中文
泰国	快乐学中文	郭少梅	Nanmeebooks	2004—2009	10	〔泰〕—快乐学中文

(续表)

印尼	我的汉语	Priska Hermin Leonny	Penerbit Erlangga	2005	6	〔印尼〕—我的汉语
	基础汉语	Tim Penulis LBM SINO	Gramedia Widiasarana Indonesia	2008	6	〔印尼〕—基础汉语

本次调查对象仅限于教材课文中出现的全部汉字。华文教材的课文编排形式不一,有的标注"课文",有的则采用"读一读"等方式,有些教材除主课文外,还编入其他类型的课文,如阅读课文。本文统计只取主课文。

二 基本情况

8套教材总字符数为229 804,字符种数为3 097。其中汉字(不含部首、标点和非汉字字符)总次数为193 842,汉字字种数为2 993。

2.1 字次与字种

字次和字种是教材最基本的用字信息。下表列出了各教材字次和字种数的详细数据。

表4—70 各教材字次与字种数

教材	册数	字次	字种数
〔马〕—华文	8	45 287	2 765
〔新〕—好儿童华文	12	49 314	1 981
〔新〕—小学华文	12	25 097	1 806
〔越〕—华语	10	24 699	1 516
〔泰〕—快乐学中文	10	22 670	1 372
〔印尼〕—我的汉语	6	8 765	733
〔印尼〕—基础汉语	6	8 003	659
〔泰〕—中文	6	10 007	574
合计	70	193 842	2 993

从上表可以看出,字种数最多的是马来西亚的《华文》,达2 765个,远远超过其他7套教材;新加坡的两套教材字种数差不多;越南、泰国、印尼的教材字种数相对较少,特别是印尼的两套教材和泰国的《中文》。

这是海外不同性质的华文教学在教材用字量上的体现。马来西亚《华文》是供马来西亚华文小学使用的教材,华文小学的华文教学属于第一语言教育,课时

量多,识字量大,字种数多。越南、印尼和泰国的华文教学以第二语言教学为主,周课时量一般为2—4课时,学生在单位时间内可习得的汉字有限,因而其识字量相对较少,特别是供每周2课时的学校使用的教材字种数明显较少。新加坡介于二者之间,属于双语教学性质,因此,字种数也处于中间状态。

2.2 前100字共用独用情况

各教材分属于3种不同类型的华文教学,字种数相差较大,本次调查选取了各教材字表中按频次降序排列的前100个高频汉字做共用独用分析,这些汉字都是高频汉字,大约覆盖了各教材用字的50%。其共用独用情况如下:

表4—71 各教材前100字共用独用情况

教材	共用字种	独用字种
〔马〕—华文	39	5
〔新〕—好儿童华文		2
〔新〕—小学华文		5
〔越〕—华语		6
〔泰〕—快乐学中文		10
〔印尼〕—我的汉语		12
〔印尼〕—基础汉语		15
〔泰〕—中文		19

各教材前100个汉字的共用字如下:

的、我、一、了、不、是、们、有、在、你、来、上、人、大、他、天、说、子、到、好、个、妈、里、去、家、和、学、老、看、时、么、很、要、爸、生、下、儿、都、多

各教材前100个汉字的独用字如表4—72:

表4—72 各教材前100个汉字的独用字

教材	独用字(按所在教材字表频次降序排列)
〔马〕—华文	公、风、事、于、乐
〔新〕—好儿童华文	新、些
〔新〕—小学华文	住、真、海、加、己
〔越〕—华语	象、伯、画、笑、候、鱼
〔泰〕—快乐学中文	六、放、五、今、游、二、十、文、猜、色
〔印尼〕—我的汉语	买、园、书、玛、王、所、每、卫、喝、茶、兰、常
〔印尼〕—基础汉语	场、但、吧、幸、市、电、现、您、越、北、信、傅、京、怎、妮
〔泰〕—中文	圆、朋、汤、汉、球、唱、羊、帕、太、队、跑、果、呀、字、巴、鸟、友、差、白

2.3 在《大纲》中的分布情况

《大纲》指的是《汉语水平词汇与汉字等级大纲》(修订本)[①],为行文方便,本调查统一简称为《大纲》。各教材课文用字的总体难易度如何,可以通过课文用字在《大纲》中的分布情况来大致描写。

《大纲》主要是针对对外汉语教学的,由于目前还没有专门针对华文教学的大纲,因此,在实际教学中,华文教学的依据和测试标准都是以《大纲》为基准,本调查也采用《大纲》作为课文用字的评级标准。表4—73显示了各教材课文用字在《大纲》中的分布。

表4—73 各教材课文用字在《大纲》中的分布情况

教材	项目	纲内字	纲内字分布								纲外字	
			甲级字		乙级字		丙级字		丁级字			
			字种	字次	字种	字次	字种	字次	字种	字次	字种	字次
〔马〕—华文	数量	2 517	790	35 655	783	6 477	511	1 682	433	1 076	248	397
	比例(%)	91.03	28.57	78.73	28.32	14.30	18.48	3.71	15.66	2.38	8.97	0.88
〔新〕—好儿童华文	数量	1 905	778	40 706	674	6 160	282	1 308	171	837	76	303
	比例(%)	96.16	39.27	82.54	34.02	12.49	14.24	2.65	8.63	1.70	3.84	0.61
〔新〕—小学华文	数量	1 771	778	21 050	642	3 018	241	678	110	256	35	95
	比例(%)	98.06	43.08	83.87	35.55	12.03	13.34	2.70	6.09	1.02	1.94	0.38
〔越〕—华语	数量	1 466	715	21 217	485	2 414	183	614	83	294	50	160
	比例(%)	96.70	47.16	85.90	31.99	9.77	12.07	2.49	5.47	1.19	3.30	0.65
〔泰〕—快乐学中文	数量	1 332	716	19 718	387	1 998	134	458	95	350	40	146
	比例(%)	97.08	52.19	86.98	28.21	8.81	9.77	2.02	6.92	1.54	2.92	0.64
〔印尼〕—我的汉语	数量	725	551	8 044	134	464	31	98	9	42	8	117
	比例(%)	98.91	75.17	91.77	18.28	5.29	4.23	1.12	1.23	0.48	1.09	1.33
〔印尼〕—基础汉语	数量	652	511	7 293	115	467	18	47	8	30	7	166
	比例(%)	98.94	77.54	91.13	17.45	5.84	2.73	0.59	1.21	0.37	1.06	2.07

---

① 国家汉语水平考试委员会办公室考试中心制定,经济科学出版社2001年版。

(续表)

教材	项目										
〔泰〕—中文	数量	562	423	8 538	97	971	19	93	23	287	12	118
	比例(%)	97.91	73.69	85.32	16.90	9.70	3.31	0.93	4.01	2.87	2.09	1.18

总体上,各教材纲内字使用比例很高,最低也达到了91.03%。而且主要以甲级字、乙级字为主。甲级字使用频次极高,所占字次比例最低的也有78.73%(此时的字种数比例为28.57%)。

从各等级的字种数比例来看,甲级字中,印尼的两套教材最高,分别达到了77.54%和75.17%,泰国、越南的3套次之,新加坡的两套居中,马来西亚的最低;纲外字、丁级字和丙级字中,情况正好相反。这大致可以说明,属于第一语言教学性质的马来西亚华文教材课文用字最难,属于第二语言教学性质的印尼、泰国和越南的华文教材用字稍易,处于二者之间的新加坡华文教材用字难易度居中。

三 分年级情况

此节重点考察华文教材中课文用字在不同年级的分布情况。通过对比、观察、总结小学华文教材不同年级课文用字的字量、字种及字序规律,可为进一步的深入研究提供参考数据。

8套小学华文教材中,"〔越〕—华语""〔泰〕—快乐学中文"都是10册,供小学5个年级使用,其余6套教材均为6个年级使用(有的教材12册,每一年级2册),为保证分年级对比的可比性,本次统计只选取了供6个年级使用的6套教材。

3.1 字次和字种数

6套小学华文教材各年级的字种数和字次分布情况如下:

表4—74 各教材字次和字种数的年级分布基本情况

教材	项目		一	二	三	四	五	六	合计
〔马〕—华文	字次	数量	2 471	5 037	6 547	7 941	11 007	12 284	45 287
		比例(%)	5.46	11.12	14.46	17.53	24.31	27.12	100.00
	字种	数量	420	783	1 076	1 399	1 737	1 954	2 765
		比例(%)	15.19	28.32	38.92	50.60	62.82	70.67	

(续表)

〔新〕—小学华文	字次	数量	946	2 905	4 359	5 244	6 954	4 689	25 097
		比例(%)	3.77	11.58	17.37	20.89	27.71	18.68	100.00
	字种	数量	288	526	799	1 033	1 193	938	1 806
		比例(%)	15.95	29.13	44.24	57.20	66.06	51.94	
〔新〕—好儿童华文	字次	数量	2 221	5 368	8 250	8 236	12 618	12 621	49 314
		比例(%)	4.50	10.89	16.73	16.70	25.59	25.59	100.00
	字种	数量	356	687	985	1 130	1 428	1 478	1 981
		比例(%)	17.97	34.68	49.72	57.04	72.08	74.61	
〔泰〕—中文	字次	数量	223	1 301	1 434	1 936	2 334	2 779	10 007
		比例(%)	2.23	13.00	14.33	19.35	23.32	27.77	100.00
	字种	数量	27	128	178	256	333	377	574
		比例(%)	4.70	22.30	31.01	44.60	58.01	65.68	
〔印尼〕—基础汉语	字次	数量	625	674	1 050	1 356	1 797	2 501	8 003
		比例(%)	7.81	8.42	13.12	16.94	22.46	31.25	100.00
	字种	数量	153	177	252	215	321	342	659
		比例(%)	23.22	26.86	38.24	32.63	48.71	51.90	
〔印尼〕—我的汉语	字次	数量	629	915	1 308	1 438	1 704	2 771	8 765
		比例(%)	7.18	10.44	14.92	16.41	19.44	31.61	100.00
	字种	数量	94	206	208	263	351	500	733
		比例(%)	12.82	28.10	28.38	35.88	47.89	68.21	

各教材字种数比例和字次比例的年级分布,理论上应该是按年级从低到高逐步增加。从上表可以看到,有4套教材基本符合这种规律,走势随年级攀升。但是,"〔新〕—小学华文"从五年级到六年级,字种数比例和字次比例有明显的下降,而且幅度较大,"〔印尼〕—基础汉语"从三年级到四年级也是如此。从下图更能形象地看出这种分布情况:

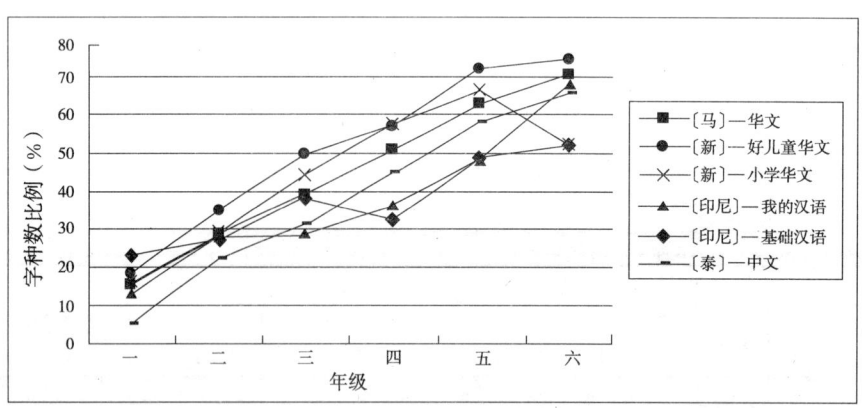

图4—20 各教材字种数比例的年级分布

3.2 在《大纲》中的分布情况

由于 6 套教材分教材分年级课文用字的《大纲》分布数据太多,因此,下面以"〔新〕—小学华文"的数据为例,大致展示分年级课文用字在《大纲》中的分布情况。

表 4—75 不同年级课文用字在《大纲》中的分布情况

年级	项目	甲级字		乙级字		丙级字		丁级字		纲外字	
		字种	字次	字种	字次	字种	字次	字种	字次	字种	字次
一	数量	243	851	36	76	5	12	4	7	0	0
	比例(%)	84.38	89.96	12.50	8.03	1.74	1.27	1.38	0.74	0.00	0.00
二	数量	378	2 500	114	316	18	45	14	42	2	2
	比例(%)	71.86	86.06	21.68	10.88	3.42	1.55	2.66	1.45	0.38	0.06
三	数量	527	3 727	209	506	39	75	14	30	10	21
	比例(%)	65.96	85.50	26.16	11.61	4.88	1.72	1.75	0.69	1.25	0.48
四	数量	608	4 331	331	686	60	161	20	37	14	29
	比例(%)	58.86	82.59	32.04	13.08	5.81	3.07	1.94	0.71	1.35	0.55
五	数量	630	5 733	393	907	117	201	45	92	8	21
	比例(%)	52.81	82.44	32.94	13.04	9.81	2.89	3.77	1.33	0.67	0.30
六	数量	533	3 908	269	527	98	184	30	48	8	22
	比例(%)	56.82	83.34	28.68	11.24	10.45	3.92	3.20	1.03	0.85	0.47
合计	数量	778	21 050	642	3 018	241	678	110	256	35	95
	比例(%)	43.08	83.87	35.55	12.03	13.34	2.70	6.09	1.02	1.94	0.38

从上表可以看到,小学一至六年级各个年级用字的基本范围主要在甲级字,字种数比例占到了 43.08%,字次比例则高达 83.87%;乙级字次之,丙级、丁级和纲外字的比例在各个年级都很低。总体上,年级越低,低等级的汉字字种数比例越高,高等级的汉字字种数比例越低,反之亦然,尤其是甲级字的字种数比例下降幅度较明显。

从下图可以清楚地看到不同级别汉字字种数比例在不同年级中的走势：

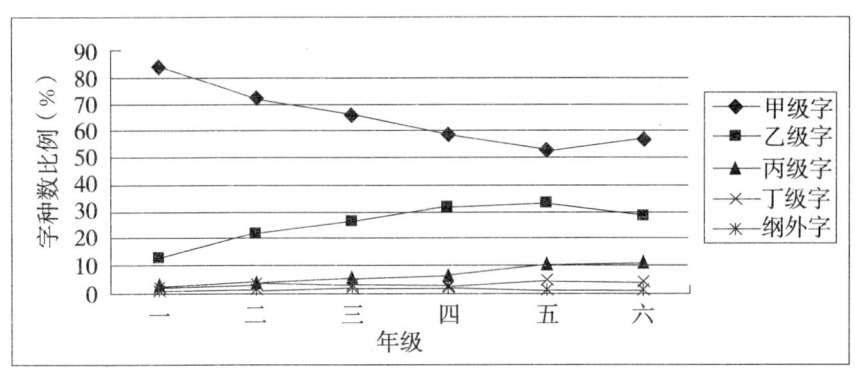

图 4—21　不同级别汉字字种数比例在不同年级中的走势

6个年级中,虽然各年级的各个等级汉字的字种数比例差别很大,但字次都以甲级字为主,其比例均占到80%以上。从下图可以清楚地看到不同级别汉字字次比例在不同年级中的走势：

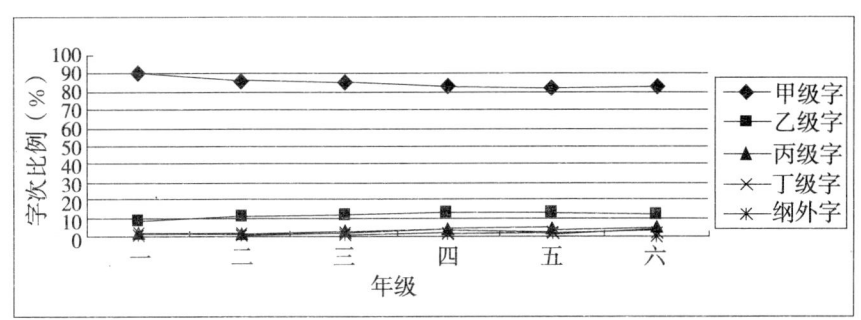

图 4—22　不同级别汉字字次比例在不同年级中的走势

在各年级中,字次比例相对变化较小,发展趋势较平稳。

3.3　字种数的年级增量

上文列出了各年级的字种数,各年级之间既存在相同的字种,也有新增字种。相同字种体现为字的复现,对学习者而言是一种复习巩固,而新增字种则属于需要学习者接受的新信息。考察华文教材各年级的新增字种及字种数,有利于教材编写和使用者把握各年级新增字种字量的变化幅度和规律,方便循序渐进地进行教学。

由于6套教材分教材分年级课文用字的年级增量调查数据太多,因此,下面以"〔新〕—小学华文"的数据为例,大致展示分年级课文用字的年级增量情况。

表 4—76　各年级新增字种及在《大纲》中的分布

当前年级	以前年级总字种数	新增字种		新增字种《大纲》分布（比例%）				
		数量	比例(%)	甲级字	乙级字	丙级字	丁级字	纲外字
二	288	308	106.94	186(60.39)	90(29.22)	17(5.52)	13(4.22)	2(0.65)
三	596	369	61.91	176(47.70)	139(37.67)	34(9.21)	11(2.98)	9(2.44)
四	965	372	38.55	117(31.45)	179(48.12)	45(12.10)	20(5.38)	11(2.95)
五	1 337	318	23.78	46(14.47)	145(45.60)	80(25.15)	40(12.58)	7(2.20)
六	1 655	151	9.12	10(6.62)	53(35.10)	60(39.74)	22(14.57)	6(3.97)

从上表可以看到，随着年级的发展，新增字种数比例越来越低，由二年级的 106.94% 降低到 9.12%。总体上，随着年级的发展，甲级字新增比例快速下降，乙级字的新增比例趋势大致为弓形，丙级字、丁级字和纲外字都呈上升趋势。下图形象地显示了这种新增规律：

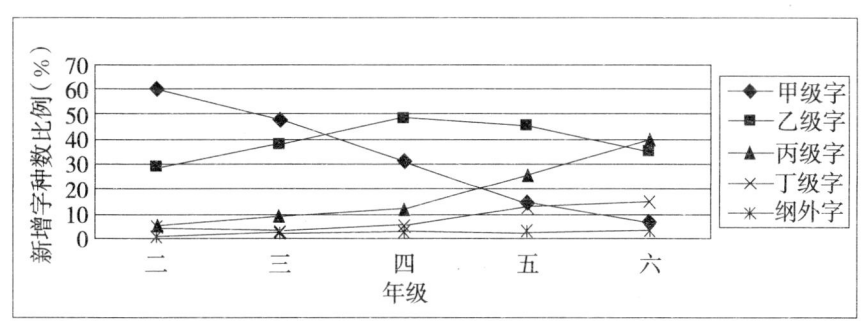

图 4—23　各年级的新增字种数比例在《大纲》中的分布

四　东南亚部分教材对比

4.1　新加坡两套教材的对比

4.1.1　共用独用情况

表 4—77　新加坡两套教材用字共用独用情况

教材	字种数	字次	共用字种		独用字种	
			数量	比例(%)	数量	比例(%)
〔新〕—好儿童华文	1 981	49 314	1 630	82.28	351	17.72
〔新〕—小学华文	1 806	25 097		90.25	176	9.75

这两套教材的共用字为 1 630 个，比例较高。这些共用字中，《大纲》的甲级字 771 个，占 47.30%；乙级字 598 个，占 36.69%；丙级字 187 个，占 11.47%；丁

级字 63 个,占 3.87%;纲外字 11 个,占 0.67%,纲外字如下:伦、嘻、喱、橙、橱、蚓、蚯、蟹、螃、肮、姬。

"〔新〕—好儿童华文"中频次在前的 10 个独用字是:盾、偿、弦、睬、燕、拆、剃、燧、徐、律。

"〔新〕—小学华文"中频次在前的 10 个独用字是:截、拇、括、忧、拦、径、捞、骆、尼、慧。

4.1.2 频率差结果

用某调查对象在分类语料中的频率减去其在全部语料中的频率所得到的值叫"频率差"。频率差反映了各教材用字的特色。我们在新加坡的两套教材字表中各取前 800 字做频率差分析,前 800 字时的覆盖率约为 90%。

"〔新〕—好儿童华文"中频率差大的前 10 位的汉字是:食、便、国、金、古、人、器、宝、星、火。

"〔新〕—小学华文"中频率差大的前 10 位的汉字是:我、小、妈、说、师、了、么、什、问、海。

可以看出,"〔新〕—小学华文"的这些汉字更日常化,常用度更高,而"〔新〕—好儿童华文"的常用度低一些。

4.2 越南、泰国、印尼 5 套教材的对比

4.2.1 共用独用情况

表 4—78　越南、泰国、印尼 5 套教材课文用字共用独用情况

教材	字种数	共用字种		独用字种	
		数量	比例(%)	数量	比例(%)
〔越〕—华语	1 516		20.32	381	25.13
〔泰〕—快乐学中文	1 372		22.45	234	17.06
〔印尼〕—我的汉语	733	308	42.02	20	2.73
〔印尼〕—基础汉语	659		46.74	25	3.79
〔泰〕—中文	574		53.66	19	3.31

这 5 套教材的共用字种为 308 个,共用字种数比例较低。这些共用字种中,甲级字 296 个,占 96.10%;乙级字 11 个,占 3.57%;丁级字 1 个(芒),占 0.33%。下面分别列出各教材中频次在前的 10 个独用字。

〔越〕—华语:倾、贡、藏、跌、倦、拖、喻、跨、骗、暗。

〔泰〕—快乐学中文:值、跷、朗、寓、骨、弥、挠、寺、途、宋。

〔印尼〕—我的汉语:耐、聊、矩、厢、宴、姐、线、规、螃、宿。

〔印尼〕—基础汉语:陵、鲨、职、乏、标、秦、讯、址、匙、傅。

〔泰〕—中文:馄、鸵、胳、尘、雀、鹦、益、鹉、饨、柚。

4.2.2 频率差结果

我们在5套教材字表中各取前500字做频率差分析,前500字时的覆盖率约为90%。下面是各教材中频率差值大的前10个汉字。

〔越〕—华语:来、了、一、着、说、伯、地、不、把、个。

〔泰〕—快乐学中文:十、节、色、国、优、二、长、美、泰、三。

〔印尼〕—我的汉语:师、很、我、你、娜、老、有、喜、好、阿。

〔印尼〕—基础汉语:安、娜、妈、妮、爸、要、阿、我、师、么。

〔泰〕—中文:差、巴、小、丽、龙、帕、国、尼、你、泰。

五 与中国内地教材的对比

为了更好地描写东南亚小学华文教材的整体面貌,显示东南亚小学华文教材的特点,我们将它与中国内地的小学语文教材做对比分析。东南亚小学华文教材(以下简称为"小学华文")共8套,中国内地小学语文教材(以下简称为"小学语文")共4套[①]。

5.1 基本情况

表4—79 小学语文和小学华文教材共用和独用字种数对比

教材	字种数	字次	共用字种		共用字种的字次		独用字种		独用字种的字次	
			数量	比例(%)	数量	比例(%)	数量	比例(%)	数量	比例(%)
小学语文	4 230	688 827	2 920	69.03	678 694	98.53	1 310	30.97	10 133	1.47
小学华文	2 993	193 842		97.56	193 616	99.88	73	2.44	226	0.12

需要说明的是,由于语料规模相差比较大,因此,二者的独用和共用比例也

---

① (1)《语文》,人民教育出版社,崔峦、蒯福棣主编,小学12册,初审时间2001—2004年。(2)《语文》,北京师范大学出版社,马新国、郑国民主编,小学12册,初审时间2001—2003年。(3)《语文》(S版),语文出版社,史习江、李守业主编,小学12册,初审时间2003年。(4)《语文》,江苏教育出版社,张庆、朱家珑主编,小学12册,初审时间2001—2004年。

相差比较大。总体上,小学华文教材的共用字种数比例较高,达 97.56%;共用字种的字次比例也很高,达 99.88%。

共用字种数为 2 920,其中甲级字 785 个,字种数比例为 26.88%;乙级字 788 个,字种数比例为 26.99%;丙级字 541 个,字种数比例为 18.53%;丁级字 469 个,字种数比例为 16.06%;纲外字 337 个,字种数比例为 11.54%。

小学华文 73 个独用字如下(按小学华文字表频率降序排列):挡、诋、皿、痘、侥、畚、猓、冗、痖、妲、轲、柬、兢、谆、撷、蹉、赎、赂、喋、哒、嘀、逍、贷、贬、笺、汕、噎、於、埔、窒、阩、荔、苹、啬、嗜、赅、嗟、跎、喱、崇、栈、樵、榍、铢、苟、觥、桔、桉、泯、庵、桩、潞、肛、潦、嫘、遘、囍、湄、邑、滓、炖、嚓、瞭、奕、徙、慰、猩、癫、燧、渚、函、叨、饨。

5.2 前 100 字共用独用情况

前 100 字大约覆盖语料的 50%。

表 4—80 前 100 字共用独用情况

教材	字种数	字次	共用字种		共用字种的字次		独用字种		独用字种的字次	
			数量	比例(%)	数量	比例(%)	数量	比例(%)	数量	比例(%)
小学语文	100	323 052	85	85.00	301 254	93.25	15	15.00	21 798	6.75
小学华文		122 962			113 675	92.45			9 287	7.55

小学语文教材中的独用字全部是甲级字,按频率降序排列如下:

然、山、像、从、手、边、身、面、海、向、声、发、前、亲、道。

小学华文教材中的独用字中,"丽"是乙级字,"莉"是纲外字,其余是甲级字,按频率降序排列如下:

吗、明、欢、吃、喜、听、丽、师、做、点、日、莉、呢、爸、爱。

5.3 前 1 000 字共用独用情况

前 1 000 字大约覆盖语料的 90%。

表 4—81 前 1 000 字共用独用情况

教材	字种数	字次	共用字种		共用字种的字次		独用字种		独用字种的字次	
			数量	比例(%)	数量	比例(%)	数量	比例(%)	数量	比例(%)
小学语文	1 000	609 342	854	85.40	587 705	96.45	146	14.60	21 637	3.55
小学华文		229 275			221 147	96.45			8 128	3.55

小学华文教材中的独用字按频率降序排列如下：

表 4—82 小学华文教材中的独用字

等级	字种数	比例(%) 独用字中	比例(%) 所有字中	字次	比例(%) 独用字中	比例(%) 所有字中	字种
甲	56	38.36	5.60	2 994	36.84	1.31	骑、寄、典、系、疼、苹、查、邮、搬、操、擦、预、姓、联、旅、词、泳、馆、饿、治、练、零、借、康、脏、级、鞋、铅、蛋、篮、丢、基、换、互、握、休、祝、票、惯、庭、辛、录、较、懂、旧、努、务、卖、组、绩、参、猪、昨、瓶、健、椅
乙	56	38.36	5.60	2 815	34.63	1.23	货、替、拜、选、逃、良、糕、刷、邻、婚、牌、姨、餐、聪、获、坡、狼、狮、胖、肚、绳、猜、庆、网、吓、守、吵、宾、灾、律、扫、拔、蛇、善、铃、钓、镜、妻、蜜、优、伞、躲、盒、皇、励、豆、统、献、梯、厅、赞、司、则、偷、费、筷
丙	18	12.33	1.80	805	9.90	0.35	骆、宫、兽、舅、粥、陈、圣、诞、徒、渔、乙、蛙、尚、蚊、寿、驼、翁、财
丁	10	6.85	1.00	558	6.87	0.24	寺、斧、鹰、鸦、筝、虹、蚁、蚂、仙、泰
外	6	4.11	0.60	956	11.76	0.42	曼、莉、菲、妮、帕、玛

从上表可以看到，小学华文教材中的独用字以甲级字和乙级字为主，共占到了 76.72%，其他等级字比较少。

5.4 基于频序比的汉字使用对比分析

对比东南亚小学华文教材与小学语文教材课文用字的频序比，能发现二者之间在汉字使用上的明显差异，由此可从一个角度分析出两类教材在编写理念、编写原则、编写内容等方面存在的差异。对于二者的前 3 000 字，我们进行了频序比对比，东南亚小学华文教材中频序比结果排在前 100 的汉字如下：

莉、泰、姐、帕、宾、习、哥、差、菲、弟、校、猜、妈、吗、爸、妮、姨、课、谢、师、喜、期、翁、祝、娜、猫、尼、参、节、泳、律、欢、小、婚、语、阿、寿、文、妹、丽、你、学、蛇、粥、餐、汉、椰、蚊、吃、鼠、饭、鸡、尚、货、奶、老、明、梯、买、菜、曼、洗、橡、虹、赛、婆、请、壶、盒、咖、今、绩、华、玩、健、蛋、康、财、斧、午、努、爷、庆、脏、圾、垃、休、聪、牌、炒、游、电、字、安、朋、蚁、词、铅、坡、革。

上述 100 个字大致可以归为以下几类：

人名用字：莉、妮、娜、丽、虹；

地名用字:泰、宾、菲、律、华、曼、尼、坡;

称谓用字:姐、哥、弟、妈、爸、阿、姨、师、妹、奶、婆、爷、你、朋、翁;

动物名用字:猫、蛇、蚊、鼠、鸡、蚁;

日常事物用字:帕、梯、壶、盒、咖、斧、椰、饭、菜、货、蛋、圾、垃、牌、电、粥、餐、苹;

文化用字:节、婚、寿、尚、财;

学习用字:橡、习、喜、欢、差、校、课、期、语、文、学、汉、绩、休、聪、明、字、词、铅、努、赛、安;

常见动作用字:猜、谢、参、泳、吃、买、洗、请、玩、庆、祝、炒、游;

性状用字:小、老、健、康、脏。

国内小学语文教材是母语教学性质,学生在学习之前已具备了良好的汉语听说能力,教材的教学目的主要在读写能力的培养,因此在课文选材上没有日常对话的课文,在基础的识字阶段之后,便很快进入各种体裁的叙述体文章的学习。而东南亚小学华文教材以第二语言及双语教学性质为主,学生大多数不懂汉语,少数会某种方言,因此,低年级的教材以对话体课文为主,课文内容主要为日常生活及虚拟日常生活。这些特点都在一定程度上通过课文用字体现出来。

(刘 华、蔡 丽、郭 熙)

附篇

东南亚华文媒体字母词表(示例)

【说明】

1. 本调查的目的是了解东南亚华文媒体中的字母词使用情况。

2. 调查语料来自马来西亚、新加坡、泰国、印度尼西亚、越南5个国家,包括马来西亚的《光华日报》电子新闻、独立新闻在线、韩视新闻中心、马新社中文网、《亚洲时报》,新加坡的《联合早报》、新动网、亚洲新闻网,泰国的《世界日报》,印度尼西亚的《国际日报》《印尼商报》和越南的越南唐人网共12家媒体,共计452 697个文本,225 365 478字次。语料全部从网络下载,只保留标题和正文内容。

3. 字母词提取采用的是计算机自动处理和人工校对相结合的方法。

4. 在调查所得字母词结果中,选取频次大于9的370条,形成《东南亚华文媒体字母词表》,收录在本书光盘中,选取其中20条作为示例,如下。

5. 整个词表按字母顺序排列。每一词条给出频次和提示性释义,个别词语给出用例。

6. 由于字母大小写、汉字字形不同或是否加连字符等造成的异形词,在词条后用括号给出。

7. 同形字母词的各种不同意义都写在一个词条内,不另列词条。

字母词	频次	提示性释义
3P	54	①3P性游戏,3个人进行的性活动。(英3 person的缩写) ②新加坡指"集公共、私人与人民服务于一体的"综合性网站。(英public,private,people的缩合)
AI	63	人工智能。(英artificial intelligence的缩写)
ATM	495	即"ATM机",自动柜员机。(英automatic teller machine的缩写)
A钱	36	台湾话,意为"滥用公款"。(A,英abuse的首字母)

字母词	频次	提示性释义
A 水准	115	"高等水准"的简称。英国年满 18 岁的学生参加的一种考试,新加坡也有此种考试:～考试。
BRT	85	快速公交系统。(英 bus rapid transit 的缩写)
CAT	379	①英语能力(competence)、问责制(accountability)及透明度(transparency)首字母的缩写,马来西亚政府提出的一个口号。②计算机辅助翻译。(英 computer aided translation 的缩写)
CBD	130	中央商务区。(英 central business district 的缩写)
CPI	1 119	①消费者物价指数。(英 consumer price index 的缩写)②在马来西亚指清廉印象指数。(英 corruption perception index 的缩写)
FOB	33	装运港船上交货。(英 free on board 的缩写)
ICBC	53	中国工商银行。(英 Industrial and Commercial Bank of China 的缩写)
IQ	55	智商。(英 intelligence quotient 的缩写)
K 仔	26	即"K 粉",一种毒品。
MRT	10	地铁。在中国台湾地区,以及曼谷和新加坡则称作"捷运"。(英 mass rapid transit 的缩写)
PR	25	①永久居留。(英 permanent residence 的缩写)②公共关系。(英 public relation 的缩写)
RAP	17	说唱音乐。产生于纽约贫困黑人聚居区。RAP 是黑人俚语中的一个词,意义相当于"谈话"(talking)。
SMS	147	短信息服务。(英 short message service 的缩写)
SPM	280	马来西亚教育文凭。(马来语 Sijil Pelajaran Malaysia 的缩写)
U 转	100	像字母 U 形状的转弯路口。
WHA	171	世界卫生大会。(英 World Health Assembly 的缩写)

(郭　熙、刘　华、祝晓宏、刘　慧)

第五部分

港澳台篇

澳门"圆形地"街名调查[①]

葡萄牙人16世纪来到澳门,同时带来葡萄牙的文化和语言。"圆形地"作为澳门的街名就是对葡萄牙文化的一种接纳,现今已成为澳门城市的一道色彩鲜艳的风景线。

一　前地、广场、圆形地

传入澳门的葡萄牙街道通名有:前地、广场、圆形地。

"前地",由葡语 Adro、Largo、Praceta、Praça 翻译而来,指的是某一建筑物或某一标志性实物前面的一块空地。例如议事亭前地,见图5—1;谭公庙前地,见图5—2。

图5—1　议事亭前地

图5—2　谭公庙前地

议事亭以往是澳门市政议会的办公场所,议事亭前地是议事亭前面的一块空地,现在是澳门的中心地带。谭公庙位于路环十月初五街尾,是一座香火旺盛的道教庙宇,谭公庙前地是庙宇前面供善男信女活动的空地。

"广场",由葡语 Alameda、Largo、Praceta、Praça 翻译而来,指的是广阔的平地,应该是比"前地"空间更为宽阔的地方,可做大型集会等用途。例如图5—3。

[①]　本文是澳门理工学院研究项目。

图 5—3　西湾湖广场

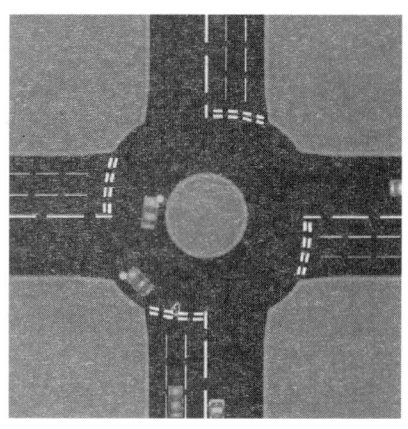

资料来源：维基百科。

图 5—4　圆形地车辆行驶示意图

"圆形地"，由葡语 Rotunda 翻译而来，指的是街道中心圆形的或起圆形作用的多条马路交叉的回环处，一般处于连接少至 3 条多至 10 多条路的路口。这种设置使任何一个方向来的车辆进入交会处后，围绕圆形地的中心圈向单一方向旋转行驶，如图 5—4。

1877 年法国籍建筑师尤金·海纳德（Eugène Hénard）就已经设计出这种单向绕行的圆形道路。图 5—5 是 1901 年建成的全世界最早的巴黎凯旋门圆形地。

资料来源：邦本网 2010 年 12 月 15 日，http://www.bangbenw.com/zl/flx/2010-12/15/content_972908.htm。

图 5—5　最早的巴黎凯旋门圆形地

这些词语进入澳门的汉语街名系统后，成为澳门语言生活中尽人皆知的常用词。但由于人们对它们的理解不同，特别是政府部门负责街道命名的官员语言使用不同,素质有异,语文修养有高有低,使用这些街名时经常出现分歧,例如旅游塔门前的一片空地,一会儿叫作圆形地,一会儿叫作前地,一会儿又叫广场。

语言具有民族性,澳门市民对前地、广场、圆形地的理解并不完全依据葡萄牙原文,而是依据汉语所表达出来的意蕴。

在澳门,圆形地与前地、广场是一种作用互通、形态相仿的关系,存在着功能转换的现象。作为一种街名的通名,有时前地与广场难分,有时广场与圆形地难辨。有些路段分明具备圆形地属性,但命名者却认定为前地;有些圆形地路段已经消失,却仍然保留原有的名称;有的甚至几经更改,由圆形地改为前地,再由前地改为广场。具体例证如下:

(1)已经不再是圆形地的圆形地,如图5—6和图5—7。

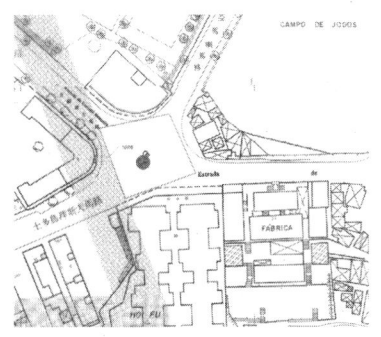
资料来源:澳门地图绘制暨地籍局。
图5—6　1987年的鲍斯高圆形地

图5—7　2011年的鲍斯高圆形地

(2)本已具有圆形地属性,却定名为前地,如图5—8。

图5—8　恩尼斯总统前地

该前地的功能是供居民休憩,疏导竹湾马路、打缆街、田畔街、石街、中街、客商街、挞沙街等7条街道的交通。

(3)前地功能已改变,依然称作前地,如图5—9。

资料来源:澳门民政总署樊飞豪顾问提供。

图5—9 区华利前地

(4)区华利前地原本就是一块前地,坐落在当年的政府合署大厦的前边。1954年9月16日澳葡当局在空地上竖立起区华利的铜像,纪念这位第一个由官方派遣来华的葡萄牙航海探险家。随着城市的发展,如今区华利前地铜像附近有许多大型建筑落成,前地不断填海,现在的主要功能是疏导南湾湖景大马路、何鸿燊博士大马路、苏亚利斯大马路、澳门商业大马路的交通,其功能已由前地转变成圆形地,但其名称依旧是前地。一地附近的街名也有使用多种不同的通名的。例如图5—10所显示的地段,计有观光塔前地、旅游塔前地、南湾圆形地、西湾湖广场等名称,其中的通名分别是前地、圆形地、广场。该地段于1998年由澳门旅游娱乐有限公司兴建了澳门旅游塔(原名观光塔),2001年12月落成启用,命名为观光塔前地,南湾圆形地也同时开放启用。该圆形地的功能有二:一是地面的行车路和绿化带,疏导何鸿燊博士大马路、孙逸仙大马路、西环湖景大马路和旅游塔前地的交通;再就是下可通往西湾湖的区域。之后,绿化带又被修改为圆形的广场,并改名为西湾湖广场。

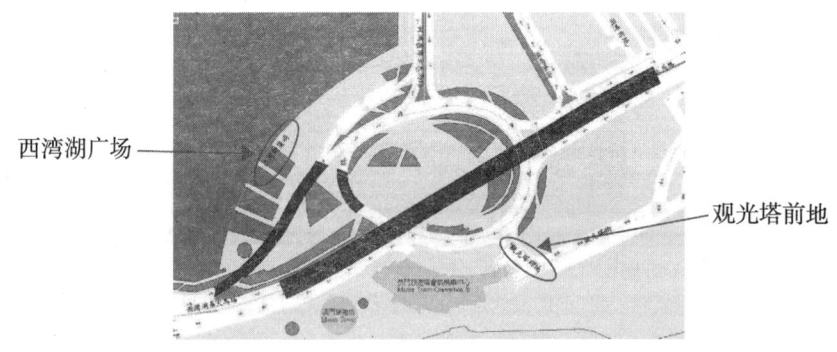

资料来源:澳门地图绘制暨地籍局。

图5—10 观光塔前地、西湾湖广场

二 能产的圆形地

澳门回归后,圆形地构造街名的能力仍然很强,能产性很高。例如新建的奥林匹克运动场前面有一大片空地,该地段就被命名为奥林匹克游泳馆圆形地。

澳门回归前至1998年底,共有15个圆形地。回归后5年间,圆形地一下子增加了10个,总共25个。新增的圆形地主要集中在20世纪80年代开始发展起来的氹仔岛和路环岛。25个圆形地中,澳门半岛只增加了1个南湾圆形地,氹仔岛增加了4个,分别是:西堤圆形地、徐日升寅公圆形地、奥林匹克游泳馆圆形地和路氹城圆形地。另外马拉松圆形地则改名为运动场圆形地。路环增加了5个圆形地,分别是:和谐圆形地、海滨圆形地、路环电厂圆形地、莲花圆形地和联生圆形地。直至2008年,澳门总共有28个圆形地,与10年前相比几乎多了一倍,见表5—1。在此期间,圆形地的名称也略有变化,原南湾圆形地改名为西湾湖广场,原亚马喇圆形地改名为亚马喇前地。

表5—1 2008年澳门三岛圆形地分布

圆形地名称	分布
澳门半岛	
1 嘉路米耶圆形地/三盏灯 CARLOS DA MAIA, Rotunda de:	位于光复街附近。包括飞能便度街与亚利鸦架街十字路口中一圆形空间
2 友谊圆形地 AMIZADE, Rotunda da:	位于黑沙环填海区,东北大马路尽头与友谊桥大马路的交会处
3 贾伯乐提督圆形地 ALMIRANTE COSTA CABRAL, Rotunda do:	位于镜湖马路、新胜街、贾伯乐提督街与高园街交会处
4 鲍思高圆形地 S. JOÃO BOSCO, Rotunda de:	位于美副将大马路、士多鸟拜斯大马路、海边马路与亚马喇马路交会处
5 亚马喇圆形地 FERREIRA DO AMARAL, Rotunda de:	位于南湾填海区友谊大马路、苏亚利斯博士大马路、殷皇子大马路与葡京路交会处,南靠澳氹大桥。也有称为亚马喇前地
氹仔岛	
6 飞机场圆形地 AEROPORTO, Rotunda do:	位于伟龙马路之间,机场货运站附近
7 宋玉生博士圆形地 DR. CARLOS AUGUSTO CORREA PÃES D'ASSUMPÇÃO, Rotunda:	位于史伯泰海军将军马路、徐日升寅公马路、广东大马路与孙逸仙大马路交界处

（续表）

8 孙逸仙博士圆形地 DR. SUN YAT SEN, Rotunda:	位于孙逸仙博士大马路与基马拉斯大马路交界处
9 路氹连贯公路圆形地 ISTMO, Rotunda do:	位于嘉乐庇总督马路与路氹连贯公路交界处
10 苏利安圆形地 LEONEL DE SOUSA, Rotunda de:	位于海洋花园大马路与史伯泰海军将军马路交界处
11 运动场圆形地 ESTÁDIO, Rotunda do:	位于奥林匹克大马路、基马拉斯大马路、柯维纳马路交界处
12 亚利雅架圆形地 OUVIDOR ARRIAGA, Rotunda:	位于孙逸仙博士大马路、奥林匹克大马路与美副将马路交界处
13 北安圆形地 PAC ON, Rotunda de:	位于北安大马路、顺景街与伟龙马路之间
14 卢伯德圆形地 TENENTE P. J. DA SILVA LOUREIRO, Rotunda:	位于柯维纳马路、卢廉若马路与海洋花园大马路交界处
15 西堤圆形地 DIQUE OESTE, Rotunda do:	位于西堤马路、路氹城大马路与莲花海滨大马路中间
16 徐日升寅公圆形地 PADRE TOMÁS PEREIRA, Rotunda:	位于氹仔东北马路与徐日升寅公马路交界处
17 奥林匹克游泳馆圆形地 PISCINA OLÍMPICA, Rotunda da:	位于运动场道与排角路交界处
18 路氹城圆形地 COTAI, Rotunda de:	位于路氹城大马路和新城大马路交会处，原为路氹城大马路与路氹连贯公路交会处
19 东亚运圆形地 JOGOS DA ÁSIA ORIENTAL, Rotunda dos:	位于东亚运大马路与海洋大马路交会处
20 科技大学圆形地 UNIVERSIDADE DE CIÊNCIA E TECNOLOGIA, Rotunda da:	位于体育馆大马路北端
21 航空圆形地 AERONÁUTICA, Rotunda da:	位于机场大马路与射击路交会处
路环岛	
22 九澳高顶圆形地 ALTINHO DE KÁ HÓ, Rotunda do:	位于黑沙马路、九澳堤坝马路交界处
23 石牌湾圆形地 SEAC PAI VAN, Rotunda de:	位于九澳高顶马路、石牌湾马路、路氹连贯公路交界处
24 和谐圆形地 HARMONIA, Rotunda da:	位于石牌湾马路中间
25 海滨圆形地 MARGINAL, Rotunda:	位于莲花路、西堤马路与莲花海滨大马路中间

（续表）

26 路环电厂圆形地 CENTRAL TÉRMICA DE COLOANE, Rotunda da：	位于莲花路与路环电厂街中间
27 莲花圆形地 FLOR DE LÓTUS, Rotunda：	位于路氹连贯公路中段,介乎于路氹连贯公路圆形地与石牌湾圆形地中间
28 联生圆形地 CONCÓRDIA, Rotunda da：	位于石牌湾马路、合欢街与金凤路交界处

资料来源：骆宇峰依据澳门民政总署(2008)《澳门特别行政区街道》以及《澳门日报》《澳门最新街道图》资料整理。

澳门究竟有多少圆形地？据笔者统计,至 2010 年 2 月底,澳门圆形地接近 40 个,其中有些虽已投入使用,但尚未命名,如：

(1)澳门半岛上澳门科技馆前面的圆形地。澳门科技馆于 2010 年 1 月 25 日正式开放,正门是个双圆形地,而且已投入使用,出入该处的所有车辆都必须经过该圆形地,但尚未命名。见图 5—11。

(2)澳门半岛罗理基博士大马路解放军驻军部队与宋玉生广场交会处的圆形地。网上有人称之为宋玉生圆形地,因为它在宋玉生公园附近,但实际上尚未命名。见图 5—12。

图 5—11 科技馆门前的圆形地

图 5—12 宋玉生公园附近的圆形地

图 5—13 科技大学附近的圆形地

图 5—14 海洋花园前的圆形地

(3)氹仔岛位于科技大学与"澳门蛋"(澳门体育馆的俗称)之间的圆形地。该圆形地位于新濠天地的东北边,科技大学的后面,体育大马路与射击路交界处,随着新濠天地的开放已经使用,但尚未命名。见图5—13。

(4)氹仔岛位于海洋花园大马路进入海洋花园的圆形地。由澳门经西湾大桥进入氹仔岛海洋花园的交通要道,使用多年,但没有命名。见图5—14。

(5)路环岛新黑沙马路驶入黑沙公园的圆形地。所有转入黑沙公园的车辆都要经过该圆形地,但一直没有命名。见图5—15。

(6)路环岛上黑沙兵防路与竹湾马路交会处的圆形地。该处车辆不多,但圆形地将此处3条道路联系起来,中心地带的通道呈单一行车方向,没有命名。见图5—16。

图5—15 黑沙公园附近的圆形地　　图5—16 黑沙兵防路与竹湾马路交会处的圆形地

图5—17 打揽前地的圆形地

(7)路环岛打揽前地正中间的圆形地。见图5—17。

这些大大小小的圆形地默默无闻地疏导着交通,但是都没有命名,所以在官方街名数据中没有统计在内。

圆形地的命名记录了澳门交通发展的轨迹,记载了中葡两个国家文化交流的历史,在澳门人的生活中已经形成了一种圆形地文化。

三 余 论

上面对圆形地进行描述与统计的目的是在与前地、广场的比较中给圆形地提供一个准确的含义,以便加强圆形地的指称作用,发挥语言准确表意的功能。科学的定名有益于实际的运用,比如讨论在新城区建设一个前地还是一个圆形地。

因此应当对现有圆形地进行必要的命名规范。例如澳氹桥头北端的亚马喇圆形地,现在虽然被命名为前地,然而它实际上是一个十分典型的圆形地。再如旅游塔前那片地方,市政部门一会儿称它为圆形地,一会儿称它为前地,一会儿称它为广场,其实可以按功能分,围绕圆圈周边的是圆形地,它的上层不妨称之为广场,既保留南湾湖圆形地,又有一个西湾湖广场,还有一个旅游塔前地。

圆形地已经融入了澳门人的日常生活。城市规模、交通环境以及市民的心理素养提供了圆形地在澳门生根成长的土壤。因此,新兴城区氹仔、路环的圆形地建设方兴未艾,而在现代化程度不断提高的澳门半岛,圆形地呈现出逐渐萎缩的状态。随着经济的进一步繁荣、交通的进一步繁忙,圆形地也许会逐渐失去它原有的作用,成为一种历史文化遗产。

(黄 翊)

台湾语文生活近况

2010年度,台湾语言生活中值得关注的语言文字事件及政策主要有:出台客家话新举措、"教材国语改华语"事件、高中国文新课纲引发争议、甲骨文申报"世界记忆名录"、选评公布年度代表字。

一 出台客家话新举措

1.1 有关保存推广客家话的新规定

2010年1月5日,台湾地区立法机构审议通过《客家基本法》;1月27日,《客家基本法》正式予以公布。[①]

该法案称客家话为"客语"。全文共有十五条,其中规定客家话的具体条款包括:

第二条 第三款 客语:指台湾通行之四县、海陆、大埔、饶平、诏安等客家腔调,及独立保存于各地区之习惯用语或因加入现代语汇而呈现之各种客家腔调。

第六条 客家人口达到三分之一以上之乡(镇、市、区),应列为客家文化重点发展区,加强客家语言、文化与文化产业之传承及发扬。前项重点发展区,应推动客语为公事语言,服务于该地区之公教人员,应加强客语能力,其取得客语能力认证资格者,并得予奖励。

第八条 政府应办理客语认证与推广,并建立客语资料库,积极鼓励客语复育传承、研究发展及人才培育。

第九条 政府机关(构)应提供国民语言沟通必要之公共服务,落实客语无障碍环境。办理前项工作卓有绩效者,应予奖励。

---

① http://163.30.76.8/~log26/law/basiclaw.pdf.

第十条　政府应提供奖励措施,并结合各级学校、家庭与社区推动客语,发展客语生活化之学习环境。

第十二条　政府应保障客家族群传播及媒体近用权,依法扶助规划设立客家广播及电视专属频道;对制播客家语言文化节目之广播电视相关事业,得予奖励或补助。

《客家基本法》是继《原住民基本法》后台湾地区针对特定族群施行的又一法案。有关学者表示,客家人语言的保存和延续是未来的重要研究课题。

长期关心客家事务的台湾新竹县文史工作者黄卓权表示,该法案是台湾发展的重要标杆,具有时代意义,他对此充满期待。屏东县客家事务处长古秀妃说,在很多客家子弟不太会说客家话的情况下,这项政策的推动将可以营造客家话的使用环境,对于保存客家文化有积极作用,对客家话的保存推动效果会比较好。台湾联合大学客家研究学院经济与社会研究所长胡愈宁表示,保存多元文化是全球化的重要理念,这个法案展现了尊重多元文化的精神,她还建议,在客家话文化重点发展区,建置无障碍的客家话就医及购物空间。在苗栗县推动客语教学的吴万隆指出,很多地方的方言已逐渐灭绝,他从事客家话义务教学多年,常苦于无推动平台;能透过政府机构推动客家话文化是很好的措施,会鼓励新一代客家子弟了解客家文化,并服务地方,让客家语言文化不要消失得太快。①

有批评者提出这个法案太偏重客家族群,对此,台湾政治大学教授彭钦清说,客家人争取的是平等权利而不是特权,这个法案所赋予的善意也可能带来负面的影响,因此在推行的时候要注意配套措施。马英九表示,客家语言文化是古老的汉文化的一部分,台湾设立客委会,对保存台湾文化乃至于整个中华文化都很重要。②

1.2　客家话教材

为鼓励客家话教学,台湾教育主管部门专门组织编写客家话教材。为此,委托台湾教育资料馆编辑客家话教材,已完成第1至第5册课本与教师手册,并提供免费网络下载。预计2011年完成全部9册5腔(四县、海陆、大埔、饶平、诏

---

① 王鹏捷《"客家基本法"通过　语言存续刻不容缓》,《中央日报》电子版2010年1月5日。
② 陈志平《汉国周记谈客家文化保存》,《联合晚报》2010年1月16日。

安)的教材。

教育部门表示,这套客家话教材内容涵盖生活、礼俗等各个层面,兼顾学习功能和趣味性,如第 1 册"屋下人"(家人)描述家中成员和乐生活的情景,使学生能用客家话说出亲属称呼;第 3 册"搞头王"(孩子王)通过韵文来讲述《西游记》中孙悟空千变万化的形象;第 5 册"迎神做闹热"(迎神办庙会)介绍妈祖诞辰的习俗。

1.3 公务人员考试

3 月 4 日,台湾"考试院"审议通过公务人员高等考试三级考试暨普通考试规则第 2 条附表一"公务人员高等考试三级考试应考资格表"、附表二"公务人员普通考试应考资格表",第 4 条附表三"公务人员高等考试三级考试应试科目表"、附表四"公务人员普通考试应试科目表"修正案,并自 2010 年公务人员高普考试开始适用。

这次规则附表修正重点内容中的一项是:配合相关法律规定及用人机关任用需求,新增高考三级客家事务行政、技职教育行政、绩效审计、渔业行政、农业机械、农产加工、公职建筑师、汽车工程、水产利用 9 类科,及普考客家事务行政、技职教育行政、航空驾驶 3 类科。公务人员高考三级及普考中都新增了客家事务行政类科目,显示客家事务及客家话在台湾日常生活中的地位更加重要了。

二 "教材国语改华语"事件

2.1 起因

2010 年 7 月,有关媒体报道,台湾地区实行已近 10 年的九年一贯课纲,将在微调后于 2011 年实施。教育主管部门强调,微调只是为了跟客家话、原住民语有更明显的区分,且只涉及课纲用词的调整,并不影响教学。①

2010 年 8 月,台湾民间社团"台湾竞争力论坛"指出,即将于 2011 年正式实施的台湾九年一贯课纲"微调"版将有两个特点:第一,将一直以来的课程名称"国语"(一至六年级,也就是小学阶段)和"国文"(七至九年级,也就是初中阶

---

① 张德厚《九年一贯课纲调整 "国语"变"华语"》,中广新闻网 2010 年 7 月 27 日。

段),改为"华语"和"华文";第二,以隐晦的方式,将传统中华文化归为外国文化,而所谓的本国文化,主要指台湾一地的文化。①

2.2 各界反应

台湾竞争力论坛提出,国民党重新执政两年多以来,并未主动更改民进党执政时修改的课纲,放任这一课纲成形,如同在延续民进党执政时期没有完全成功的"去中国化"政策。② 台湾大学政治系教授张亚中说,当国文变成华文、国语变成华语时,也是台湾完成"去中国化"之时。③ 台湾大学心理系教授黄光国呼吁,当局应该尽快修改这项"去中国化"的政策,否则政党轮替已经两年多,竟然还在延续民进党的这项政策。④ 知名评论家南方朔指出,当局有义务将国族认同讲清楚,领导人如果没有中心思想和方向感,就没有能力执政,只能跟在别人后面呼口号。⑤

台湾清华大学台文所教授陈万益表示,称国语、国文、国画、国剧、国乐等,任何领域都要加一个"国"字,是19世纪后国家主义的产物,但时代改变了,现在国画多称山水画,因此,把课纲中能力指标及内文用语统一为华语,和去不去中国化没有关系。⑥ 台湾家长团体联盟理事长谢国清认为,把国语、国文改称华语、华文没什么不好,重点是课程内容、教学内涵,不宜以意识形态涉入。⑦

2.3 当局回应

针对外界质疑,台湾当局在各种场合予以解释、澄清。

9月1日,台湾教育主管部门解释说,课纲中修订的只是能力指针的文字用词,这个文字用词主要是供教师和教科书编辑者阅读的,因此不会影响到教科书的内容,更不会改变现行国中小课程名称。⑧ 9月2日,马英九办公室发言人表

---

① 李仲维《马"政府"改课纲国语变华语 黄光国等串联痛批》,中评社2010年8月31日。
② 同注①。
③ 周永捷、陈舜协《教科书去中国化? 教部澄清》,"中央社"2010年9月1日。
④ 同注③。
⑤ 陈慧萍、林晓云、胡清晖《国语文改称华语文? 南方朔批马"变色龙"》,《自由时报》2010年9月2日。
⑥ 同注⑤。
⑦ 同注⑤。
⑧ 黄惠玟《改国语为华语? 台"教育部":只修课纲用词》,中评社2009年9月1日。

示,国民称呼自己的语言就是"国语",教科书相关用语应在此原则下求取一致;外国人称呼本地使用的语言,或本地人在与外国人介绍自己所用的语文时,习惯上以"华语""华文"称呼,当局并不排斥。①

9月24日,台湾教育主管部门召开课纲委员会会议,会中再次修正九年一贯国语文微调课纲的用字:统一使用"国语",只在对外籍人士、国外机构使用时,采用"华语"的说法;"中国文字""国字"的使用统一改为"国字";"中国语文"统一使用"国语文";"中文"则用"国文"代替;"华语文"也统一使用"国语文"的说法;至于课纲中原定的将"古今中外及乡土台湾文学"修改成"国内外具代表性的文化"的部分,会继续修正;"中华文化"和"本国文化"的使用则依据内文的含义来决定。②

三 高中国文新课纲引发争议

3.1 起因

2004年,台湾民进党当局曾出台"高中国文课程暂行纲要",将每周授课5小时缩减为4小时,文言文比率从65%降为45%,并将"中国文化基本教材"由必修改为选修。这引起国文教师和社会各界人士的强烈不满,他们于2005年成立"抢救国文教育联盟",要求恢复国文课时,抢救学生的国文能力。此后该项抗争活动一直持续。

2010年9月7日,台湾教育主管部门召开普通高级中学课程发展委员会会议,审议通过"高中文2009课纲";10月11日,课纲正式公布。其中规定:高中3年文言文比率由"固定"的45%改为"弹性"的45%—65%,参考篇目从40篇减为30篇,国文课每周4节。新课纲拟从2012学年高一年级起逐年实施。

3.2 争论

10月25日,抢救国文教育联盟召开记者会,提出他们对新课纲的诉求:高

---

① 李佳霏《府:本国语言正式名称就是国语》,"中央社"2010年9月2日。
② 王鹏捷《课纲修正 教部:为符使用习惯》,"中央社"2010年9月24日。

中国文文言文比例至少占55％,"中国文化基本教材"列为必修,国文课每周5节。抢救国文教育联盟副召集人张晓风强调,所有课程中,最重要的是国文,一周上五六小时都不嫌多;联盟执行秘书李素真说,当今全球重视中文,《论语》在大陆和日本中小学都列为必读,但台湾却坐视它沦为选修。①

台湾北社秘书长李川信则认为,文言文上限比例调为65％,可能导致教育走回头路,离学生生活越来越远。②

台湾教育部门普通高级中学课程发展委员会的委员表示,新修订的课纲将给教师自主弹性,将文言文选文减少,让老师有时间带领学生欣赏现代文学,否则老师光赶文言文进度,白话文就只能让学生回家自学了。③

有老师认为,文言文有弹性空间是对高中国文老师的尊重,且因新课纲相对把文言文选文减少,教师可以弹性减少文言文总篇数。④ 也有学生表示,他只喜欢看得懂的文言文,白话文方面,老师都会叫学生自己回家看,但不是每个人都看得懂白话文,也需要老师教。如果将文言文减少,老师有时间教白话文,是件好事。⑤

10月26日,台湾教育主管部门回应,国文高中课纲最近已公布,不会更改,未来将请教研院全面检讨幼儿园至高中的各科教学时数。

四 甲骨文申报"世界记忆名录"

4.1 世界记忆工程

"世界记忆工程"1992年由联合国教育、科学及文化组织(简称"联合国教科文组织")发起,目的是实施联合国教科文组织宪章中规定的保护和保管世界文化遗产的任务,促进文化遗产利用的民主化,提高人们对文献遗产的重要性和保管的必要性的认识。该工程是世界遗产目录项目的延续,主要关注文献遗产,具体来说就是手稿、图书馆和档案馆保存的任何介质的珍贵文件,以及口述历史的

---

① 王彩鹂《抢救国文联盟 吁光复国文版图》,《联合晚报》2010年10月25日。
② 林晓云、胡清晖《2012学年起 高中生要多读文言文》,《自由时报》2010年9月8日。
③ 王鹏捷《高中国文新课纲 文言选文减少》,"中央社"2010年9月7日。
④ 同注②。
⑤ 同注③。

记录等。"世界记忆名录"收编的是符合世界意义入选标准的文献遗产,是世界记忆工程的主要名录。这份名录由工程秘书处保管,通过联机方式在因特网上公布。

4.2 申请将甲骨文纳入"世界记忆名录"

3月13日,台湾文化总会会长刘兆玄在2010年新春文荟联谊茶会上表示,该会正在进行汉字申请世界文化遗产工作,第一步就是将甲骨文申请纳入"世界记忆名录"。3月26日,刘兆玄在赴美国访问时透露,台湾文化总会于3月24日正式向联合国教科文组织提出申请,将甲骨文列入"世界记忆名录"。

9月11日,台湾媒体报道,台湾文化总会将甲骨文纳入联合国教科文组织"世界记忆名录"的申请未获得提名,要等到2012年再申请。消息传出后,台湾有关人士纷纷发表看法,表示遗憾,并期望相关机构接下来继续努力。①

世界记忆工程秘书处专家解释说,该处收到了台湾提交甲骨文申报"世界记忆名录"的材料,不过,受限于每一国一次只能提报两案的规定,中国大陆已经先行申报两案,因此无法提名台湾的申报案。该专家还建议,中国大陆设有世界记忆国家委员会,是联合国教科文组织咨询的对象,台湾下次申报时可考虑与大陆联合提案。②

五　选评公布年度代表字

11月23日,由远东集团徐元智先生纪念基金会和《联合报》共同主办的"台湾2010代表字大选"启动。主办方邀请作家钟肇政、刘克襄,金牌面包师傅吴宝春等各行各业代表,选出40个汉字供读者票选。远东集团代表、太平洋SOGO百货董事长黄晴雯评介道,2008年选出的"乱"字和2009年选出的"盼"字,适切反映了台湾这两年"拨乱反正、盼出新希望"的社会氛围。2010年候选的40个代表字多具祥和的正面力量,但"乱"字依然连续3年入围。③

12月15日,票选结果揭晓,在全部50 842票中,台湾棒球投手潘威伦所推

---

① 李先凤、郑景雯《甲骨文申请联合国受挫　台湾再拼》,"中央社"2010年9月11日。
② 罗苑韶《专家建议两岸联合申报"世界记忆"》,"中央社"2010年9月11日。
③ 陈苑茜《全民心声　年度代表字评选开始》,《联合报》2010年11月24日。

荐的"淡"字,以9 464票夺得第1名,成为2010年最能代表台湾的字。第2至第10名依次为:稳、苏、祥、爱、涨、望、惜、福、平。

对于2010年选出的"淡"字,《联合报》总编辑罗国俊解读为,经历这段时间之后,大家已经宠辱不惊,一切淡然处之。罗国俊介绍,现在,参与年度代表字票选的民众一年比一年多,这个活动不仅反映了社会心态,更是每个人在岁末年终沉淀心情、整理反省自己的机会,希望大家借此思考未来,重新出发。

(余桂林)

台湾华语文传播近况

台湾的华语文教学长期以高等院校和民间社团为主力。其优势是华语文教学办学力量多元化、办学思路多样化、教学方法灵活自由;弊端是长期缺乏统一规划和严密组织,政出多门,行动分散,一直为台湾岛内人士所诟病。[①] 为了借助汉语热在世界范围内的兴起所带来的机遇,应对大陆汉语国际推广工作积极拓展的态势,近3年来,台湾当局在民间力量的不断敦促和推动之下,扬长避短,努力完善或调整相关的政策措施,逐步将原先单纯的华语文教学扩展为多模式、小而美的华语文传播,旨在将台湾打造成中华传统文化国际传播的重要阵地。[②]

一　传播机构

台湾华语文传播机构初步形成"内主外辅、三界互补"的格局,即岛内传播为主、海外传播为辅,官学民三界各有侧重又互为补充。

以"侨委会""文建委"等为主的政府部门,明确自身工作职责,加强协调与合作。制定和落实华语文教学政策规划是教育主管部门负责的工作之一,主要由其下属部门"侨教会""高教司""社教司""国家华语测验推动工作委员会"等来完成。"侨委会"主要服务于侨胞、侨属,在扩大华文师资、开发多元华语文教材、建设全球华文网络教育等方面颇有建树。"文建委"负责"统筹规划及协调、推动、考评有关文化建设事项,兼及发扬中华文化与充实国民精神生活"[③]。政府部门在加强岛内传播策略的同时,还逐步提高华语文在海外的传播效力,其重要措施

---

① 徐楠《台湾的"华语文教学"》,"中国语言生活状况报告"课题组编《中国语言生活状况报告(2008)》上编第340—351页,商务印书馆2009年版。
② 吴英毅《"立法院"第7届第6会期外交及国防委员会当前侨务施政报告》2010年10月25日,http://www.ocac.gov.tw/download.asp?tag=P&file=DownFile/File_23080.pdf&no=23080。
③ "行政院"文化建设委员会,http://www.cca.gov.tw。

之一就是推动政府部门设在海外的侨教中心、教育中心、文化中心等据点调整工作范围、提升服务水平。效仿大陆的孔子学院,"侨委会"已与"文建会"等协商,拟于2011年将"休斯敦华侨文教服务中心"和"洛杉矶华侨文教服务中心"转型为第一批台湾书院,以发挥其向主流社会传扬"华语文教学""汉学及台湾研究"及"台湾多元文化之呈现及输出"的3大功能。"侨委会"还鼓励当地侨教机构与所在国主流华语文教育机构交流合作,如积极参与主流华语文教育发展计划——美国国家外语中心推动之"星谈计划"(STAR TALK)。

2010年台湾有21所大学院校设立了11个华语文研究所、硕博士学位学程,16个华语文教学学系,在校学生人数约为2 400人。[①] 世界华语文教育学会、中华语文研习所等民间学术社团、教学机构也积极参与师资培训、组织学术研讨。

二　政策规定

台湾当局以"侨委会"和"文建委"等为主导,制定并实施了一系列政策、规划和规定,为台湾的华语文传播工作落到实处提供了可靠的制度保障。

各部门的施政计划、方针或工作报告中都设定了具体目标或阶段性总结政策,主要着眼于宏观,包括参与国际教育和文化交流、吸引海外优秀学生并鼓励台湾学生留学、扩大华语文教育的范围等方面,如台湾教育主管部门《99年度施政方针》、"侨委会"《100年度侨务委员会主管预算案口头报告》。

行政规定则涉及华语文传播的规划、机构、师资和教材编写,华语著作的推广,华语文化发展及华语媒体的宣传等多种具体事务的操作流程、奖惩原则,2008—2010年,当局发布或修订了有关华语传播工作的行政规定近30项,如教育主管部门《补助台湾高等教育输出计划要点》(2010)、《华语文能力测验咨询小组设置要点》(2010)、《补助海外台湾学校审查作业原则》(2009),以及《"侨委会"海外侨民学校教师奖励要点》(2010)、《台湾文学馆台湾文学翻译出版补助作业要点》("文建委",2010)。

台湾的华语文传播政策正在加强,制度越发严格,相关经费投入稳中有升,有力地推动了这项工作的全面开展。为吸引国际学生来台,教育主管部门划拨的经费近几年有明显增长,从2006年的2.564 6亿元上升到2009年的3.292 96

[①] 《各大学校院附设华语文教学中心得自境外招收外国学生来台研习华语一览表》,台湾教育主管部门网站2009年9月17日,http://english.moe.gov.tw/public/Attachment/0112318214071.xls。

亿元,3年上涨约24%。① 2010年度"侨委会"用于华语文传播的经费至少有6.586 4亿元,接近其总预算的一半。②

三　师资培育

海外师资队伍的不足是制约华语文传播的重要因素,为解决这一瓶颈,教育主管部门与"侨委会"等通力合作,力求在教师队伍建设的专业化、标准化、普及化3个方面寻求突破口。

其主要措施:一是积极开展对岛内和海外专业教师的语言课程和文化课程的培训;二是通过设立华语文教学能力考试以建立华语文教师认证体系,提高师资的整体素质和教学能力;三是岛内岛外志工招募双管齐下,即向海外派出志工的同时,招募海外侨胞入台培训后再回当地担任志工,既弥补了师资的严重不足,又增强了岛内侨生的责任感和海外侨生的故乡情与文化认同感。

"侨委会"等部门2008—2009年举办11组海外教师研习会,遴派69名优秀教师赴海外各地44站巡回教学,总计培训华(客)语师资约3 300人。③ 华语文教学能力认证考试从2006年开始,截至2010年,报考人数累计接近1万人,合格率约为18%。④ 2010年9月至2011年1月各华侨文教中心办理活动合计约6 000场次,服务侨胞约32万人次;结合志工推展侨务服务网络,侨务志工参与侨社联系服务活动约3 200场次、23 000人次。⑤

四　教学模式

信息时代海外华语文传播速度加快,传统教学模式难以满足该领域的需求。

---

① 参见台湾教育主管部门《98年度施政绩效报告》2010年7月2日,http://www.edu.tw/secretary/content.aspx?site_content_sn=19757。
② 台湾"侨委会"《100年度"侨委会"主管预算案口头报告》2010年11月,http://www.ocac.gov.tw/download.asp?tag=P&file=DownFile/File_23260.pdf&no=23260。
③ 参见http://www.ocac.gov.tw/download.asp?tag=P&file=DownFile/File_21899.pdf&no=21899,2010年4月。
④ 根据台湾教育主管部门网站所提供的资料整理,http://www.edu.tw/BICER/itemize_list.aspx?site_content_sn=14864。
⑤ 参见吴英毅《"立法院"第7届第7会期外交及国防委员会当前侨务施政报告》,2011年3月10日,http://www.ocac.gov.tw/download.asp?tag=P&file=DownFile/File_24100.pdf&no=24100。

台湾学界一直强调,华语文教学应以质取胜,应充分利用数字科技产业的优势,促进教学模式的创新。在采用繁体字还是简体字教材的问题上,侨校或中文学校难以达成共识,长期各自为政。大陆的简化字在海外的影响力与日俱增,如何维系台湾繁体字在海外教学市场的占有率等问题亟待解决,有关部门与学术界、知名产业机构联手,从以下两个方面寻求突破。

一是"侨委会"与教育主管部门等近年来致力于打造全球华文网、海外华语文数位学习中心等海外华语文数字教学体系。① 全球华文网是虚拟交互式教学平台②,正在被打造成海外侨胞运用网络学习华语文、凝聚全球华语文教师及展现台湾数字教学资源的最佳平台,2008—2009年该网站的点击量累计超过355万人次。③ "侨委会"在全球设置了51个华语文数字学习中心示范点或教学点,积极鼓励各中心根据其地区特性,因地制宜,虚实结合,借助科技手段,保持侨教优势,扩大市场。④

二是华语文教学界教材编写更加灵活务实,开始兼顾繁简两种字体。这一改变涉及台湾的语言文字政策。马英九认为这是一种"很有趣的、很有意义的改变",共同的文字会逐渐拉近海内外华人的社会距离。⑤

五　传播目的

扩大招收国际学生(含外国留学生、海外华侨华裔学生)有利于中华文化的传播,有利于促进台湾经济的可持续发展。近年台湾人口结构日益老化,急需补充优秀青壮年人口参与岛内建设,吸引华侨华裔青年回台上学并协助优秀侨生留台就业或工作,将有利于提高台湾居民素质,增强其在国际经济舞台上的竞争力。另外,扩大招收留学生的规模,还有助于推动教育国际化和产业化,传播汉语和中华文化。

基于上述原因,"侨委会"等部门将国际学生的入学、在校、毕业3个阶段的

---

① 曾嘉、陈立宇《台湾推广海外华文教育数字化、网络化》,中国新闻网2010年1月12日,http://www.chinanews.com/tw/news/2010/01-12/2068208.shtml。
② 全球华文网,http://www.huayuworld.org。
③ 台湾"侨委会"编《98年侨务委员会议实录》,2010年4月。
④ 参见吴英毅《"立法院"第7届第6会期外交及国防委员会当前侨务施政报告》,2010年10月25日,http://www.ocac.gov.tw/download.asp?tag=P&file=DownFile/File_23080.pdf&no=23080。
⑤ 傅希尧《马:侨务休兵　教科书正简体并列》,2010年6月8日,http://www.cdnnews.com.tw/20100609/news/zyxw/733650002010060818215799.htm。

管理和服务工作紧密结合,取得良好效果。近年来,到台湾就读的这类学生人数持续上升,2009年达35 206人。其中,攻读正式学位生达7 764人、华语生11 612人、短期交换生2 990人等;攻读学位的学生比例逐年增加,从2004年的20.5%升至2009年的34.71%;学生来源地区也在不断扩大,从2002年的63个国家扩至2009年的117个国家。①

依"行政院"人才培育会议决议,"侨委会"等积极与其他各相关部会协商,在法规上松绑,鼓励和吸引侨生回台湾升学和工作。2010年10月共有34所大学院校在印度尼西亚亚齐、雅加达等地举办台湾高等教育展,宣传侨生政策,参观人数1万余人。②2009年举办的"马来西亚留台校友会领袖干部返国研讨会"活动,力求加强在校生与毕业侨生的联系,增强华侨华裔学生的内部凝聚力,从而促成更多的优秀毕业生留台实习和工作。2010年"侨委会"还委托中正大学以"提升侨生人才留台服务之策略性研究"为题,探究侨生政策的价值,展望未来,为政府制定未来侨生政策提供参考。③

较之以往,台湾当局将华语文传播工作与台湾文化、经济、对外交流的发展密切结合④,近3年尤其在机构设置、师资培育、教学模式等诸多方面不断调整政策,扬长避短,最终目的是服务于本土发展,提升台湾的竞争力。

附记

本文为2010年度教育部哲学社会科学重大课题攻关项目"新形势下国家语言文字发展战略研究"(编号:10JZD0043)的研究成果之一。文中所说的"华语文传播",包含针对台湾岛内和岛外的外国人、华侨和华裔进行的华语文的传播工作或活动。本文在资料的搜集过程中曾经得到过教育部语言文字应用研究所魏晖教授、戴洪亮博士的热心支持,谨表谢忱。

(郑梦娟、卢彦宁)

---

① 参见吴英毅《"立法院"第7届第6会期外交及国防委员会当前侨务施政报告》,2010年10月25日,http://www.ocac.gov.tw/download.asp? tag=P&file=DownFile/File_23080.pdf&no=23080。
② 参见吴英毅《"立法院"第7届第7会期外交及国防委员会当前侨务施政报告》,2011年3月10日,http://www.ocac.gov.tw/download.asp? tag=P&file=DownFile/File_24100.pdf&no=24100。
③ 同注①。
④ 关于2008年以前台湾华语文教学发展的基本情况,可参见董鹏程《全球化时代的华语文教育展望》,2009年,http://www.wcla.org.tw/files/20090401.pps;徐楠《台湾的"华语文教学"》,"中国语言生活状况报告"课题组编《中国语言生活状况报告(2008)》上编第340—351页,商务印书馆2009年版。

第六部分

参 考 篇

世界语言生活大事述略

一 语言冲突

1.1 多民族国家中的语言之争

1.1.1 比利时

比利时不同语言族群之间的矛盾由来已久。2010年3月底,由于国内说荷兰语的多数派和说法语的少数派之间的党团争端,比利时联合政府垮台。① 比利时总理伊夫·莱特姆未能调解不同语言族群党派的纷争而宣布辞职。几年前荷兰语党派议员强行通过议案,把布鲁塞尔某法语荷兰语双语区划拨到荷兰语选区,使该区大约10万名讲法语的选民只能将选票投给荷兰语政党。最近法语政党争取该区法语选民的"特殊投票权",双方谈判破裂,荷兰语保守党宣布退出执政的五党联盟,导致政府陷入深刻危机之中。

1.1.2 加拿大

加拿大魁北克省的语言法案明确要求政府机构在与民众交流时,只能使用法语。6月加拿大魁北克省政府宣布,不再提供英语服务热线,这使其境内只会说英语的居民生活和工作雪上加霜,引发部分民众的不满。②

1.1.3 立陶宛

目前生活在立陶宛的波兰人有25万,但他们不能用母语(波兰语)拼写街道名称和自己的姓名。③ 波兰曾经统治该国几个世纪,如今在某些村庄的波兰人占80%。2010年11月,有位立陶宛籍杂货店主为方便本村波兰乡民,在店门口

---

① Belgium Is Thrown into Political Chaos. *Wall Street Journal*. April 23, 2010.
② Quebec Agency No Longer Provides English Service. *The Ottawa Citizen*. June 10, 2010.
③ Tongue-tied: Lithuania's Polish Minority Banned from Using Native Language. *Russia Today*. Nov. 26, 2010.

设置了立陶宛语和波兰语双语招牌,结果因涉嫌违反国家语言法,被课以200欧元罚款。政府部门人士解释,标牌可以用英语、法语或德语书写,但是不能用波兰语。居住在此地的波兰人认为,此举有违欧洲联盟(简称"欧盟")语言平等精神,并称禁用波兰语是对波兰统治历史的报复。立陶宛政府称国会正在讨论波兰语的使用问题。

1.2 移民语言与主流社会语言之争

德国总理默克尔宣告,德国建设多元文化社会的努力以失败告终。保守派主张严格限制来自阿拉伯和土耳其的移民。[①] 德国社会有关外来移民是否带来了更多社会问题的辩论日益激烈。土耳其是德国最大的外来移民国,约有350万人在德国工作生活。土耳其主管欧盟事务的部长为此专门在德国媒体撰文,敦促其在德国的同胞要努力学习德语,不要游离在主流社会之外。德国总统武尔夫访问土耳其时也发表演讲,号召在德土耳其人尽早学习德语,融入德国社会,并宣称这并不意味着要放弃土耳其文化和身份。然而,还是有许多土耳其人怀疑德国政府利用这个问题煽动反移民情绪。

二 语言能力与经济、移民、求职

2.1 识字能力与生产力

澳大利亚缺乏基本识字和算术技能的贫困工人有近400万,大多从事劳动密集型的低层次服务工作,很难理解英语日常用语的含义。[②] 由于不能阅读和理解书面的作业标准程序,而不能正确使用机器;因看不懂图纸,而造成操作错误。甚至有些高层主管也存在识字障碍。为此,业界呼吁2010年5月提交的政府预算案,要为成人识字和算术扫盲等劳动力素质的提升,提供财政和教学上的支持。

受国内经济低迷影响,不少日本企业大幅裁减非正式员工。外籍劳工的失

---

① "Learn the Language", Turkish Minister Tells Countrymen in Germany. *Deutsche Presse Agentur*. Oct. 12, 2010.

② Millions of Workers Have Poor Language, Literacy and Numeracy Skills. *Herald Sun*. April 6, 2010.

业情况尤为严重。日本政府宣布将帮助外国侨民尽快掌握必要的日语,以提升其生活质量。① 日本政府内阁办公室召集日裔定居外国人政策推进会议,发布一份基本指南草案,要求增加日语授课师资的人数并提高师资素质;根据受助对象的语言实际掌握情况,提供相应的职业培训;为外国侨民提供有关养老和医疗方面的多语种咨询服务。政府各相关部门和机构应在 2010 年度确立各自的行动计划纲领,并保证能在 2012 年开始实施。

2.2 国际贸易需要多语技能

国民的多语能力已成为国家发展的实力基础之一。9 月 26 日是法定的欧洲语言日,由欧洲理事会和欧盟执行委员会 2001 年确认。2010 年度的主题是"语言为商业服务"。据估算有 11% 的欧洲中小企业因为缺乏语言沟通技能而失去订单合同,损失价值至少超过上百万欧元。②

日本公司正在强化员工的外语水平,譬如将年轻雇员派往中国和其他新兴经济体学习实践,以提高其语言技能和实践经验。③ 这些新兴市场是日商全球市场布局中最有利可图的一块。伊藤忠商事株式会社在中国推进食品和纺织业业务,2011 年将派遣员工到中国大学进修 4 到 6 个月的汉语。三菱计划让工龄在 8 年以上的员工都有机会派驻海外。三井物产宣布从 2011 财年起每年派遣 120 名员工赴海外学习 3 个月到 1 年的外语。丸红公司则希望到 2017 年所有在该公司服务超过 8 年的员工都能有国外工作的经验。

2.3 语言能力与移民条件

英国于 2010 年度收紧移民政策,对移民语言能力提出了明确要求。新政府于 6 月 8 日宣布,从 2010 年秋开始,所有英籍或享有永久居住权人士的配偶在入境或办理续签手续时,都必须通过专门的英语考试。内政部长表示,新的英语要求可以帮助新移民更好地融入社会,消除文化障碍,享受公共服务。

加拿大移民局于 3 月宣布,所有申请移民资格的申请人都必须同时提供一份语言能力证明,且只有一次提交机会,一旦移民申请被拒绝,将不会有第二次

---

① Gov't to Help Foreign Residents Master Japanese Language. *Kyoto News*. August 31, 2010.
② Businesses in Europe Lose Contracts due to Poor Language Skills. *Kuwait News Agency*. Sept. 23, 2010.
③ Language Skills Key for Trading Firms. *Asahi Shimbun*. Nov. 26, 2010.

提交证明的机会。加拿大政府称,该举旨在提供一个"最公平、最透明、客观准确"的方法衡量英语水平。

2.4 语言能力与求职

英国法律服务委员会2010年度宣布,外国律师如果想在英格兰或威尔士从事律师工作,必须通过英语测试才能在2011年初获得英国律师资格。

印度尼西亚政府则宣布,从2011年起所有外国人必须通过印度尼西亚语言认证,才能获得工作和移民机会。在印尼,绝大多数外籍员工来自中国、日本、韩国、马来西亚、泰国、澳大利亚和美国等国家,大多从事专业技术领域的工作。

韩国宣布,从2012年开始将实施一种专门针对外国人和旅外韩裔的韩语能力考试(类似美国的GRE考试,由教育科学技术部提供),以应对到韩国求学、求职人数不断增加的实际需要。目前,韩国要求外国劳工必须通过劳工部提供的韩语水平测试(TOPIK)才能获得韩国的就业许可证。

在西班牙的加泰罗尼亚省,政府近日颁布法令,规定新参评大学教授的长期签约教师的加泰罗尼亚语水平必须达到C级(A至D 4个等级中的次高级),其他签订临时合约的教师须在续约期之前通过加泰罗尼亚语C级考试。此举的实质是为了维护该地区加泰罗尼亚语言文化的传承和地区政治的独立性。

三 语言与安全

3.1 语言培训与国际反恐合作

美军非洲司令部2010年度向参议院委员会提交报告,称索马里和东非其他地区的恐怖威胁是美军面临的最大挑战之一。[①] 尽管一些特种部队成员曾经接受过非洲文化和语言技能的培训,但还有其他兵种的很多士兵没有接受过类似的培训。近年来,与"基地"组织有联系的非洲恐怖组织,越来越多地将西方国家确定为袭击目标。美军希望能尽快对非洲驻军进行相关的语言文化培训。

---

① General: More Troops Need African Language Skills. *AP*. Nov. 18, 2010.

3.2　语言使用与国家文化认同

俄罗斯车臣反政府武装一直谋求在北高加索地区建立独立的伊斯兰国家。此前车臣对外宣传主要采用俄语;但在11月初,车臣反政府武装首领宣布,将采用阿拉伯语或突厥语作为其国语。① 阿拉伯语作为伊斯兰宗教语言在车臣得到广泛认可。突厥语反映了北高加索地区当地几十种语言之间的历史联系。

3.3　语言培训与执行公务

斯里兰卡的民族矛盾和解后,泰米尔族人口处于劣势,因此对语言、教育、就业与宗教提出更多诉求。7月份,斯里兰卡着手对其警察部队进行基础泰米尔语培训,以使其在执行公务时能够用泰米尔语交流。这一活动将持续5年,每年开设两门课程。每门课程需要5个月的培训才能完成。预计大约会有6 000名警察参加这项培训。

作为移民国家,很多美国人特别是拉美裔美国人因其英语水平有限,在遭受暴力袭击后难以报案。② 2010年美国一些执法机构开始为其工作人员提供西班牙语培训。在拉美裔人口占多数的社区,警察部门还要求配备能说流利西班牙语、经过认证的翻译充实到刑侦支队。西班牙语仍然是美国境内除英语外用得最多的语言。过去3年其他语种的报警电话也呈上升趋势。

四　语言教育

4.1　多语言环境中的母语教育

新加坡学校教育传统上以英语为媒介语言。教育部长曾发表"母语在小学会考中所占比重太大"的言论,对此,民众签名抗议请愿,新加坡总理李显龙5月澄清:母语教育是新加坡教育制度的一大基石③,政府无意降低母语的社会地位,也不会削减母语在小学会考中的比重。政府还将为母语教学投入更多资源,

---

① Russia's Islamist Rebels Mull "State" Language. *Reuters*. Nov. 29, 2010.
② Police Tackle Language Barriers. *Chattanooga Times*. Sept. 6, 2010.
③ 《李总理:母语小六会考比重不降　教学法与考试制将更新》,新加坡《联合早报》2010年5月12日。

聘请更多母语教师,并责成教育部探讨改进母语教学的措施。李显龙表示,政府目标是保留母语和传统文化,使母语继续具备竞争优势,并把握中国崛起带来的良机。

南非基础教育部 7 月宣布,南非儿童在小学三年级前将能用母语学习基础知识。[①] 目前南非学校的教学语言是英语和南非荷兰语,这是殖民时期和种族隔离时期遗留下来的历史产物。独立后的南非还有其他 9 种官方语言。教育专家近年来一直呼吁改变基础教育阶段的课堂教学语言。南非最近 10 年中乡村和黑人城镇学校学生考试通过率从 60% 下降到 40%,其主要原因包括恶劣的学习环境、教学语言以及不合格的教师队伍。

4.2 强化外语教育

根据亚洲语言振兴政策,澳大利亚政府 2010 年投入了 6 400 万澳元,用于强化韩语、汉语、日语、印度尼西亚语等亚洲主要语言的教育。

泰国教育部 10 月表示要将英语作为第二语言用于中小学教学,以使泰国年青一代能在国际舞台上流畅地使用英语交流。[②] 泰国计划在高中延聘英语为母语的外籍教师;初中、小学阶段更多聘用英语专业的泰籍教师,并责成国家基础教育委员会办公室起草相关计划,财政编制相关预算,外交部负责到海外延聘外籍英语教师。

有菲律宾国会议员提出议案,要求强制幼儿园、小学、中学及大学等学校使用英语作为媒介语言。[③] 作为过渡,可以在幼儿园及小学三年级以前将英语、菲律宾语或其他地区性语言作为教学语言使用;但在小学四年级后则必须强制使用英语作为学科教学的语言。

格鲁吉亚总统萨卡什维利 8 月表示,该国小学生今后 4 年必须把英语当成第二语言来学。为此格鲁吉亚政府发起"为格鲁吉亚教与学"活动,大量延聘国外志愿者到格鲁吉亚教授英语。预计到 2010 年底将会有 1 000 名外籍教师。[④]

日本政府要求从 2011 年开始,全国小学强制学习英语,并至少要保证每周

---

① South African Pupils to Learn in First Language. *AP*. July 6, 2010.
② English to Be Second Language. *Bangkok Post*. Oct. 7, 2010.
③ Lawmaker Wants English as Primary Teaching Language. *The Philippine Star*. July 23, 2010.
④ Saakashvili: English Must Be Second Language. *Trend*. August 16, 2010.

一课时的英语课。日本经团联组织支持这一举措,并希望尽早培养出为跨国公司服务、英语熟练的职员。有 70% 的家长也希望在小学阶段强制性开设英语课。①

美国设立"关键语言奖学金项目"和国家安全语言行动计划"星谈计划"等项目,选取对其国家利益密切相关的阿拉伯语、普什图语、朝鲜语以及波斯语、斯瓦希里语、印地语、乌尔都语、土耳其语和日本语等语言,重点资助,鼓励美国学生学习掌握这些语言。由于加利福尼亚州财政吃紧,南加州地区 2010 年的语言学习暑期班几乎都取消了,唯独中文班坚持开了下来。因为该班受到美国联邦政府的资助。在联邦政府"星谈计划"项目的支持下,该学区的暑期中文班已坚持开满两年。汉语在美国成为学习人数增长最快的语言之一。②

五 语言网络信息与语言规范

5.1 互联网域名多语化

国际互联网名称与数字地址分配机构(ICANN)2009 年批准逐步放开限制,允许非拉丁字母文字进入互联网域名。③ 5 月 5 日,中东推出采用阿拉伯语字母注册的域名网址。5 月 20 日,俄罗斯开通了首个由西里尔字母构成的互联网域名。中国用汉字书写域名的网站也已出现。与此同时,多语言域名的技术准备和升级调试工作也在紧锣密鼓地进行中。

5.2 自然语言处理工具多样化

在线社交网络等互联网应用服务近来发展迅猛。英国科学家 6 月宣布,研制成功一种语言自动分析工具④,能够根据聊天者所使用的语言风格,自动识别其性别和真实年龄以及聊天内容。该系统测试的准确率达到了 94%。这种语言技术可望为青少年构筑安全可靠的网络环境提供有效服务。

---

① Elementary Schools to Get English. *The Japan Times*. June 29, 2010.
② 《汉语成为加州第一大外语语种还需一段时间》,《侨报》2010 年 8 月 2 日。
③ Chinese Language Top-level Domains Win ICANN Approval. *Computer World*. June 25, 2010.
④ Language Analysis Tool to Ascertain Age and Gender. *The Engineer*. June 22, 2010.

美国计算语言学家7月开发出一种软件,能够解密古代典籍。① 该软件能自动识别公元前1200年用乌加里特(Ugaritic)楔形文字书写的内容。通过提取乌加里特语字符、词语的频率和模式,根据与类似的希伯来语比较,该软件能够识别出这两种语言共有的词根。

历经4年研究,美国标准技术局与国防部7月宣布,合作开发成功一种语音翻译装置。该装置可帮助驻外美军在不懂驻在地语言的情况下,顺利执行任务。② 美国国防先进研究项目"战略用途口语交流和翻译系统"——3种语言的双向语音实时翻译系统正在测试当中。这3种语言包括阿富汗通行的普什图语、达里语及伊拉克阿拉伯语。该装置能自动识别出说话人所说的话语,利用机器翻译技术将其转换成目标语言,然后采用语音合成技术以目标语音输出翻译结果。该系统可以部署在关卡检查的特定场景,帮助美军士兵实现语音交流。

5.3 语言规范化

英国的"女王英语协会"认为,有必要为正确、得体的英语确定一个明确标准,保护英语的纯洁性和规范性。③ 一些欧洲国家很早就成立了维护本国语言规范的权威性专业组织,像意大利的秕糠学会(1582)、法国的法兰西学院(1635)、西班牙的皇家学院(1713)等,但英国却一直没有这样的组织。

在德国,纯正的德语似乎只是老年人的"专利",年轻人崇尚掺杂英语词的德语,亦称"Denglish"。④ 各类英语词正通过广告和电视渗透到德国人的生活中。日常交际过多使用英语使相当多的德国老人,感到日益"被边缘化"。为反对英语"入侵",德国语言基金会把工作目标对准大企业,要求德国电信公司停止使用英语词;号召德国铁路部门在其站点禁止使用英语标志;呼吁德国民众找到能够替代那些英语时髦词的德语对应词。

---

① Computers to Translate World's "Lost" Languages after Program Deciphers Ancient Text. *Daily Mail*. July 27, 2010.

② NIST and DARPA Working on Language Translation Devices for U. S. Troops. *Armed with Science*. July 23, 2010.

③ We Need an Academy of English to Save Our Beautiful Language. *The Telegraph*. June 8, 2010.

④ Germany Launches Campaign to Save Language from English. *The Telegraph*. July 27, 2010.

法国政府试图自创新词来替代英语流行词,防止英语词语及文化的入侵。[①] 一家政府机构为此开展全国青少年学生的语文知识竞赛,为21世纪新出现的新生事物找到合适的法语新词,入围词语有望进入新版法语词典。这项活动已经演变成每年一度的盛事,成为法国抵制英语流行语词入侵的象征。

　　泰国青少年过分沉迷网络社交工具、写作能力下降的情况令政府担忧。[②] 一项调查结果显示,约有1/3的人平时不注意拼写、缩写及语法;这些错误在编写手机文字短信和网络社交聊天等场合随处可见。在7月29日泰国国语日前夕,泰国文化部长呼吁人们重新回归使用笔和纸的传统。

　　西班牙皇家语言学院等机构专门从事西班牙语的研究和规范工作。2010年度,《美洲西班牙语词典》《新西班牙语语法(缩写版)》和一本名为《正确表达,方便理解》的语言使用指南正式出版;3月份举行的世界西班牙语大会上还发布了历史上最完整的西班牙语音像记录;皇家语言学院正在建设的一个网站,将提供《西班牙语疑难词典》《新编西班牙语历史词典》和《新编西班牙语大辞典》的在线查询以及西班牙皇家语言学院拥有的近6亿文献,新网页建设的预算为50万欧元。

　　日本的文化审议会于6月提交了《修订常用汉字表》的报告(新方案删除了原有的1 945个汉字中的5个,新增加了196个),这是时隔29年后最新修订的常用汉字表。

六　语言国情与认同

6.1　人口普查摸清语言国情

　　人口普查是世界各国广泛采用的搜集人口资料的最基本的科学方法。2010年10月,俄罗斯启动全国人口普查。人口普查表采用15种语言版本[③],除俄语和其境内6种少数民族语言外,还包括8种外语:英语、越南语、汉语、西班牙语、法语、朝鲜语、德语和土耳其语。

---

① French Government Picks New Words to Replace English. *The Telegraph*. March 31, 2010.
② Tongue Tied: Is Facebook Hurting Thai Language? *The Associated Press*. July 23, 2010.
③ Переписные листы в России переведены на 14 языков. РИА Новости. 21 августа 2010.

加拿大政府2010年把往年较长的人口普查调查清单压缩成较短的简单问卷。① 尽管删减了一些问题,原来有关语言使用状况的两个问题"受访者能否用法语或英语对话""在家中使用哪种语言以及是否还说其他语言"仍然保留。

6.2 国际性英语方言调查

历史上最大规模的一次国际性英语方言调查于2010年度结束,这项历时10年有7万多人参与的调查显示,大英帝国的遗产对于维持英式英语的显著地位发挥了重要作用。大部分英语国家仍然使用英式英语,美式英语牢牢控制英语世界的说法不攻自破。调查数据还显示,世界排名前200名的大学中有96%认可或使用来自剑桥大学ESOL(母语非英语人士的英语课程)考试所制定的英语标准,94%认可剑桥英语证书。世界上130个国家中每年有300多万人参加剑桥英语考试。②

6.3 语言与民族和国家认同

许多纳米比亚人忧虑一些年轻人不再以说母语为荣,而以说英语为荣。③ 纳米比亚政府呼吁全社会不要妄自菲薄,应尊重自身悠久的历史文化;并号召父母通过文化传统的言传身教,帮助下一代树立正确的观念。与此类似,阿拉伯青年也开始以说英语、法语为荣,使得传统阿拉伯语与他们渐行渐远。

美国众议院5月通过H.R.2499号法案,说西班牙语的波多黎各有望成为美国的第51个州。④ 一项要求波多黎各将英语作为官方语言的修正案,以4票之差被否决,波多黎各的居民中只有不到20%的人能说流利的英语。提出该项法案的人士认为,非英语地区要成为美国一个州的前提,是以英语作为官方语言和教学语言,譬如亚利桑那、新墨西哥、路易斯安那和俄克拉何马等州加入美国就是如此。这对一个统一的国家来说是个最基本的要求,否则就有可能造成问题,譬如瑞士讲法语的地区以及加拿大讲法语的魁北克省与其他地区的矛盾,就是几个反面例证。

---

① Canada: Census include Language Data. *UPI*. August 12, 2010.
② 英国《独立报》,2010年10月31日。
③ Young Namibians Not Proud of Their Mother Tongues Language, Says Deputy Minister. *Malaysian National News Agency*. July 6, 2010.
④ Allowing New State without English as Official Language Would Harm Country. *Newark Advocate*. May 28, 2010.

七　濒危语言保护

一家澳大利亚电视台5月开始通过广播向青少年传授当地土著语言努嘎语（Noongar）①，主要讲解该语言的日常用语。澳大利亚现存约60种土著语言，目前还在家庭使用的只剩六七种。鼎盛时期的澳大利亚曾有700多种语言。

新西兰政府顾问10月警告说："作为新西兰官方语言之一的毛利语正在消亡。"② 随着能说流利毛利语的老人离世，能给年轻人当毛利语老师的师资已经越来越少。毛利人从小就被强制学习英语。人们预计毛利语的命运今后可能会与拉丁语相似，只用于宗教仪式场合，因此有人呼吁拯救毛利语。但也有人建议，不如多考虑考虑毛利人的生存和发展等问题。

10月初，印度东北部发现一种新语言——科罗语（Koro）。③ 从分类学上看，科罗语属于藏缅语族中的一支，在发音、词语和句子结构等不同层面都很独特。该语言没有文字。目前大约有800人说这种语言，但年轻人几乎都不说，他们受到的是印地语和英语教育。因而，语言学家预计这种新发现的语言也将面临灭绝的悲剧。

一项名为"拯救万帕诺亚格语（Wôpanâak）语言"的项目表明，消失的语言还有可能复活。④ 这种印第安土著语言曾在新英格兰东南部盛行，但19世纪以后就再也没人说了，只在当地地名中能找到一些蛛丝马迹。9月该项目得到麦克阿瑟基金会的支持，受助者计划搜集整理用该语言撰写的历史典籍，为该族儿童开设相关语言课程。这门失传已久的语言有望真正复活。

亚拉姆语是最接近耶稣所用的古老语言，目前还存活在信奉伊斯兰教的叙利亚的3个村庄。⑤ 叙利亚曾计划开设相关语言课程，传授境内那些历史悠久的古老语言。由于亚拉姆语的书写体系与以色列希伯来文字母极其相似，有关亚拉姆语的课程被停办。有专家指出，任由亚拉姆语消亡是一场悲剧。亚拉姆语的存在正体现了叙利亚文化、语言和宗教的多样性。

---

① Australian TV Show Teaches Aboriginal Language. *AFP*. May 10, 2010.
② Maori Is a Dying Language, Officials Warn. *Monsters and Critics*. Oct. 21, 2010.
③ New Language Discovered in India. *AFP*. Oct. 6, 2010.
④ A Vanished Language Returns. *The Boston Globe*. Sept. 30, 2010.
⑤ Can the Language of Jesus Survive Modern Mideast Politics? *McClatchy*. Apr. 2, 2010.

哥伦比亚拥有 68 种土著语言,其中 5 种濒临灭亡,其他则面临不同程度的危险。为此,哥伦比亚政府于 2010 年度通过了 1381 号法案,旨在保护濒危语言,促进这些语言的教育。但是,该国的很多人认为,让孩子学习土著语言是一种倒退,只有学习西班牙语才能成为"文明人"。

新西兰在保护土著语言毛利语方面已经进行了多年的努力,成效相当显著。2010 年度,该国推出一个名为 Te Whanake 的毛利语学习数字资源系统,集教材、学习指导、光碟、教师手稿和词典于一体,是当今世界最大的土著语免费教学资源。

八　语言传播与宣传

8.1　国际母语日

在 2010 年 2 月 21 日联合国"国际母语日"的当天,发起一项倡议,从当年起为英语、法语、汉语、俄语、西班牙语和阿拉伯语这 6 种联合国官方工作语言分别设立纪念日①,每年举行一次纪念活动,旨在促进这些语言在组织内的平等使用,促进不同语言群体的平等。其中"汉语日"最终确定在中国农历二十四节气的"谷雨"这天,以纪念中华文字始祖仓颉造字的贡献。

8.2　语言传播

英语是当前世界上使用最普遍的语言,成为国际事务和国际交往活动的国际通用语言。英语也是欧洲大陆的主要语言,有 2/3 的人能说英语。② 除英国和爱尔兰以外的欧洲国家大多把英语确定为中学的第一外语。

法国政府决定将分布在世界各地的公立法语语言文化学院置于外交部的统一管辖之下,重组为"法兰西学院",并计划未来 5 年投入 1 亿欧元。③ 新"法语学院"将达 143 所,遍布 94 个国家。它将与 19 世纪成立的"法语联盟"加强合

---

① UN Launches New Initiative to Promote Multilingualism. *UN News Center*. Feb. 19, 2010.
② English Now the Language of Europe as Two-thirds of Continent's People Can Speak It. *Daily Mail*. Oct. 4, 2011.
③ 《法拟在全球建 143 所"法兰西学院"提升文化传播力》,中国网 2010 年 8 月 20 日,http://www.china.com.cn/international/txt/2010-08/20/content_20752116.htm。

作,该联盟已在135个国家开设968个基地。

在7月举行的"西班牙语推广工作圆桌会议"上,西班牙王储菲利普与莱提希亚公主莅会支持。西班牙外交部长表示,尽管政府节约支出,但不会削减塞万提斯学院的财政预算。① 为推广西班牙语,西班牙政府于1991年创办塞万提斯学院,目前在世界四大洲有70多所分院。

3月,在巴西利亚召开了首届"世界视角下葡萄牙语的未来"国际会议,葡语国家共同体8个成员国的外长重点讨论了向世界推广葡萄牙语的策略问题;② 呼吁将葡萄牙语作为联合国起草文件的正式语言,并为此培养翻译人员;建议分阶段为联合国机构的官方网站提供葡语信息;同时建立葡语国家之间的协调机制,为重要国际组织的高层次活动提供翻译服务。

9月16日,土耳其在伊斯坦布尔召开第十届突厥语国家首脑会议。③ 议题是加强突厥语国家的合作以及如何发扬突厥语传统等问题。土耳其总统居尔喊出了"一族六国"的口号。5月26日,第八届国际土耳其语奥林匹克大赛举行。该活动自2003年举办首期后,每年举办一次。从第一届17个国家发展到本届120个国家。土耳其政府还特别重视在海外为土耳其裔儿童建立专门的土耳其语学校,甚至因此引发了和德国政府间的一些矛盾。

2010年度,德语在印度和法国的阿尔萨斯地区传播效果显著,这和德语带来的良好就业前景不无关系。7月,德语奥林匹克竞赛在汉堡举行,参赛者来自46个国家。

10月9日,韩国政府隆重举行韩文创制564周年(韩文创制于公元1443年,颁布于1446年)纪念活动,充分肯定了韩文所具有的加强交流、促进和谐的价值。

韩语教育网站"分享·世宗学堂"正式开始运营,这是韩国政府对各政府级韩语普及机构的韩语教育网站进行整合的结果;首尔大学开办的"网络韩国语教师培养课程"也将开始运行。

阿拉伯国家联盟、阿拉伯语保护协会和阿拉伯语最高委员会等共同组织了

---

① Spanish Is the Second Most Spoken Language in the World. *The Barcelona Reporter*. June 21, 2010.
② Action Plan to Promote Portuguese Internationally Drafted in Brazil. The Portugal News Online. April 10, 2010.
③ Turkic Summit in Turkey Concludes with Declaration. *World Bulletin*. Sept. 16, 2010.

3月1日的"世界阿拉伯语日"活动;5月7日,用阿拉伯语字符写的互联网地址开始在互联网上应用,成为历史上第一个非拉丁字符的在线域名,此举意在促进互联网阿拉伯文内容的增长。

8.3 加强对外舆论宣传

5月,以色列总理办公室宣布将首次增设阿拉伯语发言人,以协调政府各部门之间的阿拉伯事务处理问题。① 新任发言人由外交部负责联系阿拉伯语媒体的原新闻发言人担任。外电评论,该任命和组织架构上的变化,反映了以色列政府大力加强其全球信息传播能力的愿望。

10月,朝鲜官方新闻通讯社推出用英语和西班牙语编发的新闻报道,内容是朝鲜最高领导人金正日等出席周日举行的平壤军事大游行的消息。外电猜测,朝鲜有可能开设外语频道,进一步加强对外网络宣传力度。② 其实朝鲜政府一直注重利用互联网来宣传,在当前最流行的社交视频网站(YouTube)和微博(Twitter)上都辟有专门的空间。

(熊文新、赵蓉晖)

---

① First-Ever Arabic Language Spokesman for PM's Office. *Israel National News*. May 5, 2010.
② N. Korean Agency Apparently Opens Foreign-language Website. *AFP*. Oct. 14, 2010.

比利时语言问题与政府危机

一　基本情况

　　由于独特的地理位置和历史渊源,比利时不同语言文化之间的竞争、冲突和融合一直表现得十分突出。比利时地处欧洲心脏,是日耳曼欧洲和拉丁欧洲的文化交会处,面积3万多平方公里,人口1 000多万,首都布鲁塞尔同时是欧洲联盟(简称"欧盟")和北大西洋公约组织(简称"北约")的总部所在地。[①] 历史上罗马人、法兰西人、荷兰人、西班牙人、奥地利人、德意志人曾经征服和统治过这片土地,并在这里留下他们的文化印记。1830年比利时爆发了独立运动,从荷兰统治下独立,宣布成立议会制君主立宪制王国。

　　比利时的民族人口主要由北方荷兰语族裔(佛拉芒人)、南方法语族裔(瓦隆人)和东南部德语族裔构成。其中,佛拉芒人占比利时总人口的55%左右,瓦隆人占40%强,德语人约占1%。虽然佛拉芒人占多数,但是历史上佛拉芒语(荷兰语,简称"荷语")长期处于弱势,被视为粗鄙的地方语言。相反,瓦隆人说的瓦隆语(法语)在比利时独立后相当长的一段时间里,都是唯一的官方语言。瓦隆语(法语)的独尊地位日益引起佛拉芒人的不满。19世纪后半期爆发的佛拉芒运动,旨在争取佛拉芒人更大的区域自主权、民族平等和对佛拉芒语官方地位的认可。1893年的普选制为确立佛拉芒语的官方地位扫清了道路。[②] 由于实行普选制,占人口多数的佛拉芒人开始在选举和立法中占优势。

　　1963年颁布的《语言边界法》是比利时历史上的一个转折点。在此法案之前,佛拉芒民族主义运动的目标是把比利时建成法荷双语国家。而1963年后,这一目标转变成将佛拉芒地区建成单语地区,即佛拉芒语为佛拉芒地区唯一官

---

① 何俊芳、周庆生编著《语言冲突研究》,中央民族大学出版社2010年版。
② Corijn, Eric, and Eefje Vloeberghs (2009) *Brussel!*. Brussels: VUB Press.

方语言。1967年,荷兰语版本宪法获得通过,确立了佛拉芒语的政治地位。在佛拉芒地区逐渐成为荷语单语区的过程中,瓦隆地区也向法语单语区迈进,布鲁塞尔则成为比利时唯一的法荷双语区。

1963年的《语言边界法》确立了比利时目前的政府体系。比利时划分为3个行政区域:佛拉芒、瓦隆和布鲁塞尔,以及3个语言社区:佛拉芒语社区、法语社区和德语社区。佛拉芒地区和佛拉芒语社区相重合;瓦隆地区主要包括法语社区,也包括一小部分德语社区;布鲁塞尔地区是佛拉芒语和瓦隆语的双语区。这些地区和社区都有各自的政府,其中佛拉芒地区政府和佛拉芒语社区政府是合一的。目前,比利时拥有6种政府:中央政府、佛拉芒政府、瓦隆政府、法语社区政府、德语社区政府和布鲁塞尔政府。

二 语言政治问题

比利时大部分地区都逐渐向单语区发展,相比之下,首都布鲁塞尔则是一个特殊的双语区,佛拉芒荷语区的首府设在布鲁塞尔,但布鲁塞尔在行政上独立,不隶属佛拉芒区的管辖。近期数据显示,布鲁塞尔的荷语单语人只占该市总人口的7%,法荷双语人占8.6%,大多数人为法语单语人。①

在比利时的政治生活中单语现象非常普遍。政党的工作语言非佛拉芒语即法语,而且大多数比利时人只能在他们所属的语言社区内参加选举:佛拉芒人只能参加佛拉芒政党选举,法语人只能参加法语政党选举。布鲁塞尔地区的选民可以选择他们自己的政党,但是在过去的几十年中,这一选举状况导致了一系列的政治冲突。

由于不同语言背景的党派之间利益纷争激烈,2010年4月,再次引发比利时政局动荡。事件的焦点是首都布鲁塞尔大区内的布鲁塞尔—哈尔—维尔沃德(Brussels-Halle-Vilvoorde)行政区的归属问题。布鲁塞尔—哈尔—维尔沃德行政区,分别属于佛拉芒语居民区和佛拉芒/瓦隆双语居民区。佛拉芒语党派要求拆分布鲁塞尔—哈尔—维尔沃德行政区,将其中的佛拉芒语居民区从布鲁塞尔大区中分离出来,划拨到荷语区。这就意味着生活在这一地区的10万名左右瓦

---

① Blommaert, Jan (in press). The Long Language-ideological Debate in Belgium. *Journal of Multicultural Discourses*.

隆语选民在选举中只能将选票投给荷语政党,而不能投给法语政党;在法庭上他们只能使用荷语,否则只能搬离此地,另觅住处。法语政党坚决反对荷语政党的提案,由此,荷语政党与法语政党之间的利益冲突加剧,进而导致比利时内阁危机。

首相莱特姆(Yves Leterme)承诺最晚于 2010 年复活节期间解决这一地区的政治争端,但这一承诺未能如期兑现。两大党派僵持不下,4 月 21 日,围绕首都布鲁塞尔大区行政区划问题的谈判破裂,荷语开放自由党宣布退出比利时执政联盟,这就直接导致了莱特姆政府的垮台。4 月 22 日,首相莱特姆向国王阿尔贝二世递交辞呈。

6 月 13 日,国会提前举行大选。由于党派之争以及地区间的利益冲突,立法选举后,各方一直未能就关键问题达成一致,新政府依然"难产"。截至 2011 年 2 月 17 日,比利时已有 249 天未能组建新政府,超过伊拉克于 2009 年创下的无政府世界纪录。

比利时政府 2010 年的垮台事件并非孤立。近年来比利时内阁风波不断,法语党派和荷语党派之间的力量角逐导致政府频繁更替,选举陷入危机。在过去的 3 年里,荷语政党和法语政党之争导致政府 4 次更迭。

三 深层原因

比利时出现语言政治问题、爆发政治危机的根源,是不同利益集团之间的政治壁垒、利益冲突以及历史矛盾等多重因素共同作用的结果。比利时虽然是官方多语国家,但单语意识形态非常盛行,语言和民族之间的单一对应结构明显。拥有人口多数的荷语区政党不断要求扩大自治权,而法语区的政党却支持维持一个统一的比利时。此次政治危机是由于首都布鲁塞尔的 3 个选区属于荷语区还是法语区的纷争引起的。长期以来,荷语和法语的党派之争致使内阁几度垮台,政府运转受到影响,也削弱了比利时经济复苏的能力。

3.1 比利时民族主义

为什么比利时会出现这样激烈的语言政治问题呢?这要从其两大民族瓦隆族和佛拉芒族,以及佛拉芒民族主义历史说起。比利时是一个以语言为基础的民族主义国家。在不到 200 年的时间内,连续不断出现的所谓语言斗争使比利时从最初的法语独占鳌头,发展到今天荷语、法语平分秋色的局面。佛拉芒人把比利时的语言斗争看成是为佛拉芒语争取平等地位的民族主义斗争。语言问题常常是比利时内部政治冲突的导火索。随着苏联解体和南斯拉夫危机,语言在西方逐渐被看作是一个民族的核心标志。在西欧,很多人认为正是苏联和南斯拉夫的多语现象导致了社会的不稳定:人们说不同语言,意味着他们拥有不同的文化,属于不同的人群。因此人们常常认为,多语现象会导致政局不稳和社会动荡。

这是一种陈旧的赫尔德(Herder)式民族—国家观。赫尔德认为,语言应与文化完全重合,二者共同界定了人们的核心身份。赫尔德及其追随者认为,国家应该建立在这种单一语言文化基础之上。在19世纪,这种以单一语言文化为立国之本的民族国家不断涌现,法国、德国、意大利、西班牙都花费大量人力、物力建立这种现代国家。民族国家是现代国家的蓝图,所谓现代国家,即基于明晰的行政机构划分、基于秩序而建立的国家。现代民族国家在语言方面,强调社会公共生活使用标准语。① 然而,在现实生活中,赫尔德式单一语言文化国度却鲜有存在。多语言并用、多文化共存才是社会生活的常态。语言斗争常常能够具体体现更深层次的政治、经济、社会、权力斗争。

1898年的《语言平等法》是比利时的第一部语言法,是在贵族和寡头政治民主化的社会大趋势下产生的。这种趋势产生于19世纪上半期横贯欧洲的工人运动,在这方面卡尔·马克思提供了很多理论分析和意识形态指导。19世纪后半期,南部瓦隆区工业快速发展,产生了一大批产业工人。此时北部佛拉芒区以农业为主,拥有相当数量的资产阶级、小资产阶级和贵族阶层。这种民主化趋势在第一次世界大战时期达到顶峰,1921年建立了男性公民普选制,此后比利时社会党成为主要政治力量之一。其他语言立法遵循了这一民主化进程,根特大学于1930年确立荷兰语为教学语言。

直到上世纪中期,佛拉芒民族主义者一直成功地与左翼政治势力结盟,致力于建立更加民主的社会。然而第二次世界大战使民族主义者与极右势力结盟,并且开始倡导佛拉芒自治的政治主张。激进的民族主义者把希特勒的日耳曼势力看成是从法语(即拉丁势力)统治下解放出来的希望,佛拉芒民族主义迅速染上了德国法西斯主义色彩。二战后,随着德国彻底战败,佛拉芒民族主义者逐渐

---

① Hobsbawm, Eric (1990) *Nations and Nationalism since 1780:Programme, Myth, Reality.* Cambridge: Cambridge University Press.

孤立，主流政治家和知识分子开始疏远他们。然而，上世纪50年代，关于被驱逐国王的全民公投，使国家再次分裂成为南北（即瓦隆—佛拉芒）两派。北部佛拉芒区大多数选民（主要属基督教—民主党）赞成国王回归，而南部瓦隆区（主要属社会党）则主张共和制。这一南北分裂没有任何语言原因，只是意识形态冲突，即北部的天主教保守势力与南部世俗社会主义势力之间的冲突。这一意识形态冲突体现了地区间社会、经济的差异：佛拉芒区以农业为主，工业和城市化刚刚开始，而瓦隆区则以采矿业、钢铁业为主，产生了一大批城市无产者。虽然如此，这次公投揭示了南北方之间的根本政治分歧，激发了分裂主义言论。

这一事件催生了1963年的《语言边界法》。比利时正式以语言为标准划分为不同的行政区域：佛拉芒区是官方荷语区，瓦隆区是官方法语区，德语区是瓦隆区的一部分，布鲁塞尔区是比利时唯一的官方双语区。只有少数语言边界地区向其居民提供语言帮助：在荷语边界居住的法语居民得到法语帮助，而在法语边界居住的荷语民众得到荷语帮助。然而，这种以语言为基础的国家行政区划并未带来有效的权利分配。①

上世纪六七十年代，比利时仍旧是中央集权国家。从社会经济的角度看，上世纪50年代是一个转折点，佛拉芒工业发展迅猛，其后的20年，比利时的工业中心从瓦隆转移到佛拉芒。语言问题和社会经济问题是比利时政治冲突的两大因素。荷语一直是多数人使用的语言，荷语处于被统治地位是由于历史上佛拉芒人的社会经济处于弱势决定的。

语言从来都不是造成政治冲突的唯一因素，甚至不是主要因素。语言更多的是象征性的因素，语言权利的实现是社会、政治、经济权利实现和民主化进展的一种具体体现。对于贫穷的工业无产者来说，他们的雇主说荷语还是法语没有什么分别，即使说同一种语言也不会使他们得到更多工资或更好的用工合同，或者使他们免于失业或脱离贫困。这正是比利时社会主义党一贯反对民族主义者，反对关注语言主动权的原因：对于社会主义者来说，从唯物主义分析，充分就业和劳动条件才是主要问题，语言问题微不足道。基督教—民主党为了取得更多的民众支持而夸大了语言冲突。语言是具有煽动性的、委婉的政治说辞，能在意识形态领域激起民众的偏激情绪，以达到适应民族主义者的政治目的。

---

① Witte, Els, Craeybeckx, Jan, and Alain Meynen（2010）*Politieke Geschiedenis van België*. Antwerp: Standaard.

3.2 否定双语制

比利时语言生活中存在两种重要现象。一种是否定双语制,一种是否定语言、社会、文化的多样性。1963 年的《语言边界法》彻底改变了比利时的民族主义方向。1963 年以前,佛拉芒民族主义者致力于把比利时建设成双语国家,而 1963 年的《语言边界法》使佛拉芒区逐渐成为荷语单语区,激进的瓦隆民族主义者也把瓦隆区向法语单语区推进。在语言意识形态方面,1963 年《语言边界法》的影响主要是,语言身份认同从公民身份认同和语言权利平等的多语国家,转变为民族领土为主导的语言身份认同,即说荷语与佛拉芒民族身份、佛拉芒地区身份完全重合。比利时从以雅各宾为代表的语言意识形态(其表现形式是主张语言是公民参与国家公共生活的工具)转变成赫尔德派意识形态,即语言定义人们的身份,并确立他们对土地的拥有权。雅各宾主义关注语言在公共生活中的角色,而赫尔德主义则关注语言的方方面面,包括公共生活和私人生活。对于后者来说,只在公众领域说荷语是不够的,人们必须在生活的每个角落使用荷语。这一看法来自 19 世纪"语言是人的全部"的观点。其后的一个世纪中,这一观点一直都不是社会主流。然而,从 1960 年以来,它成为佛拉芒(以及瓦隆)民族主义的主要意识形态。

从 1963 年后比利时的语言政治冲突和政治改革来看,大部分政治冲突是围绕语言地区单语问题展开的,更确切地说,是围绕铲除双语机构和双语实践进行的。1968 年,在欧洲各地学生运动的背景下,鲁汶的佛拉芒学生设置路障,并要求成立荷语单语大学——天主教鲁汶大学。当时鲁汶大学还使用双语教学。由于 1968 年的学生运动,鲁汶大学分裂为一个荷语大学和一个法语大学。

鲁汶事件是自上世纪 70 年代以来一系列双语冲突的开端。由于布鲁塞尔的双语并存现状,它成为这些语言冲突的中心。在佛拉芒语区,由于某些村镇的法语居民占多数,当选的就可能是法语市长,但这会导致政府垮台,事实也已多次证明,而且每一次佛拉芒领袖都很强势。这一方面是由于在佛拉芒语区佛拉芒人占多数,另一方面,自上世纪 70 年代以后,经济中心从瓦隆向佛拉芒转移,佛拉芒族人还是财富的拥有者。①

---

① Mort, Subite (1990) *Barsten in België: Een Geografie van de Belgische Maatschappij*. Berchem: EPO.

自1974年以来,比利时历任首相都是佛拉芒人。由于经济上逐渐占上风,佛拉芒人自然而然地认为他们有能力追求自己的政治经济理想,而不愿让财富平白无故地流向瓦隆语区。这就导致比利时不断发生政治冲突。多次国家改革(1980年、1988—1989年、1993年、2001—2003年)为地区和社区政府提供了很大限度的自治权,同时也使国家政治结构异常复杂。

布鲁塞尔区于1963年成为双语区。比利时大部分地区都逐渐向单语区发展,相比之下,布鲁塞尔显得更为特别。佛拉芒人在布鲁塞尔的人口比例占少数,但是在布鲁塞尔的地区议会中,佛拉芒人占有的席位比例却高过其人口比例。从立法角度讲,布鲁塞尔的佛拉芒人堪称世界上得到最好保护的语言少数族裔。对于布鲁塞尔议会中佛拉芒人所占席位偏多的问题,瓦隆人一直耿耿于怀,每当佛拉芒人要求取消语言边界区的法语帮助设施时,瓦隆人都会提出重新审议布鲁塞尔议会中权力分布的问题予以回击。2010年以来,布鲁塞尔—哈尔—维尔沃德行政区的语言政治问题,集中体现了这一历史矛盾。

1963年至今的趋势是区域单语制。地区政府越来越不能容忍其管辖范围内的多语共存现象,它们不断努力争取其单语区能够得到更多的自治权。布鲁塞尔及其他语言边界区,常被视作非常态地区,这些地区的双语并存问题,常被看成"不可解决的问题"。从本质上看,比利时已经从法语单语国家,经过官方双语阶段,进入到两个单语区和一个双语区的联合体。双语制正逐渐从比利时消失。

3.3 否定多样性

另一个问题是否定语言文化多样性。比利时已经从双语社会转变为单语社会。在单语区,人们对不遵守单语政策的少数族裔的容忍度很低。人们认为社会、文化、语言的多样性是有问题的,不正常的。

外国移民在这样的单语社会生活会感到很压抑,而比利时一直都是一个移民国家,尤其是二战后,其蓬勃发展的经济吸引了成千上万的劳工移民。[①]

首批移民来自地中海地区(主要是意大利)和东欧地区(主要是波兰)。之后在上世纪60年代,第二批移民来自土耳其和摩洛哥。第一批移民到来时正逢比利时经济复苏,因此并未遭遇到就业困难。而土耳其、摩洛哥移民就没有这么幸

---

① Blommaert, Jan, and Jef Verschueren (1998) *Debating Diversity*. London: Routledge.

运,上世纪70年代的经济萧条极大地打击了这些移民,他们大多处于失业、半失业状态。冷战结束后,又一批新移民从世界各地涌入西欧。他们大多是低技术工人,在西欧常常非法进入劳动力市场或靠福利救济度日。

这3次移民浪潮也伴随着高技术移民的日渐增长。由于布鲁塞尔是欧盟总部和北约总部所在地,大量高技术移民涌入布鲁塞尔。英语是这些机构的主要工作用语,也是布鲁塞尔的另一重要语言。将近一半的布鲁塞尔居民不是比利时人,近3成布鲁塞尔居民不是欧洲人。① 尽管布鲁塞尔区是官方法荷双语区,但实际生活中使用的语言远比政府规定的条条框框复杂。

在布鲁塞尔(或整个比利时)有两种多语现象。一种是种类繁多的劳工移民带入的十几种母语和新文字。现在在布鲁塞尔的某一街道或比利时城区,几乎都能见到罗马字母、繁体汉字和简化汉字、阿拉伯文、印地文、希伯来文、泰文、格鲁吉亚文和西里尔文等等文字。布鲁塞尔不再是双语区,已经极度多语化,但是这些劳工移民的语言并没有什么地位。在教育方面,移民子女必须学习法语或荷语。在劳工市场,不能说法语或荷语就无法找到工作。因此,劳工移民的多语现象被看成是负面消极现象,不论是在职业发展,还是在政治话语中,劳工移民的语言一直被描述成一种社会问题,因为他们的语言阻碍了他们融入主流社会,影响了社会的和谐。

另一种多语现象是高技术移民使用英语现象。这是一幅非常不同的画面,劳工移民使用母语被看成是对社会的威胁,而高技术移民说英语则被认为很正面,英语已经成了个人成功的标志。对于劳工移民来说,比利时是单语社会,他们必须学习法语或荷语。比利时社会对劳工移民使用语言的容忍度很低。劳工移民若想在比利时社会生存,学习使用荷语或法语是必不可少的。然而,使用英语的高技术移民则无须学习荷语或法语就可以在比利时生活。由此看来,比利时否认多元社会也是片面的。由劳工移民带来的多元社会是负面的,不被认可;而高技术移民带来的多元社会是正面的,被认可并受到鼓励。在这方面,比利时的社会价值标准明显存在双重性。

2010年,比利时语言政治问题和政府危机受到社会各界的广泛关注。这并非孤立事件,在过去的几年间,比利时政府频繁更迭,其深层原因在于不同党派

---

① Corijn, Eric, and Eefje Vloeberghs (2009) *Brussel!*. Brussels: VUBPress.

之间进行的政治、经济利益的斗争。具体体现在两个方面：一是否定双语社会，二是否定多元社会。这两方面都源于比利时社会的主流语言意识形态，即单语意识形态。事实上，单语意识形态忽视了社会现实存在的多语现象和文化多元性，并将导致无休止的冲突和争端。语言问题是比利时政治争端的导火索，而非真正原因。比利时民族主义党派经常利用语言问题作为激起民众情绪的工具，以达到获取社会、经济、政治权力的目的。

（扬·布龙马特、董　洁）

美国、澳大利亚语言教育政策近况

美国的语言政策向来以"大熔炉"的理念著称,澳大利亚则是语言文化多元化发展的代表,二者有共同之处。近年来两国的教育语言政策更是不约而同表现出相似的发展趋向,即在国民的通用语言选择上提高英语的地位——对内单语化①,在国家外语战略上提倡多种关键或优先语言——对外多语化。

一 美国

1.1 母语教育

1.1.1 从《双语教育法》到《不让一个孩子掉队法》

20世纪60年代初,美国少数族裔的权益受到一定程度的重视,有关法案相继出台。与教育相关的是1965年通过的《中小学教育法》(*The Elementary and Secondary Education Act*)。该法的主旨是优先帮助母语非英语的贫困学生,在课堂上允许使用非英语语言,提高学生的语言文化水平。从1969年起,联邦政府拨付750万美元用于双语教育,从中受益的学生达27 000名。②

1968年,美国通过了《双语教育法》(*The Bilingual Education Act*),5年后,政府重新修订了《双语教育法》,对双语教育项目的受众及机构等进行了确认和调整,扩大了受益学生的范围。1974年联邦政府对双语教育的财政拨款达到了6 800万美元,有383个学区参与该项目,涉及语种达65个,其中包括部分土著语言。受益学生也大幅度增长,达到近40万名。另外,建立了15个培训和资源中心、5个教材开发中心和3个传播与评估中心。③

---

① 周庆生《双语教育政策新动向——以美国、澳大利亚和中国为例》,《新疆师范大学学报》2010年第1期。
② Gloria Stewner-Manzanares (1988) *The Bilingual Education Act: Twenty Years Later*. National Clearinghouse for Bilingual Education. http://www.eric.ed.gov/ERICWebPortal/recordDetail?accno=ED337031.
③ 同注②。

《双语教育法》的实施并非一帆风顺。上世纪70年代后期,美国削减了原来的双语教育预算,州政府感到经济上压力很大。另外,《双语教育法》的目的是为了帮助母语非英语的学生提升英语能力从而早日融入主流社会,但由于实际操作上的种种问题,使得某些双语教育成了母语保持项目,引起了一些民众的不满。因此,1978年又对《双语教育法》进行修订,主要是将此前的"英语口语能力有限"(limited English speaking ability)改为"英语熟练程度有限"(limited English proficiency)。所谓"英语熟练程度有限",不仅指口语能力有限,也包括了在阅读、写作或理解方面的障碍,这类学生具体说来是指:(1)不在美国出生;(2)母语非英语;(3)生活在英语作为非主要语言的环境中;(4)为美国印第安人、阿拉斯加人或所处语言环境对其英语熟练程度有影响的人。法案同时也表明了双语教育的过渡性质,其最终目的是要提高学生的英语能力。学生的母语保持目标被排除在双语教育之外。

上世纪80年代初,"唯英语运动"逐渐露出端倪。1984年的《双语教育法(修订案)》在教学法上体现出弹性,将双语教育中的语言选择权下放给各学区。法案提出了3种模式:(1)过渡型双语教育,英语教学与学生的母语相结合,班级中英语熟练学生的比例可达40%;(2)发展型双语教育,课程用英语和另一种语言讲授,其目的是使学生成为双语人;(3)特别课程,不使用学生的母语,而是在常规课程之外,为英语熟练程度有限的学生设置特别课程,使其尽快与其他学生水平一致。当年的拨款比前两年有所增加,但比1980年略低。在占全部拨款60%的课程项目中,用于过渡型双语教育的占75%,用于特别课程项目的占4%—10%,用于发展型双语教育的占15%—21%。[①]

1988年《双语教育法》修订后,在上述3种教学模式中,有75%的拨款用于过渡型双语教育,25%用于特别课程项目,发展型双语教育则被排除在外。

1998年,《227提案》(Proposition 227)在加州人温茨的倡议下得以通过,加利福尼亚州的双语教育被废除。该提案规定加州所有公立学校都采用全英语授课;对于英语熟练程度有限的学生采用为期不超过一年的沉浸式教学,然后转入常规班学习。此后,先后有多个州取消了双语教育。

---

① Gloria Stewner-Manzanares (1988) *The Bilingual Education Act: Twenty Years Later*. National Clearinghouse for Bilingual Education. http://www.eric.ed.gov/ERICWebPortal/recordDetail?accno=ED337031.

2001年,《不让一个孩子掉队法》(No Child Left Behind)标志着美国国家语言政策的彻底转变。《语言不熟练学生和移民学生的语言教学法》(Language Instruction for Limited English Proficient and Immigrant Students)取代了《双语教育法》,"英语熟练程度有限学生的语言习得、语言提高及学业进步办公室"取代了"双语教育及少数民族办公室"。①

从1968年的《双语教育法》到2001年的《不让一个孩子掉队法》,从允许非英语语言作为教学语言到必须使用英语,表面上看来,美国的教育语言政策发生了较大转变,但从《双语教育法》的历次修订及其背景来看,对学生英语能力的重视始终是政策的重心和目标之所在,其他语言的学习只是用来达到这一目标的手段而已。

1.1.2 "唯英语运动"

"唯英语运动"支持者的理由是,英语是维系不同民族、文化、语言、社会背景的美国人的黏合剂,语言的多样化会带来语言、种族、文化等方面的冲突,影响社会稳定。

上世纪80年代初,在加州日裔议员早川一会的倡议下,"唯英语运动"拉开序幕,并获得了大批政界人士、社会精英及民众的支持。他提出的《英语修正案》要求将英语定为美国官方语言,但未获通过。虽然有关将英语定为官方语言的提案在国会未获通过,但截至目前已有20余州宣布将英语定为当地官方语言。英语在各州作为官方语言地位的确定,意味着英语成为唯一的教学语言,双语教育将取消。

近年来,主张将英语作为美国官方语言的人士不断在美国参议院、国会提出有关法案。2009年,《2009年英语语言统一法案》(English Language Unity Act of 2009,又称为H.R.997法案)"宣布英语为美国的官方语言,建立适合所有移民的统一的英语语言规则,避免出现对美国法律英文表述的误解"②。

由此看来,为争取英语在美国的官方语言地位,相关的呼声和行动将会一直持续下去。

1.2 外语教育

美国的外语政策与其国家安全意识和安全战略密切相关。

---

① 罗豫元《当代美国双语教育政策发展研究》,华南师范大学硕士学位论文,2007年。
② The English Language Unity Act of 2009,2009年2月11日美国国会第111次会议提案,见http://www.usenglish.org/view/575。

1957年，苏联的"斯普特尼克"号卫星发射成功使美国意识到自己忽视了对下一代科技人才的培养，而教育体制的薄弱是导致人才不足的重要原因，必须加强人才储备工作。这便是1958年《国防教育法》(National Defense Education Act)产生的背景。

《国防教育法》规定由教育委员会与高等教育机构合作确定需要重点培养的语种项目，并为参加项目的学生和教师拨付一定额度的补助，每个财政年的总金额达725万美元，用于相关研究的拨款则达800万美元；将外语教育的重要性与数学和自然科学、技术教育等并列；为加强中小学的外语教育，拨付了大量款项；特别强调研究生阶段的教育，专门设立"国防外国语奖学金"（后改为"外国语和地区研究奖学金"）；中小学从三、四年级即开设外语课程，延长了外语学时，同时增加了外语的语种，教学理念也从重读写转变为重听说。[①]

1983年，美国教育质量优异委员会发表了教育改革宣言《国运危机：教育改革势在必行》(A Nation at Risk: An Imperative for Educational Reform)，提出要将外语学习列入小学阶段的课程。

1996年，克林顿总统签署了《2000年目标：美国教育法》(GOALS 2000: Educate America Act)，将外语和艺术与英语、数学、自然科学等课程并列，作为学生必修的核心课程之一，明确提出未来目标之一是大力增加掌握一种以上外语的学生比例。

1996年，美国外语教育委员会研制发布了《21世纪外语学习标准》(Standards for Foreign Language Learning in the 21st Century)，作为全国性外语课程的学习标准，较为详细地界定了学生各个阶段应达到的外语水平。此后，各州都相继制定了外语标准。

"9·11"事件后，人们认识到国家的外语教育，不仅要学习欧洲语言，也要重视那些与国家安全密切相关的国家的语言。2004年，在美国国防部的资助下，召开了全国语言大会，通过了题为《提高国民外语能力之行动号召》(A Call to Action for National Foreign Language Capabilities)的白皮书。[②] 该白皮书号召政府、商界和学术界3方合作，共同推动国民外语能力的提高。[③] 2006

[①] 秦珊《一九五八年美国国防教育法述评》，《广西师院学报（哲学社会科学版）》1994年第4期。

[②] Department of Defense, Washington, DC. (2005) A Call to Action for National Foreign Language Capabilities. http://www.eric.ed.gov/ERICWebPortal/search/detailmini.jsp?_nfpb=true&_&ERICExtSearch_SearchValue_0=ED489119&ERICExtSearch_SearchType_0=no&accno=ED489119.

[③] 贾爱武《以国家安全为取向的美国外语教育政策》，《比较教育研究》2007年第4期。

年,政府正式出台了《国家安全语言启动计划》(National Security Language Initiative)。该计划提出阿拉伯语、土耳其语、汉语、朝鲜语等 8 种语言是"关键语言",从 2007 年开始由美国教育部、国务院、国防部 3 方负责,通过富布赖特学生基金项目、教师语言团、语言旗舰项目等组织实施,总额度达到 1.14 亿美元,受益者涉及中小学生、大学研究生、专业教师及语言学家等人群。①

从上述政策演变可看出,随着全球化进程的持续,外语在美国的国家安全、经济利益等方面发挥的作用日益突出,因此美国的外语教育政策的倾向也逐渐体现出多样、安全及经济利益至上的特点。

二 澳大利亚

2.1 母语教育

最近几十年,澳大利亚的语言政策一直以倡导多元化为导向,但前提一直是强调英语的主体地位。

由联邦上院教育与艺术常务委员会发表的《国家语言政策》(A National Language Policy,1984)提出了制定语言政策的 4 项原则,其中首要的一项就是强调所有国民的英语能力的发展,包括英语作为母语的教学、英语作为第二语言和作为外语的教学。

第一部正式的官方语言政策文件《国家语言政策》(National Policy on Language)1987 年出台。该文件明确规定,英语是澳大利亚的国语和官方语言。可见,在承认澳大利亚语言文化多元化事实的同时,也要清楚地看到英语与其他社区语言、土著语言和外语之间地位的差异。文件提出国家语言政策的 4 个重点,第一条便是"全民英语:读写能力和作为第二语言的英语"(English for all:literacy and ESL),可见英语的地位是首要的。

1991 年,澳大利亚政府颁布了《澳大利亚语言与识字政策》(Australia's Language:the Australian Language and Literacy Policy)。该文件第一章《国家目标》(National Goals)第一条即提出:应该培养所有的澳大利亚人,使其拥有

---

① 《(美国)国家安全语言计划》,载"中国语言生活状况报告"课题组编《中国语言生活状况报告(2006)》上编第 332—339 页,商务印书馆 2007 年版。

实用的英语能力,能够参与到澳大利亚的社会生活当中。① 联邦政府对于英语、非英语语言及土著语言的拨款如图6—1所示(根据《澳大利亚语言与识字政策》文件整理)。其中,对英语教育的资助最多,其次为其他非英语语言,再次为土著语言。② 从图中可以看出,政府对上述3类语言的拨款相差可谓悬殊。

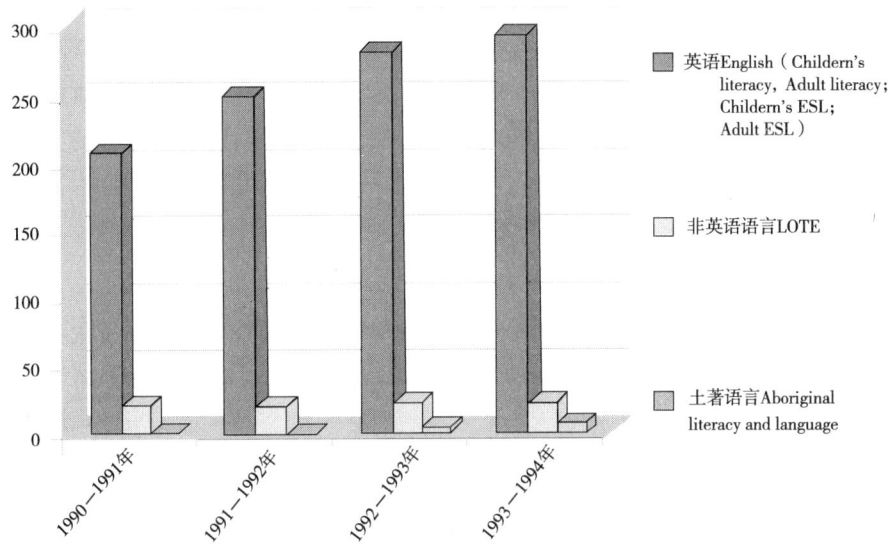

图6—1 1991年《澳大利亚语言与识字政策》对澳各语言的拨款(单位:万澳元)

上世纪90年代末,自由党取代劳动党执掌政权。此前的语言多元化热潮有所降温,政府对英语读写能力的关注凸显。1998年,颁布了《所有人的读写能力:对澳大利亚学校的挑战》(Literacy for All: the Challenge for Australian Schools)。该文件明确提出要全面支持所有学生读写能力的培养,提倡全国性的读写能力测试,并对读写计划的目的、要素、拨款和具体项目做了较为详细的介绍。③

近几十年来澳大利亚英语教育政策的一个重要趋势是联邦政府加强中央集权。按照联邦法律规定,各州政府有权独立制定本州的教育政策。但由于种种原因,联邦政府认为有必要进一步介入各州的教育事务管理,并通过各类财政拨

---

① Department of Employment, Education and Training(DEET)(1991) *Australia's Language: the Australian Language and Literacy Policy*. Canberra: AGPS.
② 同注①,第25页。
③ Department of Employment, Education, Training and Youth Affairs(DEETYA)(1998) *Literacy for All: the Challenge for Australian Schools*. Canberra: Commonwealth of Australia.

款加深各州的教育发展对联邦政府的依赖。因此,尽管形式上各州都有自己的英语教学大纲,但实际上这些大纲与联邦政府的标准相差无几。①

联邦政府颁布的语言政策对英语的定位也有变化。作为英联邦的组成部分,澳大利亚在过去一贯奉英式英语为正宗,近年来则转而重视"澳大利亚英语",重视各种英语变体或方言。在学校中,也开始教授标准澳大利亚英语。这表明人们逐渐意识到,澳大利亚英语在构建国民本土认同中具有重要作用。

另外,由于澳大利亚从上世纪80年代以来提倡的多元化政策(包括语言多元化政策)的实施效果并不显著,遇到很多诸如教师、教材、资金等方面的实际问题,导致人们对多元化政策有所质疑,并抱有一种单语(英语)心态。

2.2　外语教育语言政策多语化趋向

上世纪70年代中期之前,澳大利亚一直奉行以盎格鲁—撒克逊文化为中心的"白澳政策"(White Australia Policy),在各方面都歧视和排斥澳大利亚的土著居民和非欧洲移民。随着70年代多元文化主义的兴起,"白澳政策"得以终结,澳大利亚外语教育语言政策的多语化趋向由此肇始。

1984年,澳大利亚上院教育与艺术常务委员会的一份报告,将澳大利亚的语言分成两类:一类是英语,另一类是非英语语言(languages other than English)。至此,英语地位独尊,其他语言也成为澳大利亚语言教育关注的另一大领域。

1987年,《国家语言政策》确立了此后澳大利亚语言政策的一项总原则,即英语为澳大利亚的国语和官方语言,国民有学习和使用英语之外的其他语言的权利。文件中特别提出了要加强9种语言的教育,即阿拉伯语、汉语、法语、德语、印度尼西亚语、日语、希腊语、意大利语和西班牙语。

1991年,澳大利亚政府颁布了《澳大利亚语言与识字政策》,从经济发展战略的角度,提出了发展14种语言作为优先语言,其中包括上述9种语言。该政策建议各州府根据情况从中选择8种语言作为本州府的优先语言,联邦政府为每名选修优先语言的学生提供一定数额的补助。其目标是25%的十二年级学生学习一门优先语言。②

---

① Frances Christie (2003) *English in Australia*. RELC Journal, Vol. 34: 100.
② Department of Employment, Education and Training (DEET) (1991) *Australia's Language: the Australian Language and Literacy Policy*. Canberra: AGPS.

1994年出台的《全澳学校亚洲语言与研究战略》(National Asian Languages and Studies in Australian Schools Strategy)重点强调了4门优先语言:汉语、印尼语、日语和韩语。其目标是使选修优先语言的十年级和十二年级学生比例分别达到60%和15%。每年政府拨款超过2亿美元。①

2003年,澳大利亚教育、就业、培训及青年事务部长委员会在对澳大利亚学校的语言教育报告中指出:全国主流学校里有近50%的学生在学习一门语言;在主流学校和非主流学校中共开设了146种语言课程,其中,政府、天主教和独立学校中有103种(包括68种澳大利亚土著语言),课后民族/社区语言课程中有69种;有6种语言最为普及,分别是日语、意大利语、印尼语、法语、德语和汉语,超过90%的学生选修了上述6种语言。② 但是从整体上来看,仍有许多有待解决的问题,包括合格师资的培养、小学到中学阶段连贯性语言课程的提供、时间分配、学校排课及资源方面的支持等等。基于此,教育部提出了《2005—2008年澳大利亚学校语言教育计划》(National Plan for Language Education in Australian Schools 2005—2008),旨在为澳大利亚的语言教育指明长远的发展方向。根据这一文件精神,制定了若干语言计划。其中"学校语言计划"在4年内提供1.12亿澳元的拨款,用于亚洲语言、欧洲语言、土著语言、澳洲手语的教学以及民族学校中的社区语言项目;2009—2012年,政府对非政府学校中的语言教育也将提供5 640万澳元的拨款。③ 在非英语语言的多元化取向中,也体现出澳大利亚教育的重点,即更加重视亚洲语言。2009年1月起,在《全澳学校亚洲语言与研究战略》完成7年之后,一项名为《全国学校项目中的亚洲语言与研究》(National Asian Languages and Studies in Schools Program,简称NALSSP)的项目开始实施,计划在4年内投入6 240万元用于中国、印尼、日本和韩国的语言文化教育。这说明对国家经济利益和地区利益的考虑始终是澳大利亚政府决策的重点因素。此外,澳大利亚的课程、测评与报告机构根据2008

---

① Rudd K. M. etc. (1994) *Asian Languages and Australia's Economic Future: A Report Prepared for the Council of Australian Governments on a Proposed National Asian Languages/Studies Strategy for Australian Schools*. Working Group on Asian Languages and Culture. Council of Australian Governments.

② Department of Education, Science and Training (DEST) (2002) *Review of the Commonwealth Language other than English Programme: A Report to the Department of Education, Science and Training*. Erebus Consulting Partners.

③ 参见 http://www.deewr.gov.au/Schooling/Programs/Pages/LanguagesEducation.aspx。

年发布的《关于澳大利亚青少年教育目标的墨尔本宣言》(the Melbourne Declaration on Education Goals for Young Australians)等文件,正着手制定澳大利亚学校教育中有关语言课程的方案,旨在通过全国范围内课程的统一,达到资源的统一调配,提高语言教育的质量。预计正式的课程框架将于2011年出台。

根据澳联邦教育、就业与劳动关系部2008年发布的一项题为《澳大利亚学校语言现状调查》(An Investigation of the State and Nature of Languages in Australian Schools)的报告,2005年澳大利亚政府学校、天主教学校、独立学校和民族学校开设的语言课程(包括手语课程)79种,其中政府学校、天主教学校、独立学校开设土著语言课程36种、非土著语言课程57种,民族学校开设语言课程69种。① 可见澳大利亚语言教育虽存在许多问题,但已取得一定成绩。

美国和澳大利亚近年来的语言教育政策表明,英语在加强其国民的语言认同和国家认同中占据重要地位,对外语教育的重视则是两国从军事和国家安全、经济发展等方面着眼的。就显性语言政策方面而言,美国的英语政策显得更为突出,澳大利亚更强调语言的多元化发展,但从整体来看,英语在两国语言政策中的地位是不可取代的。

(白 娟)

---

① DEEWP (2007) *An Investigation of the State and Nature of Languages in Australian Schools*. Canberra: Commonwealth of Australia.

加拿大华人"遗产语言"教育

汉语在加拿大属于"遗产语言"。在加拿大,"遗产语言"(heritage language)是指除英语和法语这两种官方语言之外的语言或土著(亦称"原住民"或"第一民族")语言①,但现在更多的学者倾向于认为"遗产语言"不包括土著语言。在加拿大各省的教育部门及其相关指导文件中,也常会出现"国际语言"(international language)这个术语。但是,加拿大联邦政府官方语言文化委员会的报告仍然使用"遗产语言"。

一 汉语教育的地位

据一份人口统计资料称,在加拿大的6大城区中,汉语作为遗产语言的使用可以排出3个位次,位居第一的是多伦多、温哥华、卡尔加里和埃德蒙顿这4大城区;位居第二的是渥太华—加蒂诺;位居第三的是蒙特利尔。②

1.1 安大略省的多伦多和渥太华

早在上世纪70年代,安大略省就拨款在公立学校推行中文课程。其省会多伦多市每年有超过1万名学生上中国语言和文化课。③ 目前多伦多市的中学中文教程有两种,一种是课后班,一种是融入班,融入班将学校的正规课时增加了半个小时。

多伦多市的私立名校几乎都开设中文教育课程,且拥有小班化教学和学时长的优势。尽管起步比公立学校晚,但在教学效果方面远远超过公立学校的中

---

① Cummins, J. (1992) Heritage Language Teaching in Canadian Schools. *Journal of Curriculum Studies*, 24: 287—296.
② http://www12.statcan.ca/census-recensement/2006/as-sa/97-555/p4-eng.cfm/.
③ 《国侨办与多伦多续签教育协议 1.7万学生受惠》,中国华文教育网2010年12月6日,http://www.hwjyw.com/info/content/2010/12/06/13389.shtml。

文教育课程。为了满足需求,有些学校的中文课已从最初的课后课程扩大至现在的中文学分课程和国际大学预科文凭(IB)第二语言课程。①

多伦多天主教学区教育局(Toronto Catholic District School Board)拥有安大略省最大的国际语言教学计划(小学),得到省教育部的资助。平日课余开设汉语课程的学校有1所,周末开设的有7所,其中5所开设普通话和广东话课程。②

渥太华天主教学区教育局(Ottawa Catholic District School Board)从幼儿园到初中大约有1 300名有中国背景的学生和120名高中生学习汉语,学生每星期六上两个半小时的汉语。渥太华地区有5个地点开设汉语课。暑期也开设汉语课,课程比较集中,进度比较快。

1.2 大不列颠哥伦比亚省的温哥华

大不列颠哥伦比亚省1998年就设置了公立学校五年级至十二年级的汉语课程。③温哥华教育局正式批准从2010年9月起开设早期普通话双语教学项目。温哥华成为除艾伯塔省埃德蒙顿市外,唯一推行中英双语教育的城市。在大温哥华地区华裔占总人口比例最大的列治文市,"支持卑诗省学校普通话课程"(Mandarin for BC Schools)的列治文委员会要求列市学区开设"普通话渐进式课程"(Mandarin Immersion)。本拿比市从2010年秋天起,在部分学校从幼儿园到小学三年级增加汉语教学课程。④

温哥华的汉语教育较为发达。温哥华的公立学校和私立汉语学校开设的汉语课程相辅相成,互为补充。华裔家长可以根据孩子的程度,选择公立学校的课后班、中英双语班、渐进式课程,以及私立学校的中文班等。

1.3 艾伯塔省的埃德蒙顿和卡尔加里

艾伯塔省积极开展汉语教育,全省教授汉语的中小学共有29所⑤,在艾伯

---

① 《加国中文热升温学生"汉语桥"赛绩佳　私立名校特设中文课》,http://www.iask.ca/news/canada/2011/0222/58766m.html。
② Special Programs: International Languages. http://www.tcdsb.org/curriculum/international-languages.html.
③ Mandrin Chinese 5 to 12: Integrted Resource Package 1998. http://www.bced.gov.bc.ca/irp/pdfs/international_languages/1998mandchinese512.pdf.
④ 《普通话教学获通过　温哥华双语教学计划一波三折》,中国新闻网2010年1月21日,http://www.chinanews.com/hwjy/news/2010/01-21/2085493.shtml。
⑤ 艾伯塔省汉办,http://www.chineseinalberta.ca/chineselanguage/english/districtsandschools.aspx。

塔省两大城市——首府埃德蒙顿和其南部城市卡尔加里,汉语均为最大的非官方语言,或说遗产语言,两市均具有雄厚的汉语教学实力。

艾伯塔省的公立学校开设两种汉语课程。第一种是中国语言和文化课。学生得先从汉语拼音学起。有3个起点年级:(1)四年级的汉语课程为9年;(2)七年级的汉语课程为6年;(3)十年级的汉语课程为3年。目前学习中国语言和文化课的学生约有1 500名。

第二种是中英双语课。埃德蒙顿市于1983年正式开设中英双语课程,每年递增一个年级。近25年来,埃德蒙顿的中英双语项目已经成为公立学校中发展最快的第二语言项目以及"中国以外最好的汉语项目",也是北美地区最大的从幼儿园到高中毕业完整的中英双语学习项目。目前,选修学生人数已近2 000人。埃德蒙顿市共有15所公立中小学教授这两类课程。

除了公立学校外,艾伯塔省华人开办的社区汉语学校有21所,其中12所在埃德蒙顿。[1] 高中学生在遗产语言学校学习能得到学分,每个学分都会得到相应的补助。卡尔加里市有6所中小学教授汉语,但中英双语教育起步较晚,1998年才开始开设中英双语课程,逐年递增一个年级,现已开设至九年级。目前仅有两所公立学校开设,有两个起点:幼儿园和七年级。[2] 2010年在南艾伯塔遗产语言协会登记在册的遗产语言学校有46所,其中10所是汉语学校,共有教师230人,学生4 500多人。[3] 卡尔加里最大的汉语遗产语言学校亚省中文学校的学生超过1 900人。[4] 艾伯塔省最早教授简化汉字的学校也在卡尔加里。

1.4 魁北克省的蒙特利尔

教育部门未开设汉语课程,但华人民间的汉语教育却并不鲜见。蒙特利尔佳华学校是由中国新移民创办的周末制中文学校,是北美地区较大较有影响的华文学校之一。在佳华学校选修中级以上汉语且成绩优良的学生,能获得魁北克省教育部承认的学分。该校在2009年还被中国国务院侨务办公室评为"海外

---

[1] 艾伯塔省汉办,http://www.chineseinalberta.ca/chineselanguage/english/districtsandschools.aspx。
[2] Chinese (Mandarin) Bilingual Program. http://www.cbe.ab.ca/programs/languages/chinese.asp.
[3] South Alberta Languages Association "Our Schools". http://www.sahla.ca/schools.html.
[4] 《加拿大亚省中校校长:将继续提供优质中文教育》,中国新闻网2010年6月10日,http://www.chinanews.com/hwjy/news/2010/06-10/2335486.shtml。

华文教育示范学校"。

1.5 萨斯喀彻温省的萨斯卡通和里贾纳

相对于艾伯塔省汉语教育的广泛开展,萨斯喀彻温省的规模小一些,该省公立中学系统中的汉语教育并不尽如人意。在 2009—2010 学年,公立学校中开设汉语课程的只有 3 所,学习汉语的学生只有二三十人。

萨斯喀彻温省是继续资助社区遗产语言项目的两个省之一(另一省为安大略省)。萨斯喀彻温遗产语言组织从收到的资助中拨出款项帮助遗产语言学校。① 这些资金主要用来资助那些教授正规学校不开设的语言的学校,如社区学校。2010 年,萨斯喀彻温省的 74 所遗产语言学校中,汉语遗产语言学校有 4 所。

1.6 马尼托巴省的温尼伯

加拿大各地的汉语语言教育并非都呈上升趋势。在马尼托巴省,目前只有温尼伯城的一所公立学校的十一—十二年级开设汉语课程。而在上世纪 80 年代后期和 90 年代中期有 6 所学校从幼儿园到十二年级都开设汉语课。由于该省中国移民人口不断分散,开设汉语课程学校的规模难以为继。

针对公立学校 3 种不同的遗产语言教育形式:双语项目(bilingual)、遗产语言提高课程(enhanced heritage languages courses)以及语言学习(language study),马尼托巴省给予不同的资金支持。② 该省目前还没有开设中英双语课程,开设汉语言文化课程的中学也较少。

马尼托巴省教育部只资助公立学校日常教学中的遗产语言学习。温尼伯有 3 所社区汉语学校,华人社区开始开展中英双语教育。

二 华人的汉语教育

在众多的移民遗产语言中,汉语发展最为迅速。1971 年,汉语使用者在

---

① Saskatchewan Organization for Heritage Languages. http://www.heritagelanguages.sk.ca/index.html.
② FUNDING OF SCHOOLS 2010/2011 SCHOOL YEAR. http://www.edu.gov.mb.ca/k12/finance/schfund/2010-2011/funding_sch1011.pdf.

非官方语言人口中仅占 3.4%,在加拿大所有人口中仅占 0.4%;2001 年,汉语使用者在非官方语言人口中占 16.4%,在总人口中占 2.9%;2006 年,在非官方语言人口中依旧占 16.4%,但在总人口中的比例却上升到 3.3%,是除英语和法语外的第三大母语族群①,使用汉语的人口第一次超过百万(103.4 万人)②。加拿大统计局的一份报告预测,到 2031 年,加拿大华裔人口数量将增加到 240 万至 300 万之间。③ 汉语已经成为加拿大最大的遗产语言。

2.1 简化字繁体字并存

由于加拿大的华人移民来源地不同,使用的汉字既有简化字也有繁体字。2004 年,安大略省约克郡教育部曾做出规定:中文高中学分班由过去教授繁体字改为教授简化字,由此引发一些社区团体不同程度的支持和反对。大不列颠哥伦比亚省教育部也将早先所制订的简、繁体并用的中文课程纲要,修订成先教简化字,适当时机再教繁体字。④

一般说来,大陆华人开办的学校教授普通话、汉语拼音和简化字,台湾华人开办的学校教授繁体字,使用注音符号,师资多为香港或广东人背景的学校教授粤语、繁体字。但近年来,有些台湾教材开始用简化字和汉语拼音编写。随着中国经济实力的增强、大陆移民的增多,普通话和简化字的教学已经是大势所趋。加拿大的汉语教学已经出现以普通话、汉语拼音、简化字为主,繁体字为辅的局面。

规模大的华人社区汉语学校设有国语部(普通话)、粤语部,能推行从幼儿园到高中的所有班级教育,在教学中也兼顾繁体字。家长觉得今后普通话的使用范围更广,部分讲粤语的家庭也开始送小孩来学普通话。

不过,学习简化字和繁体字,还是给部分家长和孩子带来了一定的困扰。有

---

① 2006 Census: The Evolving Linguistic Portrait, 2006 Census: Sharp Increase in Population with a Mother Tongue other than English or French. http://www12.statcan.ca/census-recensement/2006/as-sa/97-555/p2-eng.cfm.

② 2006 Census: Immigration, Citizenship, Language, Mobility and Migration. http://www.statcan.gc.ca/daily-quotidien/071204/dq071204a-eng.htm.

③ 《加拿大少数族裔 20 年后将变"多数" 华裔或达 300 万》,中国新闻网 2010 年 3 月 11 日,http://www.chinanews.com.cn/hr/hr-hryj/news/2010/03-11/2163062.shtml。

④ 《加拿大安大略省中文教育激发"繁简"字体之争》,新浪网 2004 年 12 月 20 日,http://news.sina.com.cn/o/2004-12-20/10474574193s.shtml。

的孩子随父母不停变换住地,在不同的中文学校中进进出出。这些学校的课程设置不同,中文学习时断时续,时而繁体字时而简化字,导致学生汉语学习混乱和停滞。

2.2 专业和非专业师资并存

在大多数非营利学校,大部分教师都是由家长及一些热心人士业余兼任的。他们凭着对中华文化的热爱、对华人后裔的关爱义务执教。办学时间长的学校,能有一些资深的教师,但其中来自公立学校的合格专业教师并不多。有时候需要留学生义务助教。在多伦多和温哥华,大陆移民开办的专业汉语学校中,专职教师多一些,他们的教学经历各不相同。在多伦多,无论是课后班,还是融入班,都是非专业师资为主、专业师资为辅,任教老师的资质并不完全合格。

三 现存问题

3.1 教材缺,不适用

加拿大汉语学校的教材主要来自中国大陆、台湾、香港,不能反映加拿大当地的生活,不符合华裔学生学习的规律。在实际教学中,任课老师或学校都要自行提供很多补充教材,以提高学生的积极性。为年纪较小的学生寻找合适的教学资源更加困难。

3.2 师资队伍匮乏

无论在公立学校还是在私立学校,很难聘用到有经验的对海外汉语教学规律和特殊性有所了解的专业师资,这是加拿大汉语教学水平参差不齐、教学不规范的主要原因。

受聘的汉语教师既要具有汉语能力,还要能用英语教学,了解西方的教学方法。新来的移民教师英语表达能力不足,留学生的流动性又大,有时几乎是一个月就换一个教师。学校每年都要聘请许多新老师,要不断地对他们进行培训。请到好的普通话教师已属不易,开设粤语的汉语学校就更难请到粤语教师。有的老师同时在几所汉语学校兼职。有些学校,低年级的任课教师只能由家长、留学生担任,中学的学分课程才能由具有教师资格证书的教师担任。

3.3 学生缺少学习汉语的动机

汉语地位的提升无疑是华裔子弟汉语学习的动力。面对汉语学习,家长的积极性要比学生高;不同阶段的学习者表现出的积极性也不一样。

在华人社区所开设的遗产语言学校中,孩子学习汉语只是被动地执行,其兴趣和动机主要靠家长推动,很多孩子勉强念完小学,进入中学后就不再学习了。

3.4 课时少,接触有限,教学效果难以保持

汉语在加拿大毕竟是学生的第二语言,学生投入的时间和精力都受到限制,这给汉语学习带来一定的困难。那些本来就对学习汉语没有什么兴趣的学生,更容易放任自流。汉语课程大多安排在星期六,一周只学两三个小时,学后间隔6天,学生容易松懈。由于课时有限,教师忙于赶进度,往往无暇顾及学生已经学过的知识。学校对学生既要严格要求,又要保护学生的学习积极性。教学时间太少,教学效果势必受到影响。

此外,无论是公立学校还是华人的社区学校,学习汉语都缺少课外交流使用的场合。由于没有良好的语言环境,课堂上学过的汉字课后很快就会忘记,学生难以提高和巩固他们有限的中文水平。

3.5 办学经费紧张

公立学校中的汉语学习可以享受政府一定的资助,但对华人社区的遗产语言学校来说,经费来自象征性收取的学费,收费以收支平衡为原则。不少学校在办学初期,政府还有一点资助,一段时间后完全要靠自己筹资。多数学校很少得到来自政府或社会团体的资助,以收取学费为唯一经费来源的学校只能艰难生存。

在1990年前,加拿大联邦政府还通过"多元文化"项目提供有限的资金支持,但随后取消了这一资助。目前萨斯喀彻温省对社区的遗产语言学校尚有一定的补助。安大略省通过"继续教育和其他项目资金"(Continuing Education and Other Programs Grant)给予社区遗产语言学校一定的支持。财政拮据造成难以找到好的汉语老师,教师流失也对汉语教学造成一定的影响。

(秦 悦)

美国"全球语言监测中心"

本文主要介绍美国具有世界影响力的"全球语言监测中心"(The Global Language Monitor),内容包括背景、现状、技术手段、成果及影响等方面,为中国语言监测研究人员提供参考和借鉴,以开阔视野,拓展国际合作与交流渠道,促进中国语言监测事业的发展。

一 基本情况

"全球语言监测中心"是一家有限责任公司,位于美国得克萨斯州首府奥斯汀,专门负责对全世界语言(主要是全球的英语)进行建档、分析和发展跟踪。该中心前身是一个在线词典网站"你的词典"(YourDictionary),此网站建立于1999年,直接继承了罗伯特·比尔德(Robert Beard)教授1994年在美国宾夕法尼亚州巴克内尔大学建立的在线词典网站,它聚集了知名语言学家组成专家咨询委员会,负责指导、开发、审查和维护在线词典,提供249种语言的服务,是当时最大的多语种网络在线词典终端。①

该中心建立于2003年,创建者是保罗·J. J. 帕亚克(Paul J. J. Payack)。当时总部设在美国加利福尼亚州硅谷的圣地亚哥市,创建目的主要是专业分析语言趋势及其对政治、文化和商业等的影响,涉及可预测量化指标(The Predictive Quantities Indicator)、全球重大事件的媒体报道、全球英语的扩张、中式英语现象和全球青年流行语等。2008年4月,该中心总部从圣地亚哥移至奥斯汀。②

帕亚克既是该中心的创建者,也是现任主席和首席词语分析师。他1974年

---

① 参见"你的词典"网站关于专家的介绍,http://www.yourdictionary.com/about/experts.html。
② 参见"全球语言监测中心"网站的机构介绍,http://www.languagemonitor.com/about/。

毕业于哈佛大学比较文学专业(本科)[①],1983年又获得哈佛大学研究生艺术学高级研究证书。此人经营多个计算机软件和管理咨询公司,曾任全球五百强企业的高级管理人员,著有《百万语词及计算:环球英语如何重写世界》(*A Million Words and Counting:How Global English Is Rewriting the World*)[②],还是一位媒体评论家,常在英国广播公司、美国有线电视新闻网、美国国家公共广播电台(NPR)和美国国家电视台(NBC)等媒体中做信息分析和评论。

根据帕亚克的说法[③],英语使用地域非常广,几乎遍及世界的每一个角落。当今世界,将近15.8亿人说英语,而且在很多国家和地区还有英语的变体。例如在印度,有3.5亿人会说他们自己改编的印式英语(Hinglish);在中国有2.5亿人说中式英语。此外,英语新词的增长速度也非常快,英语每98分钟就增加1个新词语,曾在2009年4月出现第100万个词。同时,英语新词覆盖的领域也很广——几乎从人类万物的任何方面都能得到新词语,从政治、娱乐、青年文化、企业文化、科学技术(量子力学和纳米技术等)到网络文化……在这样的背景下创建"全球语言监测中心",他的目的就是要带领人们领略这个全球性旋风语言,通过语言审视社会,从词汇发展方面给人以启发。

二 监测项目

"全球语言监测中心"自成立以来,每年都会利用"可预测量化指标"公布英语语言生活中产生了广泛影响的语言现象,包括各种新词语、外来语,尤其是政治性用语、大学排名、高科技流行语等,还包括媒体分析及其对上百万英语词的追踪调查等。

该中心网站上的数据每月更新一次,发布一个月来的语言使用情况和新词语产生情况。其语料资源来自全球的各种媒体,包括纸质媒体、电子媒体、互联

---

① 参见"全球语言监测中心"网站关于其创建者保罗·J.J.帕亚克的介绍,http://www.linkedin.com/in/pauljjpayack。

② 参见亚马逊图书网关于《百万语词及计算——环球英语如何重写世界》一书的介绍,http://www.amazon.com/Million-Words-Counting-English-Rewriting/dp/0806528583。

③ 参见"全球语言监测中心"网站2010年9月首页新闻,http://www.languagemonitor.com/2010/09/。

网、博客圈以及Factiva、Lexis-Nexis①等专业数据库。来自全球的一些语言学家、计算机技术专家和网络专家帮助该中心监测语言演变、词语使用和词汇选择的最新趋势以及它们对社会文化各方面的影响。②

该中心的监测内容具体包括:新词新语、年度流行语、年度热名(包括人名、地名、组织名、品牌名等所有的专名)、政治流行语、综合大学排名、文理学院排名、专科学校排名、北京奥运会赞助商表现排名、北京奥运会媒体明星排名、年度时尚之都排名、时尚流行语、好莱坞年度流行语、电视流行语和年度最令人费解的高科技流行语等等。

该中心发布的2010年度流行语③中,中国国家语言资源监测与研究中心发布的2010年中国媒体十大流行语中的"漏油"(Spillcam)、"呜呜祖拉"(Vuvuzela)、"三维动画"(3D)等也榜上有名,看来这些词语具有世界性影响。

2010年度热名④中,"胡锦涛"(Hu)排名第一,"平板电脑"(iPad)排名第二,"巴拉克·奥巴马"(Barack Obama)排名第三,"智利矿工"(Chilean Coal Miners)排名第四。

2010年春夏季美国综合大学排行榜⑤中,密歇根大学排名第一,哈佛大学排名第二,斯坦福大学排名第五,麻省理工学院排名第六,耶鲁大学排名第九。这种排名,根据的主要是媒体关注度,而不是发表具有国际影响力的学术论文的篇数。

北京奥运会赞助商表现排名的榜单⑥上,名列第一的是"联想","麦当劳"位居第三,"可口可乐"名列第四。北京奥运会媒体明星⑦,名列第一的是在北京奥运会上夺得8枚游泳金牌的美国运动员迈克尔·菲尔普斯,名列第二的是在开

---

① Factiva:世界一流信息数据库之一,提供全球范围内最有价值的新闻和商业信息。参见《Factiva:无所不知、知无不尽》,信息协同力网站2008年7月23日,http://chinainfotoday.soft6.com/v_113394.shtml。Lexis-Nexis:世界著名数据库,能链接40亿个文件、11 439个数据库以及36 000个来源,资料每日更新。参见百度百科"Lexis-Nexis"词条,http://baike.baidu.com/view/2320936.htm。
② 参见"全球语言监测中心"网站的机构介绍,http://www.languagemonitor.com/about/。
③ 参见"全球语言监测中心"网站2010年11月首页新闻,http://www.languagemonitor.com。
④ 参见"全球语言监测中心"网站2010年度热名发布,2010年12月6日,http://www.languagemonitor.com/top-words/top-words-of-2010/。
⑤ 参见"全球语言监测中心"网站2010年7月首页的新闻发布,http://www.languagemonitor.com/2010/07/。
⑥ 参见"全球语言监测中心"网站"流行文化"类别中"体育"专栏的流行语发布,http://www.languagemonitor.com/popular-culture/athletics/2011/01/30/。
⑦ 同注⑥。

幕式上献唱《歌唱祖国》的北京小姑娘林妙可。

在2010年全球时尚之都排行榜①上,纽约排名第一,香港第二,伦敦第三,巴黎第四。前40位中,中国城市还有上海,名列第十二。

2010年12月,该中心还增加了预测下一年度热门词语的新服务。在其预测的2011年热门词语榜单②中,排名第一的是"20—11"(twenty-eleven)。因为在英语口语中,将2011年读成"twenty-eleven"(20—11),远远超过"two thousand eleven"(2000—11)这种读法,从而消除了2001—2010年持续10年之久的年度词语读音困惑。"奥巴马混乱"(Obama-Mess)名列第二。"大萧条"(Great Recession)名列第三,因为在可预见的未来,经济也会是困扰人们的问题。名列第五的是网络继社交网站和微博之后产生的未知新事物,暂用"TwitFlocker"占据这个位置。2011年9月11日将是美国本土恐怖袭击"9·11"事件10周年纪念日,"9·11"名列第七。另外,"气候变化/全球变暖"(Climate Change/Global Warming)这两个词在过去的10年间一直是排行前10位的热门词语,气候问题没有解决,所以它们仍跻身前10名。值得中国人民关注的是,"中国/中国人"(China/Chinese)也被预测为2011年的热门词语,名列第九。这说明中国的崛起越来越引起国际社会的关注,全球媒体将会持续报道中国在世界舞台上的表现。

此外,该网站还同时提供收费的语言监测服务,包括广告和品牌的排名、战略规划及指导、产品品牌的排名、广告分析、品牌及产品的命名和定位的策略分析、政治竞选等。

三 技术方法

"全球语言监测中心"每年都会利用"可预测量化指标"来监测和分析英语语言生活中产生了广泛影响的语言现象。可预测量化指标是该中心的专利算法,是其分析引擎的基础。可预测量化指标追踪全球因特网上电子文本(包括博客、Factiva和Lexis-Nexis等专利数据库)的词汇使用频率和分布率。一旦

---

① 参见"全球语言监测中心"网站"流行文化"类别中"时尚"专栏的流行语发布,http://www.languagemonitor.com/popular-culture/fashion/2011/01/30/。

② 参见"全球语言监测中心"网站2010年12月首页的新闻发布,http://www.languagemonitor.com/。

设定一个关键词基本指标(包括选定的关键词、词组、排除词和边缘词),就能确定"时间戳"(词语使用的时间或事件发生的时间)和一个"媒体群"(该词语的媒体分布),以提供一种无偏见的纯客观事实。

可预测量化指标是一种加权了的指标,把语言使用中长期的趋势、短期的变化、动量、方向和速度作为考虑因素,以此建立应用广泛的指示信号。

可预测量化指标的具体操作过程包括:(1)建立关键词集(关键词、词组、排除词和边缘词);(2)确定"时间戳";(3)确定数据群(网络、电子媒介、博客和专利数据库);(4)确立相对权重(加速器、动量和速度等);(5)运行可预测量化指标分析;(6)报告输出(可预测量化指标、定向信号、年内动向、前100排名等);(7)对比输出结果(哪个结果更有意义、什么应该修改);(8)讨论结果(客户输入讨论内容);(9)调整模型(新关键词、新数据库);(10)运行附加分析程序。

面对不同的数据,可预测量化指标略有不同。在政治性文本中分析词和短语时,使用"政治敏感商指标"(Political-Sensitivity Quotient Index);在分析商业文本中的词和词组时,使用另一种指标,叫作"趋势排行软件"(Trend Topper Software);在分析其他文本中的词和词组时,会使用稍有不同的可预测量化指标。

目前技术上存在的问题包括:(1)信息量太大,全球数据每18个月就增加一倍;(2)旧方法不能满足数据不断激增的需求;(3)在动态变化的信息世界中测量数据和分析信息存在相当大的难度;(4)有必要寻找发现数据的新方法。针对这些问题,该中心也采取了一系列的对策,包括:(1)通过分析器过滤掉所有垃圾信息;(2)追踪事件的实时结果;(3)持续分析并做有意义的排名;(4)进行数据的无偏见的深度挖掘,对暗网络信息进行抓取,同时在竞争对手止步的地方前进。

四 几点启示

"全球语言监测中心"自2003年成立以来,每年定期发布流行语、新词语以及各种特定词语的人气排行,并分析这些词语对社会各个方面的影响。目前,该中心在世界范围内影响广泛,美国有线电视新闻网、加拿大广播公司、英国广播公司、澳大利亚广播公司、路透社、《华尔街日报》、巴西《环球报》、南非《守卫者报》、澳大利亚《悉尼先驱晨报》,以及《中国日报》《印度斯坦时报》等世界数百种纸质和电子媒体,都曾报道并引用过该中心发布的数据。[①]《纽约时报》2006年1月还曾采用其核心技术可预测量化指标来分析房地产市场崩溃的潜在可能性。[②] 事实上,世界范围内的政府机构以及各大媒体、组织,已经开始依赖该中心对于语言发展趋势及其对政治、文化和经济等的影响的专业分析。这些监测结果有助于全球纸质和电子媒体分析语言发展趋势及其对政治、文化和商业等的影响,对中国语言监测研究具有以下几点启示。

第一,在监测思路上,该中心具有宽广的视野,能够立足全球,有利于追踪不同国家和地区的英语使用状况。

第二,该中心监测内容分类细致,都是社会关注的热点,还涉及一些敏感话题,如政治流行语排名、热名排行等,近来又新开辟了灾难报道追踪服务。该中心发布的监测数据在全球媒体中具有很高的关注度。

第三,该中心非常注重其研究成果的应用转化,通过提供可操作的智能收费服务,包括:品牌分析、品牌定位、信誉管理、基于社会媒体的焦点群、流行语排名和趋势分析等,有效参与商业运作,并能取得良好的经济效益。

此外,该中心运用一定的专利技术对来自多方面的大量语料进行监测和追踪,参考和借鉴这些技术有助于提高中国语言监测技术的现代化和国际化水平。

总之,美国"全球语言监测中心"的许多研究思路和方法都值得我们借鉴和参考。

(李伟娜、程南昌、侯 敏)

---

① 参见"全球语言监测中心"网站的机构介绍,http://www.languagemonitor.com/about/。
② Stephanie Rosenbloom (2006) The Power of Words. *The New York Times*. 参见纽约时报在线 2006年1月29日,http://www.nytimes.com/2006/01/29/realestate/29cov.html?_r=1&scp=1&sq=payack&st=cse。

附 录

国家及相关部门外文使用管理条款辑录

第一部分　机关公文

第十三条　中华人民共和国同外国缔结的双边条约、协定,以中文和缔约另一方的官方文字写成,两种文本同等作准;必要时,可以附加使用缔约双方同意的另一种第三国文字,作为同等作准的第三种正式文本或者作为起参考作用的非正式文本;经缔约双方同意,也可以规定对条约、协定的解释发生分歧时,以该第三种文本为准。(《中华人民共和国缔结条约程序法》,1990年12月28日第七届全国人民代表大会常务委员会第十七次会议通过,1990年12月28日中华人民共和国主席令第三十七号公布,1990年12月28日起施行)

第九条　香港特别行政区的行政机关、立法机关和司法机关,除使用中文外,还可使用英文,英文也是正式语文。(《中华人民共和国香港特别行政区基本法》,1990年4月4日第七届全国人民代表大会第三次会议通过,1990年4月4日中华人民共和国主席令第二十六号公布,1997年7月1日起施行)

第七届全国人民代表大会常务委员会第十四次会议决定:全国人民代表大会法律委员会主持审定的《中华人民共和国香港特别行政区基本法》英译本为正式英文本,和中文本同样使用;英文本中的用语的含义如果有与中文本有出入的,以中文本为准。(《全国人民代表大会常务委员会关于〈中华人民共和国香港特别行政区基本法〉英文本的决定》,1990年6月28日第七届全国人民代表大会常务委员会第十四次会议)

澳门特别行政区自行制定有关文化、教育和科技政策,并依法保护在澳门的文物。澳门特别行政区政府机关、立法机关和法院,除使用中文外,还可使用葡文。(《中华人民共和国政府和葡萄牙共和国政府关于澳门问题的联合声明》,1987年4月13日在北京正式签订)

第八届全国人民代表大会常务委员会第二次会议决定:全国人民代表大会

法律委员会主持审定的《中华人民共和国澳门特别行政区基本法》葡萄牙文译本为正式葡文本,和中文本同样使用;葡文本中的用语的含义如果有与中文本有出入的,以中文本为准。(《全国人民代表大会常务委员会关于〈中华人民共和国澳门特别行政区基本法〉葡萄牙文文本的决定》,全国人民代表大会常务委员会1993年7月2日)

第九条 澳门特别行政区的行政机关、立法机关和司法机关,除使用中文外,还可使用葡文,葡文也是正式语文。(《中华人民共和国澳门特别行政区基本法》,1993年3月31日第八届全国人民代表大会第一次会议通过,1993年3月31日中华人民共和国主席令第三号公布,1999年12月20日起实施)

二、严格规范使用公文中涉及的字母词。……各行政机关要严格执行有关规定,制发公文时一般不得使用字母词,确需使用字母词的,应在文中首次出现时以括注方式注明已经国务院语言文字工作部门或其他有关部门审定的汉语译名。行政机关文秘部门在草拟公文时如不能确定字母词准确的汉语译名,要主动征求语言文字部门或者其他有关部门的意见,使用其推荐的汉语译名。此外,对于国家权威机构编写的汉语词典中收录的字母词,已有对应汉语译名的,可使用其汉语译名。

三、切实加强字母词的翻译审定工作。国务院语言文字工作部门要会同有关部门组织制定外语字词的译写规则,对新出现的字母词及时翻译,尤其要加强对汉语译名简称的创制工作,定期向社会推荐字母词的规范译名及其汉语简称。地名主管部门要组织制定国外地名的汉字译写规则,对新出现的国外地名及时进行翻译、审定,向社会提供准确、规范的国外地名译名。

四、加强对公文中涉及字母词的审核把关。各级行政机关文秘部门在草拟、审核公文过程中,应加强对公文中涉及字母词的把关工作,发现不符合规定和要求的,应及时予以纠正。(国务院办公厅秘书局《关于加强对行政机关公文中涉及字母词审核把关的通知》国办秘函〔2010〕14号,2010年4月7日)

第二部分 公共服务和公共场所

第十三条 公共服务行业以规范汉字为基本的服务用字。因公共服务需要,招牌、广告、告示、标志牌等使用外国文字并同时使用中文的,应当使用规范汉字。(《中华人民共和国国家通用语言文字法》,2000年10月31日第九届全国人民代表大会常务委员会第十八次会议通过,2000年10月31日中华人民共和国主席令第三十七号公布,2001年1月1日起施行)

第十八条 按照设施不同区域的危险性,划分三个等级的危险区……设施的作业者或者承包者应当将危险区等级准确地标注在设施操作手册的附图上。对于通往危险区的通道口、门或者舱口,应当在其外部标注清晰可见的中英文"危险区域""禁止烟火"和"禁带火种"等标志。

第二十八条 直升机起降管理应当符合下列规定……(二)配备与直升机起降有关的应急设备和工具,并注明中英文"直升机应急工具"字样。(《海洋石油安全管理细则》,2009年8月24日国家安全生产监督管理总局局长办公会议审议通过,2009年9月7日国家安全生产监督管理总局令第25号公布,2009年12月1日起施行)

三、门楣竖式标牌的尺寸、文字编排、材质、设置要求及式样

(二)门楣竖式标牌为蓝底白字,由中文和英文两部分组成。上部为中文,内容为公安交警队或车辆管理所名称,分为两部分,第一部分内容是"市(县)公安局交通(巡逻)警察支(大)队",第二部分内容是"大(中)队/车辆管理所",中文字体为文鼎CS大黑,简体;下部为英文"TRAFFIC POLICE STATION"或"VEHICLE MANAGEMENT STATION",字体为ARIAL BLACK,在少数民族地区,英文可用少数民族文字代替。

五、指路标牌的尺寸、文字编排、材质、设置要求及式样

(二)指路标牌为蓝底白字,由中文、英文、电话号码(含区号)和距离标注三部分组成,内容横向排列。上部为中文,内容为公安交警队或车辆管理所名称,分为两部分:第一部分内容是"市(县)公安局交通(巡逻)警察支(大)队",第二部分内容是"大(中)队/车辆管理所",字体为文鼎CS大黑,简体;中部为英文"TRAFFIC POLICE STATION"或"VEHICLE MANAGEMENT STATION",字体为ARIAL BLACK,在少数民族地区,英文可用少数民族文字代替;下部为电话号码和距离标注,字体为ARIAL BLACK。(《公安交警队和车辆管理所标识制作及设置规范》公交管〔2007〕102号,2007年5月21日公安部发布并实施)

二、医疗废物应分类收集,并按照类别放置于防渗、防漏、防锐器的专用包装物或密闭的容器内。医疗废物专用包装物、容器,应有明显的中英文警示标识。医疗废物收集点应设在病区的污染端,利于废物的收集。(《医院预防与控制传

染性非典型肺炎(SARS)医院感染的技术指南》卫医发〔2003〕308号,2003年11月5日)

第四十三条　本条是关于综合医院标识系统的要求。医院标识要完善、简洁、清晰、内容明确,而且要有无障碍标识。有实际需求的,尚应设置中英文对照标志。(《综合医院建设标准(2008年修订版报批稿)》卫办规财发〔2008〕122号,2008年6月21日)

第十五条　广告经营者针对特殊群体需要发布中外文对照的固定形式印刷品广告,不得违反国家语言文字的有关规定。(《印刷品广告管理办法》,国家工商行政管理总局局务会议决定修改,2004年11月30日国家工商行政管理总局令第17号公布,自2005年1月1日起施行)

第三部分　出版物、广播、电视、网站

第十一条　汉语文出版物中需要使用外国语言文字的,应当用国家通用语言文字作必要的注释。

第十二条　广播电台、电视台以普通话为基本的播音用语。需要使用外国语言为播音用语的,须经国务院广播电视部门批准。(《中华人民共和国国家通用语言文字法》,2000年10月31日第九届全国人民代表大会常务委员会第十八次会议通过,2000年10月31日中华人民共和国主席令第三十七号公布,2001年1月1日起施行)

七、……默认文版为简体中文,民族自治地方的网站可编制少数民族文字版,有条件的网站还可编制繁体中文和外文版。(《国务院办公厅关于加强政府网站建设和管理工作的意见》国办发〔2006〕104号,2006年12月29日)

第四部分　人名、地名、商标、产品名、说明书、处方

第二十五条　外国人名、地名等专有名词和科学技术术语译成国家通用语言文字,由国务院语言文字工作部门或者其他有关部门组织审定。(《中华人民共和国国家通用语言文字法》,2000年10月31日第九届全国人民代表大会常务委员会第十八次会议通过,2000年10月31日中华人民共和国主席令第三十七号公布,2001年1月1日起施行)

第八条 (四)不以外国人名、地名命名我国地名。

第十八条 国外地名的汉字译写

(一)国外地名的汉字译写,除少数惯用译名外,以该国官方语言文字和标准音为依据;有两种以上官方语言文字的国家,以该地名所属语区的语言文字为依据。国际公共领域的地理实体名称的汉字译写,以联合国有关组织或国际有关组织颁布的标准名称为依据。

(二)国外地名的汉字译写,以汉语普通话读音为准,不用方言读音。尽量避免使用多音字、生僻字、贬义字。

(三)国外地名专名实行音译,通名一般实行意译。

(四)对国外地名原有的汉译惯用名采取"约定俗成"的原则予以保留。

(五)国外地名译写的具体技术要求,以国家地名管理部门制定的外国地名译名规范为依据。国外地名的译名以国家地名管理部门编纂或审定的地名译名手册中的地名为标准化译名。(《地名管理条例实施细则》民行发〔1996〕17号,1996年6月18日)

第十三条 商标为外文或者包含外文的,应当说明含义。(《中华人民共和国商标法实施条例》,2002年8月3日中华人民共和国国务院令第358号公布,自2002年9月15日起施行)

(一)兽药通用名称命名原则:1.兽药通用名称应准确、科学、合理、简练。2.兽药通用名称应包括正式品名、化学名、英文名(或拉丁名)、汉语拼音等。

(二)原料药命名:1.兽药的名称应尽量采用世界卫生组织(WHO)编订的国际非专利药品名称(简称INN)。2.中文名称应尽量与外文名相对应,可采取音译、意译或音意结合对应。

(四)兽药专用商品名命名原则:兽药专用商品名应避免采用可能给用户以暗示的有关解剖学、生理学和治疗学的名称,并不得使用人名、地名、代号、外文字母或缩略字母;不得全部使用阿拉伯数字命名。(《关于加强兽药名称管理的通知》农牧发〔1998〕3号,1998年3月10日)

第五条 化妆品命名禁止使用下列内容:

(七)外文字母、汉语拼音、数字、符号等;

(八)其他误导消费者的词语。

前款第七项规定中,表示防晒指数、色号、系列号的,或注册商标以及必须使用外文字母、符号表示的除外;注册商标以及必须使用外文字母、符号的需在说明书中用中文说明,但约定俗成、习惯使用的除外,如维生素 C。(《化妆品命名规定》,国家食品药品监督管理局,2010 年 2 月 5 日)

第三条 消毒产品标签、说明书标注的有关内容应当真实,不得有虚假夸大、明示或暗示对疾病的治疗作用和效果的内容,并符合下列要求:

(一)应采用中文标识,如有外文标识的,其展示内容必须符合国家有关法规和标准的规定。(《消毒产品标签说明书管理规范》卫监督发〔2005〕426 号,自 2006 年 5 月 1 日起实施)

第六条 处方书写应当符合下列规则:

(四)药品名称应当使用规范的中文名称书写,没有中文名称的可以使用规范的英文名称书写;医疗机构或者医师、药师不得自行编制药品缩写名称或者使用代号;书写药品名称、剂量、规格、用法、用量要准确规范,药品用法可用规范的中文、英文、拉丁文或者缩写体书写,但不得使用"遵医嘱""自用"等含糊不清字句。(《处方管理办法》,2007 年 2 月 14 日,中华人民共和国卫生部令第 53 号,自 2007 年 5 月 1 日起施行)

第五部分 其他

第八条 申请商标注册或者办理其他商标事宜,应当使用中文。

依照商标法和本条例规定提交的各种证件、证明文件和证据材料是外文的,应当附送中文译文;未附送的,视为未提交该证件、证明文件或者证据材料。(《中华人民共和国商标法实施条例》,2002 年 8 月 3 日中华人民共和国国务院令第 358 号公布,自 2002 年 9 月 15 日起施行)

第七条 通过商标局申请商标国际注册及办理其他有关事宜的,可以使用国际局提供的英文或者法文书式填写,也可以使用商标局制定的中文书式填写,但需向商标局缴纳翻译费。

申请商标国际注册及办理其他有关事宜的,除按共同实施细则缴纳规定的费用外,还应当向商标局缴纳手续费。

第八条 商标国际注册申请人是自然人的,应当写明其中文姓名。申请人是法人或者其他组织的,应当写明其中文全称。

自然人、法人或者其他组织有对应的外文译名的,可以注明该外文译名。没有外文译名的,应当注明对应的汉语拼音。(《马德里商标国际注册实施办法》,

国家工商行政管理总局局务会议审议通过,2003年4月17日中华人民共和国国家工商行政管理总局令第7号发布,自2003年6月1日起施行)

第八条 《条例》第十四条第(一)项所称拟设机构的名称、第二十条第(一)项所称拟设代表处的名称,应当包括中文名称和外文名称。

外国银行分行、代表处的中文名称应当标明该外国银行的国籍以及责任形式。

第十条 《条例》和本细则所称年报应当经审计,并附申请人所在国家或者地区认可的会计师事务所出具的审计意见书。以中文或者英文以外文字印制的年报应当附有中文或者英文译本。

第一百零九条 本细则要求报送的资料,除年报外,凡用外文书写的,应当附有中文译本。外资银行营业性机构的内部控制制度、业务操作规程、业务凭证样本应当附有中文译本;其他业务档案和管理档案相关文件如监管人员认为有必要的,也应当附有中文译本。特殊情况下,中国银监会及其派出机构可以要求有关中文译本经外国银行分行的总行、外商独资银行或者中外合资银行的外方股东所在国家或者地区认可的机构公证,并且经中国驻该国使馆、领馆认证。(《中华人民共和国外资银行管理条例实施细则》,2006年11月17日中国银行业监督管理委员会第53次主席会议通过,2006年11月24日中国银行业监督管理委员会主席令公布,自2006年12月11日起施行)

三、申报资料必须使用中文或英文,其他文种的资料可附后参考。申报资料必须科学、真实、全面,凡字迹模糊、潦草、难以辨认的,一律不予受理。各类中文翻译件必须忠实原文,并符合中国的专业规范。

四、申报品种的各类外国政府药品主管当局证明文件、处方、质量标准、药品说明书需全部译成中文,其他各项研究资料须分别提供各项试验的中文摘要。

五、申报资料须按规定的资料编号顺序整理,不同编号的资料单独装订,并在每项资料的封面上注明资料名称,在右上角注明资料编号。同一资料的中文翻译件应排在原文之前。全部资料应使用A4纸。(《进口药品管理办法》(附件一:进口药品申报资料细则),国家药品监督管理局令第6号,1999年4月22日发布,1999年5月1日起实施)

(赵蓉晖)

藏文网站总录

【说明】

网站及其域名、备案号等信息会随着时间变化而发生改变,这也是动态语言生活的特点之一。本次调查的藏文网站总录是基于 2011 年 1 月 12 日的调查结果。

序号	网站名称	网站语种	网址	网站备案号
1	中国藏族网	藏、汉	http://bodrigs.com/	青 ICP 备 10200142 号
2	西藏农村远程教育系统	藏、汉	http://edu.taaas.org:8080/	藏 ICP 备 05000682 号
3	全国科技信息服务网青海节点	藏、汉	http://qinghai.stis.cn/kejiwang/zangwen.asp	青 ICP 备 05000918 号
4	中国西藏新闻网	藏、汉、英	http://tb.chinatibetnews.com	藏 ICP 备 09000733 号
5	中国西藏网	藏、汉、英	http://tb.tibet.cn	京 ICP 备 041074
6	中国西藏人民广播电台	藏、汉、英	http://tb.tibetradio.cn	藏 ICP 备 09000396 号
7	中国藏族网通	藏、汉	http://ti.tibet3.com	青 ICP 备 09000439 号
8	年保玉则文化中心	藏、汉	http://tibet.nbyzwhzx.com	京 ICP 备 09023104
9	人民网藏文	藏、汉、英	http://tibet.people.com.cn	京 ICP 证 000006 号
10	中国西藏人民广播电台网	藏、汉、英	http://tibetan.chinabroadcast.cn/	藏 ICP 备 09000396 号
11	北京藏医院网站	藏、汉、英	http://www.80666666.com/zang/	京 ICP 备 05056181 号

序号	网站名称	网站语种	网址	网站备案号
12	青海湖藏文网	藏,汉	http://www.amdotibet.cn	青ICP备07500060
13	青海省藏医院网	藏,汉,英	http://www.arurahp.com/tibetan	青ICP备05000273号
14	佛学宝藏活佛藏传佛教	藏,汉,蒙	http://www.beita.org	辽ICP备05021481
15	海南州布绣嘎玛民族工艺品有限责任公司网	藏,汉,英	http://www.bishwokarma.com/eindex.asp	青ICP备09000006号
16	白莲花	藏,汉	http://www.blh.hk/newEbiz1/EbizPortalFG/portal/html/InfoCategoryInfoList.html	粤ICP备08008457
17	藏语言文字网	藏	http://www.bodyig.org	青ICP备10200108号
18	多顿书讯网	藏	http://www.dobum.org/	青ICP备08100138号
19	吉美坚赞福利学校网	藏,汉,英	http://www.fulixx.cn/tibet/	青ICP备08100132号
20	更敦群培网	藏,汉,英	http://www.gdqpzhx.com/tibet/	青ICP备08000035号
21	甘肃民族师范学院	藏,汉,英	http://www.gnun.edu.cn/tcc/default.htm	陇ICP备10000373号
22	甘南党建网	藏,汉	http://www.gnzwzzb.gov.cn/ti/ti/index.asp	陇ICP备08000847号
23	中国格萨尔研究网	藏	http://www.gsryj.com/tk/	青ICP备09000289号
24	青海尖扎民族教育网	藏	http://www.jzschool.com/	青ICP备06000522号
25	朋友网	藏	http://www.lhasan.cn/	藏ICP备09000088号
26	西藏洛藏数码科技有限公司	藏,汉,英	http://www.luozang.com/tb/	藏ICP备09000104号
27	宗教爱好者网	藏,汉	http://www.ngakmang.net/	青ICP备09000764号
28	青海科普网	藏,汉,英	http://www.qhkpw.com/lan_z/index.php	青ICP备07000681号
29	青海省红十字医院网	藏,汉,英	http://www.qhrch.com/zw/	青ICP备07000368#
30	青海藏语广播网	藏	http://www.qhtb.cn	青ICP备06001324号
31	才让东周的网站	藏	http://www.qhtjfy.com	青ICP备09000796号

序号	网站名称	网站语种	网址	网站备案号
32	热贡文化中心网	藏,汉,英	http://www.rebgongcul.com	青ICP备07500035号
33	热贡苯教网	藏,汉,英	http://www.rgbm123.com	青ICP备08000069号
34	桑多文学	藏	http://www.sangdhor.com	青ICP备09000696号
35	传统藏药国际学院	藏	http://www.sorig.net	青ICP备09000777号
36	西藏青年	藏	http://www.tbyouth.com	青ICP备09000731号
37	中国藏族民俗网	藏,汉,英	http://www.tibetanct.com	京ICP备0603286号
38	中国藏医藏药网	藏,汉,英	http://www.tibetanmd.com/tibetanweb/index.asp	青ICP备05000275
39	中国藏族中学网	藏	http://www.tibetanms.cn	陇ICP备06003713号
40	个人藏文学网	藏	http://www.tibetcm.com	陇ICP备10002463号
41	中国藏语广播网（中央人民广播电台）	多语言	http://www.tibetcnr.com	京ICP备05065762号-1
42	仓央网	藏	http://www.tibetcy.com	藏ICP备09000919号-1
43	藏文电子图书	藏	http://www.tibetebook.com	青ICP备06000530号-1
44	藏文信息技术网	藏,汉	http://www.tibetitw.com/index.html	青ICP备07000605号
45	西海蒙宿学校网	藏,汉,英	http://www.tibetjx.com/tibet/index.asp	青ICP备08000014号
46	中国藏学网	藏,汉,英	http://www.tibetology.ac.cn/	京ICP备06045333号
47	青海省天峻县民族中学	藏,汉	http://www.tjmzzx.com	青ICP备09000601号
48	雪域文化—藏文版	藏,汉	http://www.tonguer.net	陇ICP备10002230
49	宗曲古代文学网	藏	http://www.tsongchu.com/	青ICP备10000341号
50	藏区青年就业自助协会	藏	http://www.tysea.org	蜀ICP备09038272号-2
51	温洛克基金会	藏,汉,英	http://www.winrockchina.org/stc/tb/default.htm	蜀ICP备05017383号
52	西藏藏语言文字网	藏,汉	http://www.xzzyw.cn/zw/	藏ICP备05000526
53	呀拉索	藏,汉,英	http://www.yalasoo.com	京ICP备09026803号
54	藏密文化网	藏,汉	http://www.zmwh.org/tibetanzm/index.asp	津ICP备06004467号
55	新华网多语种西藏频道	藏,汉,英	http://xizang.news.cn/	京ICP证010042号

序号	网站名称	网站语种	网址	网站备案号
56	果洛藏族自治州人民政府—藏文网	藏、汉	http://zw.guoluo.gov.cn	青ICP备07000521
57	青海政府门户网站	藏、汉	http://zw.qh.gov.cn	青ICP备05000082号
58	西藏文化网	藏、汉、英	http://zw.tibetculture.net/	京ICP备05025353号

（王志娟、赵小兵）

语言生活大事记

【说明】

本大事记记录 2010 年中国语言生活方面的主要事件,未记录语言本体研究方面的事件。资料主要来自《语文信息》《语言文字周报》《语言文字应用》《中国语文》《中国科技术语》《民族语文》《汉语学习》《汉语学报》《语言教学与研究》《世界汉语教学》《当代语言学》《古汉语研究》《语言科学》《辞书研究》《中文信息学报》以及中国语言文字网等。

1月

1月5日,经国家汉办/孔子学院总部批准,"汉语国际推广教学资源研究与开发基地"在武汉大学建立,旨在建设汉语教学资源库和网络共享平台。

1月12—13日,全国科学技术名词审定委员会(简称"全国名词委")微生物学名词审定委员会第二次全体会议在北京召开。

1月13日,国家语言文字工作委员会(简称"国家语委")召开《国家中长期语言文字工作改革和发展规划纲要(2010—2020年)》研制工作汇报会,教育部副部长、国家语委主任郝平出席。

1月20日,教育部语言文字信息管理司(简称"语信司")会同公安部出入境管理局、外交部领事司、国家民族事务委员会(简称"国家民委")教育科技司、民政部区划地名司,在北京组织召开了"人名地名汉语拼音拼写"专家研讨会。

1月25日,中国孔子学院通过中国国际广播电台乌尔都语节目开设的空中课堂正式开学,空中课堂也成为巴基斯坦民众学习汉语的重要平台。

1月26日,教育部语信司召开 2010 年老领导新春茶话会,畅谈新世纪的语言文字工作。

1月份,广西桂林市、玉林市、来宾市、崇左市、北海市所辖的县市相继开展国家三类城市语言文字工作评估。

2月

2月1—2日,国家语言资源监测与研究中心2010年数据发布研讨会在海南省三亚市召开。

2月3—6日,第28届巴黎语言博览会在巴黎举行,国家汉办/孔子学院总部以"学好中国话,朋友遍天下"为主题,在中国展台上展出了百余种千余册汉语书籍。

2月6日,国家语言资源监测与研究中心网络媒体语言分中心、商务印书馆等单位联合主办的"汉语盘点2009"年度字词网络征集活动落下帷幕。

2月6日,江苏10个省辖市所属城区语言文字工作评估全面达标,提前实现国家2010年以前"普通话初步普及""汉字的社会应用基本规范"工作目标,达标率位于全国前列。

2月6日,中国中文信息学会汉字编码专业委员会编写的《汉字键盘输入技术发展与成果》一书正式出版。该书较全面地记录了30多年来我国汉字键盘输入技术的发展历程及成果。

2月9日,国家语委在北京召开第十次咨询委员会会议。第十届全国人民代表大会常务委员会副委员长、国家语委咨询委员会主任许嘉璐,国家语委咨询委员会副主任柳斌、朱新均,教育部副部长、国家语委主任郝平等出席。

2月10日,泰国教育部"走向国际"学术日展览在曼谷蒙吞他尼国际会展中心举行,中国国家汉办/孔子学院总部的汉语教学图书展览首次亮相。

2月23日,针对海外华文教育面临的迫切问题,致公党中央拟向中国人民政治协商会议第十一届三次会议报送专门提案,建议把海外华文教育工作同孔子学院建设一起纳入国家"十二五"规划。

2月23日,埃塞俄比亚亚得斯亚贝巴孔子学院正式挂牌成立,中国教育部副部长李卫红、埃塞俄比亚教育部国务部长沃德森·克夫鲁及中国驻埃塞俄比亚大使共同为学院揭牌。

3月

3月2日,南非首家孔子课堂揭牌,中国国家汉办/孔子学院总部向孔子课堂赠送了2 000册图书及相关教学设备。

3月4日,上海市教育委员会在上海电视大学召开上海市民普通话培训工作启动会议。

3月4日,全国名词委2010年度常委会议在中国科学院院士活动中心召开。

3月9日,国家语委2010年度语言文字工作会议在北京召开。教育部副部长、国家语委主任李卫红出席会议并做了题为《围绕中心,服务大局,改革创新,促进语言文字工作科学发展》的讲话。

3月12日,教育部语言文字应用研究所(简称"语用所")、北京语言大学和澳门理工学院联合筹办的澳门语言文化研究中心揭牌仪式在北京举行。教育部副部长、国家语委主任李卫红出席揭牌仪式并讲话。

3月16日,山东省语委、山东省教育厅在济南召开全省语言文字工作会议。

3月19日,江苏省2010年度语言文字工作会议在南京召开。

3月19日,河北省2010年度语言文字工作会议在石家庄召开。

3月23日,中国教育部、俄罗斯教育部和中国驻俄罗斯大使馆主办,中国国家汉办/孔子学院总部承办的俄罗斯"汉语年"开幕式在莫斯科克里姆林宫举行,中共中央政治局常委、国家副主席习近平和俄罗斯总理普京共同出席了开幕式。

3月24日,孔子学院获得了由凤凰卫视联合十余家海内外知名华文媒体和机构共同评选的2009—2010影响世界华人盛典"公共事务"领域奖项。

3月28—29日,教育部语言文字应用管理司(简称"语用司")会同部内相关司局在江苏省苏州市召开"中华诵·经典诵、写、讲"进校园、进教材、进课堂试点工作研讨会。

3月29日,广东省语言文字培训测试工作办公室在广东外语艺术职业学院正式挂牌。

3月30日,海峡两岸的专家学者在北京就合编中华语文工具书进行了工作会商,双方达成3方面共识:第一,用1到2年的时间,尽快编纂出一本《两岸常用词汇词典》;第二,用3到5年的时间,编纂中型语文工具书《中华语文大词典》;第三,开始推动建构中华语文云数据库。

4月

4月1日,由中国社会科学院语言研究所和教育部语用所承担的《汉语拼音正词法基本规则(修订)》课题顺利通过结项鉴定。

4月3日,由教育部、国家语委、中央精神文明建设指导委员会办公室(简称"中央文明办")主办的"中华诵·2010经典诵读晚会(清明篇)"在厦门大学举行。

4月6日,广西少数民族语言文字工作委员会下发文件决定从2010年3月起,全自治区大中专院校将全部采用计算机辅助普通话水平测试。

4月7日,国家广播电影电视总局(简称"国家广电总局")下发通知,要求主持人口播、记者采访和字幕中不能再使用外语缩略语。

4月8日,吉林省2010年度语言文字工作会议在长春召开。

4月8日、19日,植物学名词植物生理学组、植物生态学组分别在中国农业大学和中国科学院植物研究所召开第一次审定工作会议。

4月9日,中国辞书学会辞书编辑出版专业委员会第六次学术研讨会在北京商务印书馆召开。

4月12日,中国教育部、西班牙教育部和中国驻西班牙大使馆主办,中国国家汉办/孔子学院总部承办的2010年西班牙"汉语年"在马德里开幕。

4月12日,国家广电总局向中央电视台等媒体发出通知,要求主持人口播、记者采访和字幕中使用国家通用语言文字。

4月12—23日,教育部语信司、民族司和相关专家共同组成调研组,赴广西、贵州、云南就3省区的少数民族语言文字使用和少数民族双语教学情况进行调研。

4月13日,教育部语信司在北京组织召开了语言文字标准化工作中长期规划研讨会。

4月14日,国家广电总局首次对本月初下发的外语缩略语的通知做出解读,称该通知要求屏蔽外语缩略语是误读,真正目的是规范使用语言文字。

4月14日,中共中央政治局常委李长春为土耳其海峡大学孔子学院揭牌。

4月15日,巴塞罗那孔子学院揭幕仪式在西班牙亚洲之家巴塞总部举行。

4月16日,商务印书馆发起,华中师范大学语言与语言教育研究中心《汉语学报》编辑部承办的第四届"语言学期刊建设论坛"在武汉召开。

4月20—22日,全国名词委第二届人体解剖和组织胚胎学名词第二次审定工作会议在山东召开。

4月25—28日,第三届全国教育教材语言专题学术研讨会在辽宁锦州召开,该会议由国家语言资源监测与研究中心教育教材语言分中心与渤海大学应用语言学研究中心联合主办。

4月26日,全国名词委海峡两岸海洋科学名词学术研讨会在台北召开。

4月28日,"中华诵·经典诵读行动"启动仪式在北京举行,教育部副部长、国家语委主任李卫红出席并讲话。

5月

5月6日,教育部语信司召开民族语言文字规范化信息化工作座谈会。

5月10日,全国名词委组编、公布的《语言学名词》由商务印书馆出版,这是全国名词委组编的第一部社科名词术语辞书。

5月13日,上海市语言文字工作委员会和市教育委员会在华东师范大学召开了上海2010年度普通高校语言文字工作会议。

5月14日,《中华语文大词典》大陆方面编纂工作研讨会在北京召开。

5月17日,《全球华语词典》出版座谈会在人民大会堂举行,会议由教育部部长袁贵仁主持。

5月17—18日,云南省教育厅、省少数民族语文指导工作委员会组织专家评估组,对红河州蒙自县城区贯彻实施《国家通用语言文字法》的情况和语言文字的应用状况进行了考查评估。

5月18日,经国家语委批准,北京、天津、上海、重庆、江苏、山东、福建、广西等成为我国汉语口语水平测试的首批试点地区,其中重庆将首次开展汉语口语水平测试。

5月20日,国家语委民族语言文字规范标准建设及信息化项目"蒙古语语言知识库的建立"在呼和浩特通过验收。

5月20日,中国国家汉办/孔子学院总部英国汉语考务中心宣布,新汉语水平考试(新HSK)目前已在英国全面启动,并将争取每年举行9次考试。

5月20—22日,国际中国语言学学会第18届年会暨北美汉语语言学第22届会议在美国哈佛大学举行。

5月21日,教育部、国家语委、中央文明办主办的第二届全国学生规范汉字书写大赛在北京梅地亚中心拉开帷幕。

5月21日,教育部语用司在北京语言大学召开座谈会,听取校领导和专家学者对《国家中长期语言文字事业改革和发展规划纲要(2010—2020年)》(讨论稿)的意见。教育部副部长、国家语委主任李卫红出席。

5月24日,对外经济贸易大学举行国际商务汉语教学与资源开发基地挂牌仪式,该基地成为国家汉办/孔子学院总部第三批汉语国际推广基地。

5月25—28日,浙江省语言文字工作委员会组织专家对温州、金华两市进行国家二类城市语言文字工作评估整改"回头看"检查。

5月26日,广东省教育厅、广东省语言文字工作委员会召开全省语言文字工作会议。

6月

6月2日,山东省语言文字工作委员会对潍坊市进行二类城市语言文字工作评估复查。

6月3—4日,上海市语言文字工作委员会办公室在松江召开上海2010年区县语言文字工作会议。

6月4日,教育部语用司召开《国家中长期语言文字事业改革和发展规划纲要》领导小组及工作小组汇报会。教育部副部长、国家语委主任李卫红出席会议并发表重要指导意见。

6月5—6日,上海外国语大学中国外语战略研究中心主办、南京大学中国语言战略研究中心协办的"2010年中国外语战略论坛"在上海举行。

6月8日,全国普通话培训测试现状调研第十二调研组在安徽省开展调研交流活动。教育部副部长、国家语委主任李卫红出席。

6月8日,江苏省语言文字工作委员会、省教育厅、省精神文明建设指导委员会办公室共同主办的江苏省2010年"中华诵·我与经典有约"系列活动启动仪式在南京市举行,有关领导为首批江苏省中华经典诵读基地学校代表授牌。

6月9日,全国普通话培训测试信息化工作会议在合肥召开,教育部副部长、国家语委主任李卫红出席会议并讲话。

6月10日,汉语国际推广中亚基地在新疆维吾尔自治区乌鲁木齐市正式揭牌成立。

6月10日,台湾师范大学与中国美术学院共同举办的"汉字艺术海报设计交流展"在台北内湖学学文创志业大楼开幕。

6月11—13日,云南玉溪师范学院和澳大利亚筹伯大学联合主办的第三届"中国·云南濒危语言遗产保护国际学术研讨会"在玉溪师范学院召开。

6月13日,《中国人名汉语拼音字母拼写规则》课题结项鉴定会在北京召开。

6月13日,华南片《国家中长期语言文字事业改革和发展规划纲要》征求意见座谈会在广州大学召开。教育部副部长、国家语委主任李卫红出席。

6月13日,教育部、国家语委、中央文明办主办的"中华诵·2010经典诵读晚会(端午篇)"在广州大学举行,教育部副部长、国家语委主任李卫红出席。

6月14日,首届中亚汉语国际教育学术研讨会在新疆师范大学举行,会议主题是"合作发展汉语国际教育"。

6月14日,全国普通话培训测试信息化工作会议在合肥召开,教育部副部长、国家语委主任李卫红出席会议并讲话。

6月17日,国家民委发布《关于做好少数民族语言文字管理工作的意见》,并就民族语言文字保护的相关问题回答了记者的提问。

6月17—18日,中国教育国际交流协会、中国联合国教育科学及文化组织(简称"联合国教科文组织")全国委员会、联合国教科文组织北京代表处、国家语委及内蒙古自治区政府新闻办公室共同主办的"联合国教科文组织第十一届国际母语日活动"在呼伦贝尔市举行。

6月19日,中国国家副主席习近平在新西兰首都惠灵顿出席了中国厦门大学和维多利亚大学共同成立的孔子学院揭牌仪式。

6月21日,全国普通话培训测试现状调研组圆满完成在吉林省的调研任务。

6月22日,中国政府向约旦军队语言学院捐赠汉语语音实验室和多媒体设备,交接仪式暨《中国风景》图片展在约旦军队语言学院举行。

6月23日,《标点符号用法(修订)》《数字用法(修订)》结项鉴定会在北京召开。

6月24—26日,全国名词委微生物学名词(第二版)释义稿二审会(南京区)在南京农业大学召开。

6月25日,美国达拉斯德州大学孔子学院与6所学校签订合作建设孔子课堂的协议。

6月25—27日,第八届城市语言国际学术研讨会在吉林长春召开。

6月26日,亚洲地区孔子学院2010年联席会议在新加坡开幕,来自中国10所高校与亚洲10个国家和地区的49所孔子学院的100多位代表参加。

6月27日,教育部语信司、中国社会科学院语言研究所和商务印书馆联合主办的"海内外中国语言学者联谊会——首届学术论坛"在商务印书馆召开,论坛主题是"留学潮与中国语言学"。

6月28日—7月1日,《国家中长期语言文字事业改革和发展规划纲要》专题研讨会召开。教育部副部长、国家语委主任李卫红出席。

7月

7月2—3日,福建省首次汉语口语水平测试在厦门大学、集美大学举行。

7月5日,中国人民政治协商会议广州市委员会常委专题报告提交书面建议:"把广州电视台综合或新闻频道改为以普通话为基本播音用语的节目频道,或在其综合频道和新闻频道的主时段中用普通话播出。"

7月7日,教育部语用所与中国文字博物馆战略合作协议签署仪式在河南安阳中国文字博物馆举行。

7月7日,新浪财经报道,迪斯尼公司计划5年内在中国建148所语言学校,到2015年每年为15万中国儿童教授英语。

7月9日,北京市人民政府外事办公室发布《首都国际语言环境建设工作规划(2011—2015)》(初稿),规定未来5年内北京各幼儿园将普遍开设外语课。

7月12日,北京市召开高等院校工作会议推动汉语口语水平测试。

7月14日,大洋洲暨西亚、南亚地区孔子学院2010年联席会议在新西兰奥克兰闭幕。

7月14—18日,中国少数民族双语教学研究会第16次全国学术研讨会在内蒙古自治区锡林浩特职业学院举行。

7月14日—8月3日,国家汉办/孔子学院总部和北京语言大学国际汉语教学研究基地共同举办的汉语作为第二语言教学法研习班在北京语言大学举行。

7月16日,教育部、国家语委、中国残疾人联合会在北京师范大学举行"国家手语和盲文研究中心"共建暨揭牌仪式。中国残疾人联合会党组书记、理事长王新宪,教育部副部长、国家语委主任李卫红等出席。

7月16—20日,青海民族大学文学与新闻传播学院、中国社会语言学会联合主办的第七届中国社会语言学国际学术研讨会在西宁召开。

7月18日,教育部语用司等机构主办的"中华诵·经典诵读行动"之"方太青竹简——启发原创心灵,相约《论语》一百"大型大学生公益夏令营活动在北京新英才学校举行。

7月20日,中文教学现代化学会主办,鲁东大学文学院、鲁东大学国际交流学院共同承办的第七届中文电化教学国际研讨会在鲁东大学召开。

7月20日,国家语言资源监测与研究中心平面媒体语言分中心、北京语言大学、中国新闻技术工作者联合会、中国中文信息学会联合发布了2010年春夏季中国报纸十大流行语。

7月21—22日,全国名词委主办、中国科学院动物研究所协办的海峡两岸生态学名词学术交流会在北京召开。

7月29日,广东省教育厅、广东省语言文字工作委员会在中山市第一中学举行第二届广东省学生规范汉字书写大赛决赛。

附录

7月29—31日,北京语言大学和南京师范大学共同主办的"首届汉语中介语语料库建设与应用国际学术讨论会"在南京召开。

7月30日—8月1日,南京大学、美国哥伦比亚大学、美国艾默里大学孔子学院、英国谢菲尔德大学孔子学院、加拿大滑铁卢大学孔子学院联合主办的"对外汉语教材编写与教学资源建设国际学术研讨会"在南京召开。

8月

8月1—3日,中国语言学会主办的中国语言学会第十五届学术年会在呼和浩特内蒙古大学召开。

8月2日,全国名词委主办的海峡两岸材料科技名词对照研讨会在北京钢铁研究总院召开。

8月2日,教育部、国家语委、中央文明办联合主办的"中华诵·2010全国中小学夏令营"在潍坊寿光世纪学校开营,中共中央政治局委员、国务委员刘延东做出重要批示。

8月3日,国家语委普通话培训测试中心和全国普通话水平测试研究会联合主办的第一期全国普通话水平测试站站长研修班在北京结业,教育部副部长、国家语委主任李卫红出席结业典礼并讲话。

8月3—7日,受教育部语用司委托,四川省第一期少数民族教师普通话培训班在凉山州西昌市举办。

8月4—7日,中国民族语言学会、北方民族大学联合主办的中国民族语言学会第十届学术讨论会在宁夏银川举行。

8月5日,江苏省承办的首期中小学诵读教育骨干教师国家级培训班开班仪式在徐州师范大学举行。教育部副部长、国家语委主任李卫红出席并讲话。

8月8日,全国名词委植物学名词审定委员会在山西大学组织召开了植物学藻类分支学科名词审定会。

8月10日,国家汉办/孔子学院总部考试处主办的首次新汉语水平考试(HSK)网考项目推广会在北京奥鹏远程教育中心举行。

8月11—25日,受教育部语用司委托,广西语言文字工作部门在百色学院举办了第五期少数民族骨干教师普通话培训班。

8月12日,非洲地区孔子学院2010年联席会议在喀麦隆首都雅温得召开。

8月12日,全国名词委主办的第二届海峡两岸电工电力名词研讨会在杭州召开。

8月12—16日,全国名词委微生物学名词第二稿分组审稿会在江西召开。

8月14—15日,第五届汉韩语言对比国际学术研讨会在青岛大学举行。

8月18日,国家语委主办的中国语言战略论坛暨语言文字工作研讨会在上海举行。

8月18—20日,世界汉语教学学会与国家汉办/孔子学院总部在沈阳联合举办第十届国际汉语教学研讨会,会议的主题是"世界汉语教学的新教材与新教法"。

8月23—27日,经国务院批准,中国中文信息学会主办的第23届国际计算语言学大会在北京召开。

8月23—24日,全国名词委主办、中国海洋大学协办的2010年海峡两岸海洋科技名词研讨会在青岛召开。

8月25日,第二届全国学生规范汉字书写大赛四川赛区选拔赛结束。

8月28—29日,教育部语信司主办的"公共服务领域外文译写标准制定工作"专家研讨会在上海召开。

8月29日,第二届全国学生规范汉字书写大赛河北省复赛结束。

9月

9月6日,国际汉语教育东北基地正式揭牌。该基地由吉林大学、辽宁大学、黑龙江大学和延边大学4校共同组建,旨在面向日本、韩国、朝鲜、蒙古和俄罗斯5国开展汉语教学,开发国别化教材,培训师资及志愿者,提供相关调查研究。

9月10日,第二届欧洲孔子学院联席会议在伦敦南岸大学举行。

9月12日,第13届全国推广普通话宣传周(简称"推普周")开幕式在陕西师范大学举行,教育部副部长、国家语委主任李卫红等出席开幕式及推普周系列活动巡视。

9月13日,第13届全国推普周山东省启动仪式在邹平县举行。

9月13日,第13届全国推普周湖南省开幕式在邵阳市举行。

9月14日,为纪念《国家通用语言文字法》发布10周年和《吉林省国家通用语言文字条例》颁布5周年,吉林省语言文字工作委员会、省教育厅、省人民代表大会教育科学文化卫生委员会和省政府法制办公室在长春联合召开座谈会。

9月16日,中华文化联谊会、中国艺术研究院、河南省安阳市政府及台湾文化总会联合主办,中国艺术研究推广中心、台湾中华新文化发展协会共同承办的首届两岸汉字艺术节在北京开幕。本届活动为期一个月,主旨为"汉字艺术,源远流长",旨在传承汉字文化,推广汉字艺术,继承发扬中华文化。

9月17—18日,国家语言资源监测与研究中心主办的语言资源监测与服务论坛(2010)在北京举行。

9月18日,上海市第13届全国推普周系列活动——《上海市民普通话读本》首发式在上海举行。

9月18日,第13届全国推普周在北京闭幕,教育部副部长、国家语委主任李卫红出席并讲话。同日,北京正式启动"中华诵·经典诵读行动"。

9月20日,国家语言资源监测与研究中心少数民族语言分中心哈萨克文/柯尔克孜文研究基地在新疆大学挂牌成立。

9月22日,爱沙尼亚首所孔子学院——塔林大学孔子学院举行揭牌仪式,中共中央政治局常委李长春出席。

9月25日,国家汉语口语水平测试福建省首批证书颁发仪式分别在厦门大学和集美大学举行。

10月

10月4—6日,中国北京语言大学和韩国启明大学联合主办的2010年"合作·交流·发展——多国高校孔子学院论坛"在韩国大邱举行。

10月9—10日,第四届语言与国家高层论坛暨第三届全国应用语言学系主任(所长)论坛在华中师范大学举办,教育部副部长、国家语委主任李卫红发表书面讲话。

10月11—13日,中国中文信息学会主办、华中师范大学承办的第五届全国青年计算语言学研讨会在华中师范大学召开。

10月15日,四川省人民政府主办的纪念国务院批准四川省《彝文规范方案》实施30周年大会在西昌举行。

10月15—17日,中国认知语言学研究会和广州大学外国语学院联合主办的全国第二届认知语言学与第二语言习得学术研讨会在广州大学召开。

10月16—17日,教育部语信司、中国人民大学、武汉大学、北京语言大学和商务印书馆主办的首届中国语言生活学术研讨会在中国人民大学召开,教育部副部长、国家语委主任李卫红出席开幕式并讲话。

10月18日,山东省语言文字工作委员会举办的"中华诵·经典诵读行动"试点工作研讨会在济南召开。

10月19日,经教育部、国家语委批准,《汉语国际教育用音节汉字词汇等级划分》和《汉语口语水平等级标准及测试大纲》两项语言文字规范发布,自2011年2月1日起实施。

10月20日,中国厦门大学与美国特拉华大学联合成立的孔子学院正式揭牌。

10月21日,全国名词委第六届全国委员会审议了《国家科学技术名词规范化工作发展规划纲要(草案)》,强调组织两岸专家合作编纂含100个学科30万至40万词条的《海峡两岸科技名词大词典》。

10月23日,江苏省语言文字工作委员会、省教育厅、省精神文明建设指导委员会办公室在南京联合举办第三届江苏省中华经典诵读比赛总决赛。

10月23—25日,中国语文现代化第一届国际会议暨中国语文现代化学会第九次学术会议在湖北省武汉市召开。

10月29日,广西第三届中华经典诵读大赛暨2010年广西校园中华经典诵读大赛颁奖晚会在广西艺术学院举行。

11月

11月1—3日,《国家中长期语言文字事业改革和发展规划纲要》研讨班在北京举办,教育部副部长、国家语委主任李卫红出席。

11月10日,教育部副部长、国家语委主任李卫红视察天津市语言文字培训测试中心。

11月10日,国家语委普通话培训测试中心举办的第47届国家级普通话水平测试员资格考核培训班结业。

11月12—14日,中国英汉语篇分析研究会主办、同济大学外国语学院承办的国际语篇分析研讨会暨第12届全国语篇分析研讨会在上海举行。

11月12—14日,北京语言大学对外汉语研究中心、国家语言资源监测与研究中心教育教材语言分中心和厦门大学中文系联合主办的"国际汉语教学理念与模式创新"国际学术研讨会在厦门举行。

11月15日,江苏省语言文字工作委员会在南京召开全国普通话普及情况调查江苏培训会。

11月17日,河北省承担的全国普通话普及情况调查工作启动。

11月20日,国家汉语口语水平测试上海考点揭牌仪式在上海市语言文字水平测试中心举行,上海考点成为国家汉语口语水平测试中的首家挂牌考点。

11月22日,由《旺报》《厦门商报》、中国书法家海峡两岸创作交流基地、新浪网、厦门市书法家协会合办的评选年度汉字活动开幕。这是两岸平面媒体和网络媒体首次跨平台合作,也是首度由两岸民众针对特定主题的票选活动。

11月24日,中国国务委员刘延东同俄罗斯副总理茹科夫出席在莫斯科举行的俄罗斯"汉语年"闭幕式并发表讲话。

11月24—25日,澳门语言文化研究中心举办的澳门语言规划与语言政策学术研讨会在澳门理工学院举行。第十届全国人民代表大会常务委员会副委员长许嘉璐做主题演讲,教育部副部长、国家语委主任李卫红等出席。

11月25日,教育部第8次新闻发布会在北京举行,介绍《国家通用语言文字法》颁布10周年有关情况,发布2009年度中国语言生活状况报告。

12月

12月4—5日,中山大学国际汉语教材研发与培训基地和国际汉语学院共同举办的"2010国际汉语教学资源建设研讨会"在广州举行。

12月6—8日,中国社会科学院语言研究所、南开大学、广州大学共同主办的第五届海峡两岸现代汉语问题学术研讨会在广州召开。

12月9日,国家语委普通话培训测试中心举办的第48届国家级普通话水平测试员资格考核培训班结业。

12月9—10日,国家语委"十二五"科研工作研讨会在北京召开,教育部副部长、国家语委主任李卫红出席并讲话。

12月10日,第五届孔子学院大会开幕式在北京国家会议中心举行,中共中央政治局常委李长春出席开幕式。

12月20日,蒙古国首个孔子课堂——国立教育大学孔子课堂揭牌仪式在乌兰巴托举行。

12月21日,新闻出版总署下发通知,禁止汉语出版物随意夹带使用英文单词。

12月27日,互联网咨询专业提供商The Next Web发布的一项统计报告指出,5年内汉语将超过英语成为互联网上新的主宰语言。

12月28日,上海《咬文嚼字》编辑部评选出"2010年十大语文差错"。

12月31日,国家汉语口语水平测试福建省考点揭牌仪式分别在厦门大学、集美大学举行,福建省成为目前国家汉语口语水平测试试点省市中挂牌考点最多的省。

(毛力群、毛筱静)

图表目录

表2—1	北京市部分政府部门网站使用的文字	102
表2—2	4国驻华大使馆网页等对所在地路名、街名的标注形式	105
表2—3	室韦、临江、恩和3地俄罗斯族的文化程度	138
表2—4	俄语掌握情况调查	141
表2—5	《咬文嚼字》"点击文坛十二家"活动的基本情况	152
表2—6	门户网站及报刊媒体网站对《咬文嚼字》的报道情况（2010年12月31日）	156
表4—1	2010年度汉字使用情况	213
表4—2	2010年度汉字对语料的覆盖率情况	214
表4—3	2010年度与2009年度汉字覆盖率对应字种比较	214
表4—4	2010年度按频次排在前10个的独用字	215
表4—5	不同范围使用频率增大的前20个汉字	216
表4—6	2010年度词语使用情况	217
表4—7	不同覆盖率的词种数	218
表4—8	不同频次范围的词种数	218
表4—9	高频词语的词种数	219
表4—10	高频词语中的用字分布	219
表4—11	高频词语用字中构词能力最强的前50个汉字	219
表4—12	高频词语的词长分布	220
表4—13	成语基本情况	220
表4—14	2010年度与2009年度、2008年度新词语词长分布比较	230
表4—15	2010年度新词语构成材料分布	230
表4—16	2010年度新词语结构方式分布	230
表4—17	2010年度与2009年度、2008年度新词语结构方式分布对比	231

图 表 目 录

表 4—18	2010年度与2009年度、2008年度新词词性分布对比	232
表 4—19	2010年度新词语的使用频次分布	232
表 4—20	2010年度与2009年度、2008年度新词语使用频次分布对比	233
表 4—21	2007年度新词语在2010年度语料中使用频次分布	234
表 4—22	2008年度新词语在2010年度语料中使用频次分布	234
表 4—23	2009年度新词语在2010年度语料中使用频次分布	235
表 4—24	各个发帖数量段的博客用户数分布比例	249
表 4—25	博客帖长度分布比例	250
表 4—26	博客帖标题长度分布比例	251
表 4—27	汉字覆盖率及字种数统计	252
表 4—28	博客和网络（新闻）用字比较	252
表 4—29	博客和网络（新闻）汉字覆盖率比较	252
表 4—30	高频序比汉字列表	253
表 4—31	覆盖率与词种数	253
表 4—32	专有名词统计情况	254
表 4—33	标签长度分布情况	255
表 4—34	标签用户数分布情况	256
表 4—35	用户数最多的标签列表	256
表 4—36	用户数最多的标签领域分布情况比较	257
表 4—37	课文篇目统计	259
表 4—38	用词统计	260
表 4—39	独用词干使用状况	261
表 4—40	词频分布	262
表 4—41	不同覆盖率的词种数	262
表 4—42	词的课文分布情况统计	263
表 4—43	前100个高频词	264
表 4—44	各学段用词统计	266
表 4—45	各学段新增词干比较	266
表 4—46	各册用词情况统计	266
表 4—47	课文体裁分布	270
表 4—48	各体裁源于不同汉语统编教材的课文数量统计	272

表 4—49	不同来源课文用词状况词种数统计		273
表 4—50	各频次段词种分布		274
表 4—51	3个频次段词种在各册的分布		274
表 4—52	频次分布情况		275
表 4—53	各册用词概况		276
表 4—54	各册独用词种统计		277
表 4—55	藏语初中语文教材课后词分布		279
表 4—56	不同词长的前10个高频词		280
表 4—57	4套教材的基本信息		285
表 4—58	课文的语言文字使用情况调查		286
表 4—59	4套教材用字统计		287
表 4—60	6个例字的位序对比		288
表 4—61	6个例字的构词对比		288
表 4—62	4套教材用字覆盖率及所用字种		290
表 4—63	单频次字对比		291
表 4—64	4套教材用词情况		292
表 4—65	不同词长的词种数与频次调查		294
表 4—66	各频次段使用的词种数		295
表 4—67	各分布段与词种数的关系		296
表 4—68	4套教材词种覆盖率分布		296
表 4—69	8套华文教材的具体信息		297
表 4—70	各教材字次与字种数		298
表 4—71	各教材前100字共用独用情况		299
表 4—72	各教材前100个汉字的独用字		299
表 4—73	各教材课文用字在《大纲》中的分布情况		300
表 4—74	各教材字次和字种数的年级分布基本情况		301
表 4—75	不同年级课文用字在《大纲》中的分布情况		303
表 4—76	各年级新增字种及在《大纲》中的分布		305
表 4—77	新加坡两套教材用字共用独用情况		305
表 4—78	越南、泰国、印尼5套教材课文用字共用独用情况		306
表 4—79	小学语文和小学华文教材共用和独用字种数对比		307

图表目录

表4—80	前100字共用独用情况	308
表4—81	前1 000字共用独用情况	308
表4—82	小学华文教材中的独用字	309
表5—1	2008年澳门三岛圆形地分布	319

图2—1	北京街名所采用的标注形式举例	104
图2—2	"乐羊羊路"路牌标注	121
图2—3		122
图2—4		122
图2—5		126
图2—6		126
图2—7		127
图2—8		127
图2—9		128
图2—10		128
图2—11	以"语言生活"为关键词在中国知网数据库的搜索数据统计	166
图2—12	以"语言生活"为关键词在中国知网数据库的研究内容分类统计	166
图4—1	2008、2009、2010年度新词语频次分布图	233
图4—2	2007、2008、2009年度新词语在2010年度语料中的使用状况	235
图4—3	2009—2010年度"地震"使用情况	242
图4—4	2009—2010年度"广州亚运会"使用情况	242
图4—5	2009—2010年度"上海世博会"使用情况	242
图4—6	2009—2010年度"高铁"使用情况	243
图4—7	2009—2010年度"低碳"使用情况	243
图4—8	2009—2010年度"微博"使用情况	243
图4—9	2009—2010年度"货币战"使用情况	244
图4—10	2009—2010年度"嫦娥二号"使用情况	244
图4—11	2009—2010年度"'十二五'规划"使用情况	244
图4—12	2009—2010年度"给力"使用情况	245
图4—13	各个发帖数量段的博客用户数分布(发帖数小于或等于200的用户)	250

图4—14	长度小于等于30个字符的博客帖标题长度分布	……	251
图4—15	长度小于8个字符的标签长度分布	……	255
图4—16	各册词干数量变化	……	267
图4—17	各册新增词干数量变化	……	267
图4—18	初中各册词种分布	……	277
图4—19	高中各册词种分布	……	277
图4—20	各教材字种数比例的年级分布	……	302
图4—21	不同级别汉字字种数比例在不同年级中的走势	……	304
图4—22	不同级别汉字字次比例在不同年级中的走势	……	304
图4—23	各年级的新增字种数比例在《大纲》中的分布	……	305
图5—1	议事亭前地	……	315
图5—2	谭公庙前地	……	315
图5—3	西湾湖广场	……	316
图5—4	圆形地车辆行驶示意图	……	316
图5—5	最早的巴黎凯旋门圆形地	……	316
图5—6	1987年的鲍斯高圆形地	……	317
图5—7	2011年的鲍斯高圆形地	……	317
图5—8	恩尼斯总统前地	……	317
图5—9	区华利前地	……	318
图5—10	观光塔前地、西湾湖广场	……	318
图5—11	科技馆门前的圆形地	……	321
图5—12	宋玉生公园附近的圆形地	……	321
图5—13	科技大学附近的圆形地	……	321
图5—14	海洋花园前的圆形地	……	321
图5—15	黑沙公园附近的圆形地	……	322
图5—16	黑沙兵防路与竹湾马路交会处的圆形地	……	322
图5—17	打揽前地的圆形地	……	322
图6—1	1991年《澳大利亚语言与识字政策》对澳各语言的拨款（单位:万澳元）	……	367

术语索引

A

阿拉伯数字 155,216,229,230,391
阿拉伯文 102,352,360
暗网络 382

B

百分位 288
包容性增长 245
保障房 10,216,234,235,246
北京话 134
北约 232,353,360
本土化 145,172,178,297
本土文化 6,106,178
笔译 123
必修 193,206,328,329,365
边缘词 382
标点符号 44,260,404
标签 16,17,211,249,254—257,392
标签长度 255
标准化 3,5,24,37,41,43,44,46,47,50,52,57—59,61,66,67,70—72,105,174,334,391,401
标准语 356
表示型态 88

C

彩信 60
常用字 14,84,287,291
超级细菌 245
车船税 245
沉浸式教学 363
城市规划 51
城市化 51,130,168,357
"撑粤语"事件 6,7,122,161,172,175,178
窗口行业 3,39,101,102
创业板指数 247
词长 220,229,230,279,280,294
词次 10,13,216,217,220,225,254,260,266,273,274,276,281—284,292,294
词符次 216
词干 13,260,261,265—269

词根 346
词汇 3,12—14,42,43,63,73,84,134,145,149,167,175,229,234,259,264,266,268,273,277—281,293,300,379—381,400,408
词汇表 43
词库 43,83
词媒体 7,8
词目 229,237,281—284
词频 235—237,261—263,274,276,279,294
词条 42,84,88,237,311,409
词语总数 231,263
词种 10,11,13,14,64,216—220,225,253,254,260—263,265,266,268,273—277,280,281,283,292—296
词缀 8
词总数 279
词组 382
辞典编纂 83,146
次常用字 287,291
错别字 61,121,151,201,202,206,207

D

单纯型 230,231

术语索引

单音节词 279,280,294

单语 353－355,358－362,368

单语制 359

低频 10,11,214,215,217,218,222,233,263,275,290,291,295

低碳 10,11,154,155,182,183,216,220,232,242,243,247,257

地方语言 74,353

地名标准化 59

地名管理 59,106,391

地名文化遗产保护 59

地域文化 176

第二语言 15,16,145,285,291,299,301,310,344,366,367,372,373,377,405,408

第二语言学习者 145

第一语言教育 298

点播 124

电子媒体 379,383

电子信息 60

丁级字 300,301,303,305,306,308

定量 13,14,45,295

东盟 22,247

动态 45,150,159－163,216,297,382

独立学校 369,370

独用词 15,276－278,292,293,295

独用词种 13,277

独用字 14,16,213,215,286,287,289,299,306,308,309

独用字种 252,299,305－308

读写能力 16,140,310,367,368

短信 60,115,159,203,204,207,236,312,347

对话体 16,310

对外汉语 14,15,20－23,92,94－97,162,163,285,287,289,291－293,295,300,406

多文种 68,71

多语能力 341

多语生活 160

多语现象 356,360,361

多语种 68,71,102,107,117,124,125,341,378

多元文化 127,175,176,178,325,333,340,368,377

E

二次探底 245

F

发帖量 16,249,250

发展型双语教育 363

法庭语言 160

繁体字 14,61,88,121,146,149,155,161,286,292,335,375,376

反恐 182,342

方言 4,6,7,62,107,108,115,117,118,133,134,160,164,173,175,176,178,222,310,325,348,368,391

方言差异 116

防晒指数 391

房产税 246,248

非英语语言 362,364,367－369

分布 11,13,17,92,113,119,137,213,214,216－220,229－235,249－251,255－257,262,263,270,274,275,277,279,290,295,296,300－303,305,319,350,359,382

分布率 254,263,381

分词单位 216,220,292

分词系统 10,216,218,225

分散式教学 276,279

分析器 382

附加构词 231

附加式 11,230,231

复合式 230,231

复现率 14,15

复现数 13,276,277

覆盖率 10,11,16,151,213,214,217,218,225,252,253,262,263,265,268,290,291,296,306,307

G

纲外字 300,301,303,305,306,308

高频词语 11,218－220,225

高频汉字 10,11,214,299

高频字 16,253,290

格助词 276

公共服务均等化 245

公立小学 131,135,136

公民表达权 178

公务员　3,39,40,53,67,75,103,205

公益广告　53

供热计量　246

共用词　15,216,217,292—294

共用词种　216

共用字　14,16,213,252,286,287,299,305

股指期货　245

关键词　166,199,254,382

关键词集　382

关键期　130

关键语言　160,345,366

官方语言　344,348,349,353,364,366,368,371,391

广播电视语料　212,222

规范汉字　1,3,18,20,30,39,43,46,54,63,64,67,72,73,77,205,206,215,388,402,405,407

规范化　5,37,40,41,44,46—48,50,52,57,63,64,66,67,70—73,76—78,80,83,88,105,146,155,174,346,401,409

国际通用语言　350

国际语言　9,21,41,95,101,103,107,371,372,405

国家通用语言文字推广　18,20,25,45

国家语言文字工作委员会　2,37,56,74,86,146,148,157,162,164,398

国内生产总值　62

过渡型双语教育　363

过去时　273

H

海外华语研究　150,162,297

海外志愿者　18,20

汉语国际教育　3,38,41,43,44,91,92,94,96,97,403,408

汉语拼音　44,61,105,120,125,286,373,375,391,392,398,403

汉语拼音正词法　44,400

"汉语桥"世界大学生中文比赛　21,91

"汉语桥"在华留学生汉语大赛　91

汉字编码　399

汉字表　43,347

汉字次　211

汉字译写　59,388,391

汉字应用水平测试　41,42,74

合唱　127

合成型　11,230,231

核心词　15

核心词汇　145

赫尔德派　358

后缀　231

候选集　229

互联网　7,8,42,45,60,66,72,106,150,171,174,254,256,345,352,410

华文　14—16,89,92,95,146,158,163,297—311,327,328,332,335,373,400

华文教育　22,38,44,54,83,89,90,92,95,144,374,399

华语变体　144,147

华语词汇研究　149

华语文　89,167,328,332—336

华语研究　149,150,162,297

话语权　161,168,176

J

计算机辅助普通话测试　40

家庭用语　139,142,143

甲骨文　59,160,190,324,329,330

甲级字　300,301,303—306,308,309

监测语料库　10,11,211,228,234,237,241,249,288

兼类　232

简化字　14,61,149,286,292,335,375,376

交互功能　197

交际效果　15

交替传译　124

教材编写　13,43,96,167,174,177,197,198,206,270,281,283,304,333,335,406

教材用字　14,16,285,287,289—292,295,298,299,301,305,306

教材用字量　298

教学法　96,363,364,405

教学方法　27,30,89,96,177,332,376

术语索引

教学方式 164,197
教学模式 25,26,67,93,96,334－336,363
教学内容 27,30,197,200,206,285
教学手段 177
教学语言 23,344,348,356,364
教育公平 136
教育供给 136
教育模式 24,177
教育体制 29,177,206,365
教育语言政策 362,364,368
节能减排 181,246
金融危机 178,182,183,186,189
经济复苏 183,247,355,359
旧字形 222

K

楷书 86
科学技术名词 64,65,87,88,398,409
可比性原则 297
可预测量化指标 378,379,381－383
客家腔调 324
课程测试 43
课堂教学 43,344
空置率 246
孔子课堂 20－23,91,93,399,404,410
孔子学院 18－23,50,91,93－96,332,398－402,404－410

口译 123
口音 108,131,133－135
宽带 60

L

垃圾分类 246,247
垃圾信息 382
累加频率 222－225
累加使用率 213
理性主义 194
立法语言 160
隶书 86
零碳 246
流行语 3,7,8,44,45,151,155,162,164,184,185,189,241,242,245,247,378－380,382,383,405
绿色发展 246
罗马字母 105,203,360

M

媒介语言 343,344
门楣竖式标牌 389
民歌唱法 127
民间资本 245
民族语文 44,51,52,56－58,69－71,80－82,113,165,398
民族语文政策 58,70
民族语言资源数据库 68
民族政策 25,58,65,66,69
民族主义 353,355－358,361
命令式 273
母语 6,14－16,27,41,

43,44,103,142,172,173,177,196,285,289,292,310,339,343,344,348,350,360,362,363,366,375,404
母语安全 160
母语教育 5,149,177,343,362,366
母语文化 5,6,89,176
穆斯林 21

N

年度新词语 8,11,228－235
农民工语言问题 160
农民工子弟学校 131,132,134,136

O

欧盟 340,341,353,360
欧洲语言 341,365,369

P

排除词 382
偏正式 11,230,231
频次 11,15,213－215,217,218,222－227,232－237,255,261－265,268,269,273,275,279－281,283,288,290,291,293－296,299,301,306,311,312
频次段 218,232－235,262,274,275,295
频率 10,11,15,124,144,155,168,202,211,213,

215－217,220,222－225,233,261,274,290,293,294,306,308,309,346,381
频率比值　215
频率差　293,294,306,307
频率差值　307
频　序　13,16,253,276,293,309
频序比值　253
频序排位　10,211
平面媒体　86,117,162,163,180,211,227,228,241,405,409
平翘舌音　133,135
普通话　2－4,6,7,18,20,25,26,30,39－41,48,53,56,74,75,77,79,80,89,111,122－124,127,130,131,133－136,144,147,162,172,173,175,176,372,375,376,390,391,399,400,403－410

Q

前地　315,317－319,322,323
前后鼻音　133,135
强势方言　175,176
切分组合对比法　229
亲属称谓　231
清洁能源　246
区域经济　79
趋势排行　382
权重　77,382
全切分对比法　229

R

人工干预　265,268,292
认知规律　13,266,279
融资融券　245
软实力　37,66,71,181

S

三个代表　66,70
三网融合　245,247
三音节词　279－281,294
散文　82,153,193,194,270,271
散布　254
色号　391
少数民族双语教学　4,45,52,401,405
社会公信力　178
社会用字管理　80
社区语言　167,366,369
身份认同　130－136,358
生僻字　222,391
识字障碍　340
实态　10,144,163,215,222,236
实用主义　193,194,204
使用度　235
世界文化遗产　329,330
适应障碍　110
手写体　126,204
手语　4,5,38,42,43,125,128,194,369,370,405
兽药　391
书写体系　349
书写障碍症　205
输入法　202,207
数字化　28,68
双音节词　279－281,293,294
双语　12,13,19,23－29,67,70,75,76,103,106,111,113,115,117－119,163,173,259－261,265－268,339,340,353,354,357－361,363,372－374
双语标志　101,103,120
双语教学　4,16,19,21,23－26,28,29,45,52,66,67,75,76,118,299,310,358,372,401,405
双语教育　19,23－29,45,52,66,67,118,163,168,362－364,372－374
双语制　358,359
说唱音乐　127,312
说明文　270－272
私媒体　180
四音节词　279－281,295
搜索工具　228
缩写词　62

T

特征对比法　229
体裁　270－273,310
田野调查　4
听说能力　140,310
通货膨胀　191,245
通用词　15,150
通用型语文词典　147
同声传译　70,124
同形字母词　311
童声唱法　127
土著语言　349,350,362,366,367,369－371
团购　11,184,220,246,247

W

外来语　72,379

外语教育政策 167,168,366

外语缩略语 171,172,174,175,178,401

外语战略 103,160,167,362,403

网络媒体 45,86,117,162,163,171,178—180,211,212,227,228,241,248,249,399,410

网络语言 9,160,162,174,175

网状结构 197

微博 5—8,10,11,115,171—173,178,179,183,184,216,220,228—230,233,242,243,256,352,381

微民 7,230

唯英语运动 363,364

维吾尔语 12,13,259,260,262,263,265,266,268

未来时 273

位序 276,279,280,287,288

文本 48,197,205,212,241,264,311,381,382,387,388

文本数 213—215,222—227,237

文本文件 211,228

文化草根 180

文化认同 37,334,343

文字 1—6,14,18—20,23—27,29,37—41,43—54,56,60—70,72—81,83,85,86,88,101,102,106,107,117,118,121,122,126,146,148,150—164,167,168,172,174,177—179,185,194,196,203—205,211,229,286,324,327,328,335,336,345—347,349,350,360,387—391,393,398—410

文字改革 38,88

无线市话 60

物联网 245

物质依赖 110

X

西里尔文 360

西里尔字母 345

西文 211,213,216

希伯来文 349,360

希伯来语 346

系列号 391

现代汉语 88,89,145,146,150,164,167,287,291,410

现在时 273

消费者物价指数 62,185,312

小语种语言保护 160

楔形文字 346

心境障碍 110

心理疏导 9,112,114

心理郁结 110

新词语 7,8,11,45,145,159,164,189,228—235,237,379,382

新媒体 60,106,179,233

新闻出版总署 1,54,56,63,64,72,73,144,149,158,161,410

信息化 24,26,37,38,42,44—47,49,50,52,56—58,60,61,70,71,75,160,176,401—404

行政编制 3,39

行政机关 1,39,62,64,387,388

形码输入 215

叙述体 310

选文 192,198,260,329

选修 164,193,199,200,206,328,329,369,373

学分互认 29

学前双语教育 19,24,25,27

学位互授 29

Y

雅各宾主义 358

亚运会 6,11,91,95,120—129,172,220,242,257

亚洲语言 344,369,370

样本 107,140,393

样稿 42

样例 230

样条 42

一级常用字 287,291

移动媒体 180

移动通信技术 60

遗产语言 371,373—375,377

义务教育 12,13,24,25,28,54,67,78,130,132,192,196,198,199,245,259,265,270,281

义项 291

议论文 270—272

异读词 83

异体字 61,121

术语索引

异形词 311
译写规则 1,39,388
意识形态 327,355－358,361
音节表 43
音节库 43
音像制品 63,64,72
印地文 360
印地语 345,349
印刷字 61
应激障碍 110
永久居住权 341
优势语 142
有声媒体 162,163,211,216,227－229,241,248
舆论监督权 178
语词收藏 180
语法 41,45,63,73,154,167,271,347
语法修辞 271
语例 14
语料 8,10,11,15－17,150,211－219,221,222,225,228,234－237,241,249－254,260,263,288,291,293,296,306－308,311,379,383
语料库 10,11,65,150,163,211,228,234－237,241,249,288,406
语文词 11,212
语文词语 11,217,225
语言保护 10,68,160,349
语言背景 354
语言本体 96,398
语言变化 8,165
语言产业 79,161,163
语言冲突 9,178,339,357,358

语言传播 9,350
语言发展 66,164,174,175,383
语言法 340,356
语言法案 339
语言翻译 57,112,118,123
语言服务 47,51,106,117,120,122－125,160,164,168
语言隔阂 144,176
语言构成 119
语言关系 81,160
语言规范 63,73,174,175,345,346
语言国情 51,160,168,347
语言和谐 81,160
语言环境建设 101,103,107,120,159,405
语言监测 10,50,160,167,211,216,378,379,381－383
语言交际 159
语言接触 57,81,160,165
语言经济 160,161
语言竞争 81
语言课程 334,349,369,370
语言培训 30,51,342,343
语言普查 38
语言社区 354
语言生活 1－3,5,8－10,14,15,37,38,44,47－50,53,89,106,130,150,151,158－168,171,174,175,179,185,234,236,285,297,316,324,339,358,379,381,398,408,

410
语言使用 10,44,49,50,79,119,130,131,133,136,137,139,159,164,165,215,222,295,343,344,347,348,379,382
语言选择 160,363
语言学 50,51,68,79,90,159,161－163,168,398,401,402,404,405,407,408
语言舆情 160,161,171,179
语言援助 9,108,111,114－117,119
语言战略 49,51,161,167,403,407
语言障碍 4,9,25,45,108,111,115－117,123,130
语言政策 57,58,161,167,168,362,364,366,368,370,410
语言政治 354,355,358－360
语言状况 15,16,159,297
语言资源 4,10－12,38,44,45,48,50,74,79,80,117,149,160－164,167,168,180,211,228,234,237,241,288,380,399,401,405,408,409
语言族群 339
语义 45,146,149,272
语音 40,167,346,404
语音翻译 346
语用 14,39－41,45,47－49,54,400,402,403,405,406

预科　20,23,26,27,372
原料药　391
远程教育　20,24,26,162,406
云数据库　42,84

Z

藏缅语族　349
藏语文　13,25,61,74,81,118,270,271,281,283
招贴画　53
纸质媒体　379
指路标牌　389
智能手机　245
中文信息处理　44,162
中医孔子学院　93
终身学习　19,30,31
种族隔离　344
主流媒体　174,228
主题　17,49,52,53,70,82,85—87,89,92,94,96,97,154,155,161,167,168,184,198,216,246,248,254,255,341,399,403,404,407,410
转写　68,105,212
资源税　246
自媒体　8,180
自然语言处理　345
自我认知　136
字次　15,16,211—214,218,219,228,251,252,287,292,298,300—305,307—309,311
字符　17,213,250,251,255,298,346,352
字符次　211,212,252
字符种　251,298
字母词　1,39,40,62,64,172,216,225,311,312,388
字频　164
字种　10,14—16,213,214,215,219,251,252,287,289—292,298—309
总词数　11,230
总词语数　15
族际交际用语　143
族群　325,339,375
最低工资标准　247

后 记

2006年以来,《中国语言生活状况报告》连续由国家语言文字工作委员会向社会发布,在反映语言国情、帮助语言决策、推进语言服务方面做出许多努力,不仅在国内产生了很好的反响,而且在国外也受到特别的关注,可以说形成了一个品牌。

2010年,时值《中国语言生活状况报告》发布五周年之际,语言报告如何更好地为政府和大众服务,成了参与者热议的话题。2010年9月17日至18日,在国家语言资源监测与研究中心主办的语言资源监测与服务论坛上,探讨过语言数据如何更好地总结、呈现,语言报告如何更好地开发利用和改进的问题。10月15日至17日,在中国人民大学举办的首届中国语言生活学术研讨会上,采用嘉宾论坛的形式,专题研讨了《中国语言生活状况报告》的现状、问题,以及解决方略。2011年3月20日,李宇明司长在教育部专门召集语言报告主编会议,明确了语言报告的工作程序和机制,并就语言报告改版等问题做出决策。5月1日至4日广东韶关的语言报告审稿会,10月8日至9日北京的语言报告选题会,又对语言报告改版方案做了进一步的完善。

综合起来,这次《中国语言生活状况报告》的改版,主要体现在以下3个方面:一是报告内容"减肥""瘦身",将上编和下编两卷合为一卷,内分"工作篇""专题篇""热点篇""数据篇""港澳台篇""参考篇"6部分;书后附光盘,"数据篇"保留调查报告,字表、词表等放在光盘里。二是与其他学科的"皮书"接轨,将出版年和内容年分开,封面改按出版年标明,如《中国语言生活状况报告(2011)》,标写的是2011年出版,反映的是2010年的内容。三是组织架构调整,全书由教育部语言文字信息管理司组编,设组织委员会,由语信司领导担任正副主任,聘任主编和副主编。目前呈现给大家的,是本书改版后的成果,希望读者朋友提出宝贵意见。

后 记

　　本书的编写得到了教育部、国家语委有关领导的指导和支持,得到了有关高等院校和民族语文工作机构的积极配合,也得到了各位审订、审稿人以及商务印书馆责任编辑的鼎力相助,在此表示衷心感谢!由于多方面的原因,本书还存在一些不足和缺漏,恳请读者朋友不吝指正。

周庆生　侯　敏

图书在版编目(CIP)数据

中国语言生活状况报告.2011/教育部语言文字信息管理司组编.—北京:商务印书馆,2011
(中国语言生活绿皮书)
ISBN 978-7-100-08572-4

Ⅰ.①中… Ⅱ.①教… Ⅲ.①社会语言学－研究报告－中国－2011 Ⅳ.①H1

中国版本图书馆CIP数据核字(2011)第182297号

所有权利保留。
未经许可,不得以任何方式使用。

ZHŌNGGUÓ YǓYÁN SHĒNGHUÓ ZHUÀNGKUÀNG BÀOGÀO (2011)
中国语言生活状况报告(2011)
教育部语言文字信息管理司 组编

商 务 印 书 馆 出 版
(北京王府井大街36号 邮政编码 100710)
商 务 印 书 馆 发 行
北京瑞古冠中印刷厂印刷
ISBN 978 - 7 - 100 - 08572 - 4

2011年12月第1版 开本 787×1092 1/16
2011年12月北京第1次印刷 印张 27¾
定价:58.00元